Deutsch heute

TENTH EDITION

Deutsch heute

Introductory German

Worktext Volume 1

Cengage Advantage Book

Jack Moeller
Oakland University

Winnifred R. Adolph
Florida State University

Gisela Hoecherl-Alden
University of Maine

Simone Berger
Starnberg, Germany

Thorsten Huth
Southern Illinois University

HEINLE
CENGAGE Learning

Australia • Brazil • Japan • Korea • Mexico • Singapore • Spain • United Kingdom • United States

**Deutsch heute: Introductory German,
Tenth Edition**
Volume 1 Worktext
Cengage Advantage Book
Jack Moeller, Winnifred R. Adolph,
Gisela Hoecherl-Alden, Simone Berger,
Thorsten Huth

Vice President, Editorial Director:
P.J. Boardman

Publisher: Beth Kramer

Executive Editor: Lara Semones

Acquiring Sponsoring Editor: Judith Bach

Assistant Editor: Catherine Mooney

Senior Editorial Assistant: Timothy Deer

Associate Media Editor: Katie Latour

Senior Media Editor: Morgen Murphy

Program Manager: Caitlin Green

Marketing Director: Lindsey Richardson

Content Project Manager: Tiffany Kayes

Art Director: Linda Jurras

Senior Print Buyer: Betsy Donaghey

Rights Acquisition Specialist: Jessica Elias

Production Service: PreMediaGlobal

Text Designer: Carol Maglitta

Cover Designer: Len Massiglia

Cover Image: © Paul Raftery/VIEW/Corbis

Compositor: PreMediaGlobal

For product information and technology assistance, contact us at
Cengage Learning Customer & Sales Support, 1-800-354-9706
For permission to use material from this text or product,
submit all requests online at **www.cengage.com/permissions.**
Further permissions questions can be emailed to
permissionrequest@cengage.com.

ISBN-13: 978-1-111-83241-4

ISBN-10: 1-111-83241-2

Heinle
20 Channel Center Street
Boston, MA 02210
USA

Cengage Learning is a leading provider of customized learning solutions with
office locations around the globe, including Singapore, the United Kingdom,
Australia, Mexico, Brazil and Japan. Locate your local office at
international.cengage.com/region

Cengage Learning products are represented in Canada by Nelson Education, Ltd.

For your course and learning solutions, visit **www.cengage.com**

Purchase any of our products at your local college store or at our preferred
online store **www.cengagebrain.com**

Instructors: Please visit **login.cengage.com** and log in to access
instructor-specific resources.

Printed in the United States of America
3 4 5 6 7 15

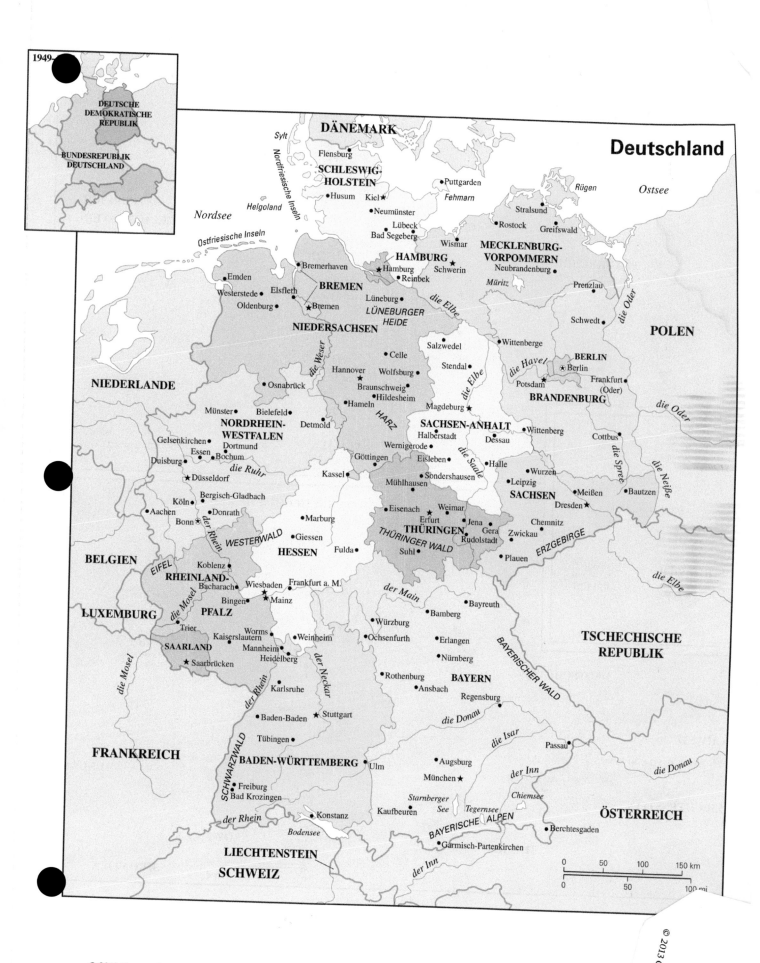

1949

DEUTSCHE DEMOKRATISCHE REPUBLIK

BUNDESREPUBLIK DEUTSCHLAND

Deutschland

DÄNEMARK

Sylt

Nordfriesische Inseln

Nordsee

Helgoland

Ostfriesische Inseln

SCHLESWIG-HOLSTEIN

Flensburg

Husum

Kiel ★

Neumünster

Lübeck

Bad Segeberg

Puttgarden

Fehmarn

Rügen

Ostsee

Stralsund

Rostock

Greifswald

Wismar

Schwerin

MECKLENBURG-VORPOMMERN

Neubrandenburg

Müritz

Prenzlau

die Oder

POLEN

HAMBURG

Hamburg ★

Reinbek

Bremerhaven

Emden

Westerstede

Elsfleth

Oldenburg

Bremen ★

BREMEN

Lüneburg

LÜNEBURGER HEIDE

die Elbe

Wittenberge

Schwedt

die Oder

NIEDERSACHSEN

die Weser

Celle

Hannover ★

Wolfsburg

Braunschweig

Hildesheim

Hameln

Salzwedel

Stendal

die Elbe

Magdeburg ★

BERLIN

Berlin ★

Potsdam ★

Frankfurt (Oder)

BRANDENBURG

die Havel

NIEDERLANDE

Osnabrück

Münster

Bielefeld

NORDRHEIN-WESTFALEN

Detmold

HARZ

SACHSEN-ANHALT

Halberstadt

Wernigerode

Wittenberg

Dessau

Cottbus

die Spree

die Oder

Gelsenkirchen

Essen

Dortmund

Bochum

Duisburg

die Ruhr

Düsseldorf ★

Kassel

Göttingen

Eisleben

Sondershausen

die Saale

Halle

Leipzig

Wurzen

Meißen

Bautzen

die Neiße

Köln

Bergisch-Gladbach

Aachen

Bonn

Donrath

der Rhein

WESTERWALD

Marburg

Giessen

Fulda

Mühlhausen

Eisenach

Erfurt

Weimar

Jena

Gera

Rudolstadt

THÜRINGEN

THÜRINGER WALD

Suhl

SACHSEN

Dresden ★

Chemnitz

Zwickau

ERZGEBIRGE

die Elbe

BELGIEN

EIFEL

RHEINLAND-PFALZ

Koblenz

Bacharach

Bingen

die Mosel

Wiesbaden ★

Mainz ★

HESSEN

Frankfurt a. M.

der Main

Plauen

Bayreuth

Bamberg

LUXEMBURG

Trier

Worms

Kaiserslautern

Mannheim

Heidelberg

SAARLAND

Saarbrücken ★

Weinheim

der Neckar

Würzburg

Ochsenfurth

Erlangen

Nürnberg

TSCHECHISCHE REPUBLIK

BAYERISCHER WALD

die Mosel

Karlsruhe

der Rhein

Baden-Baden

Stuttgart ★

Tübingen

Rothenburg

Ansbach

BAYERN

Regensburg

die Donau

die Isar

Passau

die Donau

FRANKREICH

SCHWARZWALD

BADEN-WÜRTTEMBERG

Ulm

Augsburg

München ★

der Inn

Freiburg

Bad Krozingen

Konstanz

der Rhein

Bodensee

Kaufbeuren

Starnberger See

Tegernsee

Chiemsee

BAYERISCHE ALPEN

Berchtesgaden

ÖSTERREICH

LIECHTENSTEIN

SCHWEIZ

der Inn

Garmisch-Partenkirchen

0	50	100	150 km
0		50	100 mi

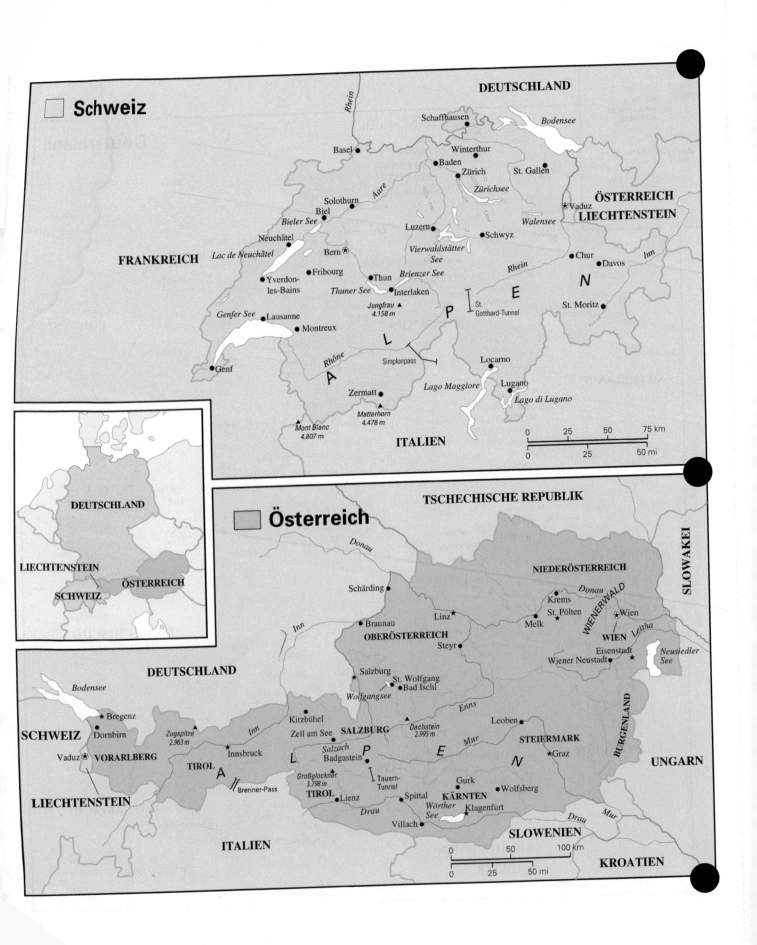

Schweiz

DEUTSCHLAND

Rhein

Schaffhausen
Bodensee

Basel
Winterthur
Baden
Zürich
St. Gallen

Solothurn
Aare
Zürichsee
ÖSTERREICH
Biel
Vaduz
LIECHTENSTEIN

Bieler See
Walensee

Neuchâtel
Luzern
Schwyz

FRANKREICH
Lac de Neuchâtel
Bern
Vierwaldstätter
See
Chur
Davos
Inn

Yverdon-
les-Bains
Fribourg
Brienzer See
Rhein
N

Thun
Interlaken
A L P E N

Thuner See
St. Moritz

Genfer See
Lausanne
Jungfrau
4.158 m
St.
Gotthard-Tunnel

Montreux
P

Rhône
E

A
L
Simplonpass

Genf
Locarno

Zermatt
Lugano

Matterhorn
4.478 m
Lago Maggiore
Lago di Lugano

Mont Blanc
4.807 m

ITALIEN

0   25   50   75 km

0   25   50 mi

TSCHECHISCHE REPUBLIK

Österreich

Donau

SLOWAKEI

NIEDERÖSTERREICH

Schärding
Donau

Krems
St. Pölten
Wien

Inn
Linz
Melk
WIENERWALD
WIEN
Leitha

Braunau
OBERÖSTERREICH
Eisenstadt
Neusiedler
See

Steyr
Wiener Neustadt

Salzburg
St. Wolfgang
Bad Ischl

Wolfgangsee
Enns

DEUTSCHLAND
BURGENLAND

Bodensee
Kitzbühel
Dachstein
2.995 m
Leoben

Bregenz
Zell am See
SALZBURG
Mur
STEIERMARK

SCHWEIZ
Dornbirn
Zugspitze
2.963 m
Inn
Salzach
P
E
UNGARN

Vaduz
VORARLBERG
Innsbruck
L
Badgastein
N
Graz

LIECHTENSTEIN
TIROL
A
Großglockner
3.798 m
Tauern-
Tunnel
Gurk
Wolfsberg

Brenner-Pass
TIROL
Lienz
Spittal
KÄRNTEN

ITALIEN
Drau
Wörther
See
Klagenfurt
Drau
Mur

Villach
SLOWENIEN

0   50   100 km

0   25   50 mi

KROATIEN

DEUTSCHLAND

LIECHTENSTEIN
ÖSTERREICH
SCHWEIZ

Contents

Contents

Program Components

Student Text

Text Audio Program

The Text Audio program, located on the *Deutsch heute* website (www.cengagebrain.com) in MP3 format, contains recordings of the *Bausteine* dialogues, in-class listening activities called *Hören Sie zu, Zum Lesen readings* and the *Lese-runde* literary texts that appear in each chapter.

Student Activities Manual

The *Student Activities Manual* consists of *Workbook, Lab Manual,* and *Video Manual.* The *Workbook* section, correlated with the textbook chapters, offers a variety of directed exercises, open-ended activities, and art- and realia-based activities that provide vocabulary and grammar practice. The *Lab Manual* accompanies the *SAM Audio Program* and includes listening, speaking, and writing practice. The new *Video Manual* includes in-depth video activities to complement the *Video-Ecke* feature in the textbook.

Heinle eSAM

An online version of the *Student Activities Manual* contains the same content as the print version in an interactive environment that provides immediate feedback on many activities.

SAM Audio Program

The SAM Audio Program corresponds with the *Lab Manual* section of the *Student Activities Manual.* It provides the best possible models of German speech. Using a cast of native Germans, this audio presents several listening comprehension exercises and a pronunciation exercise for each chapter. It also contains material from the *Zum Lesen* chapter readings of the textbook. The complete audio program is available via the **Premium Website** and **iLrn: Heinle Learning Center.**

Deutsch heute, Tenth Edition Premium Website

The **Deutsch heute Premium Website** is your one-stop portal to an online suite of digital resources. Complimentary access is included to the complete Text Audio program, auto-grade grammar and vocabulary tutorial quizzes, Web search activities, Web links, *iTunes* playlist, and *Google Earth* coordinates. Additional premium password-protected resources include the complete SAM audio program, complete video program, audio-enhanced flashcards, and pronunciation and grammar podcasts. Students can access the premium assets via a printed access card when packaged with new copies of the text, or by purchasing an instant access code at www.cengagebrain.com.

iLrn: Heinle Learning Center

With the **iLrn™ Heinle Learning Center,** everything you need to master the skills and concepts of the course is built into this dynamic learning environment. The **iLrn™ Heinle Learning Center** includes an audio-enhanced eBook, assignable textbook activities, companion videos with pre- and post-viewing activities, partnered voice-recorded activities, an online workbook, lab manual with audio, and video manual with video, interactive enrichment activities, and a diagnostic study tool to better prepare students for exams.

Personal Tutor

Personal Tutor gives you access to one-on-one online tutoring help from a subject-area expert. In Personal Tutor's virtual classroom, you interact with the tutor and other students using two-way audio, an interactive whiteboard for illustrating the problem, and instant messaging. To ask a question, simply click to raise a "hand."

Classroom Expressions

Below is a list of common classroom expressions in German (with English equivalents) that the instructor may use in class. Also provided are common expressions you can use to make comments or requests and ask questions.

Terms of Praise and Disapproval

Gut. Das ist (sehr) gut. Good. That is (very) good.

Schön. Das ist (sehr) schön. Nice. That is (very) nice.

Ausgezeichnet. Excellent. **Wunderbar.** Wonderful.

Das ist schon besser. That's better. **Viel besser.** Much better.

Nicht schlecht. Not bad.

Richtig. Right. Correct.

Natürlich. Of course.

Genau. Exactly.

Sind Sie/Bist du sicher? Are you sure?

Nein, das ist nicht (ganz) richtig. No, that's not (quite) right.

Ein Wort ist nicht richtig. One word isn't right.

Nein, das ist falsch. No, that's wrong.

Sie haben/Du hast mich nicht verstanden. Ich sage es noch einmal. You didn't understand me. I'll say it again.

Sie haben/Du hast den Satz (das Wort) nicht verstanden. You didn't understand the sentence (the word).

Sagen Sie/Sag (Versuchen Sie/Versuch) es noch einmal bitte. Say (Try) it again please.

General Instructions

Nicht so laut bitte. Not so loud please.

Würden Sie/Würdet ihr bitte genau zuhören. Would you please listen carefully.

Stehen Sie/Steht bitte auf. Stand up please.

Bilden Sie/Bildet einen Kreis. Form a circle.

Arbeiten Sie/Arbeitet einen Moment mit Partnern. Work for a minute with partners.

Bringen Sie/Bringt (Bilder) von zu Hause mit. Bring (pictures) along from home.

(Morgen) haben wir einen Test. (Tomorrow) we're having a test.

Schreiben Sie/Schreibt jetzt bitte. Please write now.

Lesen Sie/Lest jetzt bitte. Please read now.

Ich fange (Wir fangen) jetzt an. I'll (We'll) begin now.

Fangen Sie/Fangt jetzt an. Begin now.

Hören Sie/Hört bitte auf zu schreiben (lesen). Please stop writing (reading).

Könnte ich bitte Ihre/eure Aufsätze (Klassenarbeiten, Tests, Übungsarbeiten, Hausaufgaben) haben? Could I please have your essays (tests, tests, exercises, homework)?

Jeder verbessert seine eigene Arbeit. Everyone should correct her or his own work (paper).

Verbessern Sie Ihre/Verbessere deine Arbeit bitte. Please correct your work (paper).

Tauschen Sie mit Ihrem/Tausch mit deinem Nachbarn. Exchange with your neighbor.

Machen Sie/Macht die Bücher auf (zu). Open (Shut) your books.

Schlagen Sie/Schlagt Seite (11) in Ihrem/eurem Buch auf. Turn to page (11) in your book.

Schauen Sie/Schaut beim Sprechen nicht ins Buch. Don't look at your book while speaking.

Wiederholen Sie/Wiederholt den Satz (den Ausdruck). Repeat the sentence (the expression).

Noch einmal bitte. Once again please.

(Etwas) Lauter. (Deutlicher./Langsamer./Schneller.) (Somewhat) Louder. (Clearer./Slower./Faster.)

Sprechen Sie/Sprich bitte deutlicher. Please speak more distinctly.

(Jan), Sie/du allein. (Jan), you alone.

Alle zusammen. All (everybody) together.

Sprechen Sie/Sprecht mir nach. Repeat after me.

(Nicht) Nachsprechen bitte. (Don't) Repeat after me.

Hören Sie/Hört nur zu. Nur zuhören bitte. Just listen.

Hören Sie/Hört gut zu. Listen carefully.

Lesen Sie/Lies den Satz (den Absatz) vor. Read the sentence (the paragraph) aloud.

Jeder liest einen Satz. Everyone should read one sentence.

Fangen Sie/Fang mit Zeile (17) an. Begin with line (17).

Nicht auf Seite (19), auf Seite (20). Not on page (19), on page (20).

Gehen Sie/Geh an die Tafel. Go to the board.

(Jan), gehen Sie/gehst du bitte an die Tafel? (Jan), will you please go to the board?

Wer geht an die Tafel? Who will go to the board?

Schreiben Sie/Schreib den Satz (das Wort) an die Tafel. Write the sentence (the word) on the board.

Schreiben Sie/Schreibt ab, was an der Tafel steht. Copy what is on the board.

Wer weiß es (die Antwort)? Who knows it (the answer)?

Wie sagt man das auf Deutsch (auf Englisch)? How do you say that in German (in English)?

Auf Deutsch bitte. In German please.

Verstehen Sie/Verstehst du die Frage (den Satz)? Do you understand the question (the sentence)?

Ist es (zu) schwer (leicht)? Is it (too) difficult (easy)?

Sind Sie/Seid ihr fertig? Are you finished?

Kommen Sie/Komm (morgen) nach der Stunde zu mir. Come see me (tomorrow) after class.

Jetzt machen wir weiter. Now let's go on.

Jetzt machen wir was anderes. Now let's do something different.

Jetzt beginnen wir was Neues. Now let's begin something new.

Das ist genug für heute. That's enough for today.

Hat jemand eine Frage? Does anyone have a question?

Haben Sie/Habt ihr Fragen? Do you have any questions?

Student Responses and Questions

Das verstehe ich nicht. I don't understand that.

Das habe ich nicht verstanden. I didn't understand that.

Ah, ich verstehe. Oh, I understand.

Ich weiß es nicht. I don't know (that).

Wie bitte? (*Said when you don't catch what someone said.*) Pardon./Excuse me?/ I'm sorry.

Wie sagt man … auf Deutsch (auf Englisch)? How do you say . . . in German (in English)?

Können Sie den Satz noch einmal sagen bitte? Can you repeat the sentence please?

Kann sie/er den Satz wiederholen bitte? Can she/he repeat the sentence please?

Ich habe kein Papier (Buch). I don't have any paper (a book).

Ich habe keinen Bleistift (Kuli). I don't have a pencil (a pen).

Auf welcher Seite sind wir? Welche Zeile? Which page are we on? Which line?

Wo steht das? Where is that?

Ich habe eine Frage. I have a question.

Was haben wir für morgen (Montag) auf? What do we have due for tomorrow (Monday)?

Sollen wir das schriftlich oder mündlich machen? Should we do that in writing or orally?

Wann schreiben wir die nächste Arbeit? When do we have the next paper (written work)?

Wann schreiben wir den nächsten Test? When do we have the next test?

Für wann (sollen wir das machen)? For when (are we supposed to do that)?

Ist das so richtig? Is that right this way?

(Wann) Können Sie mir helfen? (When) Can you help me?

(Wann) Kann ich mit Ihnen sprechen? (When) Can I see you?

Acknowledgments

The authors and publisher of **Deutsch heute, Tenth Edition** would like to thank the following instructors for their thorough and thoughtful reviews of several editions of **Deutsch heute**. Their comments and suggestions were invaluable during the development of the Tenth Edition.

Reviewers of Prior Editions

Reinhard Andress, *Saint Louis University*

Edwin P. Arnold, *Clemson University*

Carol Bander, *Saddleback College*

Ingeborg Baumgartner, *Albion College*

Marlena Bellavia, *Central Oregon Community College*

Leo M. Berg, *California State Polytechnic University*

Achim Bonawitz, *Wayne State University*

Renate Born, *University of Georgia*

Gabriele W. Bosley, *Bellarmine University*

Renate Briggs, *Wellesley, MA*

Christine Geffers Browne, *Brandeis University*

Yolanda Broyles-González, *University of Texas*

Peter F. Brueckner, *University of Oklahoma*

Iris Busch, *University of Delaware*

Phillip Campana, *Tennessee Technological University*

Jeannette Clausen, *Indiana University, Purdue University*

Alfred L. Cobbs, *Wayne State University*

Virginia M. Coombs, *University of Wisconsin*

Walter Josef Denk, *University of Toledo*

Irene Stocksieker Di Maio, *Louisiana State University*

Doris M. Driggers, *Reedley College*

Helga Druxes, *Williams College*

Ronald W. Dunbar, *Indiana State University*

Anneliese M. Duncan, *Trinity University*

Bruce Duncan, *Dartmouth College*

David Gray Engle, *California State University*

George A. Everett, *University of Mississippi*

Henry Geitz, *University of Wisconsin*

Ruth V. Gross, *North Carolina State University*

Todd C. Hanlin, *University of Arkansas*

Wilhelmine Hartnack, *College of the Redwoods*

Jeffrey L. High, *California State University*

Harald Höbusch, *University of Kentucky*

Ronald Horwege, *Sweet Briar College*

Doreen Kruger, *Concordia University*

Hildegrad Kural, *De Anza College*

Brian Lewis, *University of Colorado*

Sieglinde Lug, *University of Denver*

Charles Lutcavage, *Harvard University*

Frances Madsen, *Northeastern Illinois University*

David Pankratz, *Loyola University*

Mark Pearson, *Cottey College*

Manfred Prokop, *University of Alberta*

Claus Reschke, *University of Houston*

Michael Resler, *Boston College*

Roberta Schmalenberger, *Clark College*

Frangina Spandau, *Santa Barbara City College*

Barbara Starcher, *Memorial University*

Gerhard F. Strasser, *Pennsylvania State University*

Ulrike I. Stroszeck-Goemans, *Rochester Institute of Technology*

Carmen Taleghani-Nikazm, *Ohio State University*

Karin Tarpenning, *Wayne State University*

Heimy F. Taylor, *Ohio State University*

Gerlinde Thompson, *University of Oklahoma*

Elizabeth Thibault, *University of Delaware*

Friederike von Schwerin-High, *Pomona College*

Norman Watt, *St. Olaf College*

Barbara Drygulski Wright, *University of Connecticut*

Reviewers of the Tenth Edition

Inge Baird, *Anderson University*

Gabrielle Bersier, *Indiana University - Purdue University Indianapolis*

Gordon Birrell, *Southern Methodist University*

Klaus Brandl, *University of Washington*

Ralph Buechler, *University of Nevada*

Monika Campbell, *University of North Texas*

Christopher Clason, *Oakland University*

Stephen Della Lana, *College of Charleston*

Doris Driggers, *Willow International College Center*

Erika Duff, *Community College of Denver*

David Engle, *California State University - Fresno*

Garry Fourman, *Columbus State Community College*

Kerstin Gaddy, *Catholic University of America*

Ray Hattaway, *Florida State University*

Reinhard Hennig, *Northern Virginia Community College*

Robin Huff, *Georgia State University*

Stephanie Libbon, *Kent State University*

Kathryn Melchiore, *Camden County College*

Sermin Muctehitzade, *Northeastern University*

Franziska Nabb, *University of Nebraska - Kearney*

Mike Putnam, *Penn State University*

Dorian Roehrs, *University of North Texas*

Margaret Schleissner, *Rider University*

Frangina Spandau, *Santa Barbara City College*

Ulrike Stroszeck-Goemans, *Rochester Institute of Technology*

Geraldine Suter, *James Madison University*

Lisa Thibault, *University of Delaware*

Martha von der Gathen, *Marist College*

David Ward, *Norwich University*

Anthony Waskie, *Temple University*

Heide Witthöft, *Indiana University of Pennsylvania*

The authors wish to express their appreciation to Marilyn Uban at Oakland University for developing the attractive German calendar.

The authors would also like to express their appreciation to the Heinle, Cengage Learning staff and freelancers whose technical skills and talents made this new edition possible. Judith Bach, Acquiring Sponsoring Editor, organized the work on this revision and saw the project to its conclusion. She was a key figure in conceiving the new video *Deutsch heute* and shepherded it from the script writing through filming in Germany to its final production. We thank Linda Rodolico for her keen eye and tireless search for just the right photo or drawing. The admirable artistic talent of Anna Veltfort produced drawings for the text exactly as we had envisioned them. A final thank you goes for the often thankless tasks: the careful copyediting by Esther Bach, and the exacting proofreading performed by Tunde Dewey with her characteristic attention to detail.

Personen (Cast of Characters)

The following fictional characters appear regularly in the dialogues, some of the readings, many of the exercises, and also in the *Student Activities Manual* and tests. The characters are all students at either the *Universität Tübingen* or the *Freie Universität Berlin (FU Berlin)*.

Anna Riedholdt (1): First-semester English major with minors in German and art history at the *Universität Tübingen*. Becomes a good friend of Daniel. Lives in the same dormitory as Leon. Her home is in Mainz.

Daniel Kaiser (2): Third-semester law student. Interested in art. Becomes a good friend of Anna. Roommate of Felix. Home is in Hamburg.

David Carpenter (3): American exchange student at the *Universität Tübingen*. Knows Anna and her friends.

Felix Ohrdorf (4): Seventh-semester computer major. Daniel and Felix are roommates. Is a good friend of Marie.

Marie Arnold (5): Seventh-semester medical student. Is a good friend of Felix.

Sarah Beck (6): Fourth-semester German major (previously history). Is a good friend of Leon.

Leon Kroll (7): Third-semester English major. Lives in the same dormitory as Anna. Plays guitar in a band. Is a good friend of Sarah. Home is in Hamburg.

Franziska Berger (8): Attends the *FU Berlin (Freie Universität Berlin)*. Sister of Sebastian and friend of Anna from school days in Mainz.

Sebastian Berger (9): Attends the *FU Berlin*. Brother of Franziska and friend of Anna.

Michael Clason (10): American exchange student at the *FU Berlin*. Friends with Franziska and Sebastian. He knew Franziska when she was a German exchange student in the U.S.

Emily (11) and Jessica White (12): Two Americans who visit Franziska and Sebastian Berger in Berlin.

Das bin ich!
Wie heißt du?

"Grüß dich!" Freunde in der Stadt

Fever Images/Jupiter Images

Lernziele *(Goals)*

Sprechintentionen *(Functions)*
- Greeting friends, greeting formally
- Asking people how they are
- Introducing oneself
- Giving and receiving personal information
- Saying good-bye

Wortschatz *(Vocabulary)*
- Greetings
- The alphabet
- Numbers
- Objects in a student's room
- Colors

Grammatik *(Grammar)*
- Gender of nouns
- Indefinite article
- Pronouns
- Noun-pronoun relationship

Land und Leute *(The Country and Its People)*
- Guten Tag
- Die deutsche Sprache heute
- Vorschau

RESOURCES

Bausteine für Gespräche

(Building Blocks for Conversation)

Wie heißt du?

🔊 1-2

Anna is next in line at the art department waiting to sign up for an excursion to Florence with her art class. While there she runs into Daniel, who is in the same class but whom she has never really met. She has to break off the conversation because she is next to go into the office.

DANIEL: Hallo! Ich heiße Daniel. Und du?

ANNA: Grüß dich, Daniel! Ich bin Anna. Willst du auch nach Florenz?

DANIEL: Ja, ja.

ANNA: Toll … ah, ich bin jetzt dran. Also dann, bis bald.

DANIEL: Tschüss, Anna.

1 **Richtig oder falsch *(True or false)*?** If the statement agrees with what is in the dialogue, say **richtig.** If not, say **falsch.**

	Richtig	Falsch
1. Anna will nach Madrid.	———	———
2. Daniel will nach Florenz.	———	———
3. Daniel ist jetzt dran.	———	———

🔊 Wie heißen Sie?

1-3

Anna goes into the office to sign up for the excursion to Florence.

FRAU KLUGE: Bitte? Wie heißen Sie?

ANNA: Anna Riedholt.

FRAU KLUGE: Wie schreibt man das?

ANNA: R-i-e-d-h-o-l-t.

FRAU KLUGE: Und Ihre Adresse?

ANNA: Meine Adresse ist 72070 (sieben, zwei, null, sieben, null) Tübingen, Pfleghofstraße 5 (fünf), Zimmer 8 (acht).

FRAU KLUGE: Haben sie auch eine E-Mail-Adresse?

ANNA: Ja, die Adresse ist ariedholt@gmx.de (ah-riedholt-ät-geh-emm-iks-Punkt-deh-eh).

FRAU KLUGE: Und Ihre Telefonnummer, bitte.

ANNA: Meine Handynummer ist 0178 550 77187.

FRAU KLUGE: Gut. Danke, Frau Riedholt.

ANNA: Bitte.

Wie heißt du? Wie heißen Sie? Both **du** and **Sie** are equivalent to *you* in English. See **Erweiterung des Wortschatzes** on page 8 for the difference between **du** and **Sie.**

The pronunciation of various elements of e-mail addresses is a mixture of English and German. English pronunciation is used for **E-Mail**, **@**=*at*, and **.com**=*dot com*. However, when talking about internet domains, German speakers say **Punkt** rather than *dot* (for example, **.de = Punkt deh, eh** and **.com = Punkt com**).

2 **Richtig oder falsch?**

	Richtig	Falsch
1. Anna heißt auch Kluge, Anna Kluge.	———	———
2. Annas Adresse ist Pfleghofstraße 5.	———	———
3. Annas Handynummer ist 72070.	———	———

1. **Cognates:** Words in different languages that are related in spelling and meaning and are derived from the same source language are called *cognates*. The words are often pronounced differently. There are hundreds of German-English cognates because the two languages have common roots. Name three cognates in the dialogues.

2. **False cognates:** Some words that look the same in German and English may not have the same meaning. These words are "false" cognates. Note that when Anna says: „**Also dann, bis bald!**" **also** means *well*. Other meanings of **also** are *therefore, thus, so*. The German word to express the English meaning *also* is **auch**.

---

3 Wie heißt du? Get acquainted with members of your class. Introduce yourself to your fellow students and ask what their names are.

Getting acquainted

Student/Studentin 1 (S1):	*Student/Studentin 2 (S2):*
Ich heiße [Lukas]. Wie heißt du?	Ich heiße [Jana].

4 Heißt du Sarah? See how well you remember the names of at least four fellow students. If you're wrong they will correct you.

Confirming information

Student/Studentin 1 (S1):	*Student/Studentin 2 (S2):*
Heißt du [Tim Schmidt]?	Ja[+].
Heißt du [Lisa]?	Nein[+]. Ich heiße [Lea].

5 Wie heißen Sie? Ask your instructor for her/his name.

Asking someone's name

Student/Studentin:	*Herr+/Frau Professor+:*
Wie heißen Sie bitte?	Ich heiße [Lange].

When you say or write something, you have a purpose in mind. In this sense there is a function or intention you are stating or performing, such as exchanging information, praising, criticizing, greeting, or excusing oneself. In this book, such purposes and functions are given in the margin.

Activities preceded by a pair or group symbol give you the opportunity to learn how to exchange ideas in German with other class members, either one-on-one 👥 or as a group 👥👥. The expressions for each partner or member of a group are in the left column; the responses for the other partner or group member are in the right column. Substitute your own words for those in brackets. Take turns asking questions and giving cues in interactive activities.

New vocabulary is indicated by a raised plus sign ([+]). The definitions of these words are found in the vocabulary lists in the sections called **Vokabeln**. The chapters have two **Vokabeln** sections, one in the **Bausteine für Gespräche** section and one in the reading section.

◀)) Wie geht es Ihnen?

1-4 PROFESSOR LANGE: Guten Morgen, Frau Riedholt. Wie geht es Ihnen?
ANNA RIEDHOLT: Guten Morgen, Herr Professor Lange. Gut, danke. Und Ihnen?
PROFESSOR LANGE: Danke, ganz gut.

◀)) Wie geht's?

1-5 DANIEL: Hallo, Anna.
ANNA: Grüß dich, Daniel. Wie geht's?
DANIEL: Ach, nicht so gut.
ANNA: Was ist los? Bist du krank?
DANIEL: Nein, ich bin nur furchtbar müde.

6 Richtig oder falsch?

	Richtig	Falsch
1. Es geht Professor Lange gut.	_____	_____
2. Es geht Daniel nicht so gut.	_____	_____
3. Daniel ist sehr+ krank.	_____	_____

Greeting someone

7 Guten Tag. Greet different people in the class. Choose a time of day and greet your partner, who responds appropriately.

S1:
Guten Morgen.
Guten Tag.+
Guten Abend.+

S2:
Morgen. / Tag. / Abend. / Hallo. / Grüß dich.

Asking people how they are

8 Wie geht's? With a partner, simulate talking to a friend or to a professor using greetings and asking how you are.

Miserabel.+ Danke, ganz gut. Nicht so gut. Fantastisch.+
Ich bin müde. Schlecht.+ Ich bin krank. Es geht.+ Sehr gut.

S1:
Hallo, [Paula]. Wie geht's?
Guten Tag, Herr/Frau Professor, wie geht es Ihnen?

S2:
Gut, danke. (Und dir?+ / Und Ihnen?+)

⊕ Web Search

Guten Tag

Adults in German-speaking countries often greet each other with a handshake. When one is first introduced or is in a formal situation, a handshake is expected. Greetings vary depending on the region and the speakers.

▲ „Hallo" oder „Hi"

Expressions for greeting each other:
Guten Morgen! Morgen! *(informal)*
Guten Tag! Tag! *(informal)*
Hallo! *(informal)*
Hi! *(popular among young people)*
Grüß Gott! *(common in southern Germany, Austria)*
Grüezi! *(Switzerland)*
Grüß dich! *(informal)*
Salut! *(informal; Switzerland)*
Servus! *(used only between good acquaintances; southern Germany, Austria)*
Guten Abend! 'N Abend! *(informal)*
Moin, moin! *(northern German greeting)*

Expressions for saying good-bye:
(Auf) Wiedersehen!
(Auf) Wiederschauen!
(Auf) Wiederhören! *(on the phone)*
Tschüss! *(informal)*
Adieu!
Ciao! *(informal)*
Ade! *(informal; southern Germany, Austria)*
Servus! *(used only between good acquaintances; southern Germany, Austria)*
Salut! *(informal; Switzerland)*
Gute Nacht! *(said at bedtime)*
Bis bald!
Bis dann!
Mach's gut!

▲ „Guten Tag!" oder „Auf Wiedersehen!"

Kulturkontraste

1. How do you greet people in English?
2. How do you say good-bye?
3. Make a list of several variations and say when you use them, with whom, and why.

Erweiterung des Wortschatzes 1
(Vocabulary Expansion)

The subject pronouns *du* and *Sie*

Wie heißt **du**?	*What is your name? (What are **you** called?)*
Wie ist **deine** Telefonnummer?	*What is **your** telephone number?*

Du is equivalent to *you* and is used when addressing a relative, close friend, or person under approximately 15 years of age. Members of groups such as students, athletes, laborers, and soldiers also usually address each other as **du**. It is used when talking to one person and is referred to as the familiar form. **Dein(e)** is equivalent to *your*. It is used with a person to whom you say **du**. The word for *you* used to address more than one friend, relative, etc., will be explained in *Kapitel 1*.

In the tenth grade some teachers start to address pupils with **Sie**.

Wie heißen **Sie**?	*What is your name? (What are **you** called?)*
Wie ist **Ihre** Adresse?	*What is **your** address?*

Sie is also equivalent to *you* but is a more formal form of address, and is used when addressing a stranger or adult with whom the speaker is not on intimate terms. **Sie** is used when speaking to one person or to more than one person. **Ihr(e)** is equivalent to *your* and is used with a person to whom you say **Sie**. In writing, **Sie** and **Ihr(e)** are capitalized.

Dein and **Ihr** modify masculine and neuter nouns. **Deine** and **Ihre** modify feminine nouns. See the section on gender of nouns on page 16 of this chapter.

Abs.: Nele Tatge
Schulstr. 3d
82319 Starnberg

An
Christine Hanwalter
Kirchfeldstr. 82
40215 Düsseldorf

DEUTSCHLAND
Schloss Bellevue 55

Simone Berger

▲ **Wie ist die Adresse von Christine Hanwalter?**
Wie ist die Adresse von Nele Tatge?

Das Alphabet

The German alphabet has 26 regular letters and four special letters. They are pronounced as follows:

a	ah	**j**	jot / je	**s**	ess	**ä**	äh (a-Umlaut)
b	beh	**k**	kah	**t**	teh	**ö**	öh (o-Umlaut)
c	tseh	**l**	ell	**u**	uh	**ü**	üh (u-Umlaut)
d	deh	**m**	emm	**v**	fau	**ß**	ess-tsett, scharfes ess.
e	eh	**n**	enn	**w**	weh		
f	eff	**o**	oh	**x**	iks		
g	geh	**p**	peh	**y**	üppsilon		
h	hah	**q**	kuh	**z**	tsett		
i	ih	**r**	err				

Capital letters are indicated by **groß: großes B, großes W**. Lowercase letters are indicated by **klein: kleines b, kleines w**.

---

9 **Wie schreibt man das?** Ask your instructor or a fellow student for her/his name. Then ask how to spell it. (Use the **Sie**-form in speaking with your instructor: **Wie heißen Sie?**)

Asking for information

BEISPIELE Wie heißt du?   *David Fischer.*
Wie schreibt man das?   *Deh-ah-fau-ih-deh. Eff-ih-ess-tseh-hah-eh-err.*

10 **Abkürzungen** *(Abbreviations)* Pronounce the following abbreviations and have your partner write them down.

1. CD (= CD)
2. VW (= Volkswagen)
3. BMW (= Bayerische Motorenwerke)
4. WWW (= World Wide Web)
5. ICE (= Intercity express)
6. USA (= U.S.A.)

Philip Lange/Shutterstock.com

 11 **Schreiben Sie das** *(Write that)* Spell several German words to a partner who will write them down. Then reverse roles. You may use the words listed or choose your own.

Providing information

tschüss
danke
bitte
Adresse
Telefonnummer
Kindergarten
Gummibärchen
Mercedes
Europa

Die Zahlen von 1 bis 1.000

🌐 Audio Flashcards

0 = null	10 = zehn	20 = zwanzig	30 = dreißig
1 = eins	11 = elf	21 = einundzwanzig	40 = vierzig
2 = zwei	12 = zwölf	22 = zweiundzwanzig	50 = fünfzig
3 = drei	13 = dreizehn	23 = dreiundzwanzig	60 = sechzig
4 = vier	14 = vierzehn	24 = vierundzwanzig	70 = siebzig
5 = fünf	15 = fünfzehn	25 = fünfundzwanzig	80 = achtzig
6 = sechs	16 = sechzehn	26 = sechsundzwanzig	90 = neunzig
7 = sieben	17 = siebzehn	27 = siebenundzwanzig	100 = hundert
8 = acht	18 = achtzehn	28 = achtundzwanzig	101 = hunderteins
9 = neun	19 = neunzehn	29 = neunundzwanzig	1.000 = tausend

Note the following irregularities:

- **Eins** *(one)* becomes **ein** when it combines with the twenties, thirties, and so on: **einundzwanzig, einunddreißig.**
- **Dreißig** *(thirty)* ends in **-ßig** instead of the usual **-zig**.
- **Vier** *(four)* is pronounced with long [/-], but **vierzehn** *(fourteen)* and **vierzig** *(forty)* are pronounced with short [i].
- **Sechs** *(six)* is pronounced [s.eks], but **sechzehn** *(sixteen)* and **sechzig** *(sixty)* are pronounced [s.eç-].
- **Sieben** *(seven)* ends in **-en**, but the **-en** is dropped in **siebzehn** *(seventeen)* and **siebzig** *(seventy)*.
- **Acht** *(eight)* is pronounced [axt], but the final **t** fuses with initial [ts] in **achtzehn** *(eighteen)* and **achtzig** *(eighty)*.

NOTE: Numbers in the twenties, thirties, and so on follow the pattern of the nursery rhyme "four-and-twenty blackbirds":

24 = **vierundzwanzig** *(four-and-twenty)*
32 = **zweiunddreißig** *(two-and-thirty)*

- German uses a period instead of a comma in numbers over 999.
- German uses a comma instead of a period to indicate decimals.

German	English
1.000 g (Gramm)	*1,000 g*
4,57 m (Meter)	*4.57 m*

Simple arithmetic is read as follows:

Addition: 5 + 3 = 8. Fünf plus drei ist acht.

Subtraction: 5 − 3 = 2. Fünf minus drei ist zwei.

Multiplication: 5 × 3 = 15. Fünf mal drei ist fünfzehn.

Division: 15 ÷ 3 = 5. Fünfzehn (geteilt) durch drei ist fünf.

Using numbers

12 **Rechnen** *(Doing arithmetic)* Find a partner. On a piece of paper, each of you writes out five simple mathematical problems. Read your five problems to your partner and let her/him solve them; then solve your partner's five problems.

S1:
—Wie viel⁺ ist drei plus zwei [3 + 2]?
—Wie viel ist zehn minus acht [10 − 8]?

S2:
—Drei plus zwei ist fünf.
—Zehn minus acht ist zwei.

13 Hören Sie zu (Listen) Anna has a summer job working at the information desk of Karstadt, a large department store. This is her first day, so she doesn't know many of the employees' names yet. She has to ask the callers to spell the names. Write down the missing names and phone numbers.

lev dolgachov/Shutterstock.com

Three important new words are: **der Nachname** *(surname)*, **der Vorname** *(first name)*, **buchstabieren** *(to spell)*.

Vorname	Nachname	Telefonnummer
Aischa		
Kevin		
	Losso	

14 Frage-Ecke The charts in this activity show the postal codes of particular sections of cities in Germany, Austria, and Switzerland. Take turns with a partner and find out the postal codes that are missing in your chart. **S1**'s chart is below; the chart for **S2** is in Appendix B.

S1: Wie ist eine Postleitzahl von Berlin?
S2: Eine Postleitzahl von Berlin ist 10585. Wie ist eine Postleitzahl von Zürich?

S1:

10585 Berlin	60311 Frankfurt
—— Zürich	—— Wien
20095 Hamburg	5010 Salzburg
—— München	

15 **Persönliche Informationen** Ask three of your fellow students for their names, addresses, phone numbers, and e-mail addresses. Then get the same information from your instructor. Remember to use **Sie** and **Ihre** with your instructor; and be sure to say thank you.

S1:
—Wie heißt du?
—Wie ist deine Adresse?
—Wie ist deine Postleitzahl?
—Wie ist deine Handynummer?
—Wie ist deine E-Mail-Adresse?
—Danke.

S2:
—[Olivia Tayler].
—[17 Wilson Street, Brewer, Maine].
—[04412]
—[207-555-2913]
—olivia.tayler@gmail.com
—Bitte.

▲ Studenten vor der Hochschule in Bremen

16 **Hören Sie zu** You will hear three requests for addresses. As you listen, choose the correct street numbers and the correct postal codes from the list and complete the sentences below accordingly.

BEISPIEL Anna Riedholts Adresse ist Pfleghofstraße <u>5</u>, Zimmer 8, <u>72070</u> Tübingen.

2	72070
5	72072
13	82211
32	87569

1. Die Adresse von Professor Lange ist Hölderlinallee _____, _____ Tübingen.
2. Die Adresse von Siggis Snowboardschule ist Walserstraße_____, _____ Mittelberg.
3. Die Adresse von Autohaus Kärcher ist Panoramastraße _____, _____ Herrsching am Ammersee.

17 **Wie alt bist du?**+ Find out the ages of four fellow students. Be sure you know their names. Write down the information.

S1:
Wie alt bist du?

S2:
Ich bin [19] Jahre+ alt.

Vokabeln 🄸
(Vocabulary)

🌐 Audio Flashcards

In English, proper nouns like *Monday* or *America* are capitalized, but not common nouns like *address* or *street*. In German, all nouns are capitalized: proper nouns like **Montag** or **Amerika**, as well as common nouns like **Adresse** or **Straße**. Also unlike English, German does not capitalize proper adjectives. Compare the following:

> The German pronoun **Sie** *(you, formal)* and the possessive adjective **Ihr** *(your, formal)* are capitalized in writing. The pronoun **ich** *(I)* is not capitalized.

amerikanisch *American*   **englisch** *English*   **deutsch** *German*

Substantive

Menschen *(People)*

die **Frau** woman; **Frau** Mrs., Ms. *(term of address for adult women)*
der **Herr** gentleman; **Herr** Mr. *(term of address)*
der **Professor** *(m.)* / die **Professorin** *(f.)* professor
der **Student** *(m.)* / die **Studentin** *(f.)* student
das **Handy** cell phone
der **Abend** evening

der **Morgen** morning
der **Tag** day
(das) **Deutsch** German; German class
das **Jahr** year
die **Adresse** address
die **E-Mail** e-mail
die **Nummer** number
die **Straße** street, road
die **Telefonnummer** telephone number

die **Zahl** number, numeral

Pronomen *(Pronouns)*

ich I
du you *(familiar)*
Sie you *(formal)*

Possessivpronomen *(Possessive adjectives)*

mein(e) my
dein(e) your *(familiar)*
Ihr(e) your *(formal)*

Verben *(Verbs)*

sein to be
  ich bin I am
  Sie sind you are *(formal)*
  du bist you are *(informal)*

er/es/sie ist he/it/she is
heißen to be named; to be called
buchstabieren to spell

Fragewörter *(Question words)*

wie how
wie viel how much; **wie viele** how many

Andere Wörter *(Other words)*

Grüße *(Greetings)*

Grüß dich! Hello! Hi!
Guten Morgen! Good morning!
Guten Tag! / Tag! Hello!
Guten Abend! Good evening!

Hallo! Hello! Hi!

Auf Wiedersehen *(Good-bye)*

Bis bald! See you soon!
Bis dann! See you then!

Gute Nacht! Good night!
Mach's gut! Take it easy!
Tschüss. So long! Good-bye! *(informal)*

Besondere Ausdrücke *(Special expressions)*

Ich heiße ... My name is . . .
Wie heißt du (heißen Sie)? What's your name?
Wie alt bist du (sind Sie)? How old are you?
Wie alt ist ... ? How old is . . . ?
Ich bin 19 Jahre alt. I'm 19 years old.
Wie geht's? How are you? *(literally: How's it going?)*
Es geht. OK. Not bad. All right.
Ganz gut. Not bad., OK.

Und dir? And you? How about you? *(familiar)*
Und Ihnen? And you? How about you? *(formal)*
Was ist los? What's wrong? What's the matter?
Wie ist deine (Ihre) Adresse? What's your address?
Wie ist deine (Ihre) Telefonnummer? What is your telephone number?

Wie ist die Telefonnummer von [Jonas Neumann]? What is [Jonas Neumann's] telephone number?
Wie schreibt man das? How do you spell that? *(literally:* How does one write that?*)*

Alles klar?

18 Antonyme With a partner, match up the appropriate opposites (**Gegenteile**) in the following two columns. Take turns asking questions and answering them.

S1: Was ist das Gegenteil von **tschüss**?
S2: Das Gegenteil von **tschüss** ist **hallo**.

1. _____ der Herr
2. _____ die Studentin
3. _____ der Morgen
4. _____ die Professorin
5. _____ Guten Tag!
6. _____ der Tag

a. der Student
b. die Nacht
c. Auf Wiedersehen!
d. die Frau
e. der Abend
f. der Professor

19 Ich bin Gabi! Gabi introduces herself. Read the text below and fill in the blanks with the following words.

Postleitzahl
Telefon
bin
bis dann

E-Mail-Adresse
Tag
heiße
Adresse

„Guten _____! Ich _____ Gabi, Gabi Sanders. Ich _____ 25 Jahre alt. Meine _____ ist Am Leibnitzplatz 24 in Bremen, und die _____ ist 28259. Meine _____ ist gabi65@gmx.de, und ich habe nur ein mobiles _____. Also, _____!"

20 Was passt? Match the following phrases and expressions with the appropriate image.

Wie ist Ihre Adresse?
Mach's gut!

Guten Abend!
Guten Morgen!

1. _____

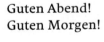

2. _____

3. _____

4. _____

🌐 Web Search

Die deutsche Sprache heute

German is spoken by more than 200 million people worldwide. The number of German native speakers (100 million) ranks 10th in the list of world languages. The first four are: 1. Mandarin (873 million), 2. Hindi (370 million), 3. Spanish (350 million), 4. English (341 million). The number of German native speakers (100 million) ranks 10th in the list of world languages. The first four are: 1. Mandarin (873 million), 2. Hindi (370 million), 3. Spanish (350 million), 4. English (341 million). German is the first language of 24% of the residents of the European Union—more than any other language. German is the mother tongue of most residents of Germany, Austria, and many regions of Switzerland, as well as Luxembourg, Liechtenstein, and parts of northern Italy, eastern Belgium, and eastern France.

Fifteen percent of Americans and 10% of Canadians claim some German heritage. Around 1.3 million residents of the United States speak German at home. About 1,000 German citizens immigrate to Canada each year.

Many people associate German with its great poets and thinkers **(Dichter und Denker)** of the past, and it is true that German speakers still play an important role in literature, the arts, and the sciences. However, German is also an important language for the global economy. Germany is often called the powerhouse of Europe, and people who speak German have a very useful skill for the world economy. You may know some internationally important German firms such as Siemens, Adidas, Bayer, Bosch, BMW, Mercedes-Benz, or Volkswagen.

German is also an important language for international communications. After English, German is the most widely used language on the Internet. Germans love to travel. In many places in the United States, German tourists comprise the largest group of non-English-speaking visitors. Over 420,000 German tourists visit Canada each year.

For these reasons and many more, approximately 14 million people around the world are learning German as a second language. Most of them are in central and eastern Europe, but also 68% of Japanese students learn German. You should remember that when you learn German you are not only learning a commercial skill, you are also learning how culture, worldview, and language are intertwined.

▲ Johann Wolfgang von Goethe (1749–1832), großer deutscher Dichter

▲ Zwei Studentinnen aus China lernen in der Bibliothek der Universität Aachen.

Kulturkontraste

1. Discuss in class what you expect of the language-learning process. Which aspects do you think will be interesting or fun? Which aspects do you expect to be difficult? It might be helpful to interview a person who learned English as a second language.

2. Which German companies are you familiar with? Do you use any products produced by German companies?

Erweiterung des Wortschatzes 2

Gender of nouns (Substantiv)

Neuter is the Latin word for *neither,* i.e., neither masculine nor feminine.

Masculine	Neuter	Feminine
the man ← he	the baby ← it	the woman ← she
	the computer ← it	
	the radio ← it	
	the lamp ← it	

Every English noun belongs to one of three genders: masculine, neuter, or feminine. The gender of a singular English noun shows up in the choice of the pronoun that is used to refer back to it.

The English type of gender system is one of natural gender. Nouns referring to male beings are masculine. Nouns referring to female beings are feminine. Nouns referring to young beings (if thought of as still undifferentiated as to sex) are neuter, and all nouns referring to inanimate objects are also neuter.

Masculine	Neuter	Feminine
der Mann[+] ←er	das Kind[+] ←es	die Frau ←sie
der Computer ←er	das Radio[+] ←es	die Lampe ←sie

German, like English, generally uses a system of natural gender for nouns that refer to living beings. Unlike English, however, German also makes gender distinctions in nouns that do not refer to living beings. This type of gender system is one of grammatical gender.

- In German there are three groups of nouns: masculine (**der**-nouns), neuter (**das**-nouns), and feminine (**die**-nouns).
- The definite articles **der, das**, and **die** function like the English definite article *the.*
- Most nouns referring to males are **der**-nouns (**der Mann** = *man*), most nouns referring to females are **die**-nouns (**die Frau** = *woman*), and nouns referring to young beings are **das**-nouns (**das Kind** = *child*). Note that **der Junge**[+] (= *boy*) is a **der**-noun, but **das Mädchen**[+] (= *girl*) is a **das**-noun because all nouns ending in -**chen** are **das**-nouns.
- Other nouns belong to any one of the three groups: **der Computer, das Radio, die Lampe.**

Mädchen is derived from **Mägdchen** (17th cent.): **die Magd** + diminutive suffix -**chen.**

Signals of gender

Like English, German signals the gender of a noun in the choice of the pronoun that is used to refer back to it: **er** is masculine, **es** is neuter, and **sie** is feminine. Unlike English, however, German also signals gender in the choice of the definite article that precedes a noun: **der** is masculine, **das** is neuter, and **die** is feminine.

Lerntipp

The article is the most powerful signal of gender. You should always learn a German noun together with its definite article, because there is no simple way of predicting the gender of a particular noun.

The suffix -in

Masculine	der **Student**
Feminine	die **Studentin**

The suffix **-in** added to a masculine noun gives the feminine equivalent. Other examples are:

Professor—Professorin
Amerikaner—Amerikanerin
Journalist—Journalistin

Ein Studentenzimmer (student's room) 🌐 Audio Flashcards

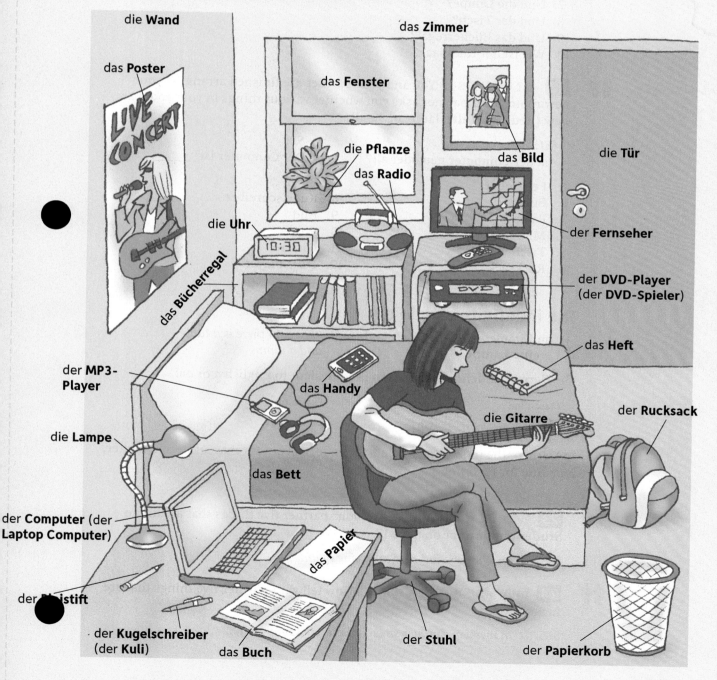

die **Wand**
das **Poster**
das **Zimmer**
das **Fenster**
die **Pflanze**
das **Bild**
die **Tür**
das **Radio**
die **Uhr**
der **Fernseher**
das **Bücherregal**
der **DVD-Player** (der **DVD-Spieler**)
das **Heft**
der **MP3-Player**
das **Handy**
der **Rucksack**
die **Gitarre**
die **Lampe**
das **Bett**
der **Computer** (der **Laptop Computer**)
das **Papier**
der **Bleistift**
der **Kugelschreiber** (der **Kuli**)
das **Buch**
der **Stuhl**
der **Papierkorb**

21 **Rollenspiel** *(role play)*: **Groß oder klein?** You are moving to a new room and your partner plans to help arrange the furniture. She/He asks whether certain items are large **(groß)** or small **(klein)**. Role-play with a partner.

BEISPIEL Ist das Zimmer groß oder klein?   *Das Zimmer ist [groß].*

1. Ist das Fenster groß oder klein?
2. Ist das Bett groß oder klein?
3. Ist der Fernseher groß oder klein?
4. Wie ist der Stuhl?
5. Ist die Pflanze groß oder klein?
6. Wie ist die Uhr?
7. Und die Lampe?
8. Und der Tisch?
9. Und das Bücherregal?
10. Wie ist der Rucksack?

Describing things

22 **Alt oder neu?** You and your partner are finished arranging your new room. Your partner asks you whether various things in your room are new **(neu)**, old **(alt)**, large, or small.

S1:
Ist der Computer neu oder alt?

S2:
Der Computer ist _____.

1. Fernseher
2. Bett
3. Lampe
4. MP3-Player
5. Tisch
6. Rucksack
7. Buch
8. Kugelschreiber
9. Bild
10. Poster
11. Gitarre
12. DVD-Player

The indefinite article *ein*

Im Zimmer sind **ein Tisch** und **eine Lampe**.

In the room there is a table and a lamp.

The German indefinite article **ein** is equivalent to English *a* or *an.*

Masculine	Neuter	Feminine
ein Tisch	**ein** Bett	**eine** Lampe

In German the indefinite article has two forms: **ein** for masculine and neuter, and **eine** for feminine.

23 **Was ist im Zimmer?** Tell your partner five things that are in the **Studentenzimmer** on page 17.

BEISPIEL *Im Zimmer sind ein Stuhl, eine Pflanze, …*

24 **In meinem** *(my)* **Zimmer** Now tell your partner five things that are in your room.

BEISPIEL *In meinem Zimmer sind ein Bett, ein Computer, …*

Pronouns (das Pronomen)

Wie alt ist **Daniel**?	*How old is **Daniel**?*
Er ist zweiundzwanzig.	***He** is twenty-two.*
Wie alt ist **Anna**?	*How old is **Anna**?*
Sie ist zwanzig.	***She** is twenty.*

A PRONOUN is a part of speech that designates a person, place, thing, or concept. It functions as a noun does. A pronoun can be used in place of a noun or a noun phrase.

Der Mann ist groß.	**Er** ist groß.	*He is tall.*
Der Stuhl ist groß.	**Er** ist groß.	*It is large.*
Das Kind ist klein.	**Es** ist klein.	*She/He is small.*
Das Zimmer ist klein.	**Es** ist klein.	*It is small.*
Die Frau ist groß.	**Sie** ist groß.	*She is tall.*
Die Lampe ist groß.	**Sie** ist groß.	*It is large.*

In German the pronouns **er**, **es**, and **sie** may refer to people, places, or things.

• In English the singular pronoun referring to things (*it*) is different from those referring to people (*she, he*).

NOTE: Referring to people, **groß** means *tall* and **klein** means *short* or *small*. Referring to things, **groß** means *large* or *big* and **klein** means *small* or *little*.

---

25 **Wie ist das Zimmer?** Michelle is seeing your room for the first time since you made some changes. She's trying to sort out which things are new and which are old. Respond using a pronoun instead of the noun.

BEISPIEL Ist der Tisch neu?   *Ja, er ist neu.*

1. Ist der Stuhl alt?
2. Ist die Uhr neu?
3. Ist das Bücherregal alt?
4. Ist die Pflanze neu?
5. Ist die Lampe alt?
6. Ist der DVD-Player neu?
7. Ist das Poster neu?

26 **Groß, klein, alt.** With your partner, look at the pictures of people and try to decide whether they are tall, short, or old. To get each other's opinions, form questions and answers by using the following words:

Personen:	Kind	Mann	Frau
Adjektive:	alt	groß	klein

S1: Ist die Frau alt?
S2: Nein, sie ist nicht⁺ alt.

Die Farben (Colors) 🌐 Audio Flashcards

The following sentences should help you remember the colors.

Der Ozean ist **blau**.

Das Gras ist **grün**.

Die Schokolade ist **braun**.

Die Tomate ist **rot**.

Die Banane ist **gelb**.

Der Asphalt ist **schwarz**.

Die Maus ist **grau**.

Das Papier ist **weiß**.

 27 **Welche⁺ Farbe** (What color)? Ask your partner the colors of five items in the student's room on page 17.

BEISPIELE To ask what color something is one asks:

Welche Farbe hat [der Stuhl]?   *What color is [the chair]?*

To answer the question one says:

[Der Stuhl] ist [grau].   *[The chair] is [gray].*

28 **Welche Farbe hat das Land?** Germany has sixteen states **(Länder)**. With a partner, look at the map of Germany on page 00 and ask each other questions about the **Länder**.

S1: Welche Farbe hat [Bayern]?
S2: Bayern ist blau.

Describing things

Vokabeln II

🌐 Audio Flashcards
Tutorial Quizzes

Substantive (Nouns)

Menschen (People)

der **Junge** boy
der **Mann** man
das **Kind** child
das **Mädchen** girl

Im Zimmer (In the room)

der **Papierkorb** waste basket
der **Stuhl** chair
der **Tisch** table
das **Bett** bed
das **Bild** picture, photo
das **Bücherregal** bookcase
das **Fenster** window
das (or der) **Poster** poster
das **Telefon** telephone
das **Zimmer** room

die **Lampe** lamp
die **Pflanze** plant
die **Tür** door
die **Uhr** clock, watch
die **Wand** wall

Für die Studenten (For students)

der **Bleistift** pencil
der **Computer** computer
der **Kugelschreiber** (der **Kuli**, colloquial) ballpoint pen
der **Rucksack** backpack
das **Buch** book
das **Handy** cell phone
das **Heft** notebook
das **Papier** paper

Musik und Fernsehen (Music and TV)

der **CD-Player** (der **CD-Spieler**) CD player
der **DVD-Player** (der **DVD-Spieler**) DVD player
der **Fernseher** television set
der **MP3-Player** MP3 player
das **Radio** radio
die **Gitarre** guitar

Weitere Substantive (Additional nouns)

die **Bibliothek** library
die **Farbe** color
die **Nacht** night

Pronomen (Pronouns)

er he, it
sie she, it
es it

man one, people

Verben (Verbs)

haben to have
  ich habe I have
  Sie haben you have (formal)

du hast you have (informal)
er/es/sie hat he/it/she has

schreiben to write

Adjektive und Adverbien (Adjectives and adverbs)

auch also
da there
furchtbar terrible, horrible; very
krank sick, ill
müde tired
nicht not
nur only
sehr very (much)
so so; this way
toll great, fantastic, terrific

Gegenteile (Opposites)

alt ≠ **neu** old ≠ new
fantastisch ≠ **miserabel** fantastic ≠ miserable
groß ≠ **klein** large, big; tall (people) ≠ small; short (people)
gut ≠ **schlecht** good, well, fine ≠ bad, badly
richtig ≠ **falsch** correct, right ≠ false, wrong

Farben (Colors)

blau blue
braun brown
gelb yellow
grau gray
grün green
rot red
schwarz black
weiß white

For the numbers 1–1,000, see page 10.

Andere Wörter (Other words)

ach oh
also well
bitte please; you're welcome (after danke)
danke thanks; **danke schön** thank you very much
dann then

das the (neuter); that
der the (masculine)
die the (feminine)
eine(e) a, an
geteilt durch divided by (in division)
ja yes

mal times (in multiplication)
minus minus (in subtraction)
nein no
tschüss so long, good-bye (informal)
und and; plus (in addition)
von of

Fragewörter (Question words)

wann when

welch(-er, -es, -e) which

Besondere Ausdrücke (Special expressions)

Bitte? May I help you?
Okay okay, OK
Welche Farbe hat ...? What color is . . .?

(Wie) bitte? (I beg your) pardon.
Willst du nach [Florenz]? Are you planning to go to [Florence]?

Alles klar?

29 Kategorien (Categories) What doesn't fit?

1. a. Bett	b. Fenster	c. Pflanze	d. Tür
2. a. Junge	b. Mann	c. Student	d. Frau
3. a. Bleistift	b. Kind	c. Buch	d. Heft
4. a. grün	b. blau	c. groß	d. rot

30 Gegenteile (Opposites) What is the opposite?

1. klein ≠ _____
2. alt ≠ _____
3. richtig ≠ _____

4. schlecht ≠ _____
5. fantastisch ≠ _____

31 Ergänzen Sie (Complete)! Complete each question with an appropriate word.

1. —Welche _____ hat der Tisch?
   —Er ist braun.
2. —_____ alt bist du?
   —Ich bin einundzwanzig.
3. —_____ geht's?
   —Gut danke. Und dir?
4. —Wie ist _____ Adresse?
   —Königstraße 112, in Stuttgart.
5. Danke, es geht mir gut, Herr Meier. Und _____?

„Sind wir immer noch nicht dran?"°

Sind ... dran: Is it still not our turn?

⊕ Web Search

Vorschau

In **Land und Leute**, you will learn about cultural aspects of the German-speaking world. German is not only spoken in Germany, but also in Switzerland, Austria, and the border regions Germany shares with other neighboring countries. The cultural information in this feature, therefore, encompasses a range of topics which are as rich and diverse as the regions in which varieties of the German language and varieties of distinct regional culture can be found.

    Land und Leute includes information about the German language, both its history and its contemporary usage. Common greetings and farewells are introduced just as useful communicative functions of everyday language are discussed, such as asking for information. These are coupled with chapter vocabulary and topics. Other topics include introductions to various regions and areas in the German-speaking world, such as Austria or Switzerland. Throughout the chapters, you will find focused units on various important cities, for example, Berlin, Hamburg, Zurich, or Vienna, introducing important aspects of their long history or the many cultural activities they offer. Food culture is also featured, such as German-style breakfast, coffee house culture, or how to navigate restaurants in the German-speaking world.

    Land und Leute also introduces a variety of issues of historical or contemporary significance in the German-speaking world. How do German families balance their careers and family planning, how does the education system work, what is college life like, how did the German separation and reunification happen and what did that mean in the context of the cold war, and how does Germany handle its own multicultural and multiethnic society, socially, politically, and culturally?

    Ultimately, these and many more cultural topics in **Land und Leute** invite you to compare and contrast the information presented here with your own cultural experience, whether it is rooted in North America or elsewhere.

▲ Wo spricht man Deutsch?

hsvrs/Istockphoto.com

▲ Städte und ihre Geschichte

Philip Lange/Shutterstock.com

▲ Kulturelle, soziale, und politische Themen

Wiederholung (Review)

1 **Die Galerie** Complete the information about the **Café Klappe**.

1. Die Galerie ist ein _____, eine Bar und ein _____.
2. Der Jazzbrunch ist jeden (every) _____.
3. Die Musik ist _____.
4. Die Webseite ist _____.

2 **Studentenzimmer** Students needing rooms in Tübingen can consult the bulletin board in a popular student café. Below are three of the ads. Read them and answer the questions that follow. You don't have to understand every word in order to get the information you need.

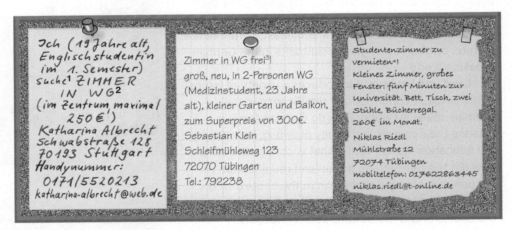

[1]am looking for [2]**WG = Wohngemeinschaft:** *people sharing an apartment* [3]*vacant, available* [4]*to rent*

Ad 1

1. Wie heißt die Studentin?
2. Wie alt ist sie?
3. Wie ist die Adresse?
4. Wie ist die Handynummer?
5. Wie ist die E-Mail-Adresse?

Ad 2

○

1. Ist das Zimmer groß oder klein?
2. Ist es neu oder alt?
3. Wie alt ist der Medizinstudent?
4. Wie ist der Garten? Groß oder klein?
5. Wie ist die Adresse?
6. Wie ist die Telefonnummer?

Ad 3

1. Ist das Zimmer groß oder klein?
2. Wie ist das Fenster? Groß oder klein?
3. Im Zimmer sind ein _____, ein _____, ein _____ und zwei _____.
4. Wie heißt der Vermieter (landlord)?
5. Wie ist die Adresse?
6. Wie ist die Handynummer?
7. Wie ist die E-Mail-Adresse?

3 **Geburtstage!** Read the birth announcement and then answer the questions. You don't need to understand all the words to get the information required.

○

1. Wie heißt das Baby?
2. Wie alt ist Jan Lukas heute?
3. Wie ist Jans Adresse?
4. Wie ist seine Telefonnummer?
5. Wie heißen Jans Mutter (mother) und Vater (father)?
6. Wer ist Franziska?

> Unser Sohn heißt
>
> # Jan Lukas
>
> und ist am 14. Juli 2009 um 20.13 Uhr auf die Welt gekommen.
> Gewicht: 3000g
> Größe: 50cm
>
> Johanna und Timo Mühlhäuser
> sind die überglücklichen Eltern,
> Franziska ist die überglückliche Schwester.
>
> Schönbichlstraße 14
> 82211 Herrsching am Ammersee
> Telefon: 08152-1538

4 **Gespräche** *(Conversations)*

1. Talk to classmates whose names you remember. Greet them and ask how they are.
2. Introduce yourself to classmates you don't know. Ask for their telephone numbers and e-mail addresses.
3. Ask some of your classmates how to spell their names and be prepared to spell your own for them.

5 **Zum Schreiben** *(For writing)*

1. **Mein Zimmer.** Identify fifteen items in your classroom or dorm room. List them by gender. Then describe five of the items using full sentences.

BEISPIEL der Stuhl   *Der Stuhl ist braun. Er ist nicht groß.*

2. **Eine E-Mail.** Send an e-mail to your instructor giving the information below.

○

Ich heiße _____. Ich bin _____ Jahre alt. Meine^{+} Adresse ist _____.

Meine Handynummer ist _____. Meine E-Mail-Adresse ist _____.

KAPITEL 1

Freizeit und Sport
Was machst du am Wochenende?

Freunde beim Joggen

Lernziele

Sprechintentionen

- Making plans
- Asking about personal plans
- Asking what day it is
- Telling time
- Asking what kind of person someone is
- Describing people
- Asking questions
- Expressing likes and dislikes
- Giving positive or negative responses

Zum Lesen *(Reading)*

- Eine Studentin in Tübingen

Leserunde

- *Konjugation* (Rudolf Steinmetz)

Wortschatz

1 Die Wochentage
  Was machst du gern?
  Telling time
2 Was für ein Mensch sind Sie?

Grammatik

- Subjects pronouns
- The subject pronouns **du, ihr, Sie**
- The meaning and use of **sie** and **Sie**
- Present tense of **sein**
- The infinitive
- The finite verb
- Present tense of regular verbs
- Present tense meanings
- The construction verb + **gern**
- Position of **nicht**
- Informal questions
- Yes/No questions

Land und Leute

- Sportvereine
- Tübingen
- Du *vs.* Sie
- Fit bleiben

Video-Ecke

1 Ich heiße ...; Treibst du Sport?; Computer, Handy, etc.
2 Hallo!

RESOURCES

Bausteine für Gespräche

1. **Du spielst doch gern Schach, nicht?** In order to ask for confirmation, speakers of German tag the word **nicht** onto the end of the sentence. The English equivalent in this sentence would be *right*?

2. Note that when Daniel tells Anna he is going swimming, he begins his sentence with **du. (Du, ich gehe am Donnerstag schwimmen.)** German speakers often get the attention of people or introduce a thought by saying **du**. In English, one might say *hey*.

A. Gehen wir ins Kino?

Was machst du heute Abend?

Leon lives in the same dormitory as Anna. He goes to see her.

LEON: Hallo, was machst du heute Abend?
ANNA: Nichts Besonderes. Musik hören oder so.
LEON: Ich glaube, du spielst doch gern Schach, nicht?
ANNA: Schach? Ja, schon. Aber nicht besonders gut.
LEON: Ach komm, wir spielen zusammen, ja?
ANNA: Na gut. Und wann?
LEON: Ich weiß nicht ... so um sieben? Oder um halb acht?
ANNA: Halb acht ist gut. Also, bis dann.

1 Richtig oder falsch?

	Richtig	Falsch
1. Leon hört heute Abend Musik.	——	——
2. Leon spielt gern Schach.	——	——
3. Anna spielt gut Schach.	——	——
4. Anna und Leon spielen heute Abend Schach.	——	——
5. Sie spielen um sieben.	——	——

Am Handy

Daniel calls Anna on his cell phone.

ANNA: Ja?
DANIEL: Hallo, Anna. Hier ist Daniel.
ANNA: Ach, das ist ja nett. Hallo, Daniel. Wie geht's?
DANIEL: Ganz gut. Du, ich gehe am Donnerstag schwimmen. Hast du Zeit?
ANNA: Nein, da habe ich Volleyball.
DANIEL: Schade!
ANNA: Ja, ich schwimme nämlich total gern. Geht es nicht am Samstag?
DANIEL: Am Samstag arbeite ich. Aber nur bis Viertel nach zwei. Am Nachmittag habe ich Zeit.
ANNA: Das ist doch gut.
DANIEL: Toll. Dann telefonieren wir am Freitag noch mal. Tschüss, Anna.
ANNA: Tschüss, Daniel.

2 Richtig oder falsch?

	Richtig	Falsch
1. Daniel geht am Dienstag schwimmen.	——	——
2. Anna spielt am Donnerstag Volleyball.	——	——
3. Anna und Daniel telefonieren am Freitag.	——	——
4. Am Samstag arbeiten Anna und Daniel bis Viertel nach zwei.	——	——
5. Am Nachmittag gehen sie zusammen schwimmen.	——	——

Erweiterung des Wortschatzes 1

Die Wochentage

Welcher Tag ist heute?	*What day is it today?*
Heute ist Montag.	*Today is Monday.*
Dienstag	*Tuesday*
Mittwoch	*Wednesday*
Donnerstag	*Thursday*
Freitag	*Friday*
Samstag (*in southern Germany*)	*Saturday*
Sonnabend (*in northern Germany*)	
Sonntag	*Sunday*

J. Welcher Tag ist heute?
K. Hat Dennis am Mittwoch Deutsch?

Monday (**Montag**) is considered the first day of the week in German-speaking countries. As a result, calendars begin with **Montag** rather than **Sonntag**. **Sonnabend** is a regional variant for Saturday, especially in northern Germany.

❋ OKTOBER ❋

Montag	Dienstag	Mittwoch	Donnerstag	Freitag	Samstag	Sonntag
		1	2	3 Tag der dt. Einheit	4	5
6	7	8	9	10	11	12
13	14	15	16	17	18	19
20	21	22	23	24	25	26
27	28	29	30	31		

3 Frage-Ecke You and a partner are talking about Emily, Matthew, Sarah, and Andrew. Take turns finding out which subjects they study on which days. Note that Germans use the word **am** with days of the week: **am Montag**. **S1**'s information is below; the information for **S2** is in *Appendix B*.

S1:
Was hat Matthew am Dienstag und Donnerstag?

Deutsch. Was hat ...?

S1: ...

S2:
Mathe. Was hat Matthew am Montag, Mittwoch und Freitag?

	Montag	Dienstag	Mittwoch	Donnerstag	Freitag
Matthew	Deutsch		Deutsch		Deutsch
Emily		Biologie		Biologie	
Sarah		Musik		Musik	
Andrew	Psychologie		Psychologie		Psychologie

Was machst du gern?

B. Was machst du?
E. Wer ich bin und was ich gern mache.

das Yoga;
Yoga machen

der Fußball;
Fußball spielen

das Schach;
Schach spielen

das Tennis;
Tennis spielen

die Karten;
Karten spielen

das Tischtennis;
Tischtennis spielen

der Basketball;
Basketball spielen

das Computerspiel;
ein Computerspiel spielen

das Inlineskating;
inlineskaten gehen

der Volleyball;
Volleyball spielen

das Gewichtheben;
Gewichte heben

das Golf;
Golf spielen

das Fitnesstraining;
Fitnesstraining machen

das Internet;
im Internet surfen

das Jogging;
joggen gehen

4 **Das mache ich gern** Say you do the following activities by selecting the proper verb from the options below.

Expressing likes and dislikes

| gehe   hebe   spiele   surfe   mache |

1. Ich _____ gern Fußball.
2. Ich _____ gern Computerspiele.
3. Ich _____ gern Schach.
4. Ich _____ oft⁺ Yoga.
5. Ich _____ oft Gewichte.
6. Ich _____ gern inlineskaten.
7. Ich _____ auch oft joggen.
8. Ich _____ gern im Internet.

5 **Was machst du?** Ask a few classmates what they are going to do in their free time. **S2** may use expressions from the options below.

Asking about personal plans

| gehe inlineskaten   gehe spazieren⁺   mache Fitnesstraining |
| mache Deutsch   gehe ins Kino   gehe wandern⁺ |
| gehe joggen   gehe tanzen⁺   spiele Tennis |
| surfe im Internet   gehe schwimmen   höre Musik |

S1:
Was machst du | **heute Morgen⁺?** | *S2:*
| heute Nachmittag⁺? | Ich **arbeite.**
| heute Abend? |
| am Montag? |

6 **Wie gern? Wie oft?** In the table below, check what you like doing (**gern/nicht so gern**) and how often you do these activities (**oft/nicht so oft**). Then report to class one of each category.

BEISPIEL Ich tanze nicht so oft.

	gern	nicht so gern	oft	nicht so oft
tanzen				
wandern				
schwimmen				
joggen				
arbeiten				
Basketball spielen				

7 **Hören Sie zu** You will hear Anna and Daniel talking about their plans for the afternoon. Indicate whether the statements below are **richtig** or **falsch** according to the conversation you have heard. You will hear one new word: **warum** (why).

1-10

	Richtig	Falsch
1. Anna ist nicht sportlich.	_____	_____
2. Daniel und David gehen inlineskaten.	_____	_____
3. Anna geht mit Daniel und David inlineskaten.	_____	_____
4. Anna, Daniel und David spielen Tennis.	_____	_____
5. Heute Abend hören sie Musik.	_____	_____
6. Anna hört nicht gern Blues.	_____	_____
7. David hat Karten für eine Bluesband.	_____	_____

Telling time

Wie viel Uhr ist es?⁺ } *What time is it?*
Wie spät ist es?⁺

The following methods are used to express clock time.
Note that German uses a period instead of a colon in time expressions.

	Method 1	Method 2
1.00 Uhr	Es ist eins.	Es ist eins.
	Es ist ein Uhr.	Es ist ein Uhr.
1.05 Uhr	Es ist fünf (Minuten) nach eins.	Es ist ein Uhr fünf.
1.15 Uhr	Es ist Viertel nach eins.	Es ist ein Uhr fünfzehn.
1.25 Uhr	Es ist fünf (Minuten) vor halb zwei.	Es ist ein Uhr fünfundzwanzig.
1.30 Uhr	Es ist halb zwei.	Es ist ein Uhr dreißig.
1.35 Uhr	Es ist fünf nach halb zwei.	Es ist ein Uhr fünfunddreißig.
1.45 Uhr	Es ist Viertel vor zwei.	Es ist ein Uhr fünfundvierzig.
1.55 Uhr	Es ist fünf (Minuten) vor zwei.	Es ist ein Uhr fünfundfünfzig.
2.00 Uhr	Es ist zwei Uhr.	Es ist zwei Uhr.

With a few exceptions, these two methods parallel the ways English indicates clock time.

Method 1	Es ist Viertel nach acht.	*It's a quarter past eight.*
Method 2	Es ist acht Uhr fünfzehn.	*It's eight-fifteen.*

In conversational German, method 1 is used to indicate time. Notice that the **-s** of **eins** is dropped before the word **Uhr**. The expression with **halb** indicates the hour to come, not the preceding hour: **halb zwei = 1.30 Uhr.**

Mein Zug fährt um **7.30 Uhr [7 Uhr 30]**.
Das Konzert beginnt um **19.30 Uhr [19 Uhr 30]**.

My train leaves at 7:30 AM.
The concert begins at 7:30 PM.

In official time, such as train and plane schedules and concerts, method 2 is used. Official time is indicated on a 24-hour basis.

University classes usually start at quarter past the hour. A lecture beginning at 9:15 AM would be listed: 9.00 c.t. (*cum tempore*). If the lecture started on the hour, it would be listed: 9.00 s.t. (*sine tempore*).

Um wie viel Uhr spielen wir Tennis?
Um halb neun.

(At) what time are we playing tennis?
At 8:30.

German uses **um** + a time expression to ask or speak about the specific hour at which something will or did take place.

Wann spielen wir Tennis?
Morgen. **Um** 8.30 Uhr.

When are we playing tennis?
Tomorrow. At 8:30.

The question word **wann** (*when, at what time*) can imply a request for a specific time (e.g., **um 8.30 Uhr**) or a general time (e.g., **morgen**).

8 **Frage-Ecke** Some of the clocks in this activity show particular times. Others are blank. Take turns with a partner and find out the times that are missing on your clocks. **S1**'s clocks are below; the clocks for **S2** are in *Appendix B*.

S1:
Nummer 1. Wie viel Uhr ist es? Es ist …

S2:
Es ist Viertel nach neun. (Es ist neun Uhr fünfzehn.) Und Nummer 2? Wie spät ist es?

S1: …

1.

2.

3.

4.

5.

6.

9 **Annas Terminkalender *(Appointment calendar)*** Say what Anna's plans are by consulting her calendar and answering the questions.

September

9 Donnerstag

7 Uhr	
8 00	8.10 Deutsch
9 00	
10 00	Bibliothek
11 00	Bibliothek
12 00	Tennis mit Daniel
13 00	
14 00	14.45 schwimmen
15 00	
16 00	arbeiten
17 00	arbeiten
18 00	arbeiten
19 00	
20 00	20.15 Kino mit Leon, Daniel und Marie

1. Welcher Tag ist heute?
2. Wann hat Anna Deutsch?
3. Um wie viel Uhr ist Anna in der Bibliothek⁺?
4. Wann spielen Anna und Daniel Tennis?
5. Geht Anna um 1 Uhr schwimmen?
6. Arbeitet sie um 5 Uhr?
7. Wann geht Anna ins Kino?

1-11

10 **Hören Sie zu** You are calling to find out what time it is. Listen to the times and indicate the time you hear.

1. a. 8.45   b. 4.58   c. 18.45

2. a. 17.32   b. 7.23   c. 7.32

3. a. 1.15   b. 15.01   c. 5.01

4. a. 2.21   b. 21.02   c. 20.21

5. a. 5.36   b. 6.53   c. 3.56

1-12

11 **Hören Sie zu** Daniel was gone for a week and his friends left messages on his voice mail to remind him of meeting times. Indicate which statements are correct. You will hear the new word **vergiss** *(forget)*.

1. Anna und Daniel spielen am Montag _____ Tennis.
   a. um 8.15 Uhr   c. um 15.08 Uhr
   b. um 18.15 Uhr

2. David und Daniel gehen am Dienstag _____ ins Kino.
   a. um 7.45 Uhr   c. um 8.45 Uhr
   b. um 8.15 Uhr

3. Daniel und Felix sehen Professor Lange am Freitag _____.
   a. um 5.06 Uhr   c. um 16.05 Uhr
   b. um 6.05 Uhr

4. David und Daniel spielen am Samstag _____ mit Felix und Anna Fußball.
   a. um 9.30 Uhr   c. um 18.30 Uhr
   b. um 8.30 Uhr

Wie sind die Öffnungszeiten?
Gibt es Tennis?
Gibt es Kurse?

Vokabeln I

Audio Flashcards
Tutorial Quizzes

Substantive

Freizeit *(Leisure time)*
das **Computerspiel** computer game
das **Internet** Internet; **im Internet surfen** to surf the Internet
das **Kino** movies; **ins Kino gehen** to go to the movies
das **Schach** chess
die **Karte** card; **Karten spielen** to play cards
die **Musik** music; **Musik hören** to listen to music

Sport treiben *(Doing sports)*
der **Basketball** basketball

der **Fußball** soccer
der **Volleyball** volleyball
das **Fitnesstraining** fitness training; **Fitnesstraining machen** to work out
das **Gewichtheben** weightlifting; **Gewichte heben** to lift weights
das **Golf** golf
das **Jogging** jogging
das **Tennis** tennis
das **Tischtennis** table tennis

Weitere Substantive

der **Montag** Monday
der **Dienstag** Tuesday
der **Mittwoch** Wednesday
der **Donnerstag** Thursday

der **Freitag** Friday
der **Samstag** *(in Southern Germany)* Saturday
der **Sonnabend** *(in Northern Germany)* Saturday
der **Sonntag** Sunday
der **Wochentag, -e** day of the week
der **Nachmittag** afternoon
(das) **Deutsch** German language
das **Viertel** quarter
die **Bibliothek** library
die **Minute, die Minuten** *(pl.)* minute
die **Woche** week
die **Zeit** time

Verben

arbeiten to work
gehen to go
glauben to believe
heben to lift
hören to hear, to listen to
joggen to jog

kommen to come
machen to do; to make
schwimmen to swim
spazieren gehen to go for a walk
spielen to play
surfen to surf

tanzen to dance
telefonieren to telephone
wandern to hike; to go walking
wissen to know; **ich weiß, du weißt, er/es/sie weiß**

Adjektive und Adverbien

besonders especially, particularly
da then; there
gern(e) gladly, willingly; *used with verbs to indicate liking, as in* **Ich spiele gern(e) Tennis.**
halb half
heute today

morgen tomorrow
spät late
heute [Abend] this [evening]
hier here
nämlich after all; you know; you see
nett nice

oft often
schade that's too bad, a pity
schon that's true of course; already
total completely, utterly
viel much
zusammen together

Andere Wörter

aber but, however
bis until
doch *(flavoring particle)* really, after all, indeed

ja yes; *(flavoring particle)* indeed, of course
na well; **Na gut!** All right
nach after
nichts nothing

oder or
vor before
was what
wir we

Besondere Ausdrücke

[Deutsch] machen to do [German homework]
Du! Hey!
Geht es nicht? Won't that work?
Geht es? Will that work? Will that be OK?

in der Bibliothek in the library
Nicht (wahr)? *(tagged on at end of sentence)* Isn't that right? Don't you agree?

Du spielst doch gern Schach, nicht (wahr)? You like to play chess, don't you?
nichts Besonderes nothing special
noch mal once more

(continued)

Kapitel eins • **35**

(continued)

oder so or something
Welcher Tag ist heute? What day
  is it today?

Die Uhrzeit (*Clock time*)
[ein] Uhr [one] o'clock

halb eins twelve-thirty
fünf Minuten nach zwei five
  minutes after two
um [sieben] at [seven] (o'clock)
Viertel nach a quarter after

Viertel vor a quarter to
Wie spät ist es? What time is it?
Wie viel Uhr ist es? What time
  is it?

Alles klar?

F. Ja, so ist es.
G. Gespräche
H. Was? Wann?
I. Wer sind Sie?
J. Hallo, Tobias!

12 **Was passt nicht?** What doesn't fit?

1. a. schwimmen   b. heben   c. wissen   d. tanzen

2. a. Mittwoch   b. Zeit   c. Sonnabend   d. Dienstag

3. a. Tennis   b. Volleyball   c. Fußball   d. Schach

13 **Ergänzen Sie!** Complete each dialogue with an appropriate word.

1. —Wie viel _____ ist es?
   —Es ist Viertel nach sieben.
2. —Gehst du heute ins _____?
   —Ja, der neue Film mit Brad Pitt kommt heute.
3. —Wir gehen heute Abend tanzen. Kommst du mit?
   —Ich _____ es noch nicht. Eigentlich bin ich jetzt schon müde.
4. —Ist es schon _____?
   —Ja, es ist schon dreiundzwanzig Uhr.

14 **Was ist das?** Match the pictures with the correct statements.

1. _____

2. _____

3. _____

4. _____

Michael schwimmt gerne in seiner Freizeit.
Lily spielt oft Computerspiele.
Stefanie spielt in ihrer Freizeit oft Schach.
Inga spielt am Montag Fußball.
Sophie telefoniert oft und lange.
Michael joggt am Montag um 14:00 Uhr.

Sportvereine

In Germany, Austria, and Switzerland, people of all ages engage in sports. For more than 100 years sports clubs (**Sportvereine**) have been an important part of life in German-speaking countries. People who want to participate in competitive sports (**Hochleistungssport**) join a club (**Sportverein**). School sports are intramural rather than intermural. Athletes are not recruited by schools, and athletic scholarships are uncommon. In Germany alone, there are approximately 90,000 **Sportvereine** with 27 million registered members. Approximately 2.7 million people work as volunteers in these organizations.

The **Sportvereine** sponsor sports for almost every possible athletic interest. Clubs exist for sports as varied as badminton (**Badminton**), track and field (**Leichtathletik**) or waterskiing (**Wasserskilaufen**) and, of course, the world's most popular sport, soccer (**Fußball**). In recent years, American football has made inroads in Europe and is represented in the German Sport Association (**Deutscher Sportbund**). The **Deutscher Sportbund** is the umbrella organization of individual clubs and sponsors national campaigns that encourage fitness and participation in sports. There are special activities and clubs for disabled athletes. Most of the **Sportvereine** and sports facilities are subsidized by the 16 federal states and local governments as well as private firms. Even the smallest village has its own **Verein,** which also plays an important part in the social life of the town.

Millions of people compete in running (**Laufen**), swimming (**Schwimmen**), tennis (**Tennis**), and skiing (**Skilaufen**) events every year on the local, national, or international level. Those who win or finish receive badges of merit as a sign of personal accomplishment. However, for most people who play sports, the primary purpose is not to win games but to be physically active and socialize with people.

Fußball is the most popular sport in the German-speaking countries. The German Football Association (**Deutscher Fußball-Bund**) has more than 6.5 million members. More than 656,000 women play soccer. Germany has separate professional soccer leagues (**Bundesligen**) for men and women.

Worldwide 250 million people play soccer, including 30 million women. In the USA the total participation is 18.2 million, with just under 40% of participants being women.

Andrew Olney/Jupiter Images

▲ Fußball ist der populärste Sport in Deutschland.

Kulturkontraste

People in German-speaking countries who want to become professional athletes would probably begin their careers by joining a local **Sportverein.** How does this compare to the career path for a professional athlete in your country?

K. Kulturkontraste
1. Sportvereine

Zum Lesen

🌐 Web Links

> ## Lerntipp
>
> Each chapter of **Deutsch heute** contains a reading section. The readings are designed to broaden your knowledge and familiarity with the culture, customs, history, and current life in Germany, Austria, and Switzerland.
>
> Each reading is accompanied by pre-reading and post-reading activities. In the initial pre-reading activities, called **Vor dem Lesen** *(Before reading)*, you will be asked to think about what you already know about the reading topic or about what information and vocabulary you would expect to encounter in a reading on the topic at hand. Vor dem Lesen may also include a visual (e.g., an ad or a photo) for you to interpret as a way to stimulate your thinking about the upcoming reading. In subsequent reading activities, called **Beim Lesen** *(While reading)*, you will find suggestions for things to look for as you work through the text. In the post-reading section, called **Nach dem Lesen** *(After reading)*, activities such as **Fragen zum Lesestück** *(Questions about the reading)* help you check your comprehension and express your own views on the reading topic.
>
> In the **Vor dem Lesen, Beim Lesen,** and **Nach dem Lesen** activities, German words that are new and that you should learn and be able to use are followed by a superscript plus sign⁺. These words and their definitions are listed in the **Vokabeln** section following the reading. Other unfamiliar words are defined in the margin.

Vor dem Lesen

15 **Die erste** *(first)* **E-Mail** What would you write about your college or university and your living arrangements in your first e-mails to friends? Make a list.

16 **Ein Vergleich *(Comparison)*** Glance at the form of the e-mail and compare it to that of an e-mail you might write. What is in the first line of the e-mail?

Beim Lesen

17 **Kognate** Circle the cognates in the e-mail or make a list of them.

18 **Eigenschaften *(Characteristics)*** Underline or make a list of the words that characterize people.

Eine Studentin in Tübingen

A. Eine Studentin in Tübingen
B. Richtig oder falsch?

Anna has written an e-mail to her friend Franziska. Anna and Franziska originally come from Mainz. Anna has started her first semester at the university in Tübingen. Franziska and her brother Sebastian are students at the Freie Universität Berlin and are sharing
5 an apartment.

Von:	Anna (ariedholt@gmx.de)	**Gesandt:** Fr 6.2.2012
An:	Franziska	
Betr:	Hallo aus Tübingen	

Hallo Franziska,

wie geht's? Wie ist Berlin? Und die Uni? Und was macht Sebastian? Ist er fleißig im Haushalt oder sehr chaotisch?

Meine Adresse hier in Tübingen ist Pfleghofstraße 5, Zimmer 8.
10 (Meine Handynummer hast du ja!) Mein Zimmer ist nicht schlecht, vielleicht ein bisschen klein, aber praktisch. Nur zehn Minuten bis zur Uni. Tübingen ist klein und idyllisch, aber die Universität ist relativ groß und hat viele Studenten.

Ich bin eigentlich schon ganz glücklich hier und habe auch schon
15 Freunde. Zum Beispiel Leon — er ist mein Nachbar und kommt aus Hamburg. Er studiert auch Englisch hier an der Uni. Am Wochenende spielt er oft Gitarre in einer Bluesband.

Und dann noch Daniel. Er studiert Jura. Ich glaube, er ist ziemlich intelligent und er arbeitet viel für die Uni. Aber er treibt auch gern
20 Sport und ist insgesamt° sehr vielseitig und lebhaft. Leon ist eher° ruhig und ernst. Jedenfalls° sind beide sehr sympathisch und nett. Heute Nachmittag gehen wir alle zusammen schwimmen und später tanzen.

So, ich muss los. Viele Grüße auch an Sebastian.

Anna

25 P.S.: Übrigens° — meine Freundin Lily aus Hamburg und ihr Cousin Paul aus Amerika kommen bald nach Berlin. Sie haben deine Handynummer. Ist das okay? Lily ist echt nett und Paul ist total lustig.

Brauchbares

The German word **studieren** is not always equivalent to the English word *study*. **Leon studiert Englisch** means that he is majoring in English. If Leon wanted to say he is studying English tonight, that is, preparing homework, he would say **Ich mache heute Abend Englisch**.

altogether / rather
in any case

by the way

H. Mark Weidman

▲ **Der Hölderlinturm in Tübingen am Neckar.**

Nach dem Lesen

19 Fragen zum Lesestück *(Questions about the reading)*
Answer the following questions about the reading.

1. Wie ist Annas Adresse?
2. Wie ist Annas Zimmernummer?
3. Wie ist Annas Zimmer?
4. Wie ist die Universität?
5. Wie heißen Annas Freunde in Tübingen?
6. Was machen Anna, Leon und Daniel heute?
7. Was für ein Mensch ist Daniel?
8. Wie ist Paul?
9. Und wie ist Lily?

20 Ergänzen Sie! Complete the following sentences using information from the text.

1. Annas Zimmer ist ein bisschen klein, aber _praktisch_ .
2. Annas Freundin in Berlin heißt _Franziska_ .
3. Anna glaubt, Daniel ist _intelligent_ .
4. Heute gehen Anna, Leon und Daniel _schwimmen_ .
5. Die Universität ist _groß_ .
6. Anna und Leon studieren _English_ und Daniel studiert _jura_ .
7. Annas Freundin Lily aus _Hamburg_ und ihr Cousin Paul aus _Amerika_ kommen nach Berlin.

21 Erzählen Sie! *(Tell)*

1. Using vocabulary from the e-mail, write down words or phrases that you can use when talking about the following topics in German.
   a. mein Zimmer
   b. meine Universität
   c. ein Freund oder eine Freundin

2. Using the words and phrases that you wrote down above, have a conversation with another student about the topics. Begin by writing two questions that you can ask your partner.

lumen-digital/Shutterstock.com

Land und Leute

🌐 Web Search

Tübingen

Tübingen is a small city located on the Neckar River in the southwest part of Germany on the northern edge of the Black Forest **(Schwarzwald)**. It is about 30 km southwest of Stuttgart, the capital of the federal state of Baden-Württemberg. Tübingen has a scenic medieval city center **(die Altstadt),** with parts of the old city wall still standing.

A famous tourist attraction is the **Hölderlinturm,** where the poet **Friedrich Hölderlin** (1770–1843) lived. In his mid-thirties, Friedrich Hölderlin was diagnosed with schizophrenia. He was taken in and cared for by the Zimmer family, and lived the last 36 years of his life in the tower attached to their house. He never saw the publication of much of his work. Other attractions of Tübingen include the Renaissance castle **Schloss Hohentübingen,** the fifteenth-century **Stiftskirche** *(Collegiate Church of St. George),* and the famous 800-year-old Cistercian cloister **Bebenhausen** outside of the city.

However, Tübingen is best known for its excellent university, which was founded in 1477. The 26,000 students make up almost one-third of the 84,000 inhabitants of Tübingen. The university and the small city are very much a unit. The older university buildings are spread throughout the city, although the new ones, particularly in the field of the sciences, are located on the outskirts of Tübingen. Studying in Tübingen means having a large selection of academic activities and cultural events within a small city atmosphere. There is an abundance of outdoor cafés, restaurants, bars, theaters, movie theaters, and museums. The old saying **"Tübingen hat keine Universität, Tübingen ist eine Universität"** is still valid today, for the students and their lifestyle contribute to the charm and the relaxed atmosphere that characterize Tübingen.

Jochen Schoenfeld/Shutterstock.com

▲ **Tübingen am Neckar**

InavanHateren/Shutterstock.com

▲ **Das Rathaus in der Altstadt**

Kulturkontraste

Compare the integration of university and town to your school / town situation. What would or would not appeal to you about attending the University of Tübingen?

K. Kulturkontraste
2. Tübingen

Erweiterung des Wortschatzes 2

Was für ein Mensch sind Sie?

The following adjectives can be used to characterize people. Some of them have English cognates and can be guessed easily.

chaotisch	messy
egoistisch	egocentric
ernst ≠ lustig	serious ≠ cheerful, merry
fleißig ≠ faul	industrious ≠ lazy
freundlich ≠ unfreundlich	friendly ≠ unfriendly
froh	happy
gelangweilt	bored
glücklich ≠ unglücklich; traurig	happy ≠ unhappy; sad
intelligent ≠ unintelligent	intelligent ≠ unintelligent
kreativ	_____
kritisch	
laut	loud, noisy
lebhaft ≠ ruhig	lively ≠ quiet, calm
musikalisch ≠ unmusikalisch	_____ ≠ _____
nervös	_____
nett	nice
praktisch	_____
sportlich	athletic
sympathisch ≠ unsympathisch	likeable, agreeable ≠ unpleasant, unappealing
tolerant	_____
vielseitig	versatile, multitalented

▲ Wer ist ernst? Wer ist nett? Wer ist lebhaft? Wer ist kritisch?

22 Frage-Ecke You and your partner are talking about the characteristics of certain people. Take turns finding out the information that is missing in your own chart. **S1**'s information is below; the information for **S2** is in *Appendix B*.

S1:
Was für ein Mensch ist Daniel?

S2:
Er ist lebhaft und freundlich.
Was für ein Mensch ist Anna?

S1:

Anna	fleißig	nett
Daniel		
Sarah	tolerant	sympathisch
Marie		
Leon	ernst	musikalisch
Sebastian		

23 Wie sind die Studenten? Walk around and ask three students in your class whether they consider themselves to have the following characteristics. Note down their names and their answers (**ja/nein**) and collect them in the table. Then report to class.

S1:
(Julia), bist du nervös?

S2:
Ja, ich bin nervös. / Nein.

	Name: _____	Name: _____	Name: _____
nervös			
kreativ			
sportlich			
praktisch			
faul			
unglücklich			

24 Was machen die Studenten und wie sind sie? Read the sentences below aloud. Can you guess what these students are like based on what they are doing? Consult the word bank and fill the blanks using appropriate adjectives.

ruhig   sportlich   faul   musikalisch   intelligent
kreativ   vielseitig

1. Christopher hat eine Gitarre. Er ist _____.
2. Lily spielt Schach. Sie ist _____.
3. Stefan ist auf der Couch. Er ist _____.
4. Lena ist eine Desginerin. Sie ist _____.
5. Markus treibt Sport. Er ist _____.
6. Anne macht viele Sachen. Sie ist _____.
7. Michael macht oft Yoga. Er ist _____.

25 **Wie ist diese Person?** Characterize each of the people pictured below, using the adjectives on page 42. See if your partner agrees.

S1:
[Julia] ist sehr ernst, nicht? /
Ist [Julia] sehr ernst?

S2:
Ja, sehr.

S3: Nein, ich glaube nicht. Sie ist sehr lustig.

Stefan — ernst?

Lukas — lebhaft?

Julian — musikalisch?

Tim — nervös?

Laura — sportlich?

Alexander — faul?

Vokabeln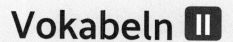

Audio Flashcards
Tutorial Quizzes

C. Ist das logisch?
D. Das Gegenteil
E. Jürgen

F. Diktat
G. Wann gehen wir ins Kino?

Substantive

der **Cousin** (*m.*) / die **Kusine** (*f.*) cousin
der **Freund** / die **Freundin** friend; boyfriend / girlfriend
der **Haushalt** housekeeping
der **Mensch** person, human being
der **Nachbar** / die **Nachbarin** neighbor

der **Sport** sports; **Sport treiben** to engage in sports
das **Amerika** America
(das) **Englisch** English (language); (academic) subject
(das) **Jura** law studies
das **Wochenende** weekend; **am Wochenende** on the weekend

die **Band** band; die **Bluesband** blues band
die **Universität**, die **Uni** (*colloquial*) university; **an der Uni** at the university

Verben

studieren to study; **ich studiere Chemie** I'm majoring in chemistry

treiben to engage in; **Sport treiben** to engage in sports

Adjektive und Adverbien

bald soon
bisschen: ein bisschen a little
echt (*slang*) really, genuinely
eigentlich actually
später later
total (*slang*) completely, totally
ziemlich rather, quite, fairly

Eigenschaften (*Characteristics*)

chaotisch messy; chaotic
egoistisch egocentric
froh happy
gelangweilt bored
kreativ creative

kritisch critical
laut loud, noisy
nervös nervous
sportlich athletic
tolerant tolerant
vielseitig versatile, many-sided

Gegenteile (*Opposites*)

ernst ≠ lustig serious ≠ cheerful, merry
fleißig ≠ faul industrious ≠ lazy
freundlich ≠ unfreundlich friendly ≠ unfriendly

glücklich ≠ unglücklich, traurig happy ≠ unhappy, sad
intelligent ≠ unintelligent intelligent ≠ unintelligent
lebhaft ≠ ruhig lively ≠ quiet, calm
musikalisch ≠ unmusikalisch musical ≠ unmusical
praktisch ≠ unpraktisch practical ≠ impractical
sympathisch ≠ unsympathisch likeable, agreeable ≠ unpleasant, unappealing

Andere Wörter

alle all
beide both
bis until; **bis zur Uni** up to the university

für for
ganz complete(ly), whole; very
noch in addition
relativ relatively

vielleicht perhaps, maybe
was für (ein) what kind of (a)

Besondere Ausdrücke

aus [Hamburg] kommen to come from [Hamburg], to be a native of [Hamburg]
Grüße an [Leon] regards to [Leon]; **viele Grüße** (*closing in an e-mail or letter*) regards, greetings

heute Nachmittag this afternoon
ich muss los I have to leave
zum Beispiel for example

ganz: *Contrast* **sehr gut**—very well—*with* **ganz gut**—all right

Alles klar?

26 **Was passt nicht?**

1. a. nett
   b. freundlich
   c. sympathisch
   d. gelangweilt

2. a. Nachbar
   b. Jura
   c. Kusine
   d. Freund

3. a. lebhaft: ruhig
   b. ernst: lustig
   c. freundlich: sympathisch
   d. glücklich: traurig

27 **Ergänzen Sie!**

1. —_____ Noah viel Sport?
   —Nein, er ist ziemlich unsportlich.
2. —Ist Sarah ein bisschen faul?
   —Ja, ich glaube schon. Ihr Zimmer ist total _____.
3. Alina hat eine neue Gitarre. Sie ist sehr _____.
4. Meine Freundin Leonie ist Studentin. Sie _____ Physik an der Universität in Tübingen.

28 **Was ist das?** Match the pictures with the correct statements.

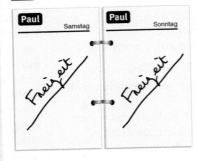

1. _____

3. _____

2. _____

4. _____

Susi ist Jans Freundin.
Der Nachbar hört laute Musik.
Am Wochenende arbeitet Paul nicht.
Lukas studiert Chemie.
Lukas studiert Jura.
Guter *Blues* ist oft traurig.

⊕ Web Search

Du *vs.* Sie

Historically speaking, **sie sind** *(they are)* and **Sie sind** *(you are)* are more or less the same form. It was considered polite to address someone in the third-person plural and to capitalize the pronoun in writing.

The development of formal pronouns to address a person was a phenomenon common to most European languages. English used to distinguish singular *thou/thee* from plural *ye/you*; *thou/thee* was restricted to informal usage, and *ye/you* was used both as informal plural and formal singular and plural. Today, only *you* survives as our all-purpose pronoun.

In German (as well as in other European languages such as French, Spanish, and Italian), there are still distinctions between the formal and informal pronouns for *you*.

The formal pronoun **Sie** is used for everyday communication outside the realm of family and friends. Even neighbors and co-workers may address each other as **Sie (siezen)**. **Du** (along with its plural form **ihr**) is traditionally a form of address used among relatives or close friends. An older person usually decides on the appropriateness of this form in speaking to someone younger. Most young people address each other with **du (duzen)** nowadays. A step somewhere between **du** and **Sie** is to use a first name and **Sie**. It is often used by an older person with a person who is much younger, for example, when parents meet the friends of their children who are in their late teens or early twenties. The parents usually address them with **Sie**, but use their first names **(Michelle, haben Sie Zeit?)**. The friends, of course, say **Herr/Frau ...** and use **Sie**.

Dmitriy Shironosov/ Shutterstock

▲ Kollegen sagen oft „Sie".

Kulturkontraste

Imagine that you are in a German-speaking country. What form of address (**Sie, du,** or **ihr**) would you use when speaking to the people in these situations?

1. You run into some friends in a shopping mall.
2. You are introduced to a new business associate in a restaurant.
3. You are angry at a police officer who is writing out a speeding ticket for you.
4. You congratulate your best friend on winning the Nobel Prize.
5. You are asking your parents for money.

K. Kulturkontraste
3. Du *vs.* Sie

Grammatik und Übungen
(Grammar and Exercises)

das Subjekt

Subject° pronouns

	Singular (*sg.*)		Plural (*pl.*)	
1st	**ich**	I	**wir**	we
2nd	**Sie**	you (*formal*)	**Sie**	you (*formal*)
	du	you (*familiar*)	**ihr**	you (*familiar*)
3rd	**er**	he, it		
	es	it	**sie**	they
	sie	she, it		

Using pronouns to refer to people, places, and things

A personal pronoun is said to have "person," which indicates the identity of the subject.

1. First person refers to the one(s) speaking (*I, we*).
2. Second person refers to the one(s) spoken to (*you*).
3. Third person refers to the one(s), place(s), or thing(s) spoken about (*he/it/ she, they*).

The subject pronouns *du, ihr, Sie*

Tag, Julia. ... Was machst **du**?	*Hi, Julia. . . . What are **you** doing?*
Tag, Lisa. Tag, Nico! ... Was macht **ihr**?	*Hi, Lisa. Hi, Nico! . . . What are **you** doing?*

In the *Einführung* (p. 8), you learned when to use the familiar form **du**. **Du** is used to address one person. The familiar form used to address more than one person is **ihr**.

Tag, Herr Wagner. ... Was machen **Sie**?	*Hello, Mr. Wagner. . . . What are **you** doing?*
Tag, Frau Braun. Tag, Herr Schneider! ... Was machen **Sie**?	*Hello, Ms. Braun. Hello, Mr. Schneider! . . . What are **you** doing?*

In the *Einführung* (p. 8), you learned when to use the formal form **Sie**. Like the English *you*, **Sie** can be used to address one person or more than one.

The meanings and use of *sie* and *Sie*

Glaubt **sie** das?	*Does **she** believe that?*
Glauben **sie** das?	*Do **they** believe that?*
Glauben **Sie** das?	*Do **you** believe that?*

In spoken German, the meanings of **sie** (*she*), **sie** (*they*), and **Sie** (*you*) can be distinguished by the corresponding verb forms and by context. In written German, **Sie** (*you*) is always capitalized.

sie + singular verb form	= *she*
sie + plural verb form	= *they*
Sie + plural verb form	= *you* (*formal*)

29 **Ich, du, ...** Give the subject pronouns you would use in the following situations.

BEISPIELE You're talking about a female friend.   **sie**
You're talking to a female friend.   **du**

1. You're talking about a male friend.
2. You're talking to a male friend.
3. You're talking about yourself.
4. You're talking about yourself and a friend.
5. You're talking to your parents.
6. You're talking to a clerk in a store.

Present tense of *sein*

	sein		
ich	**bin**	wir	**sind**
Sie	**sind**	Sie	**sind**
du	**bist**	ihr	**seid**
er/es/sie	**ist**	sie	**sind**

	to be		
I	am	we	are
you	are	you	are
you	are	you	are
he/it/she	is	they	are

The verb **sein**, like its English equivalent *to be,* is irregular in the present tense.

30 **Was für ein Mensch?** At a party you are discussing various people. Describe them by choosing the adjectives from the options below or by choosing your own.

| lustig   laut   sehr ruhig   fleißig   sympathisch |
| sehr musikalisch   nett |

BEISPIEL Luisa   *Luisa ist intelligent.*

1. Lukas
2. du
3. Pia und Noah
4. Professor Schneider
5. ich
6. wir

 31 **So ist sie/er** Your partner will point to a person in one of the photos below and ask you what adjectives you would apply to that person.

Surmising

S1:
Was für ein Mensch ist die Frau?

S2:
Sie ist intelligent.

1.

2.

3.

4.

The infinitive (der Infinitiv)

Infinitive	Stem + ending	English equivalents
glauben	glaub + en	*to believe*
heißen	heiß + en	*to be named*
arbeiten	arbeit + en	*to work; to study*
wandern	wander + n	*to hike; to go walking*

The basic form of a verb (the form listed in dictionaries and vocabularies) is the INFINITIVE. German infinitives consist of a stem and the ending **-en** or **-n**.

The finite verb (das Verb)

Talking about present or future time

Alina **arbeitet** viel.
Du **arbeitest** viel.

Alina **works** a lot.
You **work** a lot.

The term FINITE VERB indicates the form of the verb that agrees with the subject.

Present tense (das Präsens) of regular verbs

N. Arbeiten am Samstag: Das ist gesund

glauben			
ich	glaub**e**	wir	glaub**en**
Sie	glaub**en**	Sie	glaub**en**
du	glaub**st**	ihr	glaub**t**
er/es/sie	glaub**t**	sie	glaub**en**

to believe			
I	believe	we	believe
you	believe	you	believe
you	believe	you	believe
he/it/she	believes	they	believe

In the present tense, most English verbs have two different forms; most German verbs have four different forms.

- The present tense of regular German verbs is formed by adding the ending **-e, -st, -t,** or **-en** to the infinitive stem.
- The verb endings change according to the subject. (NOTE: Verbs like **wandern,** whose stem ends in **-er,** add only **-n** instead of **-en: wir wandern.**)
- In informal spoken German, the ending **-e** is sometimes dropped from the **ich**-form: **Ich glaub' das nicht.**

Lily **spielt** gut Tennis.
Anton und Paul **spielen** gut Basketball.

*Lily **plays** tennis well.*
*Anton and Paul **play** basketball well.*

With a singular noun subject (**Lily**), the verb ending is **-t.** With a plural noun subject (**Anton und Paul**), the verb ending is **-en.**

arbeiten: *to work; to study*			
ich	arbeit**e**	wir	arbeit**en**
Sie	arbeit**en**	Sie	arbeit**en**
du	arbeit**est**	ihr	arbeit**et**
er/es/sie	arbeit**et**	sie	arbeit**en**

heißen: *to be called, named*			
ich	heiß**e**	wir	heiß**en**
Sie	heiß**en**	Sie	heiß**en**
du	heiß**t**	ihr	heiß**t**
er/es/sie	heiß**t**	sie	heiß**en**

In regular English verbs, the third-person singular ending is usually *-s: she works.* After certain verb stems, however, this ending expands to *-es: she teaches.* German also has verb stems that require an expansion of the ending.

- If a verb stem ends in **-d** or **-t,** such as **arbeiten,** the endings **-st** and **-t** expand to **-est** and **-et.** The other endings stay the same.
- If a verb stem ends in a sibilant (**s, ss, ß, z**), such as **heißen,** the **-st** ending contracts to a **-t: du heißt, du tanzt.** The other endings stay the same.

© 2013 Cengage Learning. All Rights Reserved. May not be scanned, copied or duplicated, or posted to a publicly accessible website, in whole or in part.

Present-tense meanings

Luisa **arbeitet** gut. =
$\left\{ \begin{array}{l} \textit{Luisa } \textbf{\textit{works}} \textit{ well.} \\ \textit{Luisa } \textbf{\textit{does work}} \textit{ well.} \\ \textit{Luisa } \textbf{\textit{is working}} \textit{ well.} \end{array} \right.$

German uses a single verb form to express ideas or actions that may require one of three different forms in English.

Du **arbeitest** heute Nachmittag, nicht?	*You're working this afternoon, aren't you?*
Ich **mache** das morgen.	*I'll do that tomorrow.*

German, like English, may use the present tense to express action intended or planned for the future.

---

32 Heute ist Samstag Complete the following text by filling in the missing verb endings.

Franziska und Sebastian sind Annas Freunde. Sebastian arbeit_____ in dem Café an der Uni. Franziska arbeit_____ auch dort°. Samstags arbeit_____ Franziska und Sebastian nicht.

there

1. FRANZISKA: Geh_____ du heute joggen?
2. SEBASTIAN: Nein, ich spiel_____ heute Morgen mit Kevin Tennis. Später geh_____ wir mit Nina und Moritz schwimmen. Und du? Was mach_____ du heute?
3. FRANZISKA: Ich glaub_____, ich geh_____ joggen. Später lern_____ ich ein bisschen Englisch. Ich schreib_____ nämlich am Montag eine Klausur°. Aber heute Abend geh_____ wir tanzen, nicht wahr?

test

4. SEBASTIAN: Ja, Kevin komm_____ um acht.

Leserunde

🌐 Web Links

"**K**onjugation," by Rudolf Steinmetz, is an example of *concrete poetry*. Concrete poetry is a movement that developed in the mid-1950s to focus on the characteristics of language itself as a literary medium. In "Konjugation," Steinmetz starts with the conjugation of a verb but ends the poem with a sudden, surprising twist, a device that is also characteristic of much of concrete poetry.

1-14

Konjugation

Ich gehe
du gehst
er geht
sie geht
es geht
Geht es?
Danke — es geht.

—*Rudolf Steinmetz*

Fragen

1. Welche Frage steht am Ende?
2. Wie ist die Antwort?
3. Nennen Sie andere Fragen und Antworten.

Konjugation, by Rudolf Steinmetz. Reprinted by permission of Peter Hammer Verlag.

The construction verb + *gern*

Ich spiele **gern** Tennis.	*I like to play tennis.*
Ich spiele **nicht gern** Golf.	*I don't like to play golf.*

The most common way of saying in German that you like doing something is to use the appropriate verb + **gern**. To say that you don't like doing something, use **nicht gern**.

Stating preferences

33 Was für Musik hörst du gern? Ask four fellow students what kind of music they like. Choose from the options, or use your own idea.

Jazz Rock Pop Country und Western Techno Rap Reggae klassische Musik

S1:
Was für Musik hörst du gern?

S2:
Ich höre gern [Jazz].

34 Was machst du? State what various people do by using the cues in the columns below. Use complete sentences.

BEISPIEL *Luca treibt viel Sport. Er geht auch gern ins Kino.*

A	B	C	D
1. ich	hören	gern	Sport
2. Lara und ich (wir)	treiben	oft	Volleyball
3. Hülya (sie)	spielen	viel	Musik
4. du	gehen	gut	ins Kino
5. Marie und Felix (sie)	machen		inlineskaten
6. ihr			Fußball
7. Luca (er)			Schach
			Fitnesstraining
			Gitarre
			Computerspiele

Position of *nicht*

P. Ich nicht
Q. Und du?

The position of **nicht** is determined by various elements in the sentence. Below are a few general guidelines. Additional guidelines are found in later chapters.

Nicht always comes after the following:

- the finite verb
  Anna *arbeitet* **nicht**.   *Anna is **not** working.*

- specific adverbs of time
  Daniel kommt *heute* **nicht**.   *Daniel is **not** coming today.*

Nicht comes before most other elements, such as the following:

- predicate adjectives (e.g., **gut, lustig**)
  Daniel ist **nicht** *faul*.   *Daniel isn't lazy.*

- most adverbs (except specific-time adverbs, e.g., **heute**)
  David spielt **nicht** *gut* Tennis.   *David doesn't play tennis well.*

- dependent infinitives (e.g., **schwimmen, inlineskaten**)
  Leon geht **nicht** *inlineskaten*.   *Leon is **not** going in-line skating.*

35 **Wir nicht** Alina, a new acquaintance, has some questions for you and Florian. Assume their roles, with one of you being Alina and the other speaking for him or herself and Florian. Answer in the negative.

S1:   *S2:*
Treibt ihr viel Sport?   Nein. Wir treiben nicht viel Sport.

1. Spielt ihr viel Basketball?
2. Spielt ihr oft Tennis?
3. Schwimmt ihr gern?
4. Hört ihr gern Musik?
5. Geht ihr oft ins Kino?
6. Seid ihr sportlich?
7. Tanzt ihr gern?

36 **Was machst du gern oder nicht gern?** With a partner, try to find two activities you both enjoy doing and two you both dislike doing. Use the options below or supply your own.

Finding common likes and dislikes

| tanzen   joggen   arbeiten   Fitnesstrainingmachen |
| ins Kino gehen   Musikhören   inlineskaten gehen |

S1:   *S2:*
Ich schwimme gern.   Ja, ich schwimme gern. / Nein, ich
Schwimmst du auch gern?   schwimme nicht gern.
                                   Ich spiele gern Tennis. Spielst du
                                      gern Tennis?

Informational questions

Wann gehst du schwimmen? ↷   ***When*** are you going swimming?
Wer arbeitet heute Nachmittag? ↷   ***Who*** is working this afternoon?

A question that asks for a particular bit of information is called an
INFORMATIONAL QUESTION.

- It begins with an interrogative expression such as **wann** (*when*) or **wer** (*who*).
- The interrogative is followed by the verb. In an informational question in German, the finite verb is used. In English, a form of the auxiliary verb *to be* or *to do* is often used with a form of the main verb.
- In German, the voice normally falls at the end of an informational question, just as it does in English.

Some common interrogatives are:

wann (*when*)	**wer** (*who*)
warum (*why*)	**wie** (*how*)
was (*what*)	**wie viel** (*how much*)
was für (ein) (*what kind of*)	**wie viele** (*how many*)
welch(-er, -es, -e) (*which*)	Wo - where

37 **Wer bist du?** Complete the questions with a suitable interrogative. Then ask your partner the questions.

1. _____ heißt du?
2. _____ ist deine Adresse?
3. _____ alt bist du?
4. _____ ein Mensch bist du?
5. _____ machst du gern?
6. _____ arbeitest du?
7. _____ Uhr ist es?

38 **Wer? Was? Wann?** Your partner has a list showing when various people are playing particular games. Ask your partner three questions, one beginning with **wer**, one with **was**, and one with **wann**.

S1:
Wer spielt heute Squash?
Wann spielt ihr Volleyball?
Was spielt Professor Krause?

S2:
Charlotte spielt heute Squash.
Wir spielen **um halb sechs** Volleyball.
Er spielt **Golf**.

Wer?	Wann?	Was?
Charlotte	heute	Squash
Annika und Kevin	um drei	Schach
Professor Krause	heute Abend	Golf
meine Freunde und ich		
ich		

Yes/No questions

O. Ja, das mache ich

Gehst du heute schwimmen? ↗
Treiben Sie gern Sport? ↗

*Are you **going** swimming today?*
*Do you **like to play** sports?*

A question that can be answered with yes or no is called a YES/NO QUESTION.

- A yes/no question begins with the verb. In German, it uses the finite form of the main verb, whereas English often requires a form of the auxiliary verb *to do* or *to be* plus a form of the main verb.

- In German, the voice normally rises at the end of a yes/no question, just as it does in English.

39 **Ja oder nein?** Ask your partner three questions based on the cues. Your partner will then ask you the three questions.

BEISPIEL machen: oft, gern, heute / Fitnesstraining, Yoga

S1:
Machst du gern Yoga?

S2:
Nein, ich mache nicht gern Yoga. [oder]
Ja, ich mache gern Yoga.

1. schwimmen: gern, oft, gut
2. spielen: gern, gut, oft / Basketball, Golf, Computerspiele, Karten, Schach
3. schreiben: gern, viel, gut
4. gehen: heute Abend, gern, oft / ins Kino, in die Bibliothek
5. gehen: gern, oft, heute Abend / joggen, inlineskaten, tanzen
6. hören: oft, gern / Musik, Rock, Rap, klassische Musik

40 **Viele Fragen** Noah is talking to his friend Leonie. Take the role of Leonie and supply possible answers.

1. Hallo, Leonie. Wie geht's?
2. Was machst du heute Abend?
3. Arbeitest du heute Abend nicht?
4. Wann spielst du mit Nico Tennis?
5. Spielt Nico gut?
6. Wann gehen wir zusammen ins Kino?

Land und Leute

Fit bleiben

People in German-speaking countries can avail themselves of a wide variety of ways to keep in shape, either through daily recreational activities such as biking **(Rad fahren),** or by joining a club which may offer all kinds of team sports of which soccer **(Fußball),** while highly popular, is only one possible choice among many others. Like in the U.S., most cities have health clubs **(Fitnesscenter)** where people work out by lifting weights and doing cardiovascular exercise **(Fitnesstraining).**

▲ Laufen ist sehr populär.

People in German-speaking countries are known for their love of hiking **(wandern)** and walking **(spazieren gehen).** There are well-maintained trails throughout all German-speaking countries. Some are simple paths through parks or local scenic spots, while others are part of a vast complex of trails. Swimming **(schwimmen)** is a popular activity. In addition to seashore and lakeside beaches, town pools—both indoors and outdoors—provide ample opportunity for swimming. Outdoor pools **(Freibad)** charging a nominal admission fee are often large and surrounded by grassy areas. People come with food and blankets to spend the day picnicking, swimming, and playing volleyball or badminton. In many cities, public indoor pools **(Hallenbäder)** have developed into public spas, offering saunas, hot tubs, massages, swimming lessons, snack bars, hair salons, and exercise machines besides several large swimming and diving pools.

In the past decade, running **(laufen)** has emerged as a more ambitious way to stay in shape as compared to recreational jogging **(joggen).** An entire sports industry has boomed in the past 10 years, surrounding public running events hosted by cities or communities, such as marathons, 1/2 marathons **(Marathon & Halbmarathon),** and shorter distances **(Volksläufe).** It is now common that cities of all sizes offer an annual marathon event, and the larger ones, such as Berlin, Frankfurt, or Hamburg, regularly sell out and draw participants from across Germany and beyond.

▲ Viele fahren täglich mit dem Fahrrad.

Kulturkontraste

How do you stay fit? Using the vocabulary in **Land und Leute,** the Supplementary Word Set "Sports and games" on the Companion Website, or another source, describe your own fitness routine. Compare it to what you know about how German-speaking people stay fit.

K. Kulturkontraste
4. Fit bleiben

 Video-Ecke

▲ Sein Name ist Helmut Borchert.

▲ Sie macht Gymnastik.

▲ Sein Computer ist den ganzen Tag an.

❶ Ich heiße ...
Treibst du Sport?
Computer, Handy, etc.

Vor den Videos

41 Nachgedacht What do you remember from this chapter? Brainstorm the topics covered.

1. Was machen deutsche Studenten am Wochenende?
2. Treiben die Deutschen Sport? Welchen?
3. Was sind „Sportvereine"?
4. Was ist „Standarddeutsch"?

Nach den Videos

42 Alles klar? Watch the interviews and take notes. Then answer the questions below.

1. Wer treibt nicht gern Sport?
2. Wer geht in eine Sportgruppe?
3. Wer macht mit dem Computer Musik?

❷ Hallo!

▲ Hülya und Lily sind am Bahnhof.

▲ Alle vier fahren mit dem Zug.

▲ Anton stellt sich vor.

Three friends are starting out on a trip to visit cities in Germany, Austria, and Switzerland. But when the train is about to leave, there are suddenly four people in the group. A fourth member has joined them. They take the opportunity to get acquainted.

Nützliches	
der Bahnhof	*train station*
der Zug	*train*
die Videokamera	*video camera*
sich vorstellen	*to introduce*
mit dem Zug fahren	*to take the train*
warten	*to wait*
reisen	*to travel*

Lerntipp

As a new learner of German, you may not understand all of the spoken dialogue while watching a video clip. However, the goal is to focus globally on what is happening. To help you figure out what's going on, watch for body language and facial expressions as well as listening to what is being said.

Nach dem Video

Watch the video carefully and take notes. Then do the exercises that follow.

A. Wer ist das?
B. Wer sagt das?
C. Schreiben Sie

43 Was passiert wann? Put the following sentences in chronological order.

_____ Anton sagt: „Servus.“
_____ Paul sagt in die Kamera: „Ich lebe in Miami.“
_____ Hülya sagt in die Kamera: „Hallo, ich heiße Hülya.“
_____ Alle vier sind im Zug.
_____ Lily und Hülya warten auf (*for*) Paul.
_____ Lily sagt in die Kamera: „Ich mache gern Sport.“
_____ Anton sagt in die Kamera: „Ich bin Anton.“

44 Was stimmt? Select the appropriate item.

1. Paul kommt aus _____.
   a. Miami   b. Köln   c. Hamburg

2. Hülya lebt in _____.
   a. Salzburg   b. Berlin   c. Hamburg

3. Lily lebt auch in _____.
   a. Österreich   b. Hamburg   c. Miami

4. Anton ist _____.
   a. 21   b. 22   c. 23

Refer to map of Germany on page v to locate Hamburg and Berlin.

 45 Was meinen Sie?

1. Wo ist Hamburg? Wo ist Berlin?
2. Fahren Sie mit dem Zug? Wann?
3. Wie stellen sich die Freunde im Video vor? Was sagen sie?
4. Sprechen Sie mit anderen (*other*) Reisenden (*travelers*)?
5. Am Bahnhof und im Zug: Was ist anders (*different*) als in Amerika oder Kanada?

Wiederholung

 1 **Rollenspiel** You and your partner meet on the street. Your partner asks how you are and what you intend to do. Give affirmative or negative answers.

1. Wie geht es dir heute?
2. Bist du denn krank?
3. Arbeitest du heute Nachmittag?
4. Gehst du heute Abend ins Fitness Studio?
5. Machst du gern Sport / Fitnesstraining?
6. Kommst du am Wochenende auch zum Basketballspiel / Hockeyspiel / Fußballspiel?

Redemittel
(speech patterns)
Positiv oder negativ antworten *(Giving positive or negative responses)*
• Ich glaube ja.
• Eigentlich nicht.
• Ja, gern.
• Ich glaube nicht.
• Vielleicht (nicht).
• Na gut.
• Es geht.

2 **Viele Fragen** Alina is curious about you and your friends. Give positive replies. Use pronouns in your answers.

BEISPIEL Arbeitet Paula heute Abend?   *Ja, sie arbeitet heute Abend.*

1. Arbeitest du gern für die Uni?
2. Hört Robin gern Rockmusik?
3. Spielen Pia und Chiara oft zusammen Gitarre?
4. Gehst du mit Marcel oft inlineskaten?
5. Geht Jennifer oft joggen?

3 **Was machen sie?** Someone you barely know is asking about your friends. Construct sentences using the following cues.

BEISPIEL wie / heißen / der Junge / da / ?   *Wie heißt der Junge da?*

1. er / heißen / Alexander
2. er / studieren / in Berlin / ?
3. nein / er / studieren / in München
4. wie / arbeiten / er / ?
5. er / sein / fleißig
6. was / machen / Sarah und er / heute Abend / ?
7. sie / gehen / ins Kino

4 **Ergänzen Sie!** Complete the following exchanges with appropriate words.

1.   PROFESSOR: _____ heißen Sie?
    STUDENT: Ich _____ Jan Fischer.

2.   HERR WAGNER: Guten Tag, Frau Schneider. Wie _____ es Ihnen?
    FRAU SCHNEIDER: Danke. Es _____.

3.   MARIA: Arbeitest _____ heute nicht?
    CHRISTIAN: Nein, ich _____ heute Golf.
    MARIA: _____ du viel Sport?
    CHRISTIAN: Ja, _____ spiele gern Volleyball.

5 **Wie sagt man das?** How would this cell phone conversation sound in German?

1. MORITZ: *Hi, Jennifer, how are you?*
2. JENNIFER: *Fine, and you?*
3. MORITZ: *What are you doing tonight?*
4. JENNIFER: *I am doing German.*
5. MORITZ: *I'm going to the movies.*
6. JENNIFER: *Hmmm. At what time are you going?*
7. MORITZ: *At seven.*
8. JENNIFER: *OK, gladly. I'll do German later.*

6 Wer ist das? Choose one of the people in the picture on page 44 and invent some facts about the person. **Wie heißt sie/er? Was für ein Mensch ist sie/er? Was macht sie/er gern? Wo studiert sie/er?**

7 Frage-Ecke You and your partner are talking about the activities of certain people. Ask each other questions to find out who does what and at what times. Then fill in the **ich** row of your schedule with your own information, and ask your partner about her/his activities. **S1**'s information is below; the information for **S2** is in *Appendix B*.

S1:
Was macht David heute Abend?
Sie gehen am Sonntag wandern.

S2:
Er macht heute Abend Fitnesstraining.
Was machen Leon und Anna am Sonntag?

S1:

	heute Abend	morgen Nachmittag	morgen Abend	am Sonntag
Franziska	Deutsch machen		ins Kino gehen	
David		Musik hören	in die Bibliothek gehen	
Leon und Anna		tanzen gehen		wandern gehen
ich				
Partnerin/Partner				

8 Umfrage (*Poll*) As a class, decide on five activities that members of the class might engage in and make up the questions. Each person searches for five different people, each of whom engages in one of the activities. Report your list to the class. Possible activities are:

1. im Internet surfen
2. Computerspiele spielen
3. Fitnesstraining machen
4. inlineskaten gehen
5. Gewichte heben
6. ???

9 Zum Schreiben

1. Think ahead to the weekend. Using complete sentences, write down at least three things you will do and three things you will not do. Use a separate sentence for each activity.
2. Using Anna's e-mail to Franziska (see page 39) as a model, write an e-mail to a friend about your room, your school, and one friend. Before you write the e-mail, reread Anna's e-mail and notice how she uses the words **und, aber, auch, eigentlich, relativ,** and **jedenfalls**. Try to use some of these words in your e-mail. You may also want to review the vocabulary for the names of things in your room that were presented in the *Einführung*.

> ### Schreibtipp
>
> Before composing complete sentences in German, pause and do some brainstorming first, jotting down key concepts. These should preferably be "content" words, such as nouns, verbs, and adjectives. Double-check their spelling and check in the chapter how they are being used there. Then assemble simple sentences with the materials you selected and strive to connect them in a meaningful sequence.

Grammatik: Zusammenfassung
(*Grammar: Summary*)

Subject pronouns

	Singular (*sg.*)		Plural (*pl.*)	
1st	ich	I	wir	we
2nd	**Sie**	you (*formal*)	**Sie**	you (*formal*)
	du	you (*familiar*)	**ihr**	you (*familiar*)
3rd	**er**	he, it	**sie**	they
	es	it		
	sie	she, it		

Present tense of *sein*

sein			
ich	**bin**	wir	**sind**
Sie	**sind**	Sie	**sind**
du	**bist**	ihr	**seid**
er/es/sie	**ist**	sie	**sind**

The verb **sein,** like its English equivalent *to be,* is irregular in the present tense.

Infinitive and infinitive stem

Infinitive	Stem + ending
glauben	glaub + en
wandern	wander + n

The basic form of a verb is the infinitive. Most German infinitives end in **-en;** a few end in **-n,** such as verbs that end in **-er** like **wandern.** In vocabularies and dictionaries, verbs are listed in their infinitive form.

Present tense of regular verbs

	glauben	arbeiten	heißen
ich	glaub**e**	arbeit**e**	heiß**e**
Sie	glaub**en**	arbeit**en**	heiß**en**
du	glaub**st**	arbeit**est**	heiß**t**
er/es/sie	glaub**t**	arbeit**et**	heiß**t**
wir	glaub**en**	arbeit**en**	heiß**en**
ihr	glaub**t**	arbeit**et**	heiß**t**
Sie	glaub**en**	arbeit**en**	heiß**en**

1. German verb endings change, depending on what the subject of the verb is. The verb endings are added to the infinitive stem. There are four basic endings in the present tense of most regular verbs: **-e, -st, -t, en.**
2. If a verb stem ends in **-d** or **-t,** the endings **-st** and **-t** expand to **-est** and **-et.**
3. If a verb stem ends in a sibilant (**s, ss, ß, z**), the **-st** ending contracts to **-t.**

Position of *nicht*

The position of **nicht** is determined by the various elements in the sentence. Because of the great flexibility of **nicht,** its use is best learned by observing its position in sentences you hear and read. Here are several guidelines.

1. **Nicht** always comes after:
    a. the finite verb
        Michael *arbeitet* **nicht**.   *Michael is not working.*
    b. specific adverbs of time
        Sarah spielt *heute* **nicht**.   *Sarah is not playing today.*

2. **Nicht** comes before most other elements:
    a. predicate adjectives
        Marcel ist **nicht** *nett*.   *Marcel isn't nice.*
    b. most adverbs (except: specific adverbs of time)
        Er spielt **nicht** *gut* Tennis.   *He doesn't play tennis well.*
    c. adverbs of general time
        Er spielt **nicht** *oft* Tennis.   *He doesn't play tennis often.*
    d. dependent infinitives
        Jasmin geht **nicht** *schwimmen*.   *Jasmin is not going swimming.*

3. If several of the elements occur in a sentence, **nicht** usually precedes the first one.

    Ich gehe **nicht** *oft ins Kino*.   *I don't often go to the movies.*

Informational questions

In an informational question in German, an interrogative is in first position and the finite verb in second position. Some common interrogatives are **wann, was, welch(-er, -es, -e), wer, wie, was für ein, warum,** and **wie viel/viele**.

1	2	3	
Wann	gehen	Sie?	*When are you going?*
Was	machst	du heute Abend?	*What are you doing this evening?*

Yes/No questions

1	2	3	
Bist	du	müde?	*Are you tired?*
Spielt	Lea	gut?	*Does Lea play well?*
Arbeitest	du	heute?	*Are you working today?*

In a yes/no question in German, the finite verb is in first position.

KAPITEL 2

Das Land und das Wetter
Alles ist relativ

Regenwolken im Sommer

Lernziele

Sprechintentionen
- Talking about the weather
- Inquiring about someone's birthday
- Summarizing information
- Stating one's nationality
- Expressing skepticism

Zum Lesen
- Alles ist relativ

Leserunde
- *empfindungswörter* (Rudolf Otto Wiemer)

Wortschatz
1 **Das Wetter**
   Die Monate
   Die Jahreszeiten
   The suffix **-in**
2 Names of countries
   Nouns indicating citizenship and nationality
   The question word **woher**

Grammatik
- Simple past tense of **sein**
- Present tense of **haben**
- Present tense of **wissen**
- Position of the finite verb in statements
- The nominative case
- Plural forms of German nouns
- The indefinite article **ein**
- The negative **kein**
- **Kein** vs. **nicht**
- Proper names
- Possessive adjectives

Land und Leute
- Landschaften
- Berlin: Deutschlands Hauptstadt
- Geburtstage
- Die deutsche Sprache

Video-Ecke
1 Wie ist das Wetter?
   Die schönste Jahreszeit
   Landschaften
2 Wer ist denn das?

RESOURCES

Bausteine für Gespräche

Brauchbares

Staus. Most European schools are on break from mid-July to September. Many people take their main family vacation during this period. With so many people on the roads, there are often traffic jams, some of them 20–30 kilometers long and lasting for hours.

Reise nach Berlin

1-15

DAVID: Na Anna, wie war's in Berlin?

ANNA: Toll. Berlin ist wirklich klasse. Und bei Franziska und Sebastian war es auch super nett. Aber ich bin noch ganz müde. Die Reise war sehr anstrengend.

DAVID: Das glaube ich. Und im August gibt es sicher viele Staus.

ANNA: Ja, und es war furchtbar schwül. Aber Franziskas Geburtstagsparty war total schön. Unsere Freunde aus Mainz waren fast alle da.

1 Richtig oder falsch?

	Richtig	Falsch
1. David und Anna waren in Berlin.	———	———
2. Die Reise nach Berlin war lustig.	———	———
3. Anna ist heute nicht besonders fit.	———	———
4. Auf den Straßen war es ruhig.	———	———
5. Franziskas Geburtstagsparty war sehr nett.	———	———
6. Sebastians Freunde aus Mainz waren alle da.	———	———

Brauchbares

1. In German an adjective that precedes a noun has an ending (e.g., **furchtbar<u>es</u> Wetter**).

2. The **doch** in **Es ist doch schon Ende November** is called a FLAVORING PARTICLE. Such particles express a speaker's attitude about an utterance. Here Leon is saying something like: "*After all it is the end of November.*"

Furchtbares Wetter, nicht?

1-16

SARAH: Was für ein Wetter! Der Wind ist furchtbar kalt! Und gestern war es noch so schön. Heute ist alles so grau. Ich glaub', es regnet heute noch.

LEON: Es ist doch schon Ende November. Für Regen ist es fast zu kalt. Es ist nur ein Grad. Vielleicht schneit es ja. Am Wochenende gehe ich wandern. Hoffentlich ist es da trocken und nicht so kalt. Und vielleicht scheint ja die Sonne.

SARAH: Ja, bestimmt! Wer geht mit?

LEON: Mein Freund Dominik aus Hamburg.

SARAH: Wie nett! Ich bleibe leider hier und arbeite für die Uni.

2 Richtig oder falsch?

	Richtig	Falsch
1. Heute ist es sonnig und schön warm.	———	———
2. Der Wind ist sehr kalt.	———	———
3. Es sind elf Grad.	———	———
4. Es regnet.	———	———
5. Es schneit auch.	———	———
6. Leon geht am Wochenende wandern.	———	———
7. Dominik ist Sarahs Freund aus Hamburg.	———	———
8. Sarah bleibt am Wochenende in Tübingen und arbeitet für die Uni.	———	———

A. Wie ist das Wetter?

Erweiterung des Wortschatzes 1

Das Wetter

Germany, Austria, and Switzerland use the metric system and temperature is measured in Centigrade. You can convert the following temperatures from Celsius to Fahrenheit and vice versa, using the formulas:

$F = 9/5\ C + 32$
$C = 5/9\ (F - 32)$

Discussing weather

B. Wetterprobleme

For a quick estimate use:
$(C \times 2) + 32 = F$
$1/2\ (F - 32) = C$

C	F	
100	212	Water boils
37	98.6	Body temperature
0	32	Water freezes

G. Wie ist das Wetter?

3 **Das Wetter in Amerika** Change the Fahrenheit temperatures into Celsius by using the thermometer shown here.

1. In Phoenix sind es 102 Grad.
2. In Vancouver sind es 68 Grad.
3. In Chicago ist es warm, 80 Grad.
4. In Barrow in Alaska sind es nur 45 Grad.

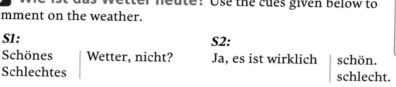

4 **Wie ist das Wetter heute?** Use the cues given below to comment on the weather.

S1:
Schönes | Wetter, nicht?
Schlechtes |

S2:
Ja, es ist wirklich | schön.
| schlecht.

| heiß | furchtbar | nass⁺ | schlecht | kühl⁺ | sonnig |
| gut | schwül | windig⁺ | warm⁺ | wolkig⁺ | schön |

5 **Hören Sie zu** Listen to the weather report. Then indicate whether the statements made below are **richtig** or **falsch**. You will hear one new word: **Höchsttemperatur** *(highest temperature)*.

1-17

	Richtig	Falsch
1. In Hamburg ist es heiß und schwül.		
2. In Köln sind es 15 Grad und es regnet.		
3. In Stuttgart ist es trocken und es sind 26 Grad.		
4. In München ist es windig und kühl.		
5. In Berlin ist es nass und es sind 16 Grad.		

Die Monate⁺

Der Mai war schön, nicht?   *May was nice, wasn't it?*

All the names of the months are **der**-words.

Januar	Februar	März	April	Mai	Juni
Juli	August	September	Oktober	November	Dezember

The dates are spoken as **der zehnte Mai, der vierte Januar, der elfte Juli, der zweite Oktober.**

6 **Wann ist das?** Ask your partner when what happens. Notice that with months, the German word for *in* is **im**.

S1:
Wann ist Halloween?

S2:
Halloween ist **im Oktober**.

| Ostern   Weihnachten   dein Geburtstag   Amerikas Geburtstag |
| Valentinstag   Sommer   Winter |

Die Jahreszeiten⁺

der **Frühling**

der **Sommer**

der **Herbst**

der **Winter**

7 **Wann ist es ...?** Tell in what months the following weather conditions occur where you live.

BEISPIEL Wann ist es oft kalt?   *Im Januar und im Februar.*

1. Wann regnet es viel?
2. Wann schneit es viel?
3. Wann ist es oft heiß? Schwül? Windig?
4. Wann scheint die Sonne nicht viel?
5. Wann ist es schön warm?

 8 **Wie ist das Wetter in ...?** Take turns asking your partner about the weather in one of the four cities below.

S1:
Wie ist das Wetter heute in Hamburg? | *S2:*
Es regnet, es ist kühl.

1. Wie ist das Wetter heute in _____?
2. Welche Jahreszeit ist es in _____?
3. Wie viel Grad sind es in _____?
4. Wie ist das Wetter in Ihrer Stadt? Im Frühling? Im Sommer? Im Herbst? Im Winter?

Hamburg: 10°C/50°F	Zürich: -15°C/5°F	München°: 36°C/97°F	Wien°: 21°C/70°F
10. Mai	4. Januar	11. Juli	2. Oktober

Vokabeln I

Audio Flashcards
Tutorial Quizzes

Substantive

Die Jahreszeiten (Seasons)
der **Frühling** spring
der **Sommer** summer
der **Herbst** autumn, fall
der **Winter** winter

Das Wetter (Weather)
der **Regen** rain
der **Schnee** snow

der **Wind** wind
das **Grad** degree (temperature)
die **Sonne** sun

Weitere Substantive
der **Geburtstag, -e** birthday
der **Monat, -e** month (For the months see p. 65.)
der **Stau, -s** traffic jam

das **Ende** end; **Ende [August]** the end of [August]
die **Party, -s** party
die **Reise, -n** trip

> Nouns with plural forms that are commonly used are listed with their plural forms: **der Monat, -e = die Monate.**

Verben

bleiben to remain, stay
regnen to rain; **es regnet** it's raining
scheinen to shine

schneien to snow; **es schneit** it's snowing
Ski laufen skiing
snowboarden to snowboard

war was (past tense of **sein**)
Wasserski fahren to water ski

Adjektive und Adverbien

anstrengend exhausting, strenuous
bald soon
bestimmt certain(ly), for sure
fast almost
gestern yesterday
hoffentlich I hope so

jetzt now
leider unfortunately
noch still, in addition
noch nicht not yet
schön nice, beautiful; **schön warm** nice and warm
schwül humid

sicher sure; surely
super super, great
windig windy
wirklich really
wolkig cloudy
zu too

Gegenteile

warm ≠ kühl warm ≠ cool
heiß ≠ kalt hot ≠ cold

sonnig ≠ wolkig sunny ≠ cloudy

trocken ≠ nass dry ≠ wet

Andere Wörter

alles everything
bei at the home of; **bei [Franziska]** at [Franziska's]

Nicht wahr? Isn't that so? Don't you think so?

Besondere Ausdrücke

es gibt there is, there are
Klasse! Great!
Es sind [minus] [10] Grad. It's [minus] [10] degrees.
im [Herbst] in the [fall]; **im [Mai]** in [May]
schönes Wetter nice weather
Was für ein Wetter! What weather!

Wie ist das Wetter? How's the weather?
Wie viel Grad sind es? What's the temperature?
Wann hast du Geburtstag? When is your birthday?
Ich habe im [Mai] Geburtstag. My birthday is in [May].

Wer geht mit? Who's coming along?
Was für Sport machst du? What kind of sports do you do?

Alles klar?

9 **Was passt nicht?**

1. a. Jahreszeit   b. Frühling   c. Herbst   d. Sommer
2. a. schwül   b. wolkig   c. trocken   d. anstrengend
3. a. Ski laufen   b. bleiben   c. snowboarden   d. Wasserski fahren
4. a. super   b. klasse   c. schön   d. hoffentlich
5. a. warm   b. sonnig   c. wolkig   d. heiß
6. a. Schnee   b. Winter   c. schneien   d. wirklich

10 **Welches Adjektiv? Welches Verb?** Give an adjective or verb that is related to the following nouns.

1. Regen
2. Schnee
3. Sonne
4. Wind

11 **Was ist das?** Finden Sie das richtige Wort.

Galyna Andrushko/Shutterstock.com

1. _____

Pakhnyushcha/Shutterstock.com

2. _____

Jon Faulknor/iStockphoto.com

3. _____

Erin Limon 2009/Shutterstock.com

4. _____

hoffentlich   nass
leider   sonnig
windig   wolkig

Land und Leute

⊕ Web Search

Landschaften

Whether poet, tourist, or native German, people have admired the variety and beauty of the German scenery **(Landschaft)** for centuries. The northern part of Germany offers sandy beaches along the Baltic **(Ostsee)** and the North Sea **(Nordsee)**, and marshlands as well as large islands with spectacular chalk cliffs, like those on Rügen, Germany's largest island. A drive toward the south brings one through moors, heaths, and lakes. But after only a few hundred kilometers, the landscape changes to one of forests and small mountainous areas. This Central Upland Range **(Mittelgebirge)** separates northern from southern Germany. In the center of Germany are the Harz Mountains **(der Harz)**, which appear in many German stories and legends. Going south one encounters the terrace landscape **(Tiefebene)** merging into the Rhine Valley, a natural and major north-south travel artery, bordered by the Black Forest **(der Schwarzwald)**. The Alpine foothills encompass much of Bavaria with its hilly landscape, broad plains, and the Danube Valley. The German Alps **(die Alpen)** are only a small part of the Alpine mountain range and they extend from Lake Constance **(der Bodensee)** to Berchtesgaden. On the border with Austria is Germany's highest mountain, the **Zugspitze,** where one can also find spectacular mountain lakes. In all parts of the country one is never far from the many rivers, such as the Elbe, Oder, Main, Rhein, and Mosel, that are used for commercial transport as well as recreation.

▲ **Beachvolleyball am Strand** *(beach)* **der Insel** *(island)* **Rügen an der Ostsee.**

Although the southern border of Germany lies at approximately the same latitude as the Canadian/U.S. border, Germany enjoys a moderate climate. There are seldom sudden, extreme fluctuations in temperature, and precipitation is usually plentiful. The marine climate in the north keeps the winters there milder than in the south, where the climate is also affected by the Alps.

With a variety of landscapes and a moderate climate, it is easy to understand why Germans are famous for their love of nature and the outdoors.

Kulturkontraste

Compare the landscapes of Germany with the landscapes in your country. Which regions do you think could be similar to Germany's? Which are different?

D. Etwas über Deutschland

J. Kulturkontraste

1. Landschaften

chamayne carava / Alamy

peresanz/Shutterstock.com

Zum Lesen

Vor dem Lesen

**WIEDER EIN
NASSER, KALTER WINTER?**

*In Florida
ist auch der Winter
warm und s☺nnig!*

Täglich von Frankfurt nach
Miami
für nur 499.-€!!!

R. Gino Santa Maria/Shutterstock.com

12 Fragen

A. Look at the advertisement and answer the following questions.

1. Wie ist der Winter in Deutschland?
2. Wie ist das Wetter in Florida?
3. Wie viel kostet das Frankfurt-Miami Ticket? Ist das teuer *(expensive)*, günstig *(reasonable)* oder billig *(cheap)*?

B. Answer the following questions.

1. Ist „kalt" in Florida auch „kalt" in Toronto? Was finden Sie „kalt"?
2. Finden Sie Berlin auf einer Landkarte *(map)*. Finden Sie Washington, D.C. Welche Stadt ist weiter nördlich *(farther north)*?
3. Finden Sie auf einer Landkarte die Städte Tübingen, Berlin, Hamburg, München und Salzburg.

Beim Lesen

13 Zum Text

1. In the reading, you will find data on Germany's size and distances within the country. As you are reading, make notes on the relevant facts about Germany.
2. Which words or concepts in the text would you consider to be relative, depending on a person's experience?
3. Cognates. Circle or make a list of the cognates in the reading.

Alles ist relativ!

🔊
1-18

Lily from Hamburg is visiting Berlin with her cousin Paul from Miami and with Anton, a friend from Salzburg, Austria. Lilys friend Franziska has invited them to her place, and has picked them up at the train station. On their way to Franziska's apartment they get
5 acquainted, and Paul learns more about Germany.

PAUL: Puh, ganz schön warm ist es hier in Berlin. In Hamburg war es heute Morgen ziemlich kühl.

LILY: Ja, hier sind wirklich sicher 6 Grad
10 mehr als in Hamburg.

ANTON: Eigentlich komisch. Berlin liegt doch nur etwa 280 Kilometer südlich von Hamburg.

FRANZISKA: Ja, aber Hamburg liegt nah an
15 der Nordsee und das beeinflusst das Klima – die Sommer sind kühl und die Winter mild. Seeklima heißt das!

PAUL: Ah ha! Studierst du Meteorologie?

FRANZISKA (lacht): Fast! Ich studiere
20 Geografie. Aber ich rede gern übers Wetter!

▲ **Hamburger Rathaus und Binnenalster**

PAUL: Das ist schon irgendwie toll hier in Deutschland. Interessante Städte wie Hamburg und Berlin liegen so nah beieinander°. Das ist in den USA nicht
25 so. Da sind die Distanzen ganz anders.

LILY: Ja, von Hamburg ganz im Norden nach München im Süden sind es nur etwa 610 Kilometer. Und ganz Deutschland ist so groß wie Montana.

PAUL: Erstaunlich!

FRANZISKA: Lily, wie ist Hamburg denn im Winter? Ihr habt wenig Schnee, oder?
30 LILY: Ja, es schneit nicht oft. Aber es regnet viel und es ist kühl und oft windig und grau.

ANTON: In Salzburg ist es im Winter ziemlich kalt, aber relativ sonnig. Und es liegt oft Schnee. Ich gehe dann immer snowboarden.

PAUL: Und ich gehe in Miami jeden Tag schwimmen. Im Winter und im Sommer.
35 LILY: Ah schön. Immer warm. Toll!

PAUL: Ja, in Florida schon. Manchmal ist es aber auch schrecklich heiß und schwül! Und es gibt eigentlich keine Jahreszeiten. Apropos° „sehr heiß" – wie weit ist es denn noch? Sind wir bald da?

LILY: Paul, du bist wirklich faul. Wir gehen doch erst 10 Minuten.
40 PAUL (lacht): Du weißt doch, Lily. Wir Amerikaner machen alles mit dem Auto.

FRANZISKA: In Berlin ist aber wirklich alles sehr weit auseinander°. Es ist einfach riesengroß°.

ANTON: Wie viele Einwohner hat Berlin denn?

FRANZISKA: Fast dreieinhalb° Millionen.
45 LILY: Wow! Hamburg hat nur etwa halb so viele Einwohner.

ANTON: Und Salzburg nur 150 000!

FRANZISKA: So, da sind wir! Hier wohne ich. Und jetzt gibt es eine Cola.

PAUL: Aber bitte eiskalt!

---

next to each other

Although Berlin has less than a third of the population of Paris, it is nine times larger in area.

speaking about

apart
huge

three and one half

Scirocco340/Shutterstock.com

Nach dem Lesen

14 **Ergänzen Sie** Using your notes on the reading, complete the following sentences.

H. Wie viel Grad ist es?

1. Berlin ist warm. _____ Grad mehr als in Hamburg.
2. Hamburg liegt an der Nordsee. Die Sommer sind _____ und die Winter sind _____.
3. Von München nach Hamburg sind es nur _____ Kilometer.
4. Montana ist so _____ wie Deutschland.
5. In Salzburg sind die Winter _____.
6. In Miami ist das Wetter immer _____.

15 **Fragen zum Lesestück**

1. Wie war das Wetter in Hamburg?
2. Wie viel Grad mehr sind es in Berlin?
3. Wie viele Kilometer sind es von Hamburg nach Berlin?
4. Wo liegt Hamburg?
5. Wie groß ist Deutschland?
6. Wie ist der Winter in Hamburg?
7. Was macht Anton gern im Winter?
8. Was macht Paul im Winter und im Sommer in Florida?
9. Wie ist Berlin?
10. Wie viele Einwohner hat Berlin? Wie viele Einwohner hat Salzburg?

16 **Wie ist das Wetter zu Hause?** With a partner, compare the weather as you have come to know it in your hometown **(zu Hause)** and the place you live right now **(hier).** Finally, compare that information to what you learned about the weather in Germany from the reading.

S1:
Wie ist das Wetter zu Hause?

S2:
Im Frühling ist es regnerisch.

Das Wetter ...	zu Hause	hier	in Deutschland
im Frühling?			
im Sommer?			
im Herbst?			
im Winter?			

Berlin: Deutschlands Hauptstadt

The origins of Berlin lie in the twelfth century. In its long history Berlin has served as the capital city of many German states and forms of government, including the monarchy of the Hohenzollerns, the Third Reich, and the German Democratic Republic. In 1990, Berlin became the capital of a newly united Germany. History, geography, and politics have all contributed to making Berlin a cultural center of Europe.

▲ Touristen am Brandenburger Tor.

Berlin is both a **Stadtstaat** *(city state)* and a **Bundesland** *(federal state)* and it is the most populous city in Germany (3.4 million people). Berlin's population is diverse, with almost 13% consisting of foreigners from 185 countries, the largest group from Turkey. Historically, Berlin has been a center of education, commerce, culture, and science. This tradition is still alive today. Berlin has more than 250 state and private centers for scientific research, including nineteen colleges and universities, as well as 150 theaters that offer programs ranging from the classics to the newest artistic forms, three world-class opera houses, and seven symphony orchestras. It is also the home of more than 150 museums. With five major museums, the **Museumsinsel** *(Museum Island)* is one of the most important museum complexes in the world. Separate from the **Museumsinsel** are other well-known museums; for example, as the new Jewish Museum **(das Jüdische Museum),** opened in 2001. Each year Berlin hosts the international film festival, the **Berlinale,** founded in 1951. Visitors to Berlin are struck by the wide variety of architectural styles, ranging from palaces to the remnants of the socialist architecture of East Germany to the modern office buildings erected after unification.

▲ Die Ruine und der neue Teil der Gedächtniskirche in Berlin.

Berlin is a favorite tourist destination. Some of the sights that attract visitors can be found on various websites. The most popular attractions include: the **Brandenburg Tor** *(Brandenburg Gate)* at one end of the famous **Unter den Linden** street; the **Reichstag,** where parliament meets; the **Sony Center; Friedrichstraße** with its elegant stores; the **Holocaust Mahnmal** *(Holocaust Memorial);* **Checkpoint Charlie** from the days of the **Berliner Mauer** *(Berlin Wall);* the memorial East Side Gallery, a 1.3 kilometer long section of the Berlin Wall with over 100 paintings from artists all over the world. Perhaps surprisingly, Berlin also offers a wide choice of outdoor activities. Approximately one-fourth of Berlin's 888 square kilometers consists of green space and one-tenth is covered by lakes and rivers.

Kulturkontraste

1. Is there a large city in your country comparable to Berlin in size or other characteristics? If so, have you ever visited it?
2. If you visited Berlin, which aspect of the city would you most want to explore—its history, its museums, its parks? Explain your choice.

J. Kulturkontraste
2. Berlin: Deutschlands Hauptstadt

Erweiterung des Wortschatzes 2

¹taxi driver

▲ Wie viel Euro verdient
(earns) ein Taxifahrer
oder eine Taxifahrerin?

The suffix -*in*

- The suffix **-in** added to the singular masculine noun gives the feminine equivalent.
- The plural of a noun with the suffix **-in** ends in **-nen**.

17 **Mann oder Frau?** Give the other form—feminine or masculine—of the words listed below.

BEISPIEL die Professorin   *der Professor*

1. die Freundin
2. der Student
3. die Amerikanerin
4. der Einwohner
5. die Ingenieurin
6. der Journalist
7. die Musikerin
8. der Physiotherapeut

Names of countries

Wie groß ist **Deutschland**?
Existiert **das romantische Deutschland** noch?

How large is Germany?
Does romantic Germany still exist?

The names of most countries are neuter; for example **(das) Deutschland** and **(das) Österreich**.

- Articles are not used with names of countries that are neuter, unless the name is preceded by an adjective (e.g., **das romantische Deutschland**).

Die Schweiz ist schön.
Die USA sind groß.

Switzerland is beautiful.
The United States is large.

- The names of a few countries are feminine (e.g., **die Schweiz**); some names are used only in the plural (e.g., **die USA**).
- Articles are always used with names of countries that are feminine or plural.

18 **Was ist die Hauptstadt von …?** Pick a country from the following list and ask your partner what the capital is. Then switch roles and your partner asks you.

S1:
Was ist die Hauptstadt von Dänemark?

S2:
Die Hauptstadt ist Kopenhagen. / Das weiß ich nicht.

**Hauptstädte: London Salzburg Athen Vaduz
Madrid Rom Moskau Florenz Brüssel
Barcelona Oslo Wien Paris**

1. Italien
2. Spanien
3. Griechenland
4. Russland
5. Österreich
6. Frankreich
7. Norwegen
8. Liechtenstein
9. Großbritannien
10. Belgien

Nouns indicating citizenship and nationality

Location	Male citizen	Female citizen
Berlin	der Berliner, -	die Berlinerin, -nen
Österreich	der Österreicher, -	die Österreicherin, -nen
die Schweiz	der Schweizer, -	die Schweizerin, -nen
Amerika	der Amerikaner, -	die Amerikanerin, -nen
Kanada	der Kanadier, -	die Kanadierin, -nen
Deutschland	der Deutsche (ein Deutscher) *(pl.)* die Deutschen	die Deutsche (eine Deutsche) *(pl.)* die Deutschen

Nouns indicating an inhabitant of a city or a citizen of a country follow several patterns. While you won't be able to predict the exact form, you will always be able to recognize it.

- The noun suffix **-er** is added to the name of many cities, states, or countries to indicate a male citizen or inhabitant: **Berliner.**
- Some nouns take an umlaut: **Engländer.**
- To indicate a female citizen or inhabitant the additional suffix **-in** is added to the **-er** suffix: **Berlinerin, Engländerin.**
- In some instances the **-er/-erin** is added to a modified form of the country: **Kanadier/Kanadierin.**
- Other countries have still other forms to indicate the citizen or inhabitant: **Deutscher/Deutsche.** Note that the plural, **die Deutschen,** is used for both men and women.

Felix ist **Deutscher.**	*Felix is (a) German.*
Sarah ist **Deutsche.**	*Sarah is (a) German.*

Note that to state a person's nationality, German uses the noun directly after a form of **sein.** The indefinite article **ein** is not used, whereas in English nouns of nationality may be preceded by an indefinite article.

19 **Woher kommen diese Personen?** Match the following people, their hometowns, and nationalities.

1. Markus kommt aus Stuttgart. _____
2. Lena kommt aus Salzburg. _____
3. Jochen kommt aus Zürich. _____
4. Sandra kommt aus Wismar. _____
5. Michael kommt aus Montreal. _____
6. Courtney kommt aus Chicago. _____
7. Klaus kommt aus Berlin. _____

a. Er ist Kanadier.
b. Sie ist Amerikanerin.
c. Er ist Berliner.
d. Er ist Schweizer.
e. Sie ist Österreicherin.
f. Er ist Deutscher.
g. Sie ist Deutsche.

I. Deutsche Städte

dimitris_k/Shutterstock

◀ „Ich bin *ein* Berliner."

The question word *woher*

Woher kommst du?
Ich **komme aus** [Frankfurt /
der Schweiz / den USA].

Where are you from?
I am from [Frankfurt /
Switzerland / the U.S.A.].

- To ask in German where someone is from, use the interrogative **woher** and a form of the verb **kommen**.
- To answer such a question, use a form of the verb **kommen** and the preposition **aus**.

▲ **Nele kommt aus dem Norden. Sie ist Hamburgerin.**

20 **Frage-Ecke** Find out where the following people are from and where they live now. Obtain the missing information by asking your partner. **S1**'s information is below; the information for **S2** is in *Appendix B*.

S1:
Woher kommt Leon?
Er ist Deutscher.
Wo wohnt+ Leon?

S2:
Er kommt aus Deutschland.
Was ist Leon?
Er wohnt in Hamburg.

	Woher kommt ...?	**Was ist ...?**	**Wo wohnt ...?**
Leon		Deutscher	
Charlotte		Liechtensteinerin	Vaduz
Marie	Deutschland		
Anton	Österreich		

Stating one's nationality and place of origin

21 **Woher kommst du?** Ask four classmates where they are from in terms of city (**Stadt**), region or state (**Region**), and country (**Land**). Make notes, so you can report to class where your classmates are from.

S1:
Woher kommst du?
Wo ist das?

S2:
Aus Lawrence.
Lawrence ist in Kansas.

Woher kommt ...	**die Stadt**	**die Region**	**das Land**
S1			
S2			
S3			
S4			

Vokabeln II

Substantive

Geografisches *(Geographic elements)*

der **Norden** north
der **Osten** east
der **Süden** south
der **Westen** west
(das) **Europa** Europe
das **Land, ¨er** country
das **Nachbarland, ¨er** neighboring country
die **Hauptstadt, ¨e** capital
die **Nordsee** North Sea

die **See, -n** sea
die **Stadt, ¨e** city

Weitere Substantive

der **Einwohner, -** / die **Einwohnerin, -nen** inhabitant
der **Kilometer, -** kilometer (= .62 mile; abbrev. **km**)
das **Auto, -s** car, automobile
das **Klima** climate
die **Cola, -s** cola drink
die **Million, -en** million
die **Temperatur, -en** temperature

Verben

beeinflussen to influence
lachen to laugh
liegen to lie; to be situated, be located

reden to talk, speak
wohnen to live, reside

For names of countries and inhabitants see page 75

Adjektive und Adverbien

anders different(ly)
deutsch German *(adj.)*
einfach simply
eiskalt ice-cold
erst not until, only just
erstaunlich amazing
etwa approximately, about
immer always
interessant interesting
irgendwie somehow
komisch funny, strange
manchmal sometimes

mehr more
mild mild
nah near
nördlich to the north
riesengroß huge, gigantic
schrecklich terrible, horrible
südlich to the south
weit far
weiter farther, further
wenig little, few
wirklich really

Andere Wörter

als than
an at
denn *flavoring particle added to a question*
in in
kein not a, not any
nach to (*with cities and neuter countries, e.g.,* **nach Berlin; nach Deutschland**)

so ... wie as . . . as
über about
von from; of
wo where
woher where from

Besondere Ausdrücke

das heißt that means, that is to say
halb so groß wie ... half as large as . . .
Ich bin [Schweizer / Amerikanerin]. I am [Swiss / American].
Ich komme aus ... I come/am from . . .
jeden Tag every day

nicht so [kalt / viel] not as [cold / much]
Oder? Or don't you agree?
übers Wetter about the weather
Woher kommst du? Where are you from?

Alles klar?

22 Was passt nicht?

1. a. Einwohner   b. Land   c. Stadt   d. Stau
2. a. interessant   b. schrecklich   c. erstaunlich   d. denn
3. a. einfach   b. oft   c. manchmal   d. immer
4. a. wirklich   b. wenig   c. mehr   d. viel

23 Ergänzen Sie

1. —_____ kommst du?

   —Ich komme aus Berlin.

2. —Wie _____ ist es von Berlin nach Hamburg?

   —Etwa 300 Kilometer.

3. —_____ liegt Salzburg?

   — Etwa 145 Kilometer südöstlich von München.

4. —Ich bin sehr müde.

   — Wirklich? Aber es ist nicht spät. Es ist doch _____ 10 Uhr.

24 Was ist das? Finden Sie das richtige Wort.

1. _____   2. _____

3. _____   4. _____

die Temperatur   Europa
die Hauptstadt von Deutschland   der Süden
die Nordsee   ein Auto

Land und Leute

Geburtstage

Birthdays are very important to people in German-speaking countries. They seldom forget the birthday of a family member or friend—they write, call, give flowers and/or other gifts (**Geburtstagsgeschenke**). Birthdays are celebrated in different ways. The "birthday child" (**Geburtstagskind**) may have an afternoon coffee party (**Geburtstagskaffee**) with family members and friends, or a more extensive birthday party in the evening. At the **Geburtstagskaffee,** candles are placed around the edge of a birthday cake (**Geburtstagskuchen**) and blown out by the person whose birthday it is. Although the **Geburtstagskind** is often taken out by family members or friends, he or she usually throws a party or brings a cake to work.

▲ Alles Gute zum Geburtstag!

Common greetings and congratualations include: **Herzlichen Glückwunsch zum Geburtstag!** *(Happy Birthday!)* or **Alles Gute zum Geburtstag!** *(All the best on your birthday!)* Often friends or family place ads in newspapers, **Geburtstagsanzeigen**, to congratulate the **Geburtstagskind**.

Turning 18 marks the legal transition from childhood to adulthood with all its rights and privileges, and it is celebrated accordingly. Other landmark birthdays are generally observed when one reaches zeros and fives: turning 20, 30, 40, etc. is called **nullen** (e.g., **Stefan nullt dieses Jahr**). **Nullen** may result in large festivities to which both family and friends may be invited in one joint party, or separate parties may serve either friends or family. This may take place at home or, if there is not enough room, at a restaurant which is rented out by the host. Special "5s," such as 25 or 75 (a quarter century, and three quarters of a century respectively), are similarly marked by larger festivities. If you are hosting your birthday in Germany, you are generally throwing the party yourself and take care of all the expenses. These may be considerable, especially when you are celebrating a landmark birthday. However, it is generally expected by those around you. As friends and family have their own landmark birthdays, they reciprocate accordingly.

▲ Stefan nullt.

In Austria and the predominantly Catholic regions of Germany, name days (**Namenstage**) may be celebrated with as much excitement as birthdays. **Namenstage** commemorate the feast day of one's patron saint. Florist shops in these areas typically remind people whose name day is being celebrated.

Kulturkontraste

How does the typical celebration of birthdays in German-speaking countries differ from the way you celebrate birthdays, at home or at work?

J. Kulturkontraste
3. Geburtstage

Grammatik und Übungen

Talking about the past

Simple past tense of *sein*

Present	Heute ist das Wetter gut.
Simple past	Gestern war es schlecht.

The weather is good today.
It was bad yesterday.

The simple past tense of **sein** is **war**.

For additional expressions see "Weather expressions" in the *Supplementary Word Sets* on the Companion Website.

Simple past of **sein**			
ich	**war**	wir	waren
Sie	waren	Sie	waren
du	warst	ihr	wart
er/es/sie	**war**	sie	waren

Simple past of **sein**			
I	was	we	were
you	were	you	were
you	were	you	were
he/it/she	was	they	were

In the simple past, the **ich-** and **er/es/sie**-forms of **sein** have no endings.

25 Wo warst du in den Sommerferien? Franziska and Sebastian are discussing where they and their friends spent their summer vacation. Provide forms of the verb **sein** in the past tense.

BEISPIEL Paula _____*war*_____ in Italien.

1. FRANZISKA: Hallo, Michael, wie _____ es in Italien?
2. MICHAEL: Hallo, Franziska. Italien? Ich _____ nicht in Italien, Chiara und ich _____ in England. Und du? Wo _____ du?
3. FRANZISKA: In Berlin! England? Toll! Wo _____ ihr denn in England? In London?
4. MICHAEL: Nein, wir _____ in Portsmouth. Chiaras Freund Ian ist da.
5. FRANZISKA: Wie komisch! Noah und Pia _____ auch in Portsmouth.

Discussing the weather 👥

K. Wie war das Wetter?

26 Wie war das Wetter? Ask a fellow student what the weather was like on four previous days. Record the answers.

S1:	S2:
Wie war das Wetter [gestern]?	Es war [schön].
Und am [Wochenende]?	[Gestern] war es [schön].
	Es war [kalt].

windig   furchtbar kalt   heiß   sonnig   wolkig
warm   schwül   sehr kühl

windig

heiß

wolkig

schwül

furchtbar kalt

sonnig

warm

sehr kühl

Present tense of *haben*

haben: *to have*			
ich	habe	wir	haben
Sie	haben	Sie	haben
du	**hast**	ihr	habt
er/es/sie	**hat**	sie	haben

The verb **haben** is irregular in the **du-** and **er/es/sie**-forms of the present tense.

27 **Wann hast du Geburtstag?** Anna and Franziska are chatting over the Internet, updating their respective birthday lists. Take the role of Anna and tell Franziska in what month the following people's birthdays are. Then give the month of your own birthday.

BEISPIEL ich / Juli   *Ich habe im Juli Geburtstag.*

1. Leon / Mai
2. du / September
3. David / Februar
4. ihr (Felix und du) / September
5. Daniel und Professor Lange / Oktober
6. wir (Florian und ich) / Juli
7. Und jetzt Sie! Wann haben Sie Geburtstag?

Present tense of *wissen*

Wissen is irregular in the singular forms of the present tense. Note that the **du**-form ending contracts from **-st** to **-t**.

wissen: *to know*			
ich	**weiß**	wir	wissen
Sie	wissen	Sie	wissen
du	**weißt**	ihr	wisst
er/es/sie	**weiß**	sie	wissen

28 **Die Universität Heidelberg** David is speaking with Sarah and Leon about the University of Heidelberg. Complete their dialogue with the appropriate forms of **wissen**.

J. Ein Picknick

DAVID: Du, Leon. Was _weißt_ du über die Universität Heidelberg?

LEON: Nicht viel. Aber ich glaube, Sarah _weiß_ viel darüber.

SARAH: Na, alle Leute _wissen_, dass *(that)* Heidelberg die älteste *(oldest)* Universität Deutschlands ist.

LEON: So? Das _wissen_ wir alle? _Weißt_ du denn, wie alt?

SARAH: Ja, sicher. Sie ist über 600 Jahre alt.

DAVID: Das ist ja wirklich alt. _Wisst_ ihr auch, wie alt die Stadt Heidelberg ist?

SARAH: Nein.

Position of the finite verb in statements

In a German statement, the finite verb is always in second position, even when an element other than the subject (for example, an adverb or a prepositional phrase) is in first position.

- When an element other than the subject is in first position, the subject follows the verb.

1	2	3	4
Der Sommer	ist	in Deutschland	anders.
In Deutschland	ist	**der Sommer**	anders.

29 Hoffentlich ist es schön You are discussing the weather with your partner. Use the following statements and start with the word in parentheses. You partner will then agree or disagree with you. Remember the position of the verb and the subject as you produce your prompts or as you react to one.

BEISPIEL Es ist heute schön. (Heute)

S1:
*Heute **ist es** schön, nicht?*

S2:
*Ja. Heute **ist es** schön. /*
*Nein. Heute **ist es** nicht schön.*

1. Es bleibt hoffentlich trocken. (Hoffentlich)
2. Das Wetter war gestern schlecht, nicht? (Gestern)
3. Es regnet heute bestimmt. (heute)
4. Das Wetter bleibt jetzt hoffentlich gut. (Hoffentlich)
5. Die Sonne scheint morgen bestimmt. (Morgen)

30 Wer? Was? Wann? You and Jennifer have been talking to your friends to find out when they are free for a get-together. By consulting your list you are able to tell Jennifer when your various friends are busy and what they are doing. Begin with the time element.

BEISPIEL *Morgen Abend spielt Kevin Basketball.*

Wer?	Was?	Wann?
Kevin	Basketball spielen	morgen Abend
Michael und Noah	Tennis spielen	am Montag
Anna	ins Kino gehen	heute
Alina	Geburtstag haben	am Sonntag
David und Sarah	Volleyball spielen	heute Abend
ich	nicht arbeiten	morgen

◀ **Am Montag spielen Michael und Noah Tennis.**

Ljupco Smokovski/Shutterstock

31 **Frage-Ecke** Find out how old the following people are, when their birthdays are, and what the typical weather in that month is. Obtain the missing information from your partner. **S1**'s information is below; the information for **S2** is in *Appendix B*.

> *S1:* Wie alt ist Nils?
> *S2:* Nils ist 21 Jahre alt. Wann hat er Geburtstag?
> *S1:* Im Januar. Wie ist das Wetter im Januar?
> *S2:* Es ist kalt.
>
> *S1:* ...

	Wie alt?	Geburtstag	das Wetter
Nils		Januar	
Laura	30		kühl
Herr Hofer		Juli	heiß und trocken
Frau Vogel	39		
ich			
Partnerin/Partner			

The nominative case *(der Nominativ)*

Expressing the subject of a sentence

> ***That woman*** *plays tennis well.* ***She*** *doesn't play volleyball very well.*

English uses word order to signal different grammatical functions (e.g., subject) of nouns or pronouns. In a statement in English the subject precedes the verb.

> **Die Frau** spielt gut Tennis. Volleyball spielt **sie** aber nicht sehr gut.

German uses a different type of signal to indicate the grammatical function of nouns and pronouns. German uses a signal called CASE.

- When a noun or pronoun is used as the subject of a sentence, it is in the NOMINATIVE case.

Masculine	Neuter	Feminine
der	das	die

- In the nominative case, the German definite article has three forms. They are all equivalent to *the* in English.

Subject	Predicate noun	Subject	Predicate noun
Herr Gerber ist	**Ingenieur.**	Mr. Gerber is	*an engineer.*
Die Journalistin heißt	**Johanna Fischer.**	The journalist's name is	*Johanna Fischer.*
Das ist **nicht**	**mein Handy.**	That is not	*my cell phone.*

The nominative case is also used for a PREDICATE NOUN.

- A predicate noun designates a person, concept, or thing that is equated with the subject.

- A predicate noun completes the meaning of linking verbs such as **sein** and **heißen**.

- In a negative sentence, **nicht** precedes the predicate noun.

32 **Wie war das Wetter?** Look at the pictures and words below. Using the adjectives in the list, decide what the weather was like on each day. Be sure to use the correct article with the noun under the picture.

| kalt heiß kühl nass stark *(heavy)* schön schlecht warm |

BEISPIEL *Am Samstag war der Regen stark.*

TEMPERATUREN (Min/Max)

MO	DI	MI	DO	FR	SA	SO
7° 15°	8° 18°	9° 19°	10° 20°	7° 9°	7° 10°	6° 14°
Sonne	Morgen	Abend	Wind	Tag	Regen	Wetter

33 **Was kostet ...?** Your partner is moving and wants to sell a few things. Ask how much each item costs. Your partner gives a price. Use a pronoun in your answer.

S1:
Was kostet [die Uhr]?

S2:
[Sie] kostet 15 Euro.

Plural forms of German nouns *(der Plural)*

English has a variety of ways to signal the plural of nouns. With some nouns the stem changes: one *man*, two *men*; one *foot*, two *feet*. With other nouns, endings are used: one *stone*, two *stones*; one *ox*, two *oxen*. With still others, no signal is used at all: one *sheep*, two *sheep*. By far the most common signal though is simply the ending *-s*.

Type	Plural Signal	Singular	Plural
1	-	das Fenster	die Fenster
	¨	der Garten	die Gärten
2	-e	der Tisch	die Tische
	¨e	der Stuhl	die Stühle
3	-er	das Kind	die Kinder
	¨er	das Buch	die Bücher
4	-en	die Frau	die Frauen
	-n	die Lampe	die Lampen
	-nen	die Studentin	die Studentinnen
5	-s	das Handy	die Handys

German uses five basic types of signals to mark the plural of nouns: no ending or the endings **-e, -er, -(e)n,** and **-s.** Some of the nouns of types 1, 2, and 3 add umlaut in the plural. Nouns of type 4 that end in **-in** add **-nen** in the plural.

- German makes no gender distinctions in the plural article; the definite article **die** is used with all plural nouns.
- The indefinite article has no plural form.

Lerntipp

In the vocabularies of this book, the plural of most nouns is indicated after the singular forms:

das Zimmer, - indicates that there is no change in the plural form of the noun: **das Zimmer, die Zimmer**

die Stadt, ¨e indicates that an **-e** is added in the plural, and an umlaut is added to the appropriate vowel: **die Stadt, die Städte**

When you learn a German noun, you must also learn its plural form because there is no sure way of predicting to which plural type the noun belongs. You will, however, gradually discover that there is a kind of system to the various types. This "system" depends partly on whether the noun is a **der-, das-,** or **die**-noun, and partly on how many syllables it has.

34 Hören Sie zu

A. Erstes Hören Listen to the description of David's room. Indicate how many of the listed objects he has in his room.

_____ Tisch
_____ Bett
_____ Pflanze
_____ Stühle
_____ Lampen
_____ Computer
_____ Bücherregal
_____ Bücher
_____ Bilder
_____ Poster
_____ Telefon
_____ Fenster

B. Zweites Hören Now listen to the description again. This time complete the description of the objects according to what you have heard. Be sure to provide the correct definite articles.

1. _____ Tisch ist _____.
2. _____ Pflanze ist auch _____.
3. _____ Stühle sind _____.
4. _____ Computer ist _____.
5. _____ Telefon ist _____.
6. _____ Fenster sind _____.

E. Wer hat was?

L. So sind sie

35 **Schaufensterbummel** *(Window shopping)* Anna and Leon are walking home from the university. They see several objects in shop windows and talk about them. Construct sentences from the fragments, using a plural subject.

BEISPIEL Buch / sein / sehr alt   *Die Bücher sind sehr alt.*

1. Pflanze / sein / schön
2. Stuhl / sein / sehr modern
3. Tisch / sein / zu groß
4. Lampe / sein / zu alt
5. Computer / sein / wirklich super
6. Handy / sein / praktisch
7. Uhr / gehen / sicher / schnell / kaputt

Nejron Photo/Shutterstock.com

◀ **Die Jacke ist toll!**

🌐 Web Links

🔊 1-20

Leserunde

Rudolf Otto Wiemer (1905–1998) was both a teacher and a writer. His poems, stories, and books made him known to a wide public. Many of his poems contain surprises and twists, not unlike those in the poem "empfindungswörter." This poem contains other elements common to concrete poetry: everyday words, lists, repetition, and variation, all of which cause the listener or reader to see words in a new light.

empfindungswörter[1]
aha die deutschen
ei die deutschen
hurra die deutschen
pfui die deutschen
ach die deutschen
nanu die deutschen
oho die deutschen
hm die deutschen
nein die deutschen
ja ja die deutschen

— *Rudolf Otto Wiemer*

Fragen

1. Welche Wörter sind positiv, welche negativ, welche neutral?
2. Wie sind die Deutschen?
3. Was denkt der Autor?

[1]*words of emotion*

Rudolf Otto Wiemer Beispiele zur deutschen Grammatik, Gedichte, Berlin 1971,
© Wolfgang Fietkau Verlag, Kleinmachnow.

The indefinite article *ein* (der unbestimmte Artikel)

Ist das **ein** Radio oder **eine** Uhr?   Is that **a** radio or **a** clock?

The German indefinite article **ein** is equivalent to English *a* or *an*.

In the nominative case the German indefinite article has two forms: **ein** for masculine and neuter, and **eine** for feminine.

Masculine	Neuter	Feminine
ein Mann	**ein** Kind	**eine** Frau

 36 **Was ist das?** Help your partner learn German. Point to a picture and she/he will tell what it is in German.

S1: Was ist das?
S2: Das ist ein Buch.

The negative *kein*

Expressing negation

Ist das **ein** Radio?
Nein, das ist **kein** Radio.

Sind die Studenten Amerikaner?
Nein, sie sind **keine** Amerikaner.

Is that **a** radio?
No, that's **not a** radio.

Are the students Americans?
No, they are **not** Americans.

Masculine	Neuter	Feminine	Plural
kein Tisch	**kein** Radio	**keine** Uhr	**keine** Radios

The negative form of **ein** is **kein**.

- **Kein** is equivalent to English *not a, not any,* or *no.*
- It negates a noun that in the positive would be preceded by a form of **ein** (e.g., **ein Radio**) or no article at all (e.g., **Amerikaner**).

In the nominative case **kein** has two forms: **kein** for masculine and neuter, and **keine** for feminine and plural.

37 **Nein, das ist kein ...** You are taking your first art course and are showing Jan what you have drawn. He tries to guess what your attempts portray. Tell Jan his guesses are wrong. Use a form of **kein** in your responses.

BEISPIEL Ist das **eine** Frau?   *Nein, das ist **keine** Frau.*

1. Ist das ein Kind?   2. Ist das eine Lampe?   3. Ist das ein Bücherregal?

4. Ist das ein Telefon?   5. Ist das ein Computer?   6. Ist das eine Gitarre?

Kein vs. nicht

Ist das **eine** Uhr?   Nein, das ist **keine** Uhr.
Sind sie Amerikaner?   Nein, sie sind **keine** Amerikaner.

Ist das **die** Uhr?   Nein, das ist **nicht die** Uhr.
Ist das Frau Müller?   Nein, das ist **nicht** Frau Müller.

- **Kein** is used to negate a noun that in an affirmative sentence would be preceded by **ein** or no article at all.
- **Nicht** is used when negating a noun preceded by a definite article. It is also used before the name of a person.

Ist das **eine** Frau?   Nein, das ist **keine** Frau.

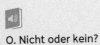

O. Nicht oder kein?

38 **Nicht oder kein?** Franziska and Sebastian are asking Anna about pictures she took in Germany. Assume Anna's role, answer their questions in the negative. Use **nicht** or **kein** respectively.

BEISPIELE Ist das Daniel? (Leon)   *Nein, das ist nicht Daniel. Das ist Leon.*
Ist das ein Student? (Professor)   *Nein, das ist kein Student. Das ist ein Professor.*

1. Ist das Professor Lange? (Professor Hofer)
2. Ist das ein Freund von Felix? (Freund von Daniel)
3. Ist das die Pfleghofstraße? (Goethestraße)
4. Ist das eine Studentin? (Professorin)
5. Ist das ein CD-Player? (DVD-Player)
6. Ist das Frau Kluge? (Frau Huber)

Proper names

Das ist **Maries** Buch.   *That is **Marie's** book.*
Das ist **Lukas'** Kuli.   *That is **Lukas's** ballpoint pen.*

A proper name is a word that designates a specific individual or place (e.g., Marie, Berlin).

- In German as in English, possession and other close relationships are expressed by adding **-s** to the proper names.
- If the name already ends in a sibilant, no **-s** is added. An apostrophe is used in written German only when no **-s** is added (e.g., **Lukas' Kuli**).
- Note that if a name ends in **-s**, a construction using **von** is preferred in colloquial German (e.g., **der Kuli von Lukas**).

> **39 Ist das Fabians iPod?** After a club meeting you and a friend are straightening up. Tell your friend to whom the various things belong. Use the possessive form of the proper name.
>
> **BEISPIEL** Fabian / iPod   *Das ist Fabians iPod.*
>
> 1. Hülya / MP3-Player
> 2. Noah / Gitarre
> 3. Hasan / Fußball
> 4. Annika / Laptop
> 5. Jonas / Rucksack
> 6. Antonia / Computerspiel

Expressing possession

Possessive adjectives (Possessivpronomen)

Singular		Plural	
Mein Zimmer ist groß.	*My room is large.*	**Unser** Zimmer ist groß.	*Our room is large.*
Ist **Ihr** Zimmer groß?	*Is your room large?*	Ist **Ihr** Zimmer groß?	*Is your (pl.) room large?*
Ist **dein** Zimmer groß?	*Is your (sg.) room large?*	Ist **euer** Zimmer groß?	*Is your room large?*
Ist **sein** Zimmer groß?	*Is his room large?*	Ist **ihr** Zimmer groß?	*Is their room large?*
Ist **ihr** Zimmer groß?	*Is her room large?*		

German possessive adjectives are equivalent in meaning to the English possessive adjectives, such as *my, his,* and *her.*

- Context usually makes clear whether **ihr** is the subject pronoun *you,* the adjective *her* or *their,* or the adjective *your.* Note that **Ihr** *(your)* is capitalized, just as the corresponding subject pronoun **Sie** *(you)* is.

der Bleistift	Wo ist ein Bleistift?
	Wo ist **mein** Bleistift?
das Heft	Wo ist ein Heft?
	Wo ist **mein** Heft?
die Uhr	Wo ist eine Uhr?
	Wo ist **meine** Uhr?
die Bücher	Wo sind **meine** Bücher?

- Since possessive adjectives have the same forms as **ein,** they are frequently called **ein**-words.

  Wo ist **euer** CD-Player? Wo sind **eure CDs**?

- When **euer** has an ending, the **-e-** preceding the **-r-** is usually omitted.

---

40 **Wie sagt man das?** Complete the sentences with the German equivalents of the cued words.

BEISPIEL _____ Mann arbeitet bei Volkswagen, oder? *(her)*
Ihr Mann arbeitet bei Volkswagen, oder?

1. _____ Kind heißt Yannik. *(their)*
2. _____ Frau ist lustig. *(his)*
3. Barbara, Frank, was für ein Mensch ist _____ Nachbar? *(your)*
4. Wo sind _____ Kinder, Frau Neumann? *(your)*
5. Ich glaube, das ist _____ Kuli. *(my)*
6. Ist das _____ Uhr, Paul? *(your)*

Negating nouns preceded by possessive adjectives

Ist das dein Laptop?	Is that your laptop?
Nein, das ist **nicht** mein Laptop.	No, that is **not** my laptop.

Nicht is used to negate a noun that is preceded by a possessive adjective.

F. Am Telefon

41 **Eine Geburtstagskarte an Oma** Complete Anna's birthday card to her grandmother by filling in the appropriate possessive adjectives.

dear

Liebe° Oma,

herzlichen Glückwunsch zum Geburtstag und alles Gute! Wie geht es dir? Wie

war _____ Geburtstag? War _____ Nachbarin Frau Weber auch da?

Ist _____ Freundin Frau Heumüller immer noch krank? Mir geht es gut in

Tübingen. _____ Zimmer ist klein, aber schön. Und ich habe schon Freunde!

_____ Nachbar Leon und _____ Freund Daniel und ich waren am

Samstagabend schwimmen und dann tanzen. _____ Abend zusammen

war sehr nett. Hoffentlich findest du mein Geschenk° schön. Es ist ein Buch über

present

Tübingen. Viele liebe Grüße° und hoffentlich bis bald _____ Anna.

greetings

P.S. Mama sagt, du hast ein Handy! Wie ist denn _____ Handynummer?

Land und Leute

⊕ Web Search

Die deutsche Sprache

Today, on a list of the number of native-language speakers worldwide, German ranks in 10th place with 100 million. Mandarin is 1st with 873 million, 2nd is Hindi with 370 million, 3rd is Spanish with 350 million, and 4th is English with 341 million. A thousand years ago, however, there was no standard form of the German language. The large central European area from the North Sea and the Baltic Sea to the Alps in the south was inhabited by Germans who lived in many different societies and who spoke variants of the German language.

Library of Congress

▲ Martin Luther übersetzte die Bibel ins Deutsche.

Martin Luther (1483–1546) played an important role in the development of German. For his Bible translation and other works, Luther used a form of the language spoken in east central Germany; eventually, it became the spoken and written standard for all of Germany as well as for Austria and Switzerland. This single standard language is called **Hochdeutsch**. It is used in all domains of public life, including newspapers, radio, TV, and film. In this way, German speakers are linguistically unified despite the fact that local dialects are often incomprehensible to people from different regions within the German-speaking countries. Complete words, intonation, and pronunciation can vary dramatically. Different ways to say **sprechen,** for example, include **schwätzen** and **schnacken.** In the beginning of the twentieth century, fears that mass media and other developments might cause dialects to die out have not materialized. At the end of the twentieth century, dialects were gaining in prestige and were used to some extent in every German-speaking country. Realizing that they are an important part of popular culture, many writers and singers use their local dialects to express themselves artistically and to promote the use of dialects.

kryczka/iStockphoto.com

▲ Und Sie? Was machen Sie heute?

Like in English, new gadgets for communication and new media platforms have spurred innovative language usage that shows much creative adaptation of German language users to the contingencies of the specific electronic forms of communication they employ. The language of text messaging (called **simsen** *or* **SMSen**) features some notable acronyms that are used to save time and room while composing texts. Examples include **LG (Lieben Gruss), WE (Wochenende), HAHU (Habe Hunger), BRADUHI (Brauchst du Hilfe?), kA (keine Ahnung), WaMaDuHeu? (Was machst du heute?), G&K (Gruß und Kuss), immo (im Moment), ALDI (Am liebsten Dich), AKLA (Alles klar?),** or **LAMITO (Lache mich tot).**

Kulturkontraste

Languages are extremely flexible and adapt to new circumstances and media. New words are added, spelling and even the grammatical rules can change with time.

1. Can you think of examples in English where non-standard forms and spelling are used, such as in text messaging?

2. Some people consider such developments a danger to the standard language. What is your attitude about changing language? Do you use new forms? When? Are there some places where you think only the standard form is appropriate?

J. Kulturkontraste
4. Die deutsche Sprache

Video-Ecke

▲ Sie mag das Wetter in Berlin.

▲ Seine Lieblingsjahreszeit ist der Sommer.

▲ Sie findet Berge nicht interessant.

① Wie ist das Wetter?
Die schönste Jahreszeit Landschaften

Vor den Videos

42 **Nachgedacht** What do you remember from this chapter? Brainstorm the topics covered.

1. Wie ist das Wetter in Deutschland? Im Frühling, im Sommer, im Herbst, im Winter?
2. Was für Landschaften gibt es in Deutschland?
3. Was wissen Sie über Berlin?

Nach den Videos

43 **Alles klar?** Watch the interviews and take notes. Then answer the questions below.

1. Wer freut sich *(is happy about)* über die Sonne?
2. Welche Personen finden den Frühling gut?
3. Wie ist die Landschaft in der Schweiz?

② Wer ist denn das?

▲ Die vier fahren im Zug nach Berlin.

▲ Lily zeigt Fotos.

▲ Anton ruft seinen Freund in Berlin an.

A. Lilys Fotoalbum
B. *Richtig?, falsch?* oder *Ich weiß es nicht.*
C. Schreiben Sie

In this chapter, our friends ride on the train to Berlin. Lily shows pictures, and Anton calls his friend in Berlin . . .

92 • Deutsch heute

Nützliches	
das Foto	*photo, picture*
die Familie	*family*
die Eltern	*parents*
die Mutter	*mother*
der Vater	*father*
der Freund, die Freundin	*friend*
der Bruder	*brother*
die Schwester	*sister*
abfahren	*to depart*
zeigen	*to show*

Nach den Videos

Watch the video carefully and take notes. Then do the exercises that follow.

A. Lilys Fotoalbum
B. *Richtig?, falsch?* oder *Ich weiß es nicht.*
C. Schreiben Sie

44 Was passiert wann? Put the following sentences in chronological order.

_____ Lily zeigt Fotos von ihrer Familie.

_____ Anton sagt: „Hallo Markus, wie geht's?"

_____ Der Zug fährt ab.

_____ Anton sagt: „Danke nochmals!"

_____ Paul sagt: „Nur noch zwei Stunden."

_____ Paul sagt: „Echt? Zeig mal!"

_____ Lilys Mutter ist noch relativ jung.

45 Was stimmt? Select the appropriate item.

1. Die Freunde fahren mit dem _____ nach Berlin.
   a. Zimmer   b. Tisch   c. Zug
2. Lily hat Fotos von ihrer _____.
   a. Winter   b. Familie   c. Sportverein
3. Lilys _____ hat graue Haare.
   a. Vater   b. Wetter   c. Landschaft
4. Ein Freund von Lily hat ein grünes _____.
   a. Zug   b. Foto   c. T-Shirt
5. Antons Familie wohnt in _____.
   a. Deutschland   b. Österreich   c. Bayern
6. Die Freunde übernachten in Berlin _____.
   a. bei Antons Freund   b. im Hotel   c. im Zug
7. Antons Freund in Berlin heißt _____.
   a. Markus   b. Annika   c. Stefan

46 Was meinen Sie? Answer the questions.

1. Fahren Sie oft mit dem Zug?
2. Haben Sie Fotos von Ihrer Familie? Welche?
3. Der Zug, die Landschaft, und das Wetter im Video: Ist das wie in Amerika oder in Kanada, oder ist es anders? Was fällt Ihnen auf?

Wiederholung

 1 **Rollenspiel** You have been studying for a year in Tübingen. Your partner has been there longer and she/he is telling you some things about Tübingen. You answer with some skepticism.

Redemittel

Skepsis äußern
(*Expressing skepticism*)
- Wirklich?
- Glaubst du?
- Hoffentlich.
- (Vielleicht.)

1. Deutschland ist nur halb so groß wie Texas.
2. Tübingen ist eine schöne / nette Stadt.
3. Im August ist es hier ziemlich warm.
4. Und im Winter regnet es oft.
5. Du bleibst drei Semester in Tübingen, nicht?
6. Du gehst dann wieder nach Amerika / Kanada, nicht?

2 **Am Handy** Anna and Daniel are talking on the phone. Complete their conversation from the notes below. The word order may need to be changed.

BEISPIEL ANNA: was / du / machen / jetzt / ?   *Was machst du jetzt?*

1. DANIEL: ich / hören / Musik
2. ANNA: ihr (du und Leon) / spielen / heute / Tennis / ?
3. DANIEL: nein / Leon / kommen / heute Abend / nicht
4. ANNA: ah / er / arbeiten / wieder
5. DANIEL: vielleicht / wir / spielen / morgen
6. ANNA: hoffentlich / es / regnen / morgen / nicht
7. DANIEL: das / ich / glauben / nicht
8. ANNA: vielleicht / die Sonne / scheinen

 3 **Viele Fragen** Ask your partner questions using the words **wann, was, was für, warum, wer, wie, wie alt, wo,** and **woher.** You can ask about your partner's family and friends, courses, leisure activities, the weather, and so on.

S1:	S2:
Woher kommst du?	Ich komme aus Minnesota.
Wie ist das Wetter dort?	Es ist oft kalt.

4 **Und auf Deutsch?** Annika, your guest from Germany, doesn't understand the conversation of your two American friends. Translate for her.

1. JUSTIN: *We're playing tennis today, right?*
2. NICOLE: *No, it's too cold. We'll play tomorrow. OK?*
3. JUSTIN: *But the weather is so nice! The sun's shining and tomorrow it'll rain for sure.*
4. NICOLE: *I don't think so. (Use **das.**)*
5. JUSTIN: *What time are we going to the movies?*
6. NICOLE: *At six-thirty. Jonathan is coming, too.*
7. JUSTIN: *Really? Isn't he working this evening?*
8. NICOLE: *No, he works only on Monday and Tuesday.*

5 Gespräche

1. You are planning your next vacation and your partner is a travel agent. Discuss what the weather is like in various locations. When you have decided where to go, switch roles.

   S1:
   Wie ist das Wetter im Mai in Italien?

   S2:
   Im Mai ist das Wetter in Italien sehr warm.

2. Your partner is a German friend of yours. She/He wants to know about your first few weeks at school. You will find some useful suggestions in the list below. When you have finished discussing your first weeks, switch roles and ask your partner.

   S1:
   Hast du schon Freunde?

   S2:
   Ja, zwei, sie heißen John und Serena.

   Zimmer / groß oder klein?
   Freunde / woher?
   gern machen / was?
   Freunde / wie heißen?

 6 Zum Schreiben

1. Imagine you have just arrived in Germany and you are writing a postcard home to your German instructor. Write 4–5 sentences in German about Germany.

2. Prepare a weather forecast that will tell your fellow students what the weather will be like for the next three days. Two or three sentences per forecast are sufficient. Pay attention to word order.

   BEISPIEL *Am Montag scheint die Sonne. Es bleibt schön.*

   Am Dienstag kommt der Wind aus dem Osten. Vielleicht regnet es.

   Am Mittwoch ist es sehr kalt. Es sind zwei Grad.

Schreibtipp

Before you begin writing, look again at the reading on page 71 to review vocabulary, and at the section on word order on page 82. Then, make a list (in German) of the things you want to mention in your paragraph, e.g., weather, size, and population. Organize your comments in a paragraph. After you've written your paragraph, review each sentence to ensure that it has a subject and a verb and that the verb agrees with the subject. Finally, check the word order of each sentence.

Grammatik: Zusammenfassung

Simple past tense of *sein*

sein: *to be*			
ich	**war**	wir	waren
Sie	waren	Sie	waren
du	warst	ihr	wart
er/es/sie	**war**	sie	waren

Present tense of *haben*

haben: *to have*			
ich	habe	wir	haben
Sie	haben	Sie	haben
du	**hast**	ihr	habt
er/es/sie	**hat**	sie	haben

Present tense of *wissen*

wissen: *to know*			
ich	**weiß**	wir	wissen
Sie	wissen	Sie	wissen
du	**weißt**	ihr	wisst
er/es/sie	**weiß**	sie	wissen

Position of the finite verb in statements

1	2	3	4
Subject	*Verb*	*Adverb*	*Adjective*
Der Sommer	ist	in Deutschland	anders.
Adverb	*Verb*	*Subject*	*Adjective*
In Deutschland	ist	**der Sommer**	anders.

In a German statement, the verb is always in second position. In so-called normal word order, the subject is in first position. In so-called inverted word order, something other than the subject (for example, an adverb, an adjective, or indirect object) is in first position, and the subject follows the verb. Note that both "normal" and "inverted" word order are common in German.

Plural of nouns

Type	Plural Signal	Singular	Plural
1	- *(no change)*	das Zimmer	die Zimmer
	¨	der Garten	die G**ä**rten
2	-**e**	das Heft	die Heft**e**
	¨**e**	die Stadt	die St**ä**dt**e**
3	-**er**	das Kind	die Kind**er**
	¨**er**	der Mann	die M**ä**nn**er**
4	-**en**	die Tür	die Tür**en**
	-**n**	die Lampe	die Lampe**n**
	-**nen**	die Studentin	die Studentin**nen**
5	-**s**	das Radio	die Radio**s**

Nominative case of definite articles, indefinite articles, and *kein*

	Masculine		Neuter		Feminine		Plural	
Definite article	der	⎱	das	⎱	die	⎱	die	⎱
Indefinite article	ein	⎰ Stuhl	ein	⎰ Radio	eine	⎰ Lampe	—	⎰ Bücher
kein	kein		kein		keine		keine	

Kein vs. *nicht*

Ist das **eine** Uhr?	Nein, das ist **keine** Uhr.
Hast du Zeit?	Nein, ich habe **keine** Zeit.
Ist das **die** Uhr?	Nein, das ist **nicht** die Uhr.
Ist das **deine** Uhr?	Nein, das ist **nicht meine** Uhr.

Kein is used to negate a noun that would be preceded by an indefinite article (e.g., **eine**) or no article at all in an affirmative sentence. **Nicht** is used in a negative sentence when the noun is preceded by a definite article (e.g., **die**) or a possessive adjective (e.g., **meine**).

Forms and meanings of possessive adjectives

For positions of **nicht,** see *Appendix D.*

	Singular				Plural	
ich:	**mein**	*my*		wir:	**unser**	*our*
Sie:	**Ihr**	*your*		Sie:	**Ihr**	*your*
du:	**dein**	*your*		ihr:	**euer**	*your*
er:	**sein**	*his, its*				
es:	**sein**	*its*		sie:	**ihr**	*their*
sie:	**ihr**	*her, its*				

Nominative of possessive adjectives

Masculine		Neuter		Feminine		Plural	
ein	⎱	ein	⎱	eine	⎱	—	⎱
mein	⎰ Tisch	**mein**	⎰ Radio	**meine**	⎰ Uhr	**meine**	⎰ Bücher
unser		**unser**		**unsere**		**unsere**	

KAPITEL 3

Essen und Einkaufen

Was brauchst du?

Frisches Gemüse gibt es auf dem Markt →

Lernziele

Sprechintentionen

- Talking about shopping and buying groceries
- Expressing and inquiring about needs
- Discussing meals
- Inquiring about personal habits
- Giving directives
- Responding to offers and requests

Zum Lesen

- Einkaufen in Tübingen

Leserunde

- *Wenn ich in deine Augen seh* (Heinrich Heine)

Wortschatz

1 **Doch** as a positive response to a negative question
   Lebensmittel
2 Noun compounds
   Days of the week and parts of days as adverbs
   Units of weight and capacity
   Units of measurement and quantity

Grammatik

- Verbs **wissen** and **kennen**
- Verbs with stem-vowel change **e > i**
- Word order with expressions of time and place
- Imperatives
- Direct object
- Accusative of the definite articles **der, das, die**
- Word order and case as signal of meaning
- Direct objects vs. predicate noun
- Accusative of **ein** and **kein**
- Accusative of possessive adjectives
- Accusative of **wer** and **was**
- Impersonal expression **es gibt**
- Accusative prepositions
- Accusative of masculine **N**-nouns
- Accusative of personal pronouns

Land und Leute

- Im Supermarkt und auf dem Wochenmarkt
- Das Brot
- Geschätszeiten
- Der Euro
- Das Frühstück

Video-Ecke

1 Wo kaufst du ein?, So frühstücke ich, Mein Lieblingsgericht
2 Wann gibt's denn Frühstück?

RESOURCES

Bausteine für Gespräche

Doch as a response to the negative question **Gehst du heute nicht einkaufen?** means yes. See page 102.

Gehst du heute einkaufen?

1-21

FRANZISKA: Sebastian, gehst du heute nicht einkaufen?

SEBASTIAN: Doch. Was möchtest du denn?

FRANZISKA: Wir haben keinen Kaffee mehr.

SEBASTIAN: Ein Pfund ist genug, oder? Brauchen wir sonst noch etwas?

FRANZISKA: Ja, wir haben kein Brot mehr. Kauf es aber bitte bei Reinhardt. Da ist es viel besser.

SEBASTIAN: Wir haben doch noch das Vollkornbrot. Und am Wochenende sind wir doch in Tübingen bei Anna.

FRANZISKA: Ach ja, stimmt!

1 Richtig oder falsch?

	Richtig	Falsch
1. Sebastian geht heute nicht einkaufen.	_____	_____
2. Franziska braucht Kaffee.	_____	_____
3. Franziska findet das Brot bei Reinhardt nicht so gut.	_____	_____
4. Am Wochenende sind Franziska und Sebastian in Tübingen.	_____	_____
5. Dort besuchen[+] sie ihren Freund Moritz.	_____	_____

Wo gibt es eine Apotheke?

1-22

DAVID: Sag mal, Anna, wo ist hier eine Apotheke?

ANNA: Warum? Was brauchst du denn?

DAVID: Ich brauche etwas gegen meine Kopfschmerzen. Die sind furchtbar.

ANNA: Ich habe immer Aspirin im Rucksack. Hier, nimm eins.

Kopfschmerzen. Note that the German word for (head)ache is plural: **die Schmerzen.**

2 Richtig oder falsch?

	Richtig	Falsch
1. David sucht eine Apotheke.	_____	_____
2. Anna sagt David, wo eine Apotheke ist.	_____	_____
3. David braucht etwas gegen seine Kopfschmerzen.	_____	_____
4. Anna gibt David Geld[+] für das Aspirin.	_____	_____
5. David kauft dann Aspirin.	_____	_____

Brauchbares

1. **Sag mal: Mal** is a flavoring particle used to soften the tone of the command.
2. **(Kopfschmerzen) Die sind furchtbar.** Here **die** is used in place of a personal pronoun. **Der, das,** and **die** are demonstrative pronouns as well as definite articles. They are often used in place of the pronouns **er, es,** and **sie** when the pronoun is to be emphasized.

3 Was suchen Sie? Sie brauchen drei Dinge. Ihre Partnerin/Ihr Partner fragt, wo Sie die Dinge kaufen. *(You need three things. Your partner asks where you will buy them.)*

S2:	S1:			
Was suchst⁺ du?	Ich brauche	**Brot.**	Gibt es hier	**eine Bäckerei⁺?**
Was suchen Sie?		Aspirin.		eine Apotheke?
		Wurst⁺.		eine Metzgerei⁺?
		Spaghetti⁺.		einen Supermarkt⁺?
		einen Kamm⁺.		eine Drogerie⁺?

Asking about shopping possibilities

A. Wo kauft man was?

For names of specialty shops, refer to the *Supplementary Word Sets* on the Companion Website.

4 Geh doch in/zu ... Ihre Partnerin/Ihr Partner braucht etwas. Sagen Sie, wo sie/er einkaufen kann. *(Your partner needs something. Tell where she/he can go shopping.)*

in den Supermarkt   zum Bäcker⁺   zum Metzger⁺
ins Kaufhaus⁺   in die Buchhandlung⁺

S1:		S2:
Ich brauche	**etwas gegen Kopfschmerzen.**	Geh doch **in die Apotheke.**
	Brot für morgen.	
	Wurst für heute Abend.	
	Spaghetti.	
	ein Heft.	
	ein Buch über Computer.	

Expressing needs

5 Frage-Ecke Fragen Sie, was die folgenden Personen und Ihre Partnerin/Ihr Partner in den Geschäften kaufen. *(Ask what the following people and your partner are going to buy in certain places of business.)* **S1**'s information is below; information for **S2** is in Appendix B.

S1:	S2:
Warum geht Herr Sommer ins Kaufhaus?	Er braucht ein Radio. Warum gehst du ins Kaufhaus?
Ich brauche ein Heft. / Ich gehe doch nicht ins Kaufhaus.	
Ich brauche nichts.	

B. Neue Wörter

S1: ...

	ins Kaufhaus	in die Drogerie	in die Metzgerei	in die Bäckerei	in den Supermarkt
Tim	ein Heft		Wurst		Milch
Franziska und Sebastian		eine DVD			
Herr Sommer		einen Kamm		Kuchen	200 Gramm Butter
Partnerin/ Partner					

Erweiterung des Wortschatzes 1

Doch as a positive response to a negative question

FRANZISKA: Gehst du heute nicht einkaufen? *Aren't you going shopping today?*

SEBASTIAN: Doch. *Yes, I am.*

KARL: Kannst du morgen gar keinen Sport machen? *Are you not able to work out at all tomorrow?*

LENA: Doch. *Yes, I am.*

SABINE: Willst du gar nichts zum Frühstück essen? *Don't you want to eat anything for breakfast?*

MAIKE: Doch. *Yes, I do.*

Doch may be used as a positive response to a negative question.

6 Viele Fragen Ihre Partnerin/Ihr Partner hat viele Fragen. Antworten Sie mit **ja** oder **doch**. *(Your partner has lots of questions. Answer with **ja** or **doch** as appropriate.)*

BEISPIELE Gehst du heute nicht in die Bibliothek? *Doch.*
Gehst du um sieben? *Ja.*

1. Gibt es hier eine Apotheke?
2. Hast du kein Aspirin?
3. Gehst du nicht in den Supermarkt?
4. Kaufst du Wurst?
5. Ist die Wurst da gut?
6. Machen wir heute Abend das Essen⁺ nicht zusammen?
7. Brauchen wir Brot?
8. Trinkst⁺ du heute keinen Kaffee?

Lebensmittel

das Getränk, -e

der **Apfelsaft**

der **Orangensaft**

der **Kaffee**

der **Tee**

der **Weißwein, -e**

der **Rotwein, -e**

das **Bier, -e**

die **Milch**

das **Wasser**

das **Mineralwasser**

das Gemüse

die **Gurke, -n**

die **Karotte, -n**

die **Kartoffel, -n**

die **Tomate, -n**

der **Salat, -e**

die **Banane, -n**

das Obst

der **Apfel, ¨**

die **Orange, -n**

die **Traube, -n**

das Fleisch

der **Rinderbraten, -**

der **Schinken, -**

die **Wurst, ¨e**

das **Würstchen, -**

andere Lebensmittel

das **Brot, -e**

das **Brötchen, -**

das **Ei, -er**

der **Fisch, -e**

das **Hähnchen, -**

der **Käse**

die **Butter**

die **Margarine**

die **Nudeln** (*pl.*)

der **Kuchen, -**

die **Torte, -n**

Talking about meals and food

7 Was isst du? Fragen Sie drei Studentinnen/Studenten, was sie zum Frühstück, zum Mittagessen oder zum Abendessen essen. *(Ask three fellow students what they eat for breakfast, lunch, or dinner.)*

S1:			**S2:**
Was	isst⁺ du	**zum Frühstück⁺?**	Ich esse [zwei Brötchen].
	trinkst⁺ du	**zum Mittagessen⁺?**	Ich trinke [Orangensaft].
		zum Abendessen⁺?	

 1-23

8 Hören Sie zu Anna und Daniel sind an der Universität und gehen zum Mittagessen. Hören Sie zu, und sagen Sie, welche Antworten richtig sind. Sie hören einige neue Wörter. *(Anna and Daniel are at the university and going to lunch. Listen to their exchange and tell which answers are correct. You will hear several new words).*

Hunger haben *(to be hungry)*   **natürlich** *(naturally)*
die Mensa *(university cafeteria)*   **schnell** *(quickly)*
nee *(nope, no)*

1. Daniel und Anna ...
   a. essen in der Mensa.
   b. machen ein Picknick im Park.
   c. essen in der Metzgerei.
2. Daniel ...
   a. hat ein Käsebrot und kauft eine Cola.
   b. kauft ein Käsebrot und hat eine Cola.
   c. kauft ein Käsebrot und Schokolade.
3. Annas ...
   a. Lieblingsessen ist Wurstbrot.
   b. Lieblingsgetränk ist Cola.
   c. Lieblingsessen ist Schokolade.

 9 Essen und Trinken Schreiben Sie Ihr Lieblingsessen und ihre Lieblingsgetränke in die Tabelle und auch was Sie nicht gern essen oder trinken. Dann fragen Sie Ihre Partnerin/Ihren Partner. *(Write what your favorite food and drink are and what you don't like to eat or drink. Then ask your partner. Note that to express a favorite something, German uses the word* **Lieblings-**.)

S1:   **S2:**
Was ist dein Lieblingsgetränk? | Mein Lieblingsgetränk ist Dr. Pepper.

Wer?	Lieblingsgetränke	Lieblingsobst	Lieblingsgemüse	Lieblingsfleisch	nicht gern essen
ich	Kaffee	Apfel	Kartoffel	Wurst	Tomate
Partnerin/Partner					

Vokabeln **I**

🌐 Audio Flashcards

Substantive

Essen und Trinken

der **Kaffee** coffee
das **Abendessen,** - evening meal;
supper; **zum Abendessen** for the
evening meal, for dinner
das **Bier, -e** beer
das **Brot, -e** bread
das **Brötchen,** - bun, roll
das **Essen,** - meal; prepared food
das **Frühstück** breakfast; **zum
Frühstück** for breakfast

For additional foods, see p. 103.

das **Mittagessen** midday meal;
zum Mittagessen for the midday
meal, for lunch
die **Butter** butter
die **Wurst, ⁼e** sausage, lunch meat
die **Lebensmittel** (*pl.*) food;
groceries
die **Spaghetti** (*pl.*) spaghetti

Geschäfte (*Businesses*)

der **Bäcker,** - baker
beim Bäcker at the baker's
(bakery)
zum Bäcker to the baker's
(bakery)
der **Metzger,** - butcher
beim Metzger at the butcher's
(butcher shop)
zum Metzger to the butcher's
(butcher shop)
der **Supermarkt, ⁼e** supermarket
in den Supermarkt to the
supermarket
zum Supermarkt to the
supermarket
das **Kaufhaus, ⁼er** department
store
ins Kaufhaus to the department
store

die **Apotheke, -n** pharmacy
in die Apotheke to the pharmacy
zur Apotheke to the pharmacy
die **Buchhandlung, -en** bookstore
die **Drogerie, -n** drugstore
die **Metzgerei, -en** butcher shop,
meat market

Weitere Substantive

der **Kamm, ⁼e** comb
der **Liebling, -e** favorite; das **Lieblingsgetränk, -e** favorite drink
das **Aspirin** aspirin
das **Pfund, -e** pound (= 1.1 U.S.
pounds; abbrev. **Pfd.**)
die **Kopfschmerzen** (*pl.*)
headache

Verben

brauchen to need
einkaufen to shop; **einkaufen
gehen** to go shopping
essen (isst) to eat
kaufen to buy

**möchte (ich möchte, du möchtest,
er/es/sie möchte)** would like
nehmen (nimmt) to take
sagen to say; to tell; **Sag' mal** Tell
me. Say!

stimmen to be correct; **das
stimmt** that's right
suchen to look for
trinken to drink

Adjektive und Adverbien

besser better

genug enough

Andere Wörter

bei at; at a place of business, *as in*
bei [Reinhardt]; at the home of,
as in **bei** [Anna]
doch (*after a negative question
or statement*) yes [I] am, [I] do;

(*flavoring particle*) really;
after all
etwas something
gegen against

mal *flavoring particle added to an
imperative;* **sag mal** tell me
sonst otherwise
warum? why?

Besondere Ausdrücke

Stimmt. That's right.
es gibt there is; there are
kein ... mehr no more . . . ;
not . . . any more

Sonst noch etwas? Anything
else?
Was gibt's zum [Abendessen]?
What's for [dinner/supper]?

Alles klar?

C. Der richtige Laden

10 Einkaufsliste! Machen Sie eine Einkaufsliste. Schreiben Sie zwei Dinge für jede Kategorie. *(Make a shopping list. Write two things for each category.)*

im Supermarkt	in der Bäckerei	in der Apotheke	in der Metzgerei

11 Ergänzen Sie

1. Was _____ du zum Frühstück? Kaffee und Brot mit Butter und Marmelade, wie immer?
2. Das Brot vom Supermarkt finde ich nicht so gut. Jetzt _____ ich mein Brot immer in der Bäckerei. Dort ist es viel besser.
3. Ich habe Kopfschmerzen und _____ ein Aspirin. Ich kaufe es in der Apotheke.
4. Ich habe keine Milch und _____ auch Kaffee. Ich gehe schnell im Supermarkt _____.

C. Im Café Moritz

12 Frühstück im Café Lesen Sie das Frühstücksangebot und beantworten Sie die Fragen. *(Read the breakfast menu and answer the questions.)*

1. Wann kann man im Café Meisner frühstücken?
2. Was kann man im Café Meisner zum Frühstück essen?
3. Was bestellen *(order)* Sie am Wochenende?
4. Was bestellen Sie in der Woche?
5. Finden Sie das amerikanische Frühstück „typisch amerikanisch"?
6. Finden Sie das englische Frühstück „typisch englisch"?
7. Welches Frühstück ist „typisch deutsch"?
8. Welches Frühstück ist groß, welches ist klein?

Café Meisner

Frühstück

Wochentags bis 12:00 Uhr
Wochenende bis 15:00 Uhr

Wir servieren Kaffee oder Tee zu allen Frühstücksangeboten!

Wurst- oder Käsefrühstück
5,90 Euro
Semmel, Scheibe Brot, Butter, Aufschnitte ihrer Wahl

Schinken-Frühstück
7,80 Euro
Brotkorb, Kräuterquark, gemischte Schinkenplatte

Englisches Frühstück
7,40 Euro
2 Toast, Butter, Ham and Eggs, 0,1l frisch gepresster Orangensaft

Pariser Frühstück
4,10 Euro
Croissant, Butter und wahlweise Marmelade, Honig oder Nutella

Italienisches Frühstück
7,10 Euro
Ciabatta mit Tomate, Mozzarella, Olivenöl

Amerikanisches Frühstück
7,20 Euro
Ham and Eggs, Würstel, Bratkartoffeln, Toast und Butter

© Cengage Learning

Im Supermarkt und auf dem Wochenmarkt

There was a time when most Germans did their routine shopping at the mom-and-pop store on the corner (**Tante-Emma-Laden**). Now, however, these small stores have almost vanished and have been replaced by supermarkets, which tend to be smaller than American ones and are often located within walking distance of residential areas. Although the supermarkets are self-service stores, fresh foods such as cheeses, meats, cold cuts, bread, and vegetables may be sold by shop assistants at separate counters. Many neighborhoods still have an individual bakery (**Bäckerei**) or a butcher shop (**Metzgerei**). A wide variety of foreign foods is available because many immigrants have opened small stores that specialize in the foods of their homelands, for example Turkey or Greece. **Bio-Läden** (organic food stores) are also very popular. In the past these stores were generally small and the products expensive. Today there is a trend to **Bio-Märkte,** which are able to sell at prices people feel they can afford. In addition, the government subsidizes growers of organically grown products to help reduce the prices. Many of the larger department stores (**Kaufhäuser**) also have complete grocery departments (**Lebensmittelabteilungen**). And on the outskirts of many cities there are large discount stores (**Einkaufszentren**), which sell not only groceries but a wide variety of items ranging from clothing to electronic equipment, and even prefabricated houses.

▲ Ein Naturkostladen mit Bioprodukten in Bremen.

Many people in the German-speaking countries prefer to buy their groceries at an outdoor market (**Markt**) because of its larger selection of fresh vegetables, fruit, and flowers grown by local farmers. There may also be stands (**Stände**) with bread, fish, sausages, eggs, herbs, and teas. Some markets are held daily, others once or twice a week; still others, like the famous **Viktualienmarkt** in Munich, have become permanent and are open the same hours as regular stores. Smaller cities, such as Freiburg, often have a market right in their medieval centers, thus presenting a picturesque image of the past. Large cities, such as Berlin or Vienna, offer a more cosmopolitan ambiance with their Turkish, Italian, or Eastern European markets. Hamburg's famous **Fischmarkt** in the St. Pauli harbor district opens very early on Sunday mornings and sells not only fish but a great variety of products that have just arrived from all over the world.

▲ Auf dem Markt gibt es immer frisches Obst und Gemüse.

In general, customers often bring their own bags (**Einkaufstaschen**) to the supermarket or buy plastic bags (**Plastiktüten**) or canvas bags at the checkout counter. Customers pack their own groceries and generally pay for their purchases with cash (**Bargeld**), although the use of credit cards (**Kreditkarten**) is becoming more common at larger stores and for online shopping.

M. Kulturkontraste

1. Wählen Sie die richtigen Antworten

Kulturkontraste

1. Viele Leute aus Deutschland, Österreich und der Schweiz gehen zu kleinen Lebensmittelgeschäften und kaufen ein. Gehen Sie einkaufen oder fahren Sie? Wie viel kaufen Sie, wenn Sie gehen? Wie viel kaufen Sie, wenn Sie fahren?
2. Warum gibt es nicht mehr so viele kleine Lebensmittelgeschäfte in Deutschland und anderen Industrieländern?
3. Gibt es einen Markt in ihrer Stadt? Was kann man da kaufen?

Zum Lesen

🌐 Web Links

Vor dem Lesen

13 **Fragen** Sehen Sie sich die Anzeige vom Supermarkt Krone an und beantworten Sie die folgenden Fragen. *(Look at the advertisement for **Krone** supermarket and answer the following questions.)*

> **ACHTUNG!**
> **SIE KÖNNEN JETZT STRESSFREIER EINKAUFEN**
> Ab heute neue Öffnungszeiten
>
> # KRONE
>
> *Ihr Supermarkt seit 45 Jahren!*
>
> Montags bis freitags sind wir von 8 bis 20 Uhr für Sie da, und jeden Samstag von 8 bis 18 Uhr.

© Cengage Learning

1. Was ist Krone?
2. Wann ist Krone offen?
3. Wann ist Krone nicht offen?
4. Wie alt ist Krone?
5. Was kann man bei Krone kaufen? Machen Sie eine Liste.
6. Wo kaufen Sie Lebensmittel?
7. Wann ist Ihr Supermarkt offen?
8. Was ist Ihr Lieblingsgeschäft? Was kaufen Sie da?
9. Wo ist Einkaufen stressfreier – in Deutschland oder hier? Was denken Sie?

Beim Lesen

D. Entgegnungen

14 **Einkaufen** Lesen Sie den Text auf Seite 109 und ergänzen Sie die Tabelle beim Lesen. *(Read the following text and complete the chart while you read.)*

Wer?	Geschäft	Was?
Anna		Kaffee, Butter, …
	im türkischen Lebensmittelgeschäft	
		Fisch, …
Sebastian	Bäckerei	
Anna / Franziska		Wurst, …
David	Drogerie Kaiser	

1-24

Es ist Samstag und
Anna hat Besuch von
Franziska und Sebastian
aus Berlin. Endlich
5 sind ihre Freunde in
Tübingen! Für heute
Abend brauchen sie
noch ein paar Dinge
zum Essen. Anna nimmt
10 die Einkaufstasche und
Geld und sie gehen
zusammen in die Stadt.
Den Kaffee, die Butter,

▲ Haben Sie sonst noch einen Wunsch?

die Marmelade und den Apfelsaft finden sie im Supermarkt, doch
15 den Käse kauft Anna immer im türkischen Lebensmittelgeschäft.
Dort ist es interessant. Es gibt so viele exotische Produkte. Der
türkische Laden ist klein und dort ist es nicht so unpersönlich wie
im Supermarkt. Hier kennt man Anna und Herr Özmir sagt: „Guten
Morgen, Frau Riedholt. Was bekommen Sie denn heute?"
20   „Ich brauche Schafskäse° und Oliven. Haben Sie heute den tollen
Käse aus der Türkei?"

cheese made from sheep's milk

„Ja, natürlich. Wie viel möchten Sie denn?"
„Hmmm, ich glaube ein Pfund. Ich habe Besuch aus Berlin und
meine Freunde essen gern und viel. Stimmt's, Sebastian? Und dann
25 noch bitte 200 Gramm von den Oliven da. Die sind so lecker."
„Ja, das finde ich auch! Haben Sie sonst noch einen Wunsch?"
„Nein, danke, Herr Özmir. Das ist alles für heute."
Anna bezahlt und sie gehen auf den Markt. Sie kaufen Karotten
und ein Kilo Kartoffeln fürs Abendessen. Der Fischmann ist auch da.
30 Hier kaufen sie frischen Fisch auch für heute Abend. Dann gehen sie
zum Blumenstand. Die Rosen sind wunderschön und Anna riecht
daran. „Anna, die Rosen bezahle ich aber", sagt Franziska.
Die drei Freunde gehen jetzt zur Bäckerei Lieb. Anna ruft: „Oh je,
es ist ja schon fast ein Uhr. Ich glaube, die Metzgerei schließt bald.
35 Sebastian, geh du bitte zur Bäckerei und kauf zehn Brötchen. Wir gehen
zur Metzgerei Zeeb gegenüber°. Hier Sebastian, nimm die Tasche!"

across from here

In der Metzgerei kaufen Anna und Franziska noch Fleisch und
Wurst. Dort treffen sie David aus Washington. Er findet die deutsche
Wurst so gut und kauft ziemlich viel. David fragt Anna: „Sag mal,
40 wo bekomme ich in Tübingen eigentlich Vitamintabletten? In der
Apotheke sind sie viel zu teuer!"
„Geh zur Drogerie Kaiser. Dort sind sie billig. Ach, ich brauche ja
auch Vitamintabletten. Ich habe keine mehr."
„Warum nimmst du denn Vitamintabletten?", fragt Franziska. „Du
45 isst doch so gesund."
„Ja, schon. Aber ich nehme schon lange Vitamintabletten und jetzt
bin ich nicht mehr so oft krank!"
Vor° der Metzgerei steht Sebastian mit der Tasche voller Brötchen.
„Hmmm, die Brötchen riechen so lecker! Ich haben einen Riesenhunger

In front of

50 und Durst habe ich auch! Kommt – schnell nach Hause!"

Nach dem Lesen

15 Fragen zum Lesestück

1. Warum gehen die drei zusammen einkaufen?
2. Was nimmt Anna mit°?
3. Warum kauft Anna gern im türkischen Lebensmittelgeschäft ein°?
4. Was gibt es zum Abendessen bei Anna?
5. Wer bezahlt die Rosen?
6. Warum kauft David ziemlich viel Wurst?
7. Für wen sind die Vitamintabletten?
8. Wo sind Vitamintabletten teuer?
9. Welche Geschäfte besuchen die drei? Was kaufen sie in jedem° Geschäft?
10. Wo kaufen Sie ein? Kaufen Sie alles im Supermarkt oder gehen Sie in viele Geschäfte?

16 Vokabeln Finden Sie Sätze im Lesestück, die zu den folgenden Situationen passen. *(Find the sentences in the reading that are appropriate to the following situations.)*

1. Sie sagen, Sie haben Besuch aus Berlin.
2. Sie sagen, Sie zahlen für die Blumen.
3. Ihre Freundin/Ihr Freund soll zehn Brötchen kaufen.
4. Sie möchten wissen, warum Ihre Freundin/Ihr Freund Vitamintabletten nimmt.
5. Sagen Sie, dass etwas gut riecht.
6. Sagen Sie, dass Sie großen Hunger haben.

17 Erzählen wir Beantworten Sie jede Frage mit zwei oder drei Sätzen. *(Answer each question with two or three sentences.)* **Stichwörter** *(cues):*

Bäckerei	Metzgerei	Einkaufstasche
Oliven	Fisch	Wurst	Brötchen

1. Wo kaufen Sie ein? Wo kauft Anna ein?
2. Was kaufen Sie? Was kauft Anna?
3. Was ist anders?

Brauchbares

1. Anna notes that it is almost one o'clock and the stores will close soon (ll. 33–34). In the German-speaking countries, many small stores close early on Saturday.

2. In line 35, Anna says: **"Sebastian, geh du bitte zur Bäckerei."** **Geh** is a command or imperative form (see pages 120–121) as in the English *Go to the bakery, please.* The pronoun **du** adds emphasis or clarification.

3. **Apotheke *vs.* Drogerie.** An **Apotheke** sells both prescription and nonprescription drugs. A **Drogerie** sells a wide variety of products: toiletries, herbal and homeopathic remedies, toys, film, and vitamins, much as do American drugstores. There are generally fewer over-the-counter drugs in the German-speaking countries than in the United States and Canada.

---

nimmt mit: *takes along*
kauft ein: *shops*

jedem: *each*

Land und Leute

🌐 Web Search

Das Brot

Bread plays a significant part in the daily nutrition of people in the German-speaking countries. Approximately 200 types of bread are baked in Germany alone. Names, shapes, and recipes vary from region to region. The most popular breads are baked fresh daily in one of the many bakeries (**Bäckereien**) and have a tasty crust. They also tend to have a firmer and often coarser texture than American breads.

▲ Hier ist eine Bäckerei!

Bread is made from a wide variety of grains, including rye (**Roggen**) and wheat (**Weizen**). Many types of bread are made from several kinds of grain—**Dreikornbrot, Vierkornbrot. Vollkornbrot** is made of unrefined, crushed whole grain. Bread with sunflower seeds (**Sonnenblumenbrot**) is also very popular. **Schwarzbrot** (often called pumpernickel in the U.S.), a dark and hearty bread, is a hallmark of German bread culture and features many regional varieties. There are bread museums in Ulm, Mollenfelde, and Detmold that often feature **Gebildbrote** (*picture breads*) in the shape of animals, wreaths, and even violins.

A typical breakfast would not be complete without a crisp **Brötchen** or **Semmel**, as rolls are called in many areas. Rolls come in a wide variety of tastes, textures, and shapes. For breakfast, it is common to load them either with sweet items (jam or honey) or with heartier fare (meat or cheeses). Open-faced sandwiches (**belegte Brote**) are popular for the evening meal (**Abendbrot**) which, depending on size and composition, may be eaten with a knife and fork. People in German speaking countries generally pay much attention to etiquette at the table and strive for an aesthetically pleasing presentation of the food. This may include using a table cloth, dinner ware, and silverware for most meals, and avoiding the use of plastic on the table if possible.

▲ Frische Brötchen isst man meistens zum Frühstück.

Other baked goods are also popular. There are about 1,200 kinds of **Kleingebäck** (a term used for baked goods like rolls, soft pretzels, bread sticks, etc.). A bakery or pastry shop (**Konditorei**) always has a large selection of cookies (**Kekse, Plätzchen**), pastries (**Gebäck**), and cakes (**Kuchen** and **Torten**).

Kulturkontraste

1. Leute aus Deutschland, Österreich und der Schweiz sagen oft, dass sie Brot vermissen *(miss)*, wenn sie in Amerika sind. Wissen Sie, warum?

2. Wie wichtig ist Brot für Sie? Essen Sie eine oder mehrere *(several)* Brotsorten *(types of bread)*?

3. Rollenspiel: Sie und Ihre Partnerin/Ihr Partner kaufen in einer Bäckerei ein.

M. Kulturkontraste
1. Wählen Sie die richtigen Antworten

Erweiterung des Wortschatzes 2

Noun compounds

die **Blumen** + der **Markt** =   *flowers + market = flower market*
    der **Blumenmarkt**
kaufen + das **Haus** = das **Kaufhaus**   *to buy + building = department store*

A characteristic of German is its ability to form noun compounds easily.

- Where German uses compounds, English often uses separate words.
- Your vocabulary will increase rapidly if you learn to analyze the component parts of compounds.
- The last element of a compound determines its gender.

der Kopf + **die** Schmerzen   =   **die** Kopfschmerzen

der Fisch + **der** Mann   =   **der** Fischmann

die Lebensmittel + **das** Geschäft   =   **das** Lebensmittelgeschäft

---

18 **Wie heißt das auf Englisch?** Finden Sie den entsprechenden englischen Ausdruck für jedes deutsche Wort. *(Find the English equivalent for each German word.)*

1. ___c___ der Sportartikel
2. ___e___ das Computerspiel
3. ___g___ das Käsebrötchen
4. ___f___ der Eiskaffee
5. ___h___ das Schokoladeneis
6. ___i___ die Kaffeemaschine
7. ___a___ die Schreibtischlampe
8. ___d___ die Haustür
9. ___b___ der Sonnenschein

   a. desk lamp
   b. sunshine
   c. sporting good
   d. front door
   e. computer game
   f. iced coffee (usually with whipped cream or ice cream)
   g. cheese sandwich
   h. chocolate ice cream
   i. electric coffee maker

Days of the week and parts of days as adverbs

Noun	Adverb	English equivalent
Montag	**montags**	Mondays
Samstag	**samstags**	Saturdays
Morgen	**morgens**	mornings
Abend	**abends**	evenings

A noun that names a day of the week or a part of a day may be used as an adverb to indicate repetition or habitual action.

- An **-s** is added to the noun to form the adverb.
- In German, adverbs are not capitalized.

19 Ein Interview Interviewen Sie Ihre Partnerin/Ihren Partner und schreiben Sie auf, was sie/er sagt. *(Interview a partner and record her/his responses.)*

1. Wann isst du mehr – mittags oder abends?
2. Wann bist du sehr müde – morgens oder abends?
3. Wann arbeitest du mehr – samstags oder sonntags?
4. Wann gehst du einkaufen – freitags, samstags oder wann?
5. Gehst du morgens oder abends einkaufen?

Inquiring about personal habits

Units of weight and capacity

1 Kilo(gramm) (kg)	= 1000 Gramm (g)
1 Pfund (Pfd.)	= 500 Gramm
1 Liter (l)	

In the United States a system of weight is used in which a pound consists of 16 ounces. In German-speaking countries, as in other industrialized countries, the metric system is used.

- The basic unit of weight is the **Gramm**, and a thousand grams are a **Kilo(gramm)**.
- German speakers also use the older term **Pfund** for half a **Kilo(gramm)**, or **500 (fünfhundert) Gramm**.
- The American pound equals **454 Gramm**.
- The basic unit of capacity in the German-speaking countries is **der Liter**. A liter equals 1.056 quarts.

> Cooks in German-speaking countries use a small metric scale for weighing dry ingredients, such as flour and sugar, rather than using measuring cups and spoons.

Units of measurement and quantity

Geben Sie mir zwei **Pfund** Kaffee.	*Give me two **pounds** of coffee.*
Ich nehme zwei **Glas** Milch.	*I'll take two **glasses** of milk.*
Er kauft zwei **Liter** Milch.	*He's buying two **liters** of milk.*
Zwei **Stück** Kuchen bitte.	*Two **pieces** of cake, please.*
Sie trinkt zwei **Tassen** Kaffee.	*She drinks two **cups** of coffee.*

When expressing more than one unit of measure, weight, or number:

- masculine and neuter nouns are in the SINGULAR
- feminine nouns are in the plural

20 Wie viel brauchen Sie? Sie gehen für eine ältere Nachbarin einkaufen und fragen, wie viel sie von allem braucht. *(You're going grocery shopping for an elderly neighbor and are asking how much of everything she needs.)*

BEISPIEL Wie viel Kaffee brauchen Sie? (1 Pfd.)   *Ich brauche ein Pfund Kaffee.*

1. Wie viel Kartoffeln brauchen Sie? (5 kg)
2. Und wie viel Käse? (200 g)
3. Wie viel Milch brauchen Sie? (2 l)
4. Wie viel Fisch? (2 Pfd.)
5. Und Tee? (100 g)
6. Und wie viel Bananen brauchen Sie? (1 kg)
7. Wie viel Wurst? (150 g)

Buying groceries

D. Gespräche

21 **Einkaufen: Sie haben Besuch aus Berlin** Sie und Ihre Partnerin/Ihr Partner haben 15 Euro und kaufen bei Liebmann ein. Was kaufen Sie und wie viel? *(You and your partner have 15 euros and are shopping at Liebmann. What will you buy and how much?)*

S1:
Wir brauchen Kaffee, nicht?
1 Pfund.
2,99.
Ja. Wie viel?
Gut. Wie viel macht das?

S2:
Ja. Wie viel?
Gut. Wie viel kostet er?
Wir brauchen Bananen, nicht?
2 Kilo.
3,18.

Lebensmittel Liebmann

P **Über 200 kostenlose Parkplätze direkt vor der Tür!**

Bananen
HKl. I
1kg
€ 159

Bohnenkaffee
frisch gemahlen
auch entcoffeiniert
500g Vac. Pack
1Kg=5.98 EUR
€ 299

Thüringer Rotwurst
100g
€ 099

Französische Braeburn Tafeläpfel
HKl. I
1Kg
€ 149

Fruchtjoghurt
mager
versch. Sorten
je 150g Becher
100g=0.13 EUR
€ 019

Belgien: Möhren
HKl. L
1Kg Schale
€ 099

Holland: Paprika Mix
rot, grün, gelb
HKl. I
1Kg=2.98 EUR
€ 149

Vokabeln ⏸

Substantive

Beim Einkaufen (While shopping)
der **Blumenstand,** ¨e flower stand
der **Laden,** ¨ store
der **Liter,** - liter (*abbrev.* l)
der **Markt,** ¨e market; **auf den Markt** to the market
das **Geld** money
das **Geschäft, -e** store, business
das **Gramm** gram (*abbrev.* g)
das **Kilo(gramm)** kilogram (*abbrev.* kg)
das **Lebensmittelgeschäft, -e** grocery store
die **Einkaufstasche, -n** shopping bag
die **Tasche, -n** bag; pocket

Essen und Trinken
der **Apfelsaft** apple juice
der **Fisch, -e** fisch
das **Fleisch** meat
die **Karotte, -n** carrot
die **Kartoffel, -n** potato
die **Marmelade, -n** marmalade, jam
die **Möhre, -n** carrot

Weitere Substantive
der **Besuch, -e** visit; **Besuch haben** to have company
der **Durst** thirst; **Durst haben** to be thirsty
der **Hunger** hunger; **Hunger haben** to be hungry; **Riesenhunger haben** to be very hungry

der **Wunsch,** ¨e wish
das **Ding, -e** thing
das **Glas,** ¨er glass
das **Haus,** ¨er house; **nach Hause** (to go) home
das **Produkt, -e** product
das **Stück, -e** piece
die **Blume, -n** flower
die **Rose, -n** rose
die **Tablette, -n** tablet, pill
die **Tasse, -n** cup

Verben

bekommen to receive
bezahlen to pay (for); **Sie bezahlt das Essen.** She pays for the meal.
finden to find; to think; **Er findet die Wurst gut.** He likes the lunch meat.

fragen to ask
geben (gibt) to give; **es gibt** there is, there are
kennen to know, be acquainted with
riechen to smell

rufen to call, cry out
schließen to close
stehen to stand
treffen to meet

Adjektive und Adverbien

billig cheap; **billiger** cheaper
dort there
endlich finally
frisch fresh
gesund healthy
lecker tasty, delicious

morgens in the morning, every morning
natürlich naturally
paar: ein paar a few
persönlich personal
samstags (on) Saturdays

schnell fast, quick(ly)
teuer expensive
unpersönlich impersonal
viele many
wunderschön very beautiful

Andere Wörter

doch (*conj.*) however; nevertheless; still
nicht mehr no longer, not anymore

noch ein(e) another; still, in addition
zu to

Besondere Ausdrücke

ja schon yes of course
oh je oh dear
Sonst noch einen Wunsch? Will there be anything else?

1 kilogram = 2.2 U.S. pounds
1 liter = 1.056 U.S. quarts

Alles klar?

22 Was passt nicht?

1. a. Laden   b. Besuch   c. Geschäft   d. Blumenstand
2. a. Liter   b. Kilo   c. Gramm   d. Stück
3. a. morgens   b. billig   c. frisch   d. teuer
4. a. rufen   b. fragen   c. stehen   d. sagen

23 Ergänzen Sie

1. —Ich habe schrecklichen _____.
   —Hier, trink ein Glas Wasser!
2. —Bitte, geh nicht so schnell.
   —Doch! Es ist schon zehn vor acht. Der Supermarkt _____ in
   zehn Minuten.
3. —Die Blumen sind aber teuer!
   —Aber sie sind so schön. Komm, ich _____ sie.
4. —Wie findest du Max?
   —Ich weiß nicht. Ich _____ ihn noch nicht so lange.
5. —Ich war schon lange _____ _____ auf einer Party.
   —Wirklich? Bei Paul ist heute Abend eine kleine Party. Komm doch mit!

24 Was ist das? Finden Sie die richtige Aussage zu den Bildern. (*Match the images with the correct statements.*)

1. _____   2. _____

3. _____   4. _____

In der Metzgerei kauft man Wurst.
Viele Deutsche haben eine Einkaufstasche.
Diese Person kauft eine Tasse.
Im Supermarkt bekommt man alles.
Auf dem Wochenmarkt gibt es auch Blumen.
Haben Sie einen Wunsch?

Land und Leute

 Web Search

Geschäftszeiten

In Germany, business hours for stores are regulated by law. While the laws in most **Bundesländer** allow stores to be open 24 hours a day except Sundays, in most cases stores are closed by 8:00 pm. Most stores open between 8:30 and 9:30 in the morning, although bakeries and other small stores usually open earlier to allow customers to buy fresh rolls (**Brötchen**) for breakfast or make purchases on the way to work. Many small neighborhood stores close during the early afternoon (**Mittagspause**) for one or two hours from about 1:00 pm to 3:00 pm. Stores are closed most Sundays and holidays.

There are some exceptions to these regulations for businesses in resort areas, for leisure activities, and for the traveling public. If you need to make a late purchase or shop on Sundays, it is often necessary to go to the train station (**Bahnhof**) or find an open gas station (**Tankstelle**). However, even on Sundays you can usually buy fresh flowers for a few hours at a flower shop (**Blumenladen**) and buy a pastry at a pastry shop (**Konditorei**).

M. Kulturkontraste
1. Wählen Sie die richtigen Antworten

ÖFFNUNGSZEITEN
MONTAG - FREITAG
10.00 UHR - 19.00 UHR
SAMSTAG
10.00 UHR - 18.00 UHR

Cengage Learning

▲ **Dieses Geschäft ist samstags bis 18:00 Uhr geöffnet.**

Der Euro

Customers in German-speaking countries almost always pay cash or use credit cards in stores and restaurants. Checks are used infrequently. Regularly occurring bills, such as rent and utilities, are usually paid by bank transfers.

The euro zone consists of the twelve member nations of the European Union that began using the bills (**Scheine**) and coins (**Münzen**) of the international currency the euro (**der Euro**) in 2002 and five countries of the EU that adopted the currency later. In addition, the currency is used in five European states that are not members of the EU. Among the nations in the euro zone are three German-speaking countries: Germany, Austria, and Luxembourg. The euro (€) is divided into 100 cents (**Cents**). Switzerland does not use the euro. It continues to use its national currency, the Schweizer Franken (CHF) which is divided into 100 Rappen (Rp). Swiss currency is also used in Liechtenstein.

Diego Barbieri/Shutterstock.com

▲ **Der Euro: Münzen und Scheine**

Kulturkontraste

1. Finden Sie die Geschäftszeiten in Deutschland praktisch oder unpraktisch? Warum?
2. Suchen Sie im Internet, wie viel der Euro und der Franken in Dollar wert sind. Dann finden Sie heraus, wie viel ein Computer und ein Handy kosten, und rechnen Sie aus *(figure out)* was das in Euro oder in Franken ist.
3. Wie finden Sie diese Idee: Kanada, Mexiko und die USA haben dieselbe Währung, den Dollar?

Grammatik und Übungen

Verbs *wissen* and *kennen*

Kennst du Marcel?
Weißt du, wo er wohnt?
Nein, aber ich **weiß** seine Handynummer.
Celine **kennt** Professor Schmidt gut.

*Do you **know** Marcel?*
*Do you **know** where he lives?*
*No, but I **know** his cell phone number.*

*Celine **knows** Professor Schmidt well.*

Kennen was used as a verb in Middle English and is still used in Scottish. The noun *ken* means perception or understanding: "That is beyond my ken."

German has two equivalents for English *to know*: **wissen** and **kennen**.

- **Wissen** means to know something as a fact.
- **Kennen** means to be acquainted with a person, place, or thing.

Brockhaus

▲ Wer will noch mehr wissen? Was ist Brockhaus?

Expressing the idea of to know 👫

25 **Was weißt du? Wen oder was kennst du?** Fragen Sie Ihre Partnerin/Ihren Partner. *(What do you know? Whom or what are you acquainted with? Ask your partner.)*

S1:
Kennst du das neue Buch von [Stephen King]?

S2:
Nein, das kenne ich nicht. Kennst du den neuen Film von [Steven Spielberg]?

Kennst du ...

den neuen Film von ...
das neue Buch von ...
die Freundin/den Freund von ...
die Stadt ...
Professor ...
die Musikgruppe/die Band ...

Weißt du ...

die Adresse von ...
wie alt ... ist?
die E-Mail-Adresse von ...
die Telefonnummer von ...
wann ... Geburtstag hat?
wie die Universitätspräsidentin/der Universitätspräsident heißt?

26 **Die Stadt Heidelberg** Ergänzen Sie den Dialog mit den passenden Formen von **wissen** oder **kennen**. *(Complete the dialogue with the appropriate forms of* **wissen** *or* **kennen**.*)*

MICHAEL: _____ ihr Heidelberg gut?
JASMIN: Ja, wir _____ die Stadt ganz gut.
MICHAEL: Dann _____ du, wo die Bibliothek ist.
JANA: Natürlich _____ wir das. Du, Michael, ich _____ ein Buch über Heidelberg.
MICHAEL: _____ du, wo man das Buch kaufen kann?
JANA: Ja, in jeder Buchhandlung.
MICHAEL: _____ du den Autor?
JASMIN: Ja, den _____ wir alle. Das ist unser Professor.

Verbs with stem-vowel change e > i

essen: *to eat*			
ich	esse	wir	essen
Sie	essen	Sie	essen
du	**isst**	ihr	esst
er/es/sie	**isst**	sie	essen

geben: *to give*			
ich	gebe	wir	geben
Sie	geben	Sie	geben
du	**gibst**	ihr	gebt
er/es/sie	**gibt**	sie	geben

nehmen: *to take*			
ich	nehme	wir	nehmen
Sie	nehmen	Sie	nehmen
du	**nimmst**	ihr	nehmt
er/es/sie	**nimmt**	sie	nehmen

English has only two verbs with stem-vowel changes in the third-person singular, present tense: *say > says (sezz),* and *do > does (duzz).* German, on the other hand, has many verbs with a stem-vowel change in the **du-** and **er/es/sie**-forms.

- Some verbs with stem vowel **e** change **e** to **i**. The verbs of this type that you know so far are **essen, geben,** and **nehmen.**

- The stem of **essen** ends in **-ss**; the ending **-st** therefore contracts to a **-t = du isst** (see *Kapitel 1, Grammatik und Übungen,* page 00).

- **Nehmen** has an additional spelling change: **du nimmst, er/es/sie nimmt.**

27 Aisha hat Geburtstag Was geben wir Aisha? Bilden Sie Sätze mit **geben.** *(It is Aisha's birthday. What are we giving Aisha? Form sentences with geben.)*

BEISPIEL Nico / eine CD   *Nico gibt Aisha eine CD.*

1. Charlotte / eine neue Tasche
2. Kemal und Hanife / ein Buch über die Türkei
3. Marcel und ich, wir / ein Computerspiel
4. Antonia / eine neue DVD
5. du / ein Poster von dem Popstar Xavier Naidoo
6. du und Dennis, ihr / eine gute Kaffeemaschine

28 Im Café Ergänzen Sie das Gespräch mit den angegebenen Verben. *(Complete the conversation with the cued verbs.)*

1. LUISA: Du, Simon, was _____ du? (nehmen)
2. SIMON: Ich _____ ein Stück Kuchen. Du auch? (nehmen)
3. LUISA: Nein, aber Jana _____ ein Stück, oder? (nehmen)
4. JANA: Nein. Kuchen _____ ich nicht so gern. (essen)
5. LUISA: Was _____ du denn gern? (essen)
6. JANA: Eis. Es _____ hier sehr gutes Eis. (geben)
7. SIMON: Und zu trinken? Was _____ ihr beide? Kaffee oder Tee? (nehmen)

In the chapter vocabularies in this book, stem-vowel changes are indicated in parentheses: **geben (gibt).**

© 2013 Cengage Learning. All Rights Reserved. May not be scanned, copied or duplicated.

Kapitel drei • **119**

29 Gern oder nicht gern? Sagen Sie Ihrer Partnerin/Ihrem Partner, was Sie (nicht) gern essen und trinken. *(Tell your partner what you like or don't like to eat and drink).*

Kuchen	Käse	Gemüse	Wurst	Fleisch	Fisch	Obst	Bier
Mineralwasser	Wein	Saft	Kaffee	Tee	Limonade		

S2:
Isst / Trinkst du | viel | Brot / Milch?
| gern

S1:
Ja, | viel.
| gern.

Nein, | nicht viel.
| nicht so gern.

Word order with expressions of time and place

	Time	Place
Lily geht	heute	in die Buchhandlung.

	Place	Time
Lily is going	to the bookstore	today.

- In German, time expressions precede place expressions.
- Note that the sequence of time and place in English is reversed.

30 Wann gehst du? Bilden Sie Fragen und antworten Sie mit **ja** oder **nein.** Antworten Sie in ganzen Sätzen. *(Form questions and answer with ja or nein. Answer in complete sentences if possible.)*

S1:
Gehst du heute in die Stadt?

S2:
Ja, ich gehe heute in die Stadt. /
   Nein, heute nicht.
Und du?

S1: ...
In den Supermarkt / die
Apotheke / die Buchhandlung
Zum Metzger / Bäcker
Auf den Markt

Um neun / Morgen / Später / Jetzt
Heute / Morgen Nachmittag / Am
Samstag

Imperatives *(der Imperativ)*

The IMPERATIVE forms are used to express commands, offer suggestions and encouragement, give instructions, and try to persuade people.

- In both German and English, the verb is in the first position.

Infinitive	Imperative		
	du-form	*ihr*-form	*Sie*-form
fragen	Frag(e)!	Fragt!	Fragen Sie!
arbeiten	Arbeite!	Arbeitet!	Arbeiten Sie!
essen	Iss!	Esst!	Essen Sie!
geben	Gib!	Gebt!	Geben Sie!
nehmen	Nimm!	Nehmt!	Nehmen Sie!
sein	Sei!	Seid!	Seien Sie!
Frag(e)!	Arbeite!	Iss!	etc.

du-imperative

Alina,
$\begin{cases} \textbf{frag(e)} \text{ Frau List.} \\ \textbf{arbeite} \text{ jetzt, bitte.} \\ \textbf{gib} \text{ mir bitte zwei Euro.} \\ \textbf{nimm} \text{ doch zwei Aspirin.} \end{cases}$
Alina,
$\begin{cases} \textbf{ask} \text{ Mrs. List.} \\ \textbf{work} \text{ now, please.} \\ \textbf{give} \text{ me two euros, please.} \\ \text{why don't you } \textbf{take} \text{ two aspirin.} \end{cases}$

The **du**-imperative consists of the stem of a verb plus **-e**, but the **-e** is often dropped in informal usage: **frage > frag.**

- If the stem of the verb ends in **-d** or **-t**, the **-e** may not be omitted in written German: **arbeite, rede.**
- If the stem vowel of a verb changes from **e** to **i**, the imperative also has this vowel change and never has final **-e: geben > gib, essen > iss, nehmen > nimm.**

▲ Was sagt uns diese Mülltonne?

ihr-imperative

Nils, Elias,
$\begin{cases} \textbf{fragt} \text{ Frau List.} \\ \textbf{gebt} \text{ mir bitte zwei Euro.} \end{cases}$
Nils, Elias,
$\begin{cases} \textbf{ask} \text{ Mrs. List.} \\ \textbf{give} \text{ me two euros, please.} \end{cases}$

The **ihr**-imperative is identical with the **ihr**-form of the present tense.

Sie-imperative

Herr Hahn,
$\begin{cases} \textbf{fragen Sie} \text{ Frau List.} \\ \textbf{geben Sie} \text{ mir bitte zwei Euro.} \end{cases}$
Mr. Hahn,
$\begin{cases} \textbf{ask} \text{ Mrs. List.} \\ \textbf{give} \text{ me two euros, please.} \end{cases}$

The **Sie**-imperative is identical with the **Sie**-form of the present tense.

- The pronoun **Sie** is always stated and follows the verb directly.
- In speech, one differentiates a command from a yes/no question by the inflection of the voice. As in English, the voice rises at the end of a yes/no question and falls at the end of a command.

Imperative of sein

Fabian, **sei** nicht so nervös!
Kinder, **seid** jetzt ruhig!
Frau Weibl, **seien Sie** bitte so gut und ...

Fabian, don't **be** so nervous!
Children, **be** quiet now!
Mrs. Weibl, please **be** so kind and . . .

Note that the **du**-imperative (**sei**) and **Sie**-imperative (**seien Sie**) are different from the present-tense forms: **du bist, Sie sind.**

---

31 Auf einer Party Sie haben eine Party zu Hause und sprechen mit den Gästen. Bilden Sie Imperative aus den Satzelementen. *(You are hosting a party at home and you're talking to your guests. Build imperatives based on the sentence elements provided below.)*

BEISPIEL etwas Käse nehmen (Julia)   *Julia, nimm etwas Käse!*

1. ein Glas Wein trinken (Sarah und Luca)
2. Gitarre spielen (David)
3. ein Stück Brot nehmen (Professor Hauser)
4. noch etwas essen (Anna)
5. noch ein bisschen bleiben (Annika und Peter)
6. lustig sein (Frau Heinle)

Direct object

Ich höre **Andrea** nebenan.	*I hear **Andrea** next door.*
Ich schließe die **Tür**.	*I shut the **door**.*

The DIRECT OBJECT is the noun or pronoun that receives or is affected by the action of the verb.

- The direct object answers the question whom (**Andrea**) or what (**Tür**).

Accusative of the definite articles *der, das, die*

E. Beim Einkaufen

In your questions, the things are direct objects.

	Nominative	Accusative
Masculine	**Der** Kaffee ist gut.	Ich trinke **den** Kaffee.
Neuter	**Das** Brot ist frisch.	Jana isst **das** Brot.
Feminine	**Die** Marmelade ist gut.	Luca nimmt **die** Marmelade.
Plural	**Die** Brötchen sind frisch.	Esst ihr **die** Brötchen?

The direct object of a verb is in the ACCUSATIVE case.

- In the accusative case, the definite article **der** changes to **den**.
- The articles **das** and **die** (*sg.* and *pl.*) do not show case change in the accusative.

32 Einkaufen gehen Sie und Ihre Partnerin/Ihr Partner kaufen verschiedene Dinge für Ihre Zimmer. Fragen Sie, wie sie/er die Dinge findet. (*You and your partner are shopping for various things for your rooms. Ask what she/he thinks of the things.*)

| billig groß klein praktisch modern schön teuer |

BEISPIEL der Tisch   *Findest du den Tisch zu klein?*

1. das Bücherregal
2. der Stuhl
3. der CD-Player
4. die Betten
5. der Fernseher
6. die Lampe

Word order and case as signals of meaning

Subject	Verb	Direct object
The man	*visits*	*the professor.*
The professor	*visits*	*the man.*

English usually uses word order to signal the difference between a subject and a direct object. The usual word-order pattern in statements is *subject—verb—direct object*. The two sentences above have very different meanings.

Subject *(nom.)*	Verb	Direct object *(acc.)*
Der Mann	besucht	**den** Professor.

Direct object *(acc.)*	Verb	Subject *(nom.)*
Den Professor	besucht	der Mann.

German generally uses case to signal the difference between a subject and a direct object. The different case forms of the definite article (e.g., **der, den**) signal the grammatical function of the noun. **Der,** in the example above, indicates that the noun **Mann** is in the nominative case and functions as the subject. **Den** indicates that the noun **Professor** is in the accusative case and functions as the direct object. The word-order pattern in statements may be *subject—verb—direct object,* or *direct object—verb—subject.* The two sentences on the previous page have the same meaning.

▲ Der Professor fragt die Studenten etwas.

Der Professor fragt **die** Studentin etwas.	*The professor asks the student something.*

When only one noun or noun phrase shows case, it may be difficult at first to distinguish meaning. In the example above, **der Professor** has to be the subject, since the definite article **der** clearly shows nominative case. Therefore, by the process of elimination, **die Studentin** has to be the direct object. If **die Studentin** were the subject, the article before **Professor** would be **den.**

> **Die** Frau fragt **das** Mädchen etwas.

Sometimes neither noun contains a signal for case. In an example like the one above, one would usually assume normal word order: *The woman asks the girl something.*

1-25

33 Hören Sie zu Hören Sie sich das Gespräch zwischen Franziska, Jessica und Emily und geben Sie an, was Jessica und Emily in Deutschland und besonders in Berlin gut finden. *(Listen to the conversation and indicate the things that Emily and Jessica like in Germany and especially in Berlin.)* Sie hören zwei neue Wörter: **vergiss** *(forget),* **stark** *(strong).*

	Emily mag *(likes)*	Jessica mag
Berlin	☑	☑
die Museen	☐	☑
die Restaurants und Cafés	☑	☑
den Kuchen	☐	☑
das Brot	☐	☐
die Wurst	☑	☐
den Kaffee	☐	☑

34 Franziska fragt ihre Freundinnen Franziska fragt, was Emily und Jessica gut finden. Beantworten Sie ihre Fragen. *(Franziska asks what Emily and Jessica like. Answer her questions.)*

F. Der Nachbar

BEISPIEL Jessica, wie findest du den Kaffee hier? (gut)   *Der Kaffee ist gut.*

1. Wie findet ihr das Brot? (super)
2. Emily, wie findest du den Rotwein in der Pizzeria Giovanni? (teuer)
3. Wie findet ihr das Uni-Café? (billig)
4. Jessica, wie findest du den Schokoladenkuchen? (sehr gut)
5. Wie findet ihr den Deutschprofessor? (interessant)
6. Wie findet ihr die Nachbarin? (arrogant)
7. Wie findet ihr die Studenten an der Uni? (nett)

Direct object vs. predicate noun

Predicate noun	Christian Müller ist **mein Freund**.	*Christian Müller is **my friend**.*
Direct object	Kennst du **meinen Freund**?	*Do you know **my friend**?*

The PREDICATE NOUN (**mein Freund**) designates a person, concept, or thing that is equated with the subject (**Christian Müller**). A predicate noun completes the meaning of linking verbs such as **sein** and **heißen**.

- A predicate noun is in the nominative case.
- The direct object (e.g., **meinen Freund**) is the noun or pronoun that receives or is related to the action of the verb.
- The direct-object noun or pronoun is in the accusative case.

Predicate noun	Das ist **nicht** Sophia Meier.
Direct object	Ich kenne Sophia Meier **nicht**.

Nicht precedes a predicate noun and usually follows a noun or pronoun used as a direct object.

35 **Wie ist dein Deutschkurs?** David möchte etwas über Ryans Deutschkurs wissen. Nennen Sie das direkte Objekt oder das Prädikatsnomen. (*David would like to know something about Ryan's German class. Name the direct object or predicate noun.*)

BEISPIEL Sind das alle Studenten?   *Studenten (Pr.)*

1. Kennst du die Studenten gut?
2. Ist dein Professor eine Frau oder ein Mann?
3. Ist das dein Deutschbuch?
4. Brauchst du ein Buch aus Deutschland?
5. Hast du Freunde in Deutschland oder Österreich?

36 **Was kaufst du?** Ihre Partnerin/Ihr Partner sucht Dinge für ihr/sein Zimmer und fragt, wie viel sie kosten. Sie geben den Preis in Euro an. Ihre Partnerin/Ihr Partner sagt, ob sie/er die Dinge kauft. (*Your partner is looking for things for her/his room. You give the price in euros. Your partner says, whether she/he will buy the things.*)

S1:
[Zehn] Euro.

S2:
Was kostet (*costs*) [der Stuhl]?
Gut, ich kaufe / nehme [den Stuhl]. / Das ist zu
    viel. Ich kaufe / nehme [den Stuhl] nicht.

Accusative of *ein* and *kein*

	Nominative	Accusative
Masculine	**Ein** Markt hat immer frisches Obst.	Ich suche **einen** Markt.
	Ist hier heute **kein** Markt?	Nein, wir haben heute **keinen** Markt.
Neuter	**Ein** Fischgeschäft hat immer frischen Fisch.	Ich suche **ein** Fischgeschäft.
	Ist hier **kein** Fischgeschäft?	Nein, wir haben hier **kein** Fischgeschäft.
Feminine	**Eine** Bäckerei hat immer frische Brötchen.	Ich suche **eine** Bäckerei.
	Ist hier **keine** Bäckerei?	Nein, wir haben hier **keine** Bäckerei.
Plural	Blumengeschäfte haben immer schöne Blumen.	Ich suche Blumengeschäfte.
	Sind hier **keine** Blumengeschäfte?	Nein, wir haben leider **keine** Blumengeschäfte.

The indefinite article **ein** and the negative **kein** change to **einen** and **keinen** before masculine nouns in the accusative singular.

- The neuter and feminine indefinite articles and their corresponding negatives do not show case changes in the accusative singular.

- **Ein** has no plural forms. **Kein,** however, does have a plural form: **keine.**

---

37 Wer braucht was? Ihre Freunde brauchen Dinge für ihre Zimmer. Schauen Sie sich die Bilder an und sagen Sie, was jeder braucht. (*Your friends need things for their rooms. Look at the pictures and tell what each person needs.*)

F. Das neue Zimmer

BEISPIEL Peter   *Peter braucht einen Tisch.*

Anja

Caroline

Peter

Robin

Lisa

Florian

38 Ich brauche (kein)..., und du? Fragen Sie Ihre Partnerin/ Ihren Partner, ob sie/er die Dinge in *Übung 37* braucht. Sie/Er antwortet mit **ja** oder **nein,** und fragt dann, was Sie brauchen. (*Ask your partner if she/he needs the things in exercises 37. She/he replies with **ja** or **nein,** and then asks what you need.*)

G. Was gibt's zum Abendessen?

S1:
Brauchst du [einen Tisch]?

S2:
Ja, ich brauche einen Tisch. *Or:*
Nein, ich brauche keinen Tisch.
Und du, brauchst du ... ?

S1: ...

Accusative of possessive adjectives

	Nominative	Accusative
Masculine	Ist das **mein** Bleistift?	Ja, ich habe **deinen** Bleistift.
Neuter	Ist das **mein** Buch?	Ja, ich habe **dein** Buch.
Feminine	Ist das **meine** Uhr?	Ja, ich habe **deine** Uhr.
Plural	Sind das **meine** Kulis?	Ja, ich habe **deine** Kulis.

The possessive adjectives (**mein, dein, sein, ihr, unser, euer, Ihr**) have the same endings as the indefinite article **ein** in both the nominative and accusative cases.

---

39 **Unsere Freunde** Sie und Julian sprechen über Ihre Freunde. Ergänzen Sie das Gespräch mit den richtigen Endungen. (*You and Julian are speaking about your friends. Complete the conversation with the correct endings.*)

JULIAN: Du und Phillipp, ihr arbeitet jetzt bei BMW, nicht?

SIE: Ja, und unser____ Freund Phillipp findet sein_e__ Arbeit furchtbar. Aber ich finde mein_e__ Arbeit interessant. Am Freitag bekomme ich mein_____ Geld.

JULIAN: Du, warum gibt Alexander Michelle sein_en_ Computer?

SIE: Ich glaube, Michelle gibt Alexander ihr_en_ CD-Spieler.

JULIAN: Ach, so. Brauchen wir heute unser_e_ Bücher?

SIE: Nein. Du, Julian, brauchst du dein_en_ Kuli?

JULIAN: Nein. Möchtest du ihn haben? Aber warum isst du dein_en_ Kuchen nicht?

SIE: Die Äpfel sind so sauer! Mein_____ Kuchen ist nicht gut.

Accusative of *wer* and *was*

Nominative		Accusative	
Wer fragt Jana?	*Who is asking Jana?*	**Wen** fragt Jana?	*Whom is Jana asking?*
Was ist los?	*What is wrong?*	**Was** fragst du?	*What are you asking?*

H. Im Café

- The accusative case form of the interrogative pronoun **wer?** (*who?*) is **wen?** (*whom?*).
- The accusative and nominative form of **was?** (*what?*) are the same.

---

40 **Wen? Was?** Es ist laut auf der Party. Sie hören nicht, was Ihre Partnerin/Ihr Partner sagt. Fragen Sie, über wen oder was sie/er redet. (*The party is loud and you don't hear what your partner is saying. Ask her/him about what or whom she/he is speaking.*)

BEISPIELE   Ich frage Michael morgen.   *Wen fragst du morgen?*
            Ich brauche einen neuen Computer.   *Was brauchst du?*

1. Ich kenne Hannah gut.
2. Ich spiele morgen Golf.
3. Morgen kaufe ich einen neuen Computer.
4. Die Musik finde ich gut.
5. Ich finde Elias lustig.

Impersonal expression *es gibt*

Gibt es hier einen Supermarkt?   *Is there a supermarket here?*
Es gibt heute Butterkuchen.   *There's [We're having] butter cake today.*

Es gibt is equivalent to English *there is* or *there are*. It is followed by the accusative case.

> **41** **Was gibt es heute zum Abendessen?** Schreiben Sie, was es heute zum Abendessen gibt und was es nicht gibt. *(Write down what is planned for dinner tonight and what is not.)*
>
> BEISPIEL Fisch – Käse   *Es gibt Fisch, aber keinen Käse.*
>
> 1. Brötchen – Kartoffeln
> 2. Milch – Saft
> 3. Butter – Marmelade
> 4. Gemüse – Obst
> 5. Tee – Kaffee
> 6. Mineralwasser – Wein

Accusative prepositions *(Präposition mit Akkusativ)*

Leonie kauft ein Buch über London   *Leonie is buying a book about London*
für ihren Freund.   *for her friend*.
Sie kauft auch eine CD **für ihn**.   *She's also buying a CD for him.*

A PREPOSITION (e.g., **für**—for) is used to show the relation of a noun (e.g., **Freund**—friend) or pronoun (e.g., **ihn**—him) to some other word in the sentence (e.g., **kauft**—buying). The noun or pronoun following the preposition is called the object of the preposition.

Margot geht heute **nicht** ins Kino.   *Margot is not going to the movies today.*

Nicht precedes a prepositional phrase.

▲ „Eltern haften für *(are liable for)* ihre Kinder."

durch	through	Jana geht **durch das Kaufhaus**.
für	for	Sie kauft einen Laptop **für ihren Freund Luca**.
gegen	against	Hat sie etwas **gegen seine Freunde**?
ohne	without	Nein, aber sie geht **ohne seine Freunde einkaufen**.
um	around	Da kommt sie **um die Ecke** *(corner)*.

The objects of the prepositions **durch, für, gegen, ohne,** and **um** are always in the accusative case.

Er geht **durchs** Zimmer.	durch das = **durchs**
Er braucht eine Batterie **fürs** Auto.	für das = **fürs**
Er geht **ums** Haus.	um das = **ums**

The prepositions **durch, für,** and **um** often contract with the definite article **das** to form **durchs, fürs,** and **ums**. These contractions are common in colloquial German, but are not required.

42 Was machen Selda und Hasan? Ergänzen Sie den Text mit den passenden Präpositionen und Endungen für die Artikel oder Possessivpronomen. (*Complete the text with the appropriate prepositions and the endings of the articles or possessive adjectives.*)

| durch für gegen ohne um |

Selda und Hasan gehen heute _____ d_____ Park (*m.*). Sie gehen _____ d_____ See (*m.*) und sprechen über die Universität. Hasan mag (*likes*) seinen Deutschkurs nicht und sagt etwas _____ sein_____ Deutschprofessor. Selda geht in die Buchhandlung. Sie kauft ein Buch _____ ihr_____ Englischkurs (*m.*). Julian ist auch da. Er fragt Selda und Hasan: „Kommt ihr mit (*come along*) ins Kino?" Selda und Hasan kommen aber nicht mit. Sie arbeiten heute Abend. Julian geht also _____ sein_____ Freunde ins Kino.

Accusative of masculine *N*-nouns

Nominative	Accusative
Der Herr sagt etwas.	Hören Sie **den** Herr**n**?
Der Student sagt etwas.	Hören Sie **den** Student**en**?

German has a class of masculine nouns that have signals for case. Not only the article, but the noun itself ends in **-n** or **-en** in the accusative.

- This class of nouns may be referred to as masculine N-nouns or "weak nouns."
- The masculine N-nouns you know so far are **der Herr, der Junge, der Mensch, der Nachbar,** and **der Student**.

> ### Lerntipp
>
> In the vocabularies of this book, **masculine N-nouns** will be followed by two endings: **der Herr, -n, -en.** The first ending is the singular accusative, and the second is the plural ending.

43 Wie sagt man das? Ergänzen Sie den Dialog mit den Wörtern in Klammern. (*Complete the conversational exchanges with the words in parentheses.*)

1. —Kennst du _____ _____ da, Anna? (der Herr)
   —Ja. Er ist _____ _____. (mein Nachbar)
2. —Wie heißt _____ _____? (dein Nachbar)
   —Er heißt _____ _____. (Herr Heidemann)
   —Warum geht _____ _____ um das Haus? (dein Nachbar)
   —Fragen Sie _____ _____. (Herr Heidemann.)
3. —Kennst du _____ _____ da? (Student)
   —Ja, aber der junge Mann ist _____ _____ (Student), er ist mein Professor.
4. —Ich habe nichts gegen _____ _____. (der Junge)
   —Gut. _____ _____ ist mein Freund. (der Junge)

Accusative of personal pronouns

Nominative	Accusative		
Subject	Object	Subject	Object
Er braucht	**mich**.	*He needs*	*me.*
Ich arbeite für	**ihn**.	*I work for*	*him.*

Pronouns used as direct objects or objects of accusative prepositions are in the accusative case.

Subject pronouns	*I*	*you*	*he*	*it*	*she*	*we*	*you*	*they*
Object pronouns	*me*	*you*	*him*	*it*	*her*	*us*	*you*	*them*

Some English pronouns have different forms when used as subject or as object.

Nominative	ich	Sie	du	er	es	sie	wir	Sie	ihr	sie
Accusative	**mich**	**Sie**	**dich**	**ihn**	**es**	**sie**	**uns**	**Sie**	**euch**	**sie**

Some German pronouns also have different forms in the nominative and accusative.

---

44 **Auf dem Flohmarkt** Tobias und Felicitas sind auf dem Flohmarkt. Ergänzen Sie ihr Gespräch mit den passenden Pronomen. *(Tobias and Felicitas are at a flea market. Complete their conversation with the appropriate pronouns.)*

1. FELICITAS: Oh schau, da ist ja ein schöner Stuhl. Wie findest du _____? Er ist doch toll, oder?
2. TOBIAS: Hmm, Brauchst du _____ denn? Ich finde _____ eigentlich ein bisschen schmutzig *(dirty)*.
3. FELICITAS: Na ja, stimmt. Er ist schon ziemlich alt. Aber wie findest du die Lampen? Ich brauche _____ am Schreibtisch. Da ist es immer so dunkel *(dark)*. Ah ja, dort hinten ist die Verkäuferin *(salesperson)*. Ich frage _____, was die Lampen kosten. *(Felicitas fragt die Verkäuferin nach dem Preis.)*
4. TOBIAS: Und? Was kosten _____?
5. FELICITAS: Nur 10 Euro zusammen. Da nehme ich _____ natürlich.

45 **Viele Fragen** Antworten Sie mit dem passenden Pronomen. *(Answer using the appropriate pronoun.)*

BEISPIEL —Wer arbeitet für uns?
　　　　 —Wir arbeiten für euch.

1. —Was hast du gegen mich?
   —Ich habe nichts gegen _____.
2. —Kennst du Selina und Nils?
   —Nein. Ich kenne _____ nicht.
3. —Ich glaube, Professor Schmidt sucht euch.
   —Wirklich? Warum sucht er _____?
4. —Arbeitet ihr nicht für Herrn Professor Schmidt?
   —Nein, wir arbeiten nicht für _____.
5. —Machst du das für Charlotte?
   —Nein, ich mache das nicht für _____.

K. Viele Fragen

▲ Auf dem Flohmarkt

Multiart/Shutterstock.com

46 Frage-Ecke Was haben Sie im Zimmer? Was hat Ihre Partnerin/Ihr Partner im Zimmer? Schauen Sie sich die Bilder an und vergleichen Sie sie miteinander. *(What do you have in your room? What does your partner have in her/his room? Look at the pictures and compare them.)* **S1's** *picture is below;* **S2's** *picture is in Appendix B.*

S1:
Mein Zimmer hat [eine Pflanze].
Hast du auch [eine Pflanze]?

S2:
Ja, ich habe auch [eine Pflanze]. /
Nein, aber ich habe Blumen.

S1: ...

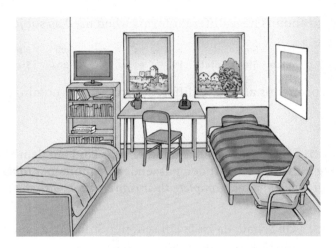

🌐 Web Links

1-26

Leserunde

The following poem by Heinrich Heine is part of a well-known song cycle called **Dichterliebe** ("poet's love") which was written in 1840. This is song number 4 in a series of 16. As you read this out loud, try to focus on engaging the rhyme and rhythm of the poem. When you explore the meaning of the poem, be ready for an unexpected twist!

Wenn ich in deine Augen[1] seh,
So schwindet[2] all mein Leid[3] und Weh[4];
Doch wenn ich küsse deinen Mund[5],
So werd ich ganz und gar gesund[6].

Wenn ich mich lehn[7] an deine Brust[8],
Kommt's über mich wie Himmelslust[9];
Doch wenn du sprichst: „Ich liebe dich!"
So muß ich weinen[10] bitterlich[11]

— *Heinrich Heine*

[1]*eyes* [2]*disappears* [3]*sorrow* [4]*pain* [5]*mouth* [6]*well again* [7]*rest* [8]*chest* [9]*heavenly sweetness*
[10]*weep* [11]*bitterly*

Fragen

1. Was bedeutet „Ich liebe dich!"?
2. Wer liebt wen?
3. Warum weint eine Person bitterlich *(weeps bitterly)*?

Land und Leute

Web Search

Das Frühstück

Ein gutes Frühstück ist die wichtigste Mahlzeit am Tag *(A good breakfast is the most important meal of the day)* is a popular saying in the German-speaking countries. A German breakfast **(Frühstück)** can be quite extensive, especially on weekends or holidays. Usually it consists of a beverage (coffee, tea, milk or hot chocolate), fresh rolls **(Brötchen)** or bread, butter, and various jams. However, breakfast is not only for people with a sweet tooth; generally, there are also heartier items available such as cold cuts featuring various meats and cheeses.

Scrambled eggs **(Rühreier)** and fried eggs **(Spiegeleier)** are not often served for breakfast; both are more often used as light meals either for lunch or in the evening. However, boiled eggs **(gekochte Eier** or **Frühstückseier)** are often a center piece of breakfast. It might well be said that people in German-speaking countries treat their boiled eggs like Americans would treat their steak because eggs are generally cooked to individual specification: soft boiled **(weichgekocht)** where the egg white is hard but the egg yolk is still runny, or hard boiled **(hartgekocht)** where the yolk is not runny anymore, or anything in between these two. To achieve this, eggs are submerged in boiling water, cooked generally anywhere from 4-10 minutes, served in a special egg-cup, and then eaten with a spoon. One can buy egg cups in a wide array of styles in stores.

Other breakfast items may include yogurt, whole grain granola **(Müsli)**, and various fruit juices, and also fruit that is eaten in its own right or mixed in with the granola. Pancakes are not a common breakfast food. Traditionally, the main hot meal of the day was eaten at noon **(Mittagessen)**. However, more and more people prefer to eat their hot meal in the evening **(Abendessen)**.

BlueOrange Studio/Shutterstock.com

▲ Typisch deutsches Frühstück mit Kaffee, Wurst, Käse, Brötchen und Joghurt.

Wiktory/Shutterstock.com

▲ Frühstückseier in Eierbechern.

Kulturkontraste

1. Was esssen Sie zum Frühstück in der Woche?
2. Was essen Sie zum Frühstück am Wochenende?
3. Was ist ein typisches Frühstück in Amerika?

M. Kulturkontraste
1. Wählen Sie die richtigen Antworten

Video-Ecke

▲ In seiner Familie geht er oft einkaufen.

▲ Sie frühstückt morgens gegen 7:30 Uhr.

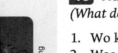

▲ Sie geht gern asiatisch essen.

① Wo kaufst du ein?
So frühstücke ich
Mein Lieblingsgericht

Vor den Videos

46 **Nachgedacht** Was wissen Sie noch vom Kapitel? Denken Sie nach. *(What do you remember from this chapter? Brainstorm the topics covered.)*

1. Wo kann man in Deutschland einkaufen? Was bekommt man wo?
2. Was essen Deutsche gerne und oft zum Frühstück?
3. Essen Sie auch internatinale Küche? Welche?

Nach den Videos

47 **Alles klar?** Sehen Sie sich die Interviews an und machen Sie sich Notizen. Beantworten Sie dann die Fragen. *(Watch the interviews and take notes. Then answer the questions below.)*

1. Wer geht wo einkaufen und wie oft?
2. Wo essen die Personen am liebsten?
3. Welches Frühstück im Video ist am besten?

② Wann gibt's denn Frühstück?

▲ Die Freunde machen Frühstück.

▲ Auf dem Markt gibt es Obst und Gemüse.

▲ Alle essen in einem Restaurant.

In diesem Kapitel machen unsere vier Freunde Frühstück. Anton und Hülya gehen auf dem Markt einkaufen. Das Essen brent an, und dann gehen alle in ein Restaurant ...

(In this chapter, our four friends prepare breakfast. Anton and Hülya are buying groceries at the farmers market. The food burns, and everybody ends up going out to eat . . .)

Nach den Videos

Sehen Sie sich das Video an und machen Sie sich Notizen. Beantworten Sie dann die Fragen. (*Watch the video carefully and take notes. Then answer the questions below.*)

A. Was gibt's zum Frühstück?

B. Wer will was essen?

C. Richtig oder falsch

D. Wer isst was?

E. Was Bedienungen sagen

F. Schreiben Sie

49 **Was passiert wann?** Bringen Sie die folgenden Sätze in die richtige Reihenfolge. (*Put the following sentences in chronological order.*)

_____ Die Verkäuferin sagt: „Wunderbar!"

_____ Der Käse stinkt, und Lily isst den Käse.

_____ Hülya liest die Einkaufsliste.

_____ Paul nimmt einen gemischten Salat als Vorspeise.

_____ Das Essen ist angebrannt.

_____ Anton bezahlt das Obst und das Gemüse.

_____ Lily sagt: „Hmmm, frischer Kaffee …!"

50 **Was stimmt?** Wählen Sie die richtige Antwort. (*Choose the appropriate answer.*)

1. Paul mag keinen _____ zum Frühstück.
   a. Käse   b. Salat   c. Brot

2. Ein österreichisches Essen heißt _____.
   a. Kartoffelsuppe   b. Scheiterhaufen   c. gelbe Rüben

3. Anton bezahlt mit _____.
   a. Franken   b. Euro   c. Mark

4. Im Restaurant nimmt Lily eine _____.
   a. große Käseplatte   b. kleine Käseplatte   c. gemischte Käseplatte

51 **Was meinen Sie?** Beantworten Sie die Fragen. (*Answer the questions.*)

1. Essen Sie gern Wurst und Käse zum Frühstück?
2. Wann essen Sie Frühstück, Mittagessen oder Abendessen?
3. Was essen Sie nicht zum Frühtsück?
4. Was finden Sie "typisch deutsch" in dem Video?
5. In der Küche, auf dem Markt und im Restaurant: Ist das so wie hier, oder ist es anders? Was fällt Ihnen auf?

Wiederholung

1 Rollenspiel Sie frühstücken mit Ihrer Partnerin/Ihrem Partner. Antworten Sie auf ihre/seine Fragen und Bitten! *(You are having breakfast with your partner. Respond to her/his questions and requests.)*

1. Möchtest du noch einen Kaffee?
2. Nimmst du keinen Zucker *(sugar)*?
3. Iss doch noch ein Brötchen!
4. Hier, nimm die gute Wurst!
5. Der Butterkuchen hier ist wirklich gut.

Redemittel
Fragen oder Aufforderungen beantworten
(Responding to offers and requests)

Doch. • Bitte. • Das geht leider nicht. • Gern. • Nein, danke. • Machen wir. • Natürlich. • Vielleicht.

2 Essen und Trinken Marie und Felix reden über Essen und Trinken. Bilden Sie Sätze mit den Stichwörtern. *(Marie and Felix talk about food and drink. Form sentences using the cues.)*

BEISPIEL MARIE: wie / du / finden / der Wein / ?   *Wie findest du den Wein?*

1. FELIX: gut // was für Wein / das / sein / ?
2. MARIE: der Wein / kommen / aus Kalifornien
3. FELIX: du / kaufen / der Käse / im Supermarkt / ?
4. MARIE: nein, / ich / kaufen / alles / auf dem Markt
5. MARIE: zum Abendessen / es / geben / Fisch
6. MARIE: du / essen / gern / Fisch / ?
7. FELIX: nein, / ich / essen / kein Fisch / und / auch / keine Wurst
8. FELIX: ich / essen / aber / gern / Kuchen

3 Beim Frühstück Nico ist bei Familie Schubert in New York. Geben Sie das Gespräch auf Deutsch wieder. *(Nico is staying with the Schuberts in New York. Give the German equivalent of their conversation.)*

1. MRS. SCHUBERT: *Who needs the tea?*
2. MR. SCHUBERT: *Hannah, give Nico the coffee.*
3. HANNAH: *Nico doesn't drink coffee.*
4. NICO: *No, I always drink tea for breakfast.*
5. MRS. SCHUBERT: *Matthew, what are you doing today?*
6. MR. SCHUBERT: *I'm working at home.*
7. MRS. SCHUBERT: *Nico, whom do you know in New York?*
8. NICO: *I know a professor.*

4 Nicht oder kein? Beantworten Sie die Fragen mit **nicht** oder einer Form von **kein**. *(Answer the questions, using **nicht** or a form of **kein**.)*

BEISPIEL Kauft Alina heute Kartoffeln?   *Nein, sie kauft heute keine Kartoffeln.*

1. Kauft sie Kuchen?
2. Geht sie heute zum Bäcker?
3. Kauft sie das Fleisch im Supermarkt?
4. Kauft Niklas heute Käse?
5. Kauft er das Brot beim Bäcker?
6. Kauft er heute Milch?
7. Gibt es hier einen Supermarkt?

5 Mini-Gespräche Schreiben Sie mit Ihrer Partnerin/Ihrem Partner kurze Dialoge über die folgenden Themen. *(With your partner, write short dialogues about the following topics.)*

1. Ihr Zimmer.
2. Was essen Sie gern?
3. Ihre Partnerin/Ihr Partner will etwas kaufen. Sie haben es nicht oder es ist nicht frisch.
4. Ihre Partnerin/Ihr Partner sucht ein Lebensmittelgeschäft.
5. Sie und Ihre Partnerin/Ihr Partner gehen fürs Abendessen einkaufen. Machen Sie eine Liste!

Schreibtipp

Before you begin writing the following e-mail, turn back to *Kapitel 1* and review the format (opening, closing, etc.) for e-mails. Then make a list of activities you plan to write about, e.g., shopping, playing tennis.

6 Zum Schreiben

1. a. Sie besuchen Anna in Tübingen. (See *Einkaufen in Tübingen*, page 109.) Schreiben Sie eine E-Mail und sagen Sie, was Sie in Tübingen machen. *(You are visiting Anna in Tübingen. Write an e-mail and tell what you are doing in Tübingen.)*
   b. Sie sind Anna. Ihre Freunde aus Amerika oder Kanada sind da. Schreiben Sie eine E-Mail an Franziska oder Sebastian und sagen Sie, was Sie und Ihre Freunde machen. *(You are Anna. Your friends from America or Canada are here. Write an e-mail to Franziska or Sebastian and tell what you and your friends are doing.)*

2. Ihr Freund Paul kauft gern im Supermarkt ein, aber ihre Freundin Lisa findet kleine Lebensmittelgeschäfte gut. Schreiben Sie, wo Sie gern einkaufen. Sagen Sie warum. *(Your friend Paul likes to shop in supermarkets, but your friend Lisa likes small grocery stores. Write where you like to shop. Tell why.)*

Schreibtipp

Look over the reading (page 109) and *Land und Leute: Im Supermarkt und auf dem Wochenmarkt* on page 107 before you begin writing. Think about which things appeal to you in the type of store you prefer. Write down your ideas and then organize them according to their order of importance. Begin your paragraph by stating which type of store you like: **Ich gehe gern [in den Supermarkt]. Da …**

Grammatik: Zusammenfassung

Verbs with stem-vowel change *e > i*

essen			
ich	esse	wir	essen
Sie	essen	Sie	essen
du	**isst**	ihr	esst
er/es/sie	**isst**	sie	essen

geben			
ich	gebe	wir	geben
Sie	geben	Sie	geben
du	**gibst**	ihr	gebt
er/es/sie	**gibt**	sie	geben

nehmen			
ich	nehme	wir	nehmen
Sie	nehmen	Sie	nehmen
du	**nimmst**	ihr	nehmt
er/es/sie	**nimmt**	sie	nehmen

Several verbs with the stem vowel **e** (including **essen, geben, nehmen**) change **e > i** in the **du-** and **er/es/sie**-forms of the present tense.

Word order with expressions of time and place

	Time	Place
Sophia geht	heute Abend	ins Kino.
Elias war	gestern	nicht da.

In German, time expressions generally precede place expressions.

Imperative forms

	Infinitive	Imperative	Present
du	machen	**Mach(e)** das, bitte.	Machst du das?
ihr		**Macht** das, bitte.	Macht ihr das?
Sie		**Machen Sie** das, bitte.	Machen Sie das?
du	nehmen	**Nimm** das Brot, bitte.	Nimmst du das Brot?
ihr		**Nehmt** das Brot, bitte.	Nehmt ihr das Brot?
Sie		**Nehmen Sie** das Brot, bitte.	Nehmen Sie das Brot?

sein	
du	**Sei** nicht so nervös.
ihr	**Seid** ruhig.
Sie	**Seien Sie** so gut.

Accusative case of the definite articles *der, das, die*

	der		das		die		Plural	
Nominative	**der**	} Käse	**das**	} Brot	**die**	} Butter	**die**	} Eier
Accusative	**den**		**das**		**die**		**die**	

Accusative case of nouns and masculine *N*-nouns

Nominative		Accusative	
Subject			*Direct object*
Der Käse	ist gut.	Noah kauft	**den Käse**.
Das Brot	ist frisch.	Noah kauft	**das Brot**.

A noun that is used as a direct object of a verb is in the accusative case.

Nominative	der Herr	der Junge	der Mensch	der Nachbar	der Student
Accusative	den Herr**n**	den Junge**n**	den Mensch**en**	den Nachbar**n**	den Student**en**

A number of masculine nouns add **-n** or **-en** in the accusative singular.

Accusative case of *wer* and *was*

Nominative	Accusative
Wer fragt?	**Wen** fragt Jan?
Was ist los?	**Was** fragst du?

Accusative of *ein, kein,* and possessive adjectives

	Masculine (der Kuli)		Neuter (das Heft)		Feminine (die Uhr)		Plural (die Kulis)	
Nominative	ein kein dein	} Kuli	ein kein dein	} Heft	eine keine deine	} Uhr	— keine deine	} Kulis
Accusative	einen keinen deinen	} Kuli	ein kein dein	} Heft	eine keine deine	} Uhr	— keine deine	} Kulis

Kein and the possessive adjectives (**mein, dein, Ihr, sein, ihr, unser, euer**) have the same endings as the indefinite article **ein**.

Accusative case of personal pronouns

Nominative	ich	Sie	du	er	es	sie	wir	Sie	ihr	sie
Accusative	mich	Sie	dich	ihn	es	sie	uns	Sie	euch	sie

Prepositions with the accusative case

durch	through	Pia geht **durch** das Geschäft. [**durchs** Geschäft]
für	for	Pia kauft die CD **für** das Kind. [**fürs** Kind]
gegen	against	Pia hat nichts **gegen** eine Party.
ohne	without	Pia kommt **ohne** ihren Freund.
um	around	Pia geht **um** das Haus. [**ums** Haus]

Impersonal expression *es gibt*

Es gibt keinen Kaffee mehr.	There is no more coffee.
Gibt es auch keine Brötchen?	Aren't there any rolls either?

Es gibt is equivalent to English *there is* or *there are*. It is followed by the accusative case.

Studieren in Deutschland

Was studierst du?

Studenten nach der Vorlesung (Frankfurt) ▶

Lernziele

Sprechintentionen

- Borrowing and lending things
- Talking about student life
- Offering explanations and excuses
- Describing one's family, nationality, and profession
- Talking about personal interests
- Inquiring about abilities
- Discussing duties and requirements
- Inquiring about future plans
- Expressing regret

Wortschatz

1 **Studienfächer**
2 State one's profession and nationality
   Die Familie

Zum Lesen

- Semesterferien

Grammatik

- Present tense of **werden**
- Verbs with stem-vowel changes **e > ie**
- Verbs with stem-vowel changes **a > ä**
- **Haben** in the simple past tense
- **Der**-words
- Modal auxiliaries
- Omission of the dependent infinitive with modals
- Separable-prefix verbs

Leserunde

- *Ferien machen: eine Kunst* (Hans Manz)

Land und Leute

- Hochschulen
- Finanzen und Studienplätze
- Schule, Hochschule, Klasse, Student
- Das Schulsystem in Deutschland

Video-Ecke

1 Zum Thema Studium
   Was bist du von Beruf?
   Meine Familie
2 Wo kann denn nur Prof. Langenstein sein?

RESOURCES

Bausteine für Gespräche

🔊 Notizen für die Klausur

1-27

ANNA: Hallo, Leon. Ah gut, du bist noch nicht weg! Du, kannst du mir vielleicht für drei Stunden deine Englisch-Notizen leihen?

LEON: Ja, natürlich. Ich hatte heute Morgen eine Klausur. Ich brauche die Notizen im Moment wirklich nicht.

ANNA: Das ist toll. Ich muss nämlich noch viel für die Klausur morgen arbeiten.

LEON: Klar, hier sind sie. Ich bin heute Abend übrigens auch beim Volleyball. Kannst du die Notizen vielleicht da mitbringen?

🔊 Ist das dein Hauptfach?

1-28

LEON: Hallo, Sarah. Was machst du denn hier? Seit wann bist du denn in der Literatur-Vorlesung?

SARAH: Ach, ich möchte nur mal zuhören. Mit Geschichte bin ich manchmal gar nicht so zufrieden. Und vielleicht will ich doch lieber Germanistik studieren.

LEON: Ah ja? Als Nebenfach?

SARAH: Nein, als Hauptfach.

LEON: Ach wirklich? Du, sollen wir nachher einen Kaffee trinken gehen?

SARAH: Heute kann ich leider nicht. Ich muss für mein Referat morgen noch etwas vorbereiten.

---

1 Fragen

1. Warum möchte Anna Leons Notizen haben?
2. Warum muss Anna noch viel lernen?
3. Wann möchte Leon seine Notizen wiederhaben?
4. Warum geht Sarah jetzt in eine Literatur-Vorlesung?
5. Was ist Sarahs Hauptfach?
6. Was möchte Leon nachher machen?
7. Warum kann Sarah nicht mitgehen?

Borrowing and lending objects

2 Sie brauchen etwas Vielleicht kann eine Kursteilnehmerin/ein Kursteilnehmer *(fellow student)* es Ihnen leihen. Fragen Sie sie/ihn.

S1:			S2:
Kannst du mir	**deine Notizen**	leihen?	Ja, gern.
	dein Referat		Klar.
	deine Seminararbeit⁺		Natürlich.
	deinen Kugelschreiber		Tut mir leid⁺. Ich
	deine CDs		brauche ihn/
			es/sie selbst.

Erweiterung des Wortschatzes 1

Studienfächer *(academic subjects)*

 Audio Flashcards

3 Studieren, aber was? Welches Studienfach passt zu welchem Bild?

(die) Anglistik *(English studies)*
(die) Betriebswirtschaft *(business administration)*
(die) Biologie
(die) Chemie
(die) Informatik *(information technology)*

(das) Ingenieurwesen *(engineering)*
(die) Kunst *(art)*
(die) Politik
(die) Psychologie
(die) Publizistik *(journalism)*

I. An der Uni Heidelberg

1. _____

2. _____

3. _____

4. _____

5. _____

6. _____

7. _____

8. _____

9. _____

10. _____

4 Hauptfach, Nebenfach Interviewen Sie vier Studentinnen/Studenten in Ihrem Deutschkurs. Was sind ihre Hauptfächer und Nebenfächer? In den *Supplementary Word Sets, Appendix C,* finden Sie weitere Studienfächer.

Discussing college majors and minors

S1:		**S2:**	
Was ist dein	**Hauptfach?**	Ich studiere	**Germanistik.**
	Nebenfach?	Mein Nebenfach ist	Psychologie.

Brauchbares

German has various equivalents for the English word *study:*

studieren = *to study a subject* (e.g., **Ich studiere Geschichte.** = *I'm majoring in history.*)

studieren = *be a student or attend college* (e.g., **Ich studiere.** = *I'm going to college.*)

lernen = *to do one's homework* (e.g., **Ich lerne die Vokabeln.** = *I'm studying the vocabulary words.*)

G. Der Roman

5 **Was liest du?** Was lesen die Studentinnen/Studenten in Ihrem Deutschkurs gern? Fragen Sie sie.

S1:
Was liest du gern?

S2:

Artikel über	Sport / Musik / Schach.
Bücher über	Psychologie / Computer / Autos.
Krimis⁺.	
Liebesromane⁺.	
Moderne⁺ Literatur.	
Zeitung⁺.	

Offering explanations, excuses

6 **Es tut mir leid** Ihre Freundin/Ihr Freund möchte später mit Ihnen etwas zusammen machen. Sie können aber nicht. Sagen Sie warum.

**Deutsch machen   wieder in die Bibliothek   die Vokabeln lernen
meine Notizen durcharbeiten**

S2:
Willst du nachher

Kaffee trinken gehen?
einkaufen gehen?
fernsehen⁺?
spazieren gehen?
einen Film ausleihen⁺?
eine DVD ausleihen?

S1:
Ich kann leider nicht.
Ich muss **mein Referat vorbereiten**.

Vokabeln I

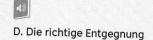

D. Die richtige Entgegnung

Audio Flashcards
Tutorial Quizzes

Substantive

An der Universität
der **Kurs, -e** course, class
das **Hauptfach, ⸚er** major (subject)
das **Nebenfach, ⸚er** minor (subject)
das **Referat, -e** oral or written report
das **Seminar, -e** seminar
die **Arbeit, -en** work; paper
die **Klausur, -en** test; eine Klausur schreiben to take a test
die **Notiz, -en** note

die **Seminararbeit, -en** seminar paper
die **Vorlesung, -en** lecture

For various college majors see p. 141.

Lesestoff (Reading material)
der **Artikel, -** article
der **Krimi, -s** mystery (novel or film)
der **Liebesroman** romance (novel)
der **Roman, -e** novel

die **Literatur** literature
die **Zeitschrift, -en** magazine
die **Zeitung, -en** newspaper

Weitere Substantive
der **Moment, -e** moment; im Moment at the moment
der **MP3-Spieler** mp3 player
die **DVD, -s** DVD
die **Liebe** love
die **Stunde, -n** hour
die **Vokabel, -n** vocabulary word

Verben

Trennbare Verben (Separable-prefix verbs)
aus·**leihen** to rent (film or DVD); to check out (book from library); to lend out
durch·**arbeiten** to work through; to study
fern·**sehen (sieht fern)** to watch TV

mit·**bringen** to bring along
vor·**bereiten** to prepare
zu·**hören** to listen to; to audit (a course)

Weitere Verben
bringen to bring
hatte (*past tense of* **haben**) had

können (kann) to be able to; can
leihen to lend; to borrow
lernen to learn; to study
lesen (liest) to read
müssen (muss) to have to; must
sollen (soll) to be supposed to
wollen (will) to want to, intend to

Adjektive und Adverbien

besonders especially
gar nicht not at all
klar clear; of course, naturally

lieber (*comparative of* **gern**) preferably, rather
modern modern

nachher afterwards
wieder again
zufrieden satisfied, content

Weitere Wörter

mir me (*see* Kapitel 5)
noch etwas something else

seit since (*temporal*)
selbst oneself, myself, itself

weg away, off, gone

Besondere Ausdrücke

Deutsch machen to do/study German (as homework); to study German (as subject at the university)
(Es) tut mir leid. I'm sorry.

Kaffee trinken gehen to go for coffee
Kannst du mir [deine Notizen] leihen? Can you lend me [your notes]?

seit wann since when, (for) how long

Lerntipp

Separable-prefix verbs are indicated with a raised dot: **durch·arbeiten**. (See *Grammatik und Übungen, Separable-prefix verbs* in this chapter.)

Alles klar?

7 Was passt nicht?

1. a. Kunstgeschichte b. Vorlesung c. Ingenieurwesen d. Biologie
2. a. lernen b. durcharbeiten c. fernsehen d. vorbereiten
3. a. Liebe b. Roman c. Bericht d. Artikel
4. a. Zeitschrift b. Stunde c. Zeitung d. Video

8 Ergänzen Sie Ergänzen Sie die beiden Dialoge mit den passenden Wörtern.

| durcharbeiten hatte leihen selbst Stunde weg |

1. FELIX: Nele, kannst du mir deine Biologie-Notizen _____?
2. NELE: Nein, leider nicht. Ich brauche sie _____. Ich muss sie heute Nachmittag noch _____. Gestern Abend _____ ich keine Zeit.

| hattest gar Klausur lernst lieber
Notiz seit wieder zufrieden |

3. PAUL: Ich bin total gestresst. Meine _Klausur_ in Anglistik war so schlecht.
4. SOPHIE: Das tut mir leid. _Hattest_ du denn zu wenig Zeit?
5. PAUL: Nein, eigentlich nicht. Aber ich bin im Moment mit Anglistik gar nicht _zufrieden_. Ich glaube, ich nehme _lernst_ Germanistik als Hauptfach.
6. SOPHIE: _Seit_ wann studierst du denn schon Anglistik?
   PAUL: Das sind schon drei Semester.
7. SOPHIE: Das ist doch _____ nicht so lange! Du kannst ja mit Professor Jackson sprechen. Er hat immer gute Tipps für uns Studenten.

9 Was ist das? Finden Sie das richtige Wort.

Clynt Garnham Publishing / Alamy

Christopher Titze/ Shutterstock.com

1. _____

2. _____

Keith morris / Alamy

Catalin Petolea/ Shutterstock.com

3. _____

4. _____

Zeitung   Zeitschrift   Vorlesung
MP3-Spieler   Nebenfach   Notiz

Land und Leute

Hochschulen

Germany has a long tradition of higher education. The oldest university is the University of Heidelberg, founded in 1386. Germany has 372 institutions of higher learning (**Hochschulen**), of which 102 are universities (**Universitäten**). Responsibility for higher education is shared by the states and the federal government. The best-known type of institution is the **Universität,** which is both a research and teaching institution. Universities are, with very few exceptions, the only institutions that can confer a doctoral degree. Colleges that specialize in preparing students for careers in art or music are called **Kunsthochschulen** and **Musikhochschulen** respectively. Another type of institution of higher learning is the **Fachhochschule,** which specializes in fields of study (**Studiengänge**) that are more oriented toward a specific career in fields, such as business or engineering. Although 96% of German students attend state-supported institutions, private universities are becoming more common in Germany.

Hengesbach / JOKER - ullstein bild / The Granger Collection

▲ In der Vorlesung über „Technische Mechanik" an der Ruhr-Universität Bochum

Germany's institutions of higher learning have recently undergone fundamental changes. With the goal of creating a common system of higher education, 46 European countries agreed to restructure their university systems to ensure that degrees are recognized across all signatory countries, thus facilitating greater mobility within Europe. The new academic degrees (**Abschlüsse**) will sound familiar to English speakers. Many traditional courses of study have been replaced with bachelor's and master's degrees (**Bachelor- und Masterstudiengänge**). To earn a degree, students now complete a prescribed number of credits (**Leistungspunkte**) and modules in the new European Credit Transfer System (ECTS).

At the beginning of a semester, students choose classes according to type and subject matter. A **Vorlesung** is a lecture with little discussion and no exams. An **Übung** is a course that often has daily assignments, discussion, and a test (**Klausur**) at the end. In a **Seminar,** students write papers and discuss the material. They have to write term papers (**Seminararbeiten**) as well.

After successful completion of a **Seminar** or **Übung,** students receive a certificate (**Schein**), which includes a grade. A minimum number of **Scheine** is necessary before the student may take the intermediate qualifying exam (**Zwischenprüfung**), which is usually taken after four to six semesters at the university. More **Scheine** are required before a student can write a master's thesis (**Magisterarbeit**) or take examinations for the degree.

Kulturkontraste

1. Welche Art von Hochschule gleicht *(is similar to)* Ihrem College oder Ihrer Universität?

2. In vielen deutschen Universitäten gibt es Kurse auf Englisch für ausländische *(foreign)* Studenten. Wenn Sie in Deutschland studieren, möchten Sie Kurse auf Englisch oder auf Deutsch nehmen? Warum (nicht)?

3. Wissen Sie, wie viele Hochschulen es in Ihrer Stadt / Ihrem Bundestaat / Ihrer Provinz gibt? Wie viele sind privat? Wie viele öffentlich?

K. Kulturkontraste
1. Hochschulen

Zum Lesen

Vor dem Lesen

In diesem Text lernen Sie etwas über die Universitäten und das Studentenleben *(student life)* in Deutschland. Der erste Teil präsentiert einige Fakten. Der zweite Teil ist ein Interview in einer Studentenzeitung.

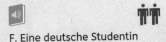

F. Eine deutsche Studentin

10 Ein Gespräch Sprechen Sie mit Ihrer Partnerin/Ihrem Partner über die folgenden Themen:

1. Was studieren Sie? Was ist Ihr Hauptfach? Haben Sie ein Nebenfach?
2. Wie viele Kurse belegen *(enroll in)* Sie jedes Semester? In welchen Fächern?
3. Wie teuer ist das Studium? Wie bezahlen Sie die Studiengebühren *(tuition)*?
4. Wie ist Ihre Universität? Haben die Bibliotheken viele Bücher, Computer? Wie sind die Cafeterias und die Wohnheime?
5. Wie ist das akademische Jahr an Ihrer Hochschule organisiert? Was machen die Studenten in den Semesterferien?
6. Wie gut sind die Sportaktivitäten an Ihrer Universität? Gibt es viele Sport- und Tennisplätze?
7. Was für andere Clubs und Organisationen gibt es an Ihrer Universität? Welchen Club finden Sie interessant?

11 Jobben – pro und kontra. Was ist wichtig? Fragen Sie ihre Partnerin/Ihren Partner zum Thema Job im Semester und in den Semesterferien. Sie/Er antwortet Ihnen und fragt auch Sie.

S1:
Ist Geld haben wichtig?

S2:
Ja, das ist wichtig. / Nein, das ist nicht so wichtig. / Das weiß ich nicht.

	wichtig	nicht so wichtig	weiß nicht
1. Geld haben	———	———	———
2. lange arbeiten	———	———	———
3. in der Woche arbeiten	———	———	———
4. genug Zeit zum Lernen haben	———	———	———
5. nicht arbeiten	———	———	———

Beim Lesen

12 Das Studentenleben Lesen Sie den Text und machen Sie sich Notizen in der. Finden Sie so viele Informationen wie möglich im Text über das Studentenleben. Tabelle. Schreiben Sie auch etwas über Ihr Studium und Ihre Universität.

	ich	deutsche Studenten
Semester		
Semesterferien		
Studiengebühren		
Examen und Hausarbeiten		

Semesterferien

An deutschen Universitäten gibt es zwei Semester im Jahr - das Wintersemester und das Sommersemester. Dazwischen° liegen die Semesterferien. Diese sind im Winter zwei, im Sommer drei Monate lang. In dieser Zeit schreiben die Studenten ihre Hausarbei-
5 ten, bereiten Prüfungen und Referate vor oder machen ein Praktikum°. Danach bleibt meistens noch Zeit für Urlaub. Viele Studenten müssen aber auch jobben, um Geld für Studiengebühren, Wohnen, Essen und andere Dinge zu verdienen. In einigen Bundesländern sind die Studiengebühren pro Semester bis zu 500 Euro hoch.
10 Lesen Sie nun, was verschiedene Studierende in einer Zeitung über ihre Semesterferien und die Studiengebühren sagen.

in between

internship

Katja Hirschberger (24), Amerikanistik, fünftes° Semester: „Zu Beginn der Semesterferien will ich sofort wegfahren. Und ich möchte richtig faulenzen. Leider habe ich nicht genug
15 Geld dazu°. Und außerdem muss ich Hausarbeiten schreiben. Bis jetzt war ich in den Semesterferien immer in Deutschland, doch bald werde ich in den USA weiterstudieren."

fifth

for that

David Künzel (22), Jura, drittes Semester: „In den Semesterferien bin ich in den ersten paar Wochen fleißig und lerne
20 für Klausuren und erst später mache ich Ferien. Einmal im Jahr fahre ich dann auch weiter weg. Natürlich nur, wenn ich keine wichtigen Prüfungen habe."

Alexander Berg (24), Ethnologie, drittes Semester: „In den Semesterferien möchte ich nur ungern in Deutschland sein.
25 Viel lieber lerne ich neue Kulturen kennen, zum Beispiel in afrikanischen Ländern. Das finde ich interessant und exotisch. Dieses Mal war ich in Marokko und ich war begeistert°. Andere Kulturen kennenlernen ist mein Hobby, aber auch mein Berufsziel. Ich möchte nämlich Ethnologe° werden."

thrilled
ethnologist

30 **Louisa Höffner (26),** Lehramt° Deutsch / Religion, neuntes° Semester: „Es ist einfach ungerecht°. Wir müssen zahlen und trotzdem gibt es zu wenig Hörsäle° für zu viele Studenten, es fehlen Bücher und anderes Material ... das sollen die Politiker mal erklären."

teacher training / ninth
unfair
lecture halls

35 **Emine Yilmaz (22),** Physik, drittes Semester: „Ich finde es total bescheuert°! Ich bekomme jetzt noch Geld von meinen Eltern, aber ohne ihre Hilfe° muss ich beim Staat Geld leihen. Oder sehr viel jobben. Und dann habe ich nur noch wenig Zeit für mein Studium!"

(coll.) stupid, absurd
help

40 **Sabine Böhm (26),** Chemie, letztes° Semester: „Für mich ist es schon okay. Aber ich brauche zwei Jobs, um genug Geld für mein Studium zu haben. Wie soll man denn als Student im ersten Semester schon so viel jobben und trotzdem genug für sein Studium tun?"

last

Nach dem Lesen

13 Was ist das? Welche Definition passt zu welchem Wort?

1. jobben
2. Studiengebühren
3. Semesterferien
4. Klausur
5. faulenzen
6. Kultur

a. Geld, das Studenten für das Studium bezahlen
b. ein anderes Wort für „arbeiten"
c. wie die Menschen in einem Land leben
d. nichts tun
e. Zeit, in der es keine Vorlesungen und Kurse gibt
f. ein anderes Wort für „schriftliche (written) Prüfung oder Examen"

HW →

14 Fragen zum Lesestück

1. Was machen deutsche Studenten in ihren Semesterferien?
2. Wie hoch sind die Studiengebühren?
3. Warum ist Alexander Berg in den Semesterferien nicht gern in Deutschland?
4. Wo will Katja Hirschberger studieren?
5. Welche Hauptfächer hat Louisa Höffner?
6. Was denkt Emine Yilmaz über die Studiengebühren?
7. Was studiert Sabine Böhm?
8. Was sagt Sabine über die Studiengebühren?

15 Was denken Sie? Reagieren Sie auf die folgenden Aussagen *(remark)*.

BEISPIEL DAVID KÜNZEL: Einmal im Jahr fahre ich dann auch weiter weg.
SIE: _____

1. ALEXANDER BERG: In den Semesterferien möchte ich nur ungern in Deutschland sein. Viel lieber fahre ich nach Afrika.
SIE: _____

2. KATJA HIRSCHBERGER: Wenn die Semesterferien anfangen, möchte ich richtig faulenzen.
SIE: _____

3. LOUISA HÖFFNER: Es ist ungerecht, dass wir zahlen müssen und trotzdem keine besseren Bedingungen an den Unis haben.
SIE: _____

4. EMINE YILMAZ: Ohne die Hilfe von meinen Eltern muss ich beim Staat Geld leihen oder sehr viel jobben.
SIE: _____

5. SABINE BÖHM: Wie sollen denn die Studenten im ersten Semester schon so viel jobben und trotzdem genug für ihr Studium tun?
SIE: _____

yogo/Shutterstock.com

▲ Wollen Sie Chemie studieren?

Land und Leute

Finanzen und Studienplätze

K. Kulturkontraste
2. Finanzen und Studienplätze

Around two million students are enrolled in Germany's institutions of higher learning. This number presents about one-third of the country's young people. Although this number is lower than in some industrialized countries, many careers that require a college education in other countries do not in Germany. In general, any student who has successfully completed the final comprehensive examination for secondary education (**Abitur**) can be admitted to university study. For some subjects with limited places (**Numerus clausus**) there is a national system of placement, but most students apply directly to the university. Applicants from other countries must demonstrate that they have attained the academic competence that would enable them to enroll in a university in their home country and that they have a good command of German.

▲ **Er jobbt in den Semesterferien.**

Until recently, there was no tuition (**Studiengebühren**) at public universities. However, during the past 10 years, several states have begun to charge tuition to some or all students. Some universities charge tuition only to students who have exceeded a given time frame in which their studies were supposed to be completed (**Regelstudienzeit**). Since the German constitution (**Grundgesetz**) defines access to education as a fundamental right, and since charging tuition at public universities makes that access contingent on the socioeconomic means of an individual, the introduction of tuition has been the object of public protest. In some states, the issue has prompted law suits, and some of them have been successful in repealing the charging of tuition.

ABITUR
Nächste Ausfahrt

▲ **Man braucht ein Abitur für das Studium.**

Most financial aid for students is intended to cover living expenses. The **Bundesausbildungsföderungsgesetz (BAföG)** provides aid in a combination of grants and zero-interest loans. Some students supplement this aid with a commercial student loan (**Studien-** or **Studentenkredit**). In addition, most students work part time (**jobben**) during the semester or during vacation (**Semesterferien**) or both.

Kulturkontraste

1. Ein Argument für Studiengebühren ist: Studenten sollen ihr Studium selbst mitfinanzieren.

2. Ein Argument gegen Studiengebühren: Es ist schwer für Studenten, die nicht viel Geld haben.

3. Was denken Sie: Wie viel sollen Studenten für ihr Studium zahlen? Wie viel soll der Staat geben?

Erweiterung des Wortschatzes 2

For names of additional professions, refer to the *Supplementary Word Sets* on the Companion Website.

Stating one's profession or nationality

Justin **ist Student**.	*Justin is a student.*
Lisa **wird Ingenieurin**.	*Lisa is going to be an engineer.*
Lisa **ist Kanadierin**.	*Lisa is (a) Canadian.*
Simon **ist Deutscher**.	*Simon is (a) German.*
Herr Becker ist **nicht (kein)** Ingenieur.	*Mr. Becker is not an engineer.*
Alina ist **nicht (keine)** Österreicherin; sie ist Deutsche.	*Alina is not (an) Austrian; she's (a) German.*

Either **nicht** or **kein** may be used to negate a sentence about someone's profession, nationality, or membership in a group.

- Remember that no indefinite article **(ein)** is used in the positive statement (see *Kapitel 2*).

---

16 **Neue Freunde** Auf einem Flug von Toronto nach Frankfurt lernen sich drei junge Leute kennen. Benutzen Sie die Stichwörter.

BEISPIEL Anthony / sein / Amerikaner   *Anthony ist Amerikaner.*

1. Robert / sein / Kanadier
2. er / sein / Student
3. Vanessa / sein / nicht (kein) / Studentin
4. sie / sein / auch nicht (kein) / Amerikanerin
5. sie / sein / Deutsche
6. sie / werden / Ingenieurin
7. ihr Bruder Florian / wohnen / in Frankfurt; er / sein / Frankfurter
8. er / sein / Apotheker

17 **Persönliche Informationen** Wer bin ich? Schreiben Sie Informationen über sich in der Tabelle auf.

Das bin ich:

Name:	_____
Nationalität:	_____
Wohnort:	_____
Universität:	_____
Hauptfach:	_____
Nebenfach:	_____

Describing one's nationality and profession

18 **Persönliche Informationen** Schreiben Sie eine kurze Autobiografie. Geben Sie an: Name, Nationalität, Adresse und Telefonnummer, Hauptfach, Nebenfach.

19 **Small talk** Sprechen Sie mit einer Partnerin/einem Partner und stellen Sie sich vor! Benutzen Sie die persönlichen Informationen aus Übung 17. Benutzen Sie auch die folgenden Ausdrücke:

> Ich heiße ...   Ich studiere an ...   Ich bin ...   Mein Hauptfach ist ...
> Mein Nebenfach ist ...   Ich wohne in ...

Die Familie

🌐 Audio Flashcards

WILLI CLAUSEN 67 — KÄTHE CLAUSEN 63

FRANK PFEIFFER 39 — EMMA CLAUSEN 35   STEFFEN CLAUSEN 43 — SOPHIA CLAUSEN 40

LEA PFEIFFER 13   TIM PFEIFFER 10   TOBIAS CLAUSEN 7   LARA GUMPERT 15

> **Emma Clausen:** Beginning in 1991, married German women could choose to keep their maiden names. Married Austrian women were finally given that choice in 1995.

die **Mutter,** ⸱ die **Mutti,** + der **Vater,** ⸱ = die **Eltern** (pl.)
  die **Mama**)   (der **Vati,** der **Papa**)
die **Tochter,** ⸱   der **Sohn,** ⸱e
die **Schwester, -n** + der **Bruder,** ⸱ = die **Geschwister** (pl.)
die **Tante, -n**   der **Onkel, -**
die **Kusine, -n**   der **Cousin, -s**
die **Nichte, -n**   der **Neffe, -n, -n**
die **Großmutter,** ⸱ + der **Großvater,** ⸱ = die **Großeltern** (pl.)
  (die **Oma, -s**)   (der **Opa, -s**)
Stief-: die **Stiefmutter;** der **Stiefvater**

> Refer to the *Supplementary Word Sets* on the Companion Website for names of additional family members.

> **Kusine:** Cousine, **-n**; **Cousin:** Vetter, **-n** are also used.

20 **Der Stammbaum** *(Family tree)* Lesen Sie den Text über Familie Clausen und sehen Sie sich den Stammbaum an. Beantworten Sie dann die Fragen.

Willi und Käthe Clausen haben eine **Tochter** und einen **Sohn:** Emma und Steffen. Emma und ihr Mann, Frank Pfeiffer, haben zwei **Kinder:** Lea und Tim. Die beiden Kinder haben eine **Großmutter, Oma** Clausen, und einen **Großvater, Opa** Clausen. Steffen Clausen ist geschieden *(divorced)*. Sophia ist seine zweite *(second)* Frau. Sie hat eine Tochter von ihrem ersten *(first)* Mann: Lara Gumpert. Steffen ist also Laras **Stiefvater.** Sophia und Steffen haben einen Sohn: Tobias. Lea Pfeiffer ist seine **Kusine** und Tim ist sein **Cousin.** Die **Eltern** von Lea und Tim sind natürlich Tobias' **Tante** Emma und sein **Onkel** Frank.

1. Wie heißt Tim Pfeiffers Cousin?
2. Wer ist Lea Pfeiffers Onkel?
3. Wie heißen die Großeltern von Lea und Tim?
4. Wie heißt Steffen Clausens Frau?
5. Wie heißt Steffens Stieftochter?
6. Wie heißt Laras Halbbruder *(half-brother)*?

▲ **Großeltern, Eltern und Enkelkinder** *(grandchildren)*

21 Frage-Ecke Ergänzen Sie die fehlenden *(missing)* Informationen. Fragen Sie Ihre Partnerin/Ihren Partner. Die Informationen für **S1** finden Sie unten; die Informationen für **S2** finden Sie im Anhang *(Appendix B)*.

> **S1:** Wie heißt die Mutter von Alina?
> **S2:** Sie heißt Nora Gerber.
> **S1:** Wie alt ist Alinas Mutter?
> **S2:** Sie ist 36 Jahre alt.

S1:

	Alina	Marcel	ich	Partnerin/ Partner
Vater	Markus Arndt, 37			
Mutter		Sabine Gerber, 41		
Tante	Sabine Gerber, 41			
Onkel		Markus Arndt, 37		
Großvater	Peter Gerber, 66			
Großmutter	Leah Gerber, 65			

Vokabeln ⏸

Substantive

An der Uni

der **Bericht**, -e report
das **Examen**, - comprehensive examination, finals; **Examen machen** to graduate from the university
das **Semester**, - semester
das **Studium**, **Studien** studies
die **Hausarbeit**, -en homework, term paper; household chore
die **Prüfung**, -en test
die **Studiengebühren** (*pl.*) tuition, fees at the university

Weitere Substantive

der **Beruf**, -e profession
der **Euro**, - euro
der **Fall**, ⁻e case
der **Gedanke**, -n thought, idea
der **Job**, -s job
der **Staat**, -en state; country
der **Urlaub** vacation; **in Urlaub fahren** to go on vacation
das **Beispiel**, -e example; **zum Beispiel** (*abbrev.* z. B.) for example
das **Hobby**, -s hobby

das **Mal** time
das **erste** / **zweite** / **dritte Mal** the first / second / third time
das **Ziel**, -e goal
die **Aktivität**, -en activity
die **Eltern** (*pl.*) parents
die **Ferien** (*pl.*) vacation
die **Situation**, -en situation

Verben

Trennbare Verben

an·fangen (fängt an) to begin
kennen·lernen to get to know, to become acquainted
weg·fahren (fährt weg) to drive away, to leave
zurück·bekommen to get back

Weitere Verben

beginnen to begin

besuchen to visit
erklären to explain
fahren (fährt) to drive, travel, ride
faulenzen to laze around, be idle
halten (hält) to hold; **halten von** to think of, to have an opinion of
helfen (hilft) to help
jobben (*colloq.*) to work at a temporary job (e.g., a summer job)

reisen to travel
tun to do
verdienen to earn
werden (ich werde, du wirst, er wird) to become
zahlen to pay

Adjektive und Adverbien

andere other
dies- (-er, -e, -es) this, these; that, those
einige some, several
einmal once; **einmal im Jahr** once a year

erst first
genau exactly
gleich immediately
hoch high
kurz short, briefly
lang long

meistens mostly
sofort immediately
ungern unwillingly
wichtig important
zurück back, in return

Weitere Wörter

außerdem besides
pro per

trotzdem nevertheless

wenn (*conj.*) when; if

Besondere Ausdrücke

bis zu up to

um Geld zu verdienen in order to earn money

Alles klar?

22 Welche Satzteile passen zusammen?

1. In den Semesterferien muss ich jobben _____
2. Jetzt möchte ich einige Wochen nur faulenzen _____
3. Meine Eltern leihen mir jedes Semester 500 Euro _____
4. Wenn die Semesterferien anfangen _____
5. Sarah möchte Managerin werden _____

a. fahre ich erst mal in Urlaub.
b. aber ich muss das Geld zurückzahlen.
c. um Geld für die Studienbeiträge zu verdienen.
d. wenn sie mit dem Studium fertig ist.
e. weil meine Prüfungen so anstrengend waren.

23 Ergänzen Sie Ergänzen Sie die Gespräche mit den passenden Wörtern.

| anfangen Bericht besuchen fährt Gedanke jobben hoch kennenlernen kurz werden verdienen zum Beispiel |

1. —Wo kann ich hier nette Leute _____?
   —An der Uni und in den Seminaren oder zum _____ auch in Sportkursen.
2. —Welches Berufsziel haben Sie?
   —Ich möchte Ingenieurin _____.
3. —Ich lese gerade einen _____ über die Situation an den Unis. Viele Studenten müssen _____, denn die Studiengebühren sind ziemlich _____.
4. —Was macht deine Freundin in den Ferien?
   —Wenn die Ferien _____, _____ sie sofort nach Österreich.

24 Was macht Stefan? Welcher Satz passt? Verbinden Sie die Sätze mit den Bildern. Achtung: Es gibt mehr Sätze als Bilder!

1. _____

2. _____

3. _____

4. _____

Stefan erklärt die Hausaufgaben.
Stefan zahlt.
Stefan schreibt eine Prüfung.

Stefan fährt mit dem Auto.
Stefan faulenzt.
Stefan beginnt sein Examen.

Land und Leute

Schule, Hochschule, Klasse, Student

Many words used in English to talk about university studies are not equivalent to the German words that appear to be cognates. In the German-speaking countries, a greater distinction is made in words referring to education before college or university and post-secondary education.

▲ In der ersten Klasse

- *school:* In German **(die) Schule** refers to an elementary or secondary school. When talking about post-secondary education, German speakers use **(die) Universität** or **(die) Hochschule**. The equivalent of *What school do you go to?* is **An welcher Uni studierst du?**

- *high school:* A **Hochschule** is a post-secondary school, such as a university, not *high school* as in the U.S. or Canada. Due to the unique school system in Germany, the German equivalent of *high school* is divided into several school branches, namely **Hauptschule, Realschule,** and **Gymnasium,** or a combination of all three consolidated into a **Gesamtschule** (see *Land und Leute,* p. 169).

- *student:* In German, **Studentin/Student** refers to someone at a post-secondary institution (i.e., at a **Universität** or **Hochschule**). The word **(die) Schülerin/(der) Schüler** is used for young people in elementary and secondary schools.

- *class:* The English word *class* refers to an instructional period or a group of students. The German word **(die) Klasse** refers only to a group of students (e.g., **meine Klasse** = *my class, my classmates*) or a specific grade (e.g., **die zweite Klasse** = *the second grade*). In a **Schule** the word for *class* meaning *instructional period* is **Stunde** (e.g., **die Deutschstunde** = *the German class*). At the university level in German-speaking countries there are several types of classes — **Vorlesung, Übung,** and **Seminar** (see *Land und Leute: Hochschulen,* p. 145). A very general word for a class is **Kurs.** To ask the question, *How many students are in your German class?* a German might say: **Wie viele Kursteilnehmer gibt es in Ihrem Deutschkurs?**

▲ Schüler im Gymnasium

Kulturkontraste

Welche deutschen **Wörter** sehen aus wie Englisch, sind aber anders (i.e., *false cognates*)? Welche **Konzepte** sind ähnlich, welche sind ganz anders? Warum kann man Englisch nicht Wort-für-Wort ins Deutsche übersetzen? Was bedeutet das für Sprache und Übersetzung allgemein?

K. Kulturkontraste
3. Schule, Hochschule, Klasse, Student

Grammatik und Übungen

Present tense (das Präsens) of werden

ich	werde	wir	werden
Sie	werden	Sie	werden
du	**wirst**	ihr	werdet
er/es/sie	**wird**	sie	werden
du-imperative: werde			

Werden is irregular in the **du-** and **er/es/sie-**forms in the present tense.

---

25 Wann wirst du ...? Hannah und Dominik sprechen *(are speaking)* miteinander. Ergänzen Sie das Gespräch mit der richtigen Form von **werden.**

1. HANNAH: Sag mal, Dominik, wann _____ du denn 21 Jahre alt?
2. DOMINIK: Ich _____ im Mai 21.
3. HANNAH: Und Kevin? Wann _____ er 21?
4. DOMINIK: Er ist schon 21, er _____ im Mai 22.
5. HANNAH: Was _____ Kevin nach dem Studium *(change)*?
6. DOMINIK: Kevin _____ Architekt, denke ich.
7. HANNAH: Hmmm. Du auch. Ihr _____ also beide Architekten?
8. DOMINIK: Ja, wir arbeiten dann beide in Deutschland und den USA.

Verbs with stem-vowel change *e > ie*

sehen: *to see*				lesen: *to read*			
ich	sehe	wir	sehen	ich	lese	wir	lesen
Sie	sehen	Sie	sehen	Sie	lesen	Sie	lesen
du	**siehst**	ihr	seht	du	**liest**	ihr	lest
er/es/sie	**sieht**	sie	sehen	er/es/sie	**liest**	sie	lesen
du-imperative: **sieh**				*du*-imperative: **lies**			

Talking about personal interests

- Several verbs with the vowel **e** in the verb stem change the **e** to **ie** in the **du-** and **er/es/sie-**forms of the present tense and in the **du-**imperative.
- Since the stem of **lesen** ends in **-s,** the **du-**form ending contracts from **-st** to **-t.**

---

26 Lesen und sehen – eine E-Mail-Umfrage *(survey)* Anna arbeitet im Sommer für amazon.de. Sie fragt, was für Filme die Leute gern sehen und welche Bücher sie lesen. Dann notiert sie sich die Antworten *(answers)*.

BEISPIEL Tom / ernste Filme   *Tom, was für Filme siehst du gern?*
                                  Tom sieht gern ernste Filme.

1. Christina / lustige Filme
2. Kim und Manuel / amerikanische Filme
3. Herr Meier / Science-Fiction-Filme
4. du und Alex, ihr / Bücher über Musik
5. Benedikt / Horrorgeschichten
6. Frau Ohnsorg und Professor Lange / Biografien

27 Filme und Bücher Interviewen Sie drei Studentinnen/Studenten in Ihrem Deutschkurs. Was für Filme sehen sie gern? Was für Bücher lesen sie gern? Berichten Sie darüber *(Report about it.)*. Benutzen Sie auch Wörter aus dem Anhang *(Appendix C)*: *Supplementary Word Sets*, „Film" und „Literature".

> **S1:** Was für Filme siehst du gern?
> **S2: Tom]:** Ich sehe gern [alte Filme, Krimis, Horrorfilme, Dokumentar-filme, Science-Fiction-Filme].
> **S1:** Was für Bücher liest du gern?
> **S3: [Jennifer]:** Ich lese gern [Biografien, Liebesromane, Horrorge-schichten, historische Romane, Krimis, Science-Fiction, Bücher über Politik / Musik, moderne Literatur].
> **S1:** [Tom] sieht gern [alte Filme]. [Jennifer] liest gern [Biografien].

Verbs with stem-vowel change *a > ä*

fahren: *to drive*			
ich	fahre	wir	fahren
Sie	fahren	Sie	fahren
du	**fährst**	ihr	fahrt
er/es/sie	**fährt**	sie	fahren
du-imperative: *fahr(e)*			

halten: *to hold*			
ich	halte	wir	halten
Sie	halten	Sie	halten
du	**hältst**	ihr	haltet
er/es/sie	**hält**	sie	halten
du-imperative: halt(e)			

Some verbs with stem-vowel **a** change **a** to **ä** in the **du-** and **er/es/sie-**forms of the present tense. The verbs you know with this change are **fahren** and **halten**. Note the forms **du hältst and er/sie/es hält.**

28 Zwei Gespräche

A. Marie fährt nach Freiburg. Ergänzen Sie die Sätze mit der passenden *(appropriate)* Form von **fahren**.

> FELIX: Sag mal, Marie, _____ du übers Wochenende nach Freiburg?
> MARIE: Ja. Ich glaube schon.
> FELIX: _____ Sarah mit?
> MARIE: Nein. Ich _____ allein. Zwei Freundinnen von mir _____ nach Hamburg. Aber so viel Zeit habe ich nicht.
> FELIX: Also dann, gute Reise.

B. Marie und Nils sprechen über das Studium in Freiburg. Ergänzen Sie die Sätze mit der passenden Form von **halten von**.

> MARIE: Sag mal, Nils, das ist jetzt dein zweites Semester hier. Was _____ du _____ der Universität?
> NILS: Ja, jetzt finde ich sie gut.
> MARIE: Und deine Freundin, Emine. Was _____ sie _____ ihren Kursen dieses Semester?
> NILS: Dieses Semester studiert Emine in London, aber zwei amerikanische Freundinnen von mir studieren hier und sie _____ sehr viel _____ ihrem Philosophieprofessor.
> MARIE: Ach, sie gehen sicher zu Professor Hofers Vorlesung.
> NILS: Ja, ich glaube das stimmt.

Haben in the simple past tense

Present	Heute **habe** ich viel Zeit.	*Today I have a lot of time.*
Simple past	Gestern **hatte** ich keine Zeit.	*Yesterday I had no time.*

haben: *to have*			
ich	hatte	wir	hatten
Sie	hatten	Sie	hatten
du	hattest	ihr	hattet
er/es/sie	hatte	sie	hatten

- You learned in *Kapitel 2* that the simple past tense of **sein** is **war**. The simple past tense of **haben** is **hatte**.
- In the simple past, all forms except the **ich-** and **er/es/sie**-forms add verb endings.

D. Wie war dein Wochenende?

> **29 Ein Ausflug in die Berge (*An excursion to the mountains*)**
> Sagen Sie, warum Sie und Ihre Freunde nicht auf dem Ausflug in die Berge waren.
>
> **BEISPIEL** Maximilian _____*hatte*_____ viel Arbeit.
>
> 1. Vanessa _____ Kopfschmerzen.
> 2. Ich _____ eigentlich keine Zeit.
> 3. Wir _____ Besuch aus England.
> 4. Simon _____ keine guten Wanderschuhe.
> 5. Maria und Jan _____ eine Vorlesung.
> 6. Philipp _____ zu viel Arbeit.
> 7. Du _____ eine Klausur, oder?

Specifying people, places, and things

Der-words

Diese Klausur ist schwer.	***This*** *test is hard.*
Diese Klausuren sind schwer.	***These*** *tests are hard.*
Jede Klausur ist schwer.	***Every*** *test is hard.*
Welche Klausur hast du?	***Which*** *test do you have?*
Manche Klausuren sind nicht schwer.	***Some*** *tests are not hard.*
Solche Klausuren sind nicht interessant.	***Those kinds of*** *tests aren't interesting.*

In the singular, **so ein** is usually used instead of **solch-**.

So eine Uhr ist sehr teuer.	***That kind of / Such a*** *clock is very expensive.*

	Masculine	Neuter	Feminine	Plural
	der	*das*	*die*	*die*
Nominative	dies**er**	dies**es**	dies**e**	dies**e**
Accusative	dies**en**	dies**es**	dies**e**	dies**e**

The words **dieser, jeder, welcher, mancher,** and **solcher** are called **der-words** because they follow the same pattern in the nominative and accusative cases as the definite articles.

- **Jeder** is used in the singular only.
- **Welcher** is an interrogative adjective, used at the beginning of a question.

- **Solche** and **manche** are used almost exclusively in the plural.

   Der Stuhl **(da)** ist neu.   *That chair is new.*

- The equivalent of *that (those)* is expressed by the definite article **(der, das, die)**.

- **Da** is often added for clarity.

---

30 **Wie findest du diese Stadt?** Anton ist Österreicher und sein neuer Freund Paul ist Deutsch-Amerikaner. Anton zeigt *(shows)* Paul Bilder aus Österreich. Ergänzen Sie das Gespräch mit der richtigen Form der Stichwörter.

ANTON:	Kennst du _____ Stadt? (dieser)
PAUL:	Nein. Ich kenne _____ Städte in Österreich, aber _____ nicht. (mancher, dieser)
ANTON:	_____ Städte kennst du schon? (welcher)
PAUL:	Innsbruck, zum Beispiel.
ANTON:	Siehst du _____ Haus? (dieser) Da wohnt meine Schwester.
PAUL:	Sind im Fenster immer _____ Blumen? (solcher)
ANTON:	Ja, schön, nicht?
PAUL:	Ja, sehr schön. Hat _____ Haus _____ Garten? (jeder, so ein)
ANTON:	Nein, das ist für viele Leute zu viel Arbeit. Aber meine Schwester arbeitet gern im Garten.

Expressing an attitude about an action or idea

E. In der Mensa

L. Welcher? Dieser?

Modal auxiliaries *(Modalverben)*

Ich **kann** nicht ins Kino gehen.   *I can't go to the movies.*
Ich **muss** heute arbeiten.   *I have to work today.*
Ich **will** aber nicht arbeiten.   *But I don't want to work today.*

Both English and German have a group of verbs called modal auxiliaries.

- German has six modal auxiliary verbs: **dürfen, können, mögen, müssen, sollen, wollen.**

- Modals indicate an attitude about an action; they do not express the action itself.

- In German, the verb that expresses the action is in the infinitive form (e.g., **gehen, arbeiten**) and is in last position in the sentence.

   Ich will aber **nicht** arbeiten. Ich kann **nicht** ins Kino gehen.

- **Nicht** immediately precedes the infinitive used with a modal (e.g., **nicht gehen**) unless a specific word or expression is modified (e.g., **nicht ins Kino**). See pages 52 and 61.

- Modals are irregular in the present-tense singular. They have no endings in the **ich-** and **er/es/sie-**forms, and five of the six modals show stem-vowel change, e.g., **können > kann.**

▲ Luca kann gut Golf spielen.

Inquiring about abilities — können

könnern: *can, to be able to, to know how to do*			
ich	**kann** es erklären	wir	**können** es erklären
Sie	**können** es erklären	Sie	**können** es erklären
du	**kannst** es erklären	ihr	**könnt** es erklären
er/es/sie	**kann** es erklären	sie	**können** es erklären

31 Was kannst du? Interviewen Sie einige Studentinnen/Studenten in Ihrem Deutschkurs. Was können sie oder was können sie nicht?

S1: Kannst du Gitarre spielen?
S2: Ja, ich kann Gitarre spielen. / Nein, ich kann nicht Gitarre spielen.

1. gut schwimmen
2. Golf spielen
3. gut tanzen
4. gut Geschichten erzählen
5. Schach spielen
6. im Sommer viel Geld verdienen

Making plans — wollen

wollen: *to want, wish; to intend to*			
ich	**will** arbeiten	wir	**wollen** arbeiten
Sie	**wollen** arbeiten	Sie	**wollen** arbeiten
du	**willst** arbeiten	ihr	**wollt** arbeiten
er/es/sie	**will** arbeiten	sie	**wollen** arbeiten

32 Was will Alexandras Familie? Es sind Sommerferien. Was will Alexandras Familie tun oder nicht tun? Fragen Sie Ihren Partner.

S1:
Was **will** / **wollen** | Alexandra / Alexandras Bruder / Alexandra und ihre Kusine Lisa / Alexandras Tante / Lisa und ich / Alexandras Eltern | **machen**?

S2: Alexandra **will** | einkaufen gehen. / ein Buch lesen. / Frühstück machen. / schwimmen gehen. / ins Café gehen. / ins Kino gehen.

33 Willst du? Sie und Ihre Partnerin/Ihr Partner machen für heute Abend oder morgen Pläne. Was wollen Sie machen? Was sagt Ihre Partnerin/Ihr Partner?

S1:
Willst du | **morgen** / heute Abend / am Samstag | **ins Kino** gehen? / joggen / tanzen

S2:
Ja, | **gern.** / Vielleicht.
Nein, ich kann nicht.

fernsehen   Deutsch machen   inlineskaten gehen
einkaufen gehen   spazieren gehen   Musik hören
zusammen für die Klausur lernen
im Internet surfen

sollen

sollen: *to be supposed to*			
ich	**soll** morgen gehen	wir	**sollen** morgen gehen
Sie	**sollen** morgen gehen	Sie	**sollen** morgen gehen
du	**sollst** morgen gehen	ihr	**sollt** morgen gehen
er/es/sie	**soll** morgen gehen	sie	**sollen** morgen gehen

34 Wir planen eine Party Sie und Ihre Freunde planen eine Party. Was soll jede Person mitbringen, kaufen oder machen? Fragen Sie ihren Partner!

> **wir: Käse kaufen   du: Salat machen**
> **ich: Brot kaufen   Emma: Wein mitbringen**
> **Tim und Paul, ihr: Bier kaufen**

S1: Was sollen Kim und Moritz mitbringen?
S2: Kim und Moritz sollen Musik mitbringen.

müssen

Discussing duties and requirements

müssen: *must, to have to*			
ich	**muss** jetzt arbeiten	wir	**müssen** jetzt arbeiten
Sie	**müssen** jetzt arbeiten	Sie	**müssen** jetzt arbeiten
du	**musst** jetzt arbeiten	ihr	**müsst** jetzt arbeiten
er/es/sie	**muss** jetzt arbeiten	sie	**müssen** jetzt arbeiten

Pilgrim Artworks/Shutterstock.com

▲ **Hier muss man langsam** *(slowly)* **fahren.**

35 Was müssen diese Leute tun? Sagen Sie, was diese Leute tun müssen. Ergänzen Sie die Dialoge mit der richtigen Form von **müssen.**

M. Was müssen diese Leute tun?

1. GRETA: Was _____ du morgen machen?
   VIVIAN: Ich _____ eine Klausur schreiben.
   GRETA: Dann _____ du jetzt lernen, nicht?

2. LEONIE: _____ ihr heute Abend wieder in die Bibliothek?
   JULIA UND JONAS: Ja, wir _____ noch zwei Kapitel durcharbeiten.

3. LUKAS: Was _____ Anna, Lena und Michelle am Wochenende machen?
   TIM: Anna _____ ein Buch über Psychologie lesen. Und Lena und Michelle _____ Referate vorbereiten.

36 Was musst du machen? Was muss Ihre Partnerin/Ihr Partner heute, morgen oder am Wochenende machen? Fragen Sie sie/ihn.

S1:

Was musst	heute	machen?
du	morgen	
	am Wochenende	

S2:

Heute muss ich	am Computer
Morgen	arbeiten.
Am	
Wochenende	

ein Referat vorbereiten	viele E-Mails schreiben	arbeiten
in die Bibliothek gehen	ein Buch für Geschichte lesen
einen Artikel schreiben	Deutsch machen

dürfen

dürfen: *may, to be permitted to*			
ich	**darf** es sagen	wir	**dürfen** es sagen
Sie	**dürfen** es sagen	Sie	**dürfen** es sagen
du	**darfst** es sagen	ihr	**dürft** es sagen
er/es/sie	**darf** es sagen	sie	**dürfen** es sagen

N. Das darf man nicht!

37 Viele Regeln (*Lots of rules*) Dirk ist in einem neuen Studentenwohnheim (*dormitory*). Es gibt viele Regeln. Sehen Sie sich die Bilder an und beschreiben (*describe*) Sie die Regeln. Benutzen Sie ein logisches Modalverb.

smoke

BEISPIEL nicht rauchen   *Hier darf man nicht rauchen.*

von 11:30 bis 13:00 Uhr
1. von ... bis ... essen

von 22 bis 6 Uhr
2. von ... bis ... nicht schwimmen

Trinkwasser
3. Wasser trinken

16–20 Uhr
4. von ... bis ... lernen

heute Abend
5. ... Musik hören / tanzen gehen

Ruhe
6. immer ruhig sein

Mögen and the *möchte*-forms

mögen: *to like*			
ich	**mag** keine Tomaten	wir	**mögen** Erik nicht
Sie	**mögen** keinen Kaffee	Sie	**mögen** keinen Kaffee
du	**magst** keine Eier	ihr	**mögt** Melanie nicht
er/es/sie	**mag** kein Bier	sie	**mögen** Schmidts nicht

Mögen Sie Frau Lenz? —Nein, ich **mag** sie nicht.

The modal **mögen** is often used to express a fondness or dislike for someone or something. With this meaning, it usually does not take a dependent infinitive.

38 **Was für Musik magst du?** Sagen Sie, was für Musik Sie mögen. Fragen Sie dann Ihre Partnerin/Ihren Partner.

O. Was magst du?

> *S1:* Ich mag Hardrock. Was für Musik magst du?
> *S2:* Ich mag Reggae.

> **Techno Rap Rock klassische Musik**
> **Blues Jazz Country**

möchte: *would like*			
ich	**möchte** gehen	wir	**möchten** gehen
Sie	**möchten** gehen	Sie	**möchten** gehen
du	**möchtest** gehen	ihr	**möchtet** gehen
er/es/sie	**möchte** gehen	sie	**möchten** gehen

Möchte is a different form of the modal **mögen**. The meaning of **mögen** is *to like;* the meaning of **möchte** is *would like (to)*.

39 **Was möchtet ihr machen?** Fragen Sie drei Studentinnen/Studenten, was sie später tun möchten. Berichten Sie dann ihren Kommilitoninnen/Kommilitonen *(class members)*.

> *S1:* Was möchtest du | **am Wochenende** | machen?
> heute Abend
> im Sommer

> *S2:* Ich möchte [einkaufen gehen].
> *S1:* [Tim] möchte [einkaufen gehen].

> **fernsehen im Internet surfen wandern einen Krimi lesen**
> **inlineskaten gehen joggen gehen tanzen gehen**
> **Fitnesstraining machen**

40 🔊 1-30 **Hören Sie zu** Anna und David diskutieren. Hören Sie zu und geben Sie an, ob die folgenden Sätze richtig oder falsch sind. Sie hören ein neues Wort: **schade** *(that's too bad)*.

		Richtig	Falsch
1.	Anna und David wollen morgen Abend ins Kino gehen.	_____	X
2.	David mag Scarlett Johansson.	_____	X
3.	Anna kann um 6 Uhr gehen.	_____	X
4.	David muss bis halb neun Französisch lernen.	_____	X
5.	Um 8 Uhr 30 sehen Anna und David einen französischen Film im Kino Blaue-Brücke.	X	_____
6.	Daniel will auch ins Kino gehen.	_____	X
7.	Daniel kann nicht kommen, er muss arbeiten.	X	_____

Omission of the dependent infinitive with modals

Ich **kann** das nicht.	=	Ich **kann** das nicht **machen**.
Ich **muss** in die Bibliothek.	=	Ich **muss** in die Bibliothek **gehen**.
Das **darfst** du nicht.	=	Das **darfst** du nicht **tun**.

Modals may occur without a dependent infinitive if a verb of motion (e.g., **gehen**) or the idea of *to do* (**machen, tun**) is clearly understood from the context.

> Ich **kann** Deutsch.   *I can speak German. (I know German.)*

Können is used to say that someone knows how to speak a language.

41 **Wer kann oder muss das?** Sehen Sie sich die Bilder an. Verbinden Sie die Bilder mit den richtigen Sätzen.

Diego Cervo/ Shutterstock.com

TEA/ Shutterstock.com

1. _____

2. _____

ARENA Creative/ Shutterstock.com

auremar/ Shutterstock.com

3. _____

4. _____

Lena kann Karate.
Jochen muss jeden Dienstag in die Bibliothek.
Sie können Deutsch!
„Ich glaube, ich kann das nicht...!"

42 **In die Bibliothek? Nein!** Christin und Mark studieren an der Universität Freiburg. Christin ist Deutsche, Mark ist Amerikaner. Sie trinken im Café Klatsch Kaffee. Ergänzen Sie ihr Gespräch mit den passenden Modalverben.

A. Fragen

1. CHRISTIN: _____ *(want to)* du jetzt nach Hause?
2.   MARK: Nein, ich _____ *(have to)* noch in die Bibliothek.
3. CHRISTIN: Was _____ *(want to)* du da?
4.   MARK: Ich _____ *(would like to)* Shakespeare lesen. _____ *(want to)* du auch in die Uni?
5. CHRISTIN: Nein, was _____ *(should)* ich denn da? Heute ist Sonntag!
6.   MARK: Sag mal, _____ *(know)* du gut Englisch?
7. CHRISTIN: Ja, ich _____ *(know)* aber auch Französisch.
8.   MARK: Ich _____ *(know)* leider kein Französisch. Aber ich _____ *(want to)* es vielleicht noch lernen.
9. CHRISTIN: Wann _____ *(want to)* du das denn machen? Du hast doch immer so viel zu tun.
10.   MARK: Keine Ahnung. Und vielleicht hast du recht - ich _____ *(want to)* leider oft mehr tun als ich _____ *(able to)*.

▲ Seit 1457 gibt es in Freiburg eine Universität.

43 **Frage-Ecke** Ergänzen Sie die fehlenden Informationen. Fragen Sie Ihre Partnerin/Ihren Partner. Die Informationen für *S1* finden Sie unten; die Informationen für *S2* finden Sie in Anhang B.

F. Musst du arbeiten?

S1: Was muss Lea machen?
S2: Sie muss jobben.

S1:

	Lea	Jan und Laura	Dominik	Sebastians Schwester
müssen		Mathe machen		in die Bibliothek
dürfen	Kaffee trinken		keine Eier essen	
wollen	tanzen gehen			
sollen	einen Job suchen	Blumen mitbringen		
können			gut Englisch	gut Tennis spielen

Peresanz/Shutterstock.com

Kapitel vier • **165**

G. Ferien mit der Familie

44 **Eine ideale Welt!** Wie sollen/können/müssen/dürfen diese Personen und Dinge (nicht) sein? Benutzen Sie logische Modalverben und Adjektive! Bilden Sie mindestens zwei Sätze!

> **billig modern interessant gut progressiv
> teuer nett faul fleißig tolerant
> lustig intelligent**

BEISPIEL mein Auto
> *Mein Auto soll modern sein. Mein Auto darf nicht teuer sein.*

1. mein Freund/meine Freundin
2. mein Professor/meine Professorin
3. ich
4. meine Arbeit
5. der Präsident/die Präsidentin
6. meine Freizeit
7. meine Universität
8. mein Auto

 Web Links

◀)) 1-31

Leserunde

Hans Manz is a journalist and author of children's poems, tales, and novels. Manz was born in Switzerland in 1931, and taught school for 30 years there. Since 1987 he has been a journalist and author. For Manz, language is primary, and the reader and listener enjoy discovering meaning between the lines. In the poem "Ferien machen: eine Kunst," Manz lists modal auxiliaries and interrogatives to talk about vacations. Such a listing of words is a technique characteristic of concrete poetry, as is the everyday topic (see **Leserunde**, pages 51 and 86).

....

Ferien machen: eine Kunst[1]
Nichts müssen,
nichts sollen.
Nur dürfen
und wollen.
Jeder Tag
ein unvorbereitetes Fest[2]
Sich einigen[3],
wer
wann
wo
was wie
mit wem[4]
tut oder lässt[5].

—*Hans Manz*

[1]*art, skill* [2]**unvorbereitetes Fest:** *unanticipated holiday* [3]**sich einigen:** *to come to an agreement* [4]*whom* [5]*not do*

"Ferien machen: eine Kunst," by Hans Manz, in Lieber heute als morgen, © 1988. Hans Manz, Die Welt der Wörter. Copyright © 1991 Beltz & Gelberg Verlag, Weinheim und Basel. Reprinted with permission.

Separable-prefix verbs (trennbare Verben)

to get up	I get up early.
to throw away	Don't throw away all those papers!

English has a large number of two-word verbs, such as to get up, to throw away. These two-word verbs consist of a verb (*get*) and a particle (*up*).

German has a large number of SEPARABLE-PREFIX VERBS, which function like certain English two-word verbs.

Examples include:

anfangen
ausleihen
durcharbeiten
einkaufen
fernsehen
kennenlernen
mitbringen
vorbereiten
wegfahren
zurückbekommen

▲ In Deutschland bringt man gern Blumen mit.

- In present-tense statements and questions, and in imperative forms, the separable prefix (e.g., **an-, aus-, durch-, ein-, fern-, kennen-, mit-, vor-, weg-, zurück-**) is in the last position.

einkaufen	Hannah **kauft** morgens **ein**.
mitbringen	**Bringen** Sie bitte Blumen **mit**!

In the infinitive form, the prefix is attached to the base form of the verb.

Lily will ein Video **aus**leihen.

Basic verb	Anton **sieht** oft seine Freunde.
	*Anton **sees** his friends often.*
Separable-prefix verb	Anton **sieht** nicht oft **fern**.
	*Anton **doesn**'t often **watch TV**.*

The meaning of a separable-prefix verb, such as **fernsehen,** is often different from the sum of the meanings of its parts: **sehen** (*see*), **fern** (*far off*).

Hülya will nicht **fern'**sehen.   Hülya sieht nicht **fern'**.

In spoken German, the stress falls on the prefix of separable-prefix verbs.

Lerntipp

In vocabulary lists in this textbook, separable prefixes are indicated by a raised dot between the prefix and the verb: **aus·leihen, durch·arbeiten, ein·kaufen, fern·sehen, mit·bringen, vor·bereiten, zurück·bekommen.**

45 **Sabines Freunde kommen** Lesen Sie den Text und setzen Sie die richtigen Präfixe ein. Benutzen Sie die Verbliste als Hilfe.

| an·fangen   aus·leihen   ein·kaufen   fern·sehen   kennen·lernen
| mit·bringen   vor·bereiten   weg·fahren |

Sabine fängt den Samstag langsam _____. Sie fährt heute nicht _____, und sie sieht auch nicht _____. Freunde kommen abends zu ihr. Sie kauft also erst im Supermarkt _____—etwas zum Trinken und etwas zum Essen. Dann bereitet Sabine ihre Wohnung _____. Die Freunde kommen um 19:00 Uhr und bringen Sabine Blumen _____. Sabines beste Freundin hat einen neuen Freund und bringt ihn auch _____. Sabine muss den neuen Freund erst _____ lernen. Der neue Freund ist sehr nett, und es ist ein lustiger Abend.

46 **Leons Tagesplan** Leon erzählt Felix von seinen Plänen für heute.

BEISPIEL heute Nachmittag einkaufen   *Ich kaufe heute Nachmittag ein.*

1. Großmutter Blumen mitbringen
2. meine Notizen durcharbeiten
3. mein Referat vorbereiten
4. Melanie meinen MP3-Player ausleihen
5. heute Abend fernsehen

47 **Hören Sie zu** Anna und Daniel sprechen miteinander. Hören Sie, was Anna heute alles macht, und beantworten Sie dann die Fragen. Sie hören einen neuen Ausdruck *(expression)*: **Was ist los?** *(What's going on?)*

1-32

1. Wer hat heute Geburtstag?   Tante
2. Was für Notizen arbeitet Anna durch?   Deutsch
3. Was muss Anna vorbereiten?   English Referat
4. Wer bringt Blumen mit?
5. Wer geht spazieren und isst bei „Luigi"?
6. Wann sieht Anna fern?

◀ **Anna arbeitet ihre Notizen durch.**

StockLite/Shutterstock.com

Das Schulsystem in Deutschland

At the age of six all children go to a **Grundschule** (primary school, grades 1–4). After that they attend either a **Hauptschule, Realschule,** or **Gymnasium,** depending on their ability. Young people preparing to work in the trades or industry (e.g., as a baker or car mechanic) may attend a **Hauptschule** (grades 5–9 or 5–10). After obtaining their certificate **(Hauptschulabschluss),** they enter an apprenticeship program, which includes 3–4 days per week of work training at a business and 8–12 hours per week of study at a vocational school **(Berufsschule)** until at least the age of 18. Approximately one-third of the young people follow this path.

Schuljahr					
				Universitäten und wissenschaftliche Hochschulen	
13					
12	Berufsausbildung in Betrieb und Berufsschule				
11					
10				Gymnasium	Gesamtschule
9	Hauptschule	Realschule			
8					
7					
6					
5					
4	Grundschule				
3					
2					
1					
	Kindergarten				

▲ **Das deutsche Schulsystem**

The 30% wanting a job in business, industry, public service, or health field (e.g., as a bank clerk or nurse) attend a **Realschule** (grades 5–10). The certificate **(Mittlere Reife)** from a **Realschule** is a prerequisite for mid-level positions and permits students to attend specialized schools **(Berufsfachschule** or **Fachoberschule).** Students who leave the **Gymnasium** after grade 10 also obtain a **Mittlere Reife.**

Young people planning to go to a university or a **Fachhochschule** (see page 145) attend all grades of a **Gymnasium** (grades 5–12). The certificate of general higher education entrance qualification **(Zeugnis der allgemeinen Hochschulreife),** which is the diploma from a **Gymnasium,** is granted on the basis of grades in courses and the passing of a comprehensive exam **(Abitur).**

In some areas, another type of school, the **Gesamtschule** *(comprehensive school),* offers secondary instruction for grades 5–10, and in some states the **Gesamtschule** extends to the thirteenth year. Courses are of several types (A, B, C), which have different demands. Only students who take the most demanding course (A) will be able to take the **Abitur,** the entrance requirement for the university.

The school day goes from early morning to noon **(Halbtagsschule).** Currently, there is much discussion about instituting a full-day school **(Ganztagsschule),** but at this point the system has not changed.

Work experience may also qualify a person for study at the university.

Kulturkontraste

Sie sind in Deutschland und sprechen über Ihre Schule in Amerika oder Kanada. Inwiefern *(in what respect)* ist Ihr Schulsystem anders als das deutsche Schulsystem? Was finden Sie gut und was finden Sie nicht so gut?

K. Kulturkontraste
4. Das Schulsystem in Deutschland

Video-Ecke

▲ Sie hat vier Jahre Germanistik studiert.

▲ Er ist Event-Manager.

① Zum Thema Studium
Was bist du von Beruf?
Meine Familie

Vor den Videos

48 Nachgedacht Was wissen Sie noch vom Kapitel? Denken Sie nach.

1. Was kann man in Deutschland studieren?
2. Was machen Studenten in den Semesterferien?
3. Wie finanzieren deutsche Studenten ihr Studium?
4. Wie funktioniert das Schulsystem?
5. Was ist das "Abitur"?
6. Was ist eine "Hochschule"?

▲ Ihre Tochter heißt Vanessa.

Nach den Videos

49 Alles klar? Sehen Sie sich die Interviews an und machen Sie sich Notizen. Beantworten Sie dann die Fragen.

1. Was studieren diese Personen?
2. Wie lange studieren sie?
3. Welche Berufe haben diese Personen?
4. Was finden diese Personen an ihrem Studium oder Beruf interessant?
5. Haben die Personen einen Partner oder eine Familie?
6. Wer hat Kinder, wer hat keine Kinder?

② Wo kann denn nur Professor Langenstein sein?

▲ Paul und Lily gehen in die Uni.

▲ Die Bibliothek ist ziemlich groß.

▲ Paul findet den Professor im Café!

In diesem Kapitel sind wir in Freiburg. Paul und Lily sind an der Universität. Dort suchen sie Professor Langenstein. Hülya und Anton sind in der Stadt und finden den Professor...

Nützliches	
Germanistik	*"German Studies" in Germany*
die Sprechstunde	*office hours*
das schwarze Brett	*bulletin board*
der Eingang	*entrance*
ansprechen	*to initiate a conversation with someone you don't know*
die Bibliothek	*library*
die Innenstadt	*city center*
suchen	*to look for*
treffen	*to meet*

Nach den Videos

Sehen Sie sich das Video an und machen Sie sich Notizen. Beantworten Sie dann die Fragen.

A. Schauen Sie genau
B. Wer sagt das?
C. Was wissen Sie?
D. Lily erzählt
E. Schreiben Sie

50 Was passiert wann? Bringen Sie die folgenden Sätze in die richtige Reihenfolge.

_____ Lily und Paul gehen in die Bibiothek.
_____ Lily und Paul können den Professor nicht finden.
_____ Lily und Paul kommen zu spät zur Sprechstunde.
_____ Paul spricht über Freiburg und sein Studium.
_____ Anton hat Pauls Brief!
_____ Anton und Hülya finden den Professor im Café.
_____ Lily und Paul suchen Informationen am schwarzen Brett.

51 Was stimmt? Wählen Sie die richtige Antwort.

1. Die Bibliothek ist für _____.
   a. Anglistik   b. Romanistik   c. Germanistik
2. Welcher Wochentag ist es? _____
   a. Montag   b. Mittwoch   c. Freitag
3. Der Brief ist von _____.
   a. Pauls Eltern.   b. Antons Eltern.   c. Lilys Eltern.
4. Professor Langenstein sitzt _____.
   a. im Eingang   b. in der Mensa   c. im Café

52 Was meinen Sie? Beantworten Sie die Fragen.

1. Wollen Sie in einer kleinen Stadt oder in einer großen Stadt studieren? Warum?
2. Wollen Sie in Freiburg studieren? Warum, warum nicht?
3. Sind amerikanische Unis in die Altstadt integriert wie in Freiburg?
4. Ist die Unibibliothek in Freiburg so wie die Bibliothek an Ihrer Universität?
5. In der Bibliothek, im Büro, auf dem Campus und in der Stadt: Was fällt Ihnen auf? Was ist in Amerika anders?

Wiederholung

 1 **Rollenspiel** Sie wollen morgen snowboarden gehen und Sie fragen Ihre Partnerin/Ihren Partner, ob sie/er mitkommen möchte. Sie/Er bedauert *(regrets)*, dass sie/er nicht mitkommen kann. Benutzen Sie die Redemittel.

Redemittel
Bedauern ausdrücken
(Expressing regret)
• Nein, es geht leider nicht.
• Leider kann ich morgen nicht.
• Nein, es tut mir leid.
• Nein, leider nicht.

1. Kommst du morgen mit zum Snowboarden?
2. Kannst du Tanja dein Snowboard ausleihen?
3. Weißt du, wer ein Snowboard hat?
4. Weißt du, was ein Snowboard kostet?
5. Weißt du, wo es billige Snowboards gibt?
6. Fährst du am Wochenende zum Skilaufen?
7. Jobbst du im Winter wieder als Skilehrer *(ski instructor)* in Österreich?

2 **Andrea muss zu Hause bleiben** Andrea möchte ins Kino gehen, aber sie muss leider zu Hause bleiben. Sagen Sie warum.

1. Andrea / (möchte) / gehen / heute Abend / ins Kino
2. sie / müssen / lernen / aber / noch viel
3. sie / können / lesen / ihre Notizen / nicht mehr
4. sie / müssen / schreiben / morgen / eine Klausur
5. sie / müssen / vorbereiten / auch noch / ein Referat
6. sie / wollen / studieren / später / in Kanada

3 **Mach das** Sagen Sie Thomas, was er heute Morgen alles machen muss. Benutzen Sie den du-Imperative.

BEISPIEL essen / Ei / zum Frühstück   *Iss ein Ei zum Frühstück.*

1. gehen / einkaufen
2. kaufen / alles / bei Meiers
3. kommen / gleich *(immediately)* / nach Hause
4. vorbereiten / dein Referat
5. durcharbeiten / deine Notizen

4 **Wer arbeitet für wen?** Sie und Ihre Freundinnen und Freunde arbeiten für Familienmitglieder *(family members)*. Wer arbeitet für wen? Benutzen Sie die passenden Possessivpronomen.

BEISPIEL Annette / Großmutter   *Annette arbeitet für ihre Großmutter.*

1. Felix / Tante
2. ich / Vater
3. du / Mutter / ?
4. Nico / Onkel
5. Chiara und Paula / Schwester
6. wir / Eltern
7. ihr / Großvater / ?

5 **Wie sagt man das?** Übersetzen Sie *(translate)* das Gespräch zwischen Julia und Christine.

CHRISTINE: *Julia, may I ask something?*
JULIA: *Yes, what would you like to know?*
CHRISTINE: *What are you reading?*
JULIA: *I'm reading a book. It's called* Hello, Austria.
CHRISTINE: *Do you have to work this evening?*
JULIA: *No, I don't think so.*
CHRISTINE: *Do you want to go to the movies?*
JULIA: *Can you lend me money?*
CHRISTINE: *Certainly. But I would like to pay for you.*

6 Bildgeschichte Erzählen Sie, was Daniel heute macht. Schreiben Sie einen oder zwei Sätze zu jedem Bild.

1.

2.

3.

4.

5.

6.

7.

8.

7 Rollenspiel

1. Letzte Woche waren Sie nicht im Deutschkurs, denn Sie waren krank. Sie fragen drei andere Studentinnen/Studenten, ob sie Ihnen ihre Notizen leihen können. Alle sagen nein und erklären *(explain)* Ihnen, warum sie das nicht können.
2. Sie und Ihre Freundin/Ihr Freund sprechen *(speak)* über den Abend – was können, oder wollen Sie machen. Am Ende gehen Sie Kaffee trinken.

8 Zum Schreiben

1. Beschreiben Sie *(describe)* eine der Personen auf dem Foto auf Seite 152. Geben Sie der Person einen Namen.
   Wie alt ist die Person? Wie ist die Person mit den anderen verwandt *(related)*? Woher kommt die Person? Was für einen Beruf *(profession)* hat die Person? Was macht die Person gern in ihrer Freizeit? Was isst und trinkt die Person gern?
2. Schreiben Sie über einen typischen Freitag. Welche Kurse haben Sie, wo essen Sie, wo kaufen Sie ein und was für Pläne haben Sie für den Abend?

Schreibtipp

After you have written your description(s), check over your work, paying particular attention to the following:

- Check that each sentence has a subject and a verb and that the verb agrees with the subject.
- Be sure you have used correct punctuation and capitalization.
- Watch for the position of the prefix in separable-prefix verbs.
- If you have used a modal auxiliary, be sure the dependent infinitive is at the end of the sentence.

Schreibtipp

Review the *Vokabeln* sections in this and prior chapters and write a few key words next to the points mentioned before you begin writing.

Grammatik: Zusammenfassung

Present tense of *werden*

werden			
ich	werde	wir	werden
Sie	werden	Sie	werden
du	**wirst**	ihr	werdet
er/es/sie	**wird**	sie	werden
du-imperative: werde			

lesen			
ich	lese	wir	lesen
Sie	lesen	Sie	lesen
du	**liest**	ihr	lest
er/es/sie	**liest**	sie	lesen
du-imperative: **lies**			

Verbs with stem-vowel change *e > ie*

sehen			
ich	sehe	wir	sehen
Sie	sehen	Sie	sehen
du	**siehst**	ihr	seht
er/es/sie	**sieht**	sie	sehen
du-imperative: **sieh**			

halten			
ich	halte	wir	halten
Sie	halten	Sie	halten
du	**hältst**	ihr	haltet
er/es/sie	**hält**	sie	halten
du-imperative: halt(e)			

Verbs with stem-vowel change *a > ä*

fahren			
ich	fahre	wir	fahren
Sie	fahren	Sie	fahren
du	**fährst**	ihr	fahrt
er/es/sie	**fährt**	sie	fahren
du-imperative: fahr(e)			

Haben in the simple past tense

haben			
ich	hatte	wir	hatt**en**
Sie	hatt**en**	Sie	hatt**en**
du	hatte**st**	ihr	hatte**t**
er/es/sie	hatte	sie	hatt**en**

Meanings and uses of *der*-words

	Masculine	Neuter	Feminine	Plural
	der	das	die	die
Nominative	dies**er** Mann	dies**es** Kind	dies**e** Frau	dies**e** Leute
Accusative	dies**en** Mann	dies**es** Kind	dies**e** Frau	dies**e** Leute

Der-words follow the same pattern in the nominative and accusative as the definite articles.

dies- (-er, -es, -e)	*this; these* (pl.)
jed- (-er, -es, -e)	*each, every* (used in the singular only)
manch- (-er, -es, -e)	*many a, several, some* (used mainly in the plural)
solch- (-er, -es, -e)	*-that kind of* (those kinds of), *such* (used mainly in the plural; in the singular **so ein** usually replaces **solch**-)
welch- (-er, -es, -e)	*which* (interrogative adjective)

Modal auxiliaries in the present tense

	dürfen	können	müssen	sollen	wollen	mögen	(möchte)
ich	**darf**	**kann**	**muss**	**soll**	**will**	**mag**	(möchte)
Sie	dürfen	können	müssen	sollen	wollen	mögen	(möchten)
du	**darfst**	**kannst**	**musst**	**sollst**	**willst**	**magst**	(möchtest)
er/es/sie	**darf**	**kann**	**muss**	**soll**	**will**	**mag**	(möchte)
wir	dürfen	können	müssen	sollen	wollen	mögen	(möchten)
Sie	dürfen	können	müssen	sollen	wollen	mögen	(möchten)
ihr	dürft	könnt	müsst	sollt	wollt	mögt	(möchtet)
sie	dürfen	können	müssen	sollen	wollen	mögen	(möchten)

German modals are irregular in that they lack endings in the **ich-** and **er/es/sie**-forms, and most modals show stem-vowel changes.

> Charlotte muss jetzt **gehen**.   *Charlotte has to leave now.*

Modal auxiliaries in German are often used with dependent infinitives. The infinitive is in last position.

Infinitive	Meaning	Examples	English equivalents
dürfen	*permission*	Ich **darf** arbeiten.	*I'm allowed to work.*
können	*ability*	Ich **kann** arbeiten.	*I can (am able to) work.*
mögen	*liking*	Ich **mag** es nicht.	*I don't like it.*
müssen	*compulsion*	Ich **muss** arbeiten.	*I must (have to) work.*
sollen	*obligation*	Ich **soll** arbeiten.	*I'm supposed to work.*
wollen	*wishing, wanting, intention*	Ich **will** arbeiten.	*I want (intend) to work.*

Ich **mag** Nils nicht.	*I don't like Nils.*
Mögen Sie Tee?	*Do you like tea?*
Möchten Sie Tee oder Kaffee?	*Would you like tea or coffee?*

Möchte is a different form of the modal **mögen**. The meaning of **mögen** is *to like;* the meaning of **möchte** is *would like (to).*

Separable-prefix verbs

mitbringen	**Bring** Blumen **mit**!	*Bring flowers.*
fernsehen	**Siehst** du jetzt **fern**?	*Are you going to watch TV now?*

Many German verbs begin with prefixes such as **mit** or **fern**. Some prefixes are "separable," that is, they are separated from the base form of the verb in the imperative (e.g., **bring ... mit**) and in the present tense (e.g., **siehst ... fern**). The prefix generally comes at the end of the sentence. Most prefixes are either prepositions (e.g., **mit**) or adverbs (e.g., **fern**). The separable-prefix verbs you have learned are **anfangen, ausleihen, durcharbeiten, einkaufen, fernsehen, kennenlernen, mitbringen, vorbereiten, wegfahren,** and **zurückbekommen**.

Warum **kauft** Stefan heute **ein**?	Warum will Stefan heute **einkaufen**?
Leiht er eine DVD **aus**?	Will er eine DVD **ausleihen**?

The separable prefix is attached to the base form of the verb (e.g., **einkaufen, ausleihen**) when the verb is used as an infinitive.

Österreich

Hier sagt man Servus!

Das Parlament in Wien

imagebroker/ Alamy

Lernziele

Sprechintentionen

- Discussing transportation
- Discussing travel plans
- Making plans for the weekend
- Showing connections and relationships
- Reporting on actions
- Giving reasons
- Discussing ideas for birthday presents
- Making vacation plans
- Sharing enthusiastic reactions

Zum Lesen

- Österreich hat etwas für alle!

Leserunde

- *Wo – vielleicht dort* (Jürgen Becker)

Wortschatz

1 **Wo? Wohin?**
  Wie fährt man? Man fährt ...
2 Verbs in **-ieren**

Grammatik

- Verbs with stem-vowel change **au > äu**
- Independent clauses and coordinating conjunctions
- Dependent clauses and subordinating conjunctions
- Dative case
- Indirect object
- Dative prepositions

Land und Leute

- Österreich und seine Künstler
- Das Kaffeehaus
- Salzburg
- Öffentliche Verkehrsmittel

Video-Ecke

1 Österreich
  Ferienpläne
  Öffentliche Verkehrsmittel
2 Hereinspaziert, die Herrschaften!

RESOURCES

Bausteine für Gespräche

🔊 Fährst du morgen mit dem Auto zur Uni?

1-33

FELIX: Fährst du morgen mit dem Auto zur Uni?

MARIE: Ja, warum? Willst du mitfahren?

FELIX: Geht das? Ich hab' so viele Bücher für die Bibliothek. Kannst du mich vielleicht abholen?

MARIE: Klar, kein Problem. Ich komme um halb neun bei dir vorbei. Ist das okay?

FELIX: Ja, halb neun ist gut. Ich warte dann schon unten.

1 Fragen

1. Wer fährt mit dem Auto zur Uni?
2. Warum möchte Felix mitfahren?
3. Wann holt Marie Felix ab?
4. Ist halb neun zu früh⁺?
5. Wo wartet Felix?

🔊 In den Ferien

1-34

LEON: Was machst du in den Ferien, Sarah?

SARAH: Ich fahre nach Österreich.

LEON: Fährst du allein?

SARAH: Nein, ich fahre mit meiner Freundin Carolin. Die kennt Österreich ziemlich gut.

LEON: Fahrt ihr mit dem Auto?

SARAH: Nein, mit der Bahn. Wir bleiben drei Tage in Wien und fahren dann nach Salzburg.

LEON: Und wo übernachtet ihr?

SARAH: In Wien schlafen wir bei Freunden, und in Salzburg gehen wir zu einem Freund von Anna – Anton heißt er. Seine Eltern haben einen großen Garten und dort können wir zelten.

2 Fragen

1. Wohin⁺ fährt Sarah in den Ferien?
2. Warum ist es gut, dass Sarahs Freundin Carolin mitfährt?
3. Wie kommen Sarah und Carolin nach Österreich?
4. Wo schlafen sie in Wien?
5. Bei wem können sie übernachten, wenn sie in Salzburg sind?

Many Germans love to travel to foreign countries. A very popular choice is Austria. They also frequently visit Switzerland, Italy, Spain, Portugal, and France. For American travelers, Vienna is a favorite destination outside the U.S.

E. Ein Interview

Brauchbares

Servus is a common greeting in Austria among young people and good friends, that is, those with whom one would use **du**. Austrians may find the use of this greeting close to insulting with people one does not know very well, especially by non-Austrians.

3 **Kann ich mitfahren?** Ihr Auto ist kaputt. Können Sie morgen mit einer Studentin/einem Studenten aus Ihrem Deutschkurs mitfahren? Fragen Sie sie!

Discussing transportation

S1:
Fährst du mit dem Auto zur | **Uni?**   *S2:* Ja, willst du mitfahren?
                             | **Arbeit?** Nein, | **mein Auto ist kaputt**[+].
                             | | ich nehme den Bus[+] /
                             | | die U-Bahn[+].
                             | | ich gehe immer zu Fuß[+].
                             | | ich laufe[+].
                             | | ich fahre mit dem Rad[+].

4 **Um wie viel Uhr?** Fragen Sie Ihre Partnerin/Ihren Partner, wann sie/er zur Uni oder zur Arbeit und wieder nach Hause geht.

S1:
Wann gehst [fährst, kommst]
   du zur Uni [zur Arbeit, nach Hause]?

S2:
Ich gehe [um acht] zur Uni.

Discussing travel plans

F. Skilaufen in Österreich

5 **Was machst du in den Ferien?** Ihre Partnerin/Ihr Partner möchte wissen, was Sie in den Sommerferien machen. Sagen Sie es ihr/ihm.

S2:
Hast du schon Pläne[+] für die Ferien?

S1:
Ja, ich fahre/fliege[+] nach Österreich.
     ich möchte | **wandern.**
                | zelten.
                | viel schwimmen.
                | Wasserski fahren.
                | schlafen[+].
                | snowboarden[+].
                | Ski laufen[+].
     Nein, ich habe keine.
     Ich muss arbeiten.
     Nein, die Ferien sind zu kurz[+].

▲ **Ein Wanderer im Schwarzwald**

6 **Rollenspiel** Erzählen Sie Ihrer Freundin/Ihrem Freund von Ihren Plänen für morgen. Fragen Sie sie/ihn dann, was für Pläne sie/er hat.

Erweiterung des Wortschatzes 1

Wo? Wohin?

▲ **Wo** ist Martin? *(Where is Martin?)*

▲ **Wohin** geht Nina? *(Where / to what place is Nina going?)*

English *where* has two meanings: *in what place* and *to what place*. German has two words for *where* that correspond to these two meanings: **wo** *(in what place, i.e., position)* and **wohin** *(to what place, i.e., direction)*.

location   to location

7 **Wie bitte? Wo? Wohin?** Sie sprechen mit Nicole aber verstehen sie nicht. Stellen Sie Fragen und benutzen Sie **wo** oder **wohin**.

BEISPIELE   Jennifer fährt zur Uni.   *Wohin fährt Jennifer?*
               Pascal arbeitet im Supermarkt.   *Wo arbeitet Pascal?*

1. Der Supermarkt ist hier um die Ecke.
2. Stefanie ist im Café und trinkt Kaffee.
3. Markus geht ins Kino.
4. Annika ist in Österreich und macht Ferien.
5. Sabine geht ins Bett.
6. Stefan geht in die Uni.
7. Markus ist im Kino und sieht einen Film.
8. Annika fährt nach Österreich.
9. Christian fährt nach Hause.
10. Stefan ist in der Uni und lernt.

Wie fährt man? Man fährt ...

mit dem Fahrrad / mit dem Rad

mit dem Auto / mit dem Wagen

mit dem Motorrad

mit dem Bus

mit der Straßenbahn

mit der U-Bahn

mit der Bahn / mit dem Zug

mit dem Schiff

Man fliegt mit dem Flugzeug.

8 **Wie fahren Sie?** Beantworten Sie die folgenden Fragen. In den *Supplementary Word Sets* auf der *Companion Website* finden Sie weitere Transportmittel.

Talking about transportation

1. Haben Sie ein Fahrrad? Ein Auto? Ein Motorrad?
2. Ist es neu oder alt?
3. Wie fahren Sie zur Uni? Mit dem Bus? Mit dem Auto? Mit dem Rad? Mit der U-Bahn?
4. Fliegen Sie gern? Viel?
5. Wie fahren Sie zur Arbeit?
6. Wie fahren Sie in die Ferien?
7. Wann fahren Sie mit dem Schiff?
8. Fahren Sie auch mit der Bahn?

Leserunde

Jürgen Becker was born in Cologne in 1932 and except for the years during and after World War II (1939–1947) has lived there all his life. Becker is known for his work in experimental literature. Already his first prose work *Felder* (1964) drew a great deal of attention to him as an important writer. Becker has published over thirty books including poetry, radio plays **(Hörspiele)**, short stories and novels. He has won numerous prestigious literary prizes in Germany.

Becker's work often deals with his childhood experience of World War II and the political problems caused by the postwar division of Germany. In the seventies and eighties Becker concentrated his attention on poetry. The poem *Wo – vielleicht dort* consists of common, everyday questions with common, everyday answers.

How much communication is there in these typical interchanges? What does this say about the way people interact?

....

Wo – vielleicht dort

wo
vielleicht dort
wohin
mal sehen
5 warum
nur so
was dann
dann vielleicht da
wie lange
10 mal sehen
mit wem
nicht sicher
wie
nicht sicher
15 wer
mal sehen
was noch
sonst nichts

—*Jürgen Becker*

Fragen

1. Wie viele Personen sprechen in dem Gedicht?
2. Worüber sprechen die Personen?
3. Was wollen sie machen?

„Wo – vielleicht dort", in: Jürgen Becker, Felder. © Suhrkamp Verlag Frankfurt am Main 1964. All rights reserved by Suhrkamp Verlag.

Vokabeln 1

Substantive

Verkehrsmittel *(Means of transportation)*

der **Bus, -se** bus
der **Wagen, -** car
der **Zug, ̈e** train
das **Fahrrad, ̈er** bicycle
das **Flugzeug, -e** airplane
das **Motorrad, ̈er** motorcycle
das **Rad, ̈er** *(short for* Fahrrad*)* bike, bicycle
das **Schiff, -e** ship

die **Bahn, -en** train; railroad
die **Straßenbahn, -en** streetcar
die **U-Bahn, -en** subway

Weitere Substantive

der **Fuß, ̈e** foot
der **Plan, ̈e** plan
der **Ski, -er** (**Ski** *is pronounced* **Schi**) ski
der **Wasserski, -er** water ski
das **Problem, -e** problem
das **Snowboard, -s** snowboard

Verben

Bewegung *(Movement)*

fahren (**fährt**) to drive, to travel; **mit (dem Auto) fahren** to go by (car)
fliegen to fly
laufen (**läuft**) to run; to go on foot; to walk
mit·fahren (**fährt mit**) to drive (go) along
Rad fahren (**fährt Rad**) to ride a bike; **ich fahre Rad** I ride a bike
Ski laufen/fahren (**läuft/fährt Ski**) to ski
snowboarden to snowboard

vorbei·kommen to come by
Wasserski laufen/fahren (**fährt/läuft Wasserski**) to water ski

Weitere Verben

ab·holen to pick up
beantworten to answer (a question, a letter)
schlafen (**schläft**) to sleep
übernachten to spend the night/to stay (in a hotel or with friends)
warten (auf + *acc.*) to wait (for)
zelten to camp in a tent

Andere Wörter

allein alone
dir *(dat.)* (to *or* for) you
früh early
kaputt broken; exhausted *(slang)*
nach to (+ cities and countries); **nach Wien** to Vienna

unten downstairs; below
wem *(dat.* of **wer**) (to *or* for) whom
wohin where (to)
zu to (+ persons and places)

Besondere Ausdrücke

bei dir at your place
bei mir vorbei·kommen to come by my place
Geht das? Is that OK?

mit (dem Auto) by (car)
zu Fuß on foot; **Ich gehe immer zu Fuß.** I always walk.
zur Uni to the university

C. Ist das logisch?
D. Die richtige Wortbedeutung

Alles klar?

9 **Was passt nicht?**

1. a. Wagen	b. Rad	c. Bus	d. Straßenbahn
2. a. Schiff	b. Zug	c. Fuß	d. Flugzeug
3. a. laufen	b. Rad fahren	c. snowboarden	d. fahren
4. a. schlafen	b. übernachten	c. abholen	d. zelten
5. a. mit dem Auto	b. zu Fuß	c. mit der Bahn	d. zur Uni

10 **Ergänzen Sie** Herr Härtlin spricht mit der Apothekerin. Setzen Sie die folgenden Wörter in die Lücken ein.

~~kommen~~ Bewegung Problem vorbei schlafen ~~zu Fuß~~

1. HERR HÄRTLIN: Ich habe ein _Problem_. Seit ein paar Wochen bin ich am Tage immer müde und nachts kann ich nicht gut _schlafen_.

2. APOTHEKERIN: Das hört man im Frühjahr oft. Gehen Sie _zu Fuß_, so oft es geht. _Bewegung_ tut gut und hilft, dass Sie wieder fit werden. Wenn es nicht besser wird, _kommen_ Sie noch einmal _vorbei_. Vielleicht brauchen Sie auch ein gutes Vitaminpräparat.

11 **Was ist das?** Verbinden Sie die Sätze mit den richtigen Bildern.

1. _____

2. _____

3. _____

4. _____

In der Stadt sind Fahrräder sehr praktisch.
Viele Europäer fliegen mit dem Flugzeug.
Michael fährt gern Wasserski.
Sie ist kaputt: ein ganzer Tag zu Fuß in Wien!
In Österreich kann man sehr gut Ski laufen.
Sabine fährt gern bei Michael im Auto mit.

Land und Leute

🌐 Web Search

Österreich und seine Künstler

Austria and its capital Vienna (**Wien**) have a very rich and diverse cultural tradition. The university of Vienna, founded in 1365, is the oldest university in the present German-speaking world. At the end of the nineteenth century, Vienna was a major intellectual and artistic center of Europe. Two important names of that time are Sigmund Freud, who established psychoanalysis, and Gustav Mahler, who continued the city's great musical tradition. Today, Vienna continues to attract well-known Austrian artists, performers, and writers, as well as creative people from Eastern European countries.

Georg Hochmuth/epa/Corbis

▲ Das Wiener Opernhaus

J. Schubert und Mozart
K. Egon-Schiele-Museum
L. Kulturkontraste
1. Österreich und seine Künstler. Was passt?

Austria is home to a multitude of world-famous composers. **Wolfgang Amadeus Mozart (1756–1791)** is considered one of the greatest composers of all time. Mozart was a child prodigy who began composing before he was five, at the age of six gave concerts throughout Europe, and by the age of 13 had written concertos, sonatas, symphonies, a German operetta, and an Italian opera. In his short lifetime he composed over 600 works: 18 masses, 41 symphonies, 28 piano concertos, 8 well-known operas, and many chamber works. **Franz Josef Haydn (1732–1809)**, a friend of Mozart and inspiration for Beethoven, composed over 100 symphonies, 50 piano sonatas, and numerous operas, masses, and songs. **Johann Strauß (junior) (1825–1899)** was responsible for the popularity of the waltz in Vienna during the nineteenth century where he was known as the Waltz King. His best-known waltz is "An der schönen blauen Donau," and his operetta "Die Fledermaus" is well-known and performed often today.

Famous Austrian writers include, for example, **Franz Werfel (1890–1945)** who fled from Nazi-occupied Austria to France and then on to the United States. His work consists of poetry, drama, and novels. He is best known in the United States for his novels *The Forty Days of Musa Dagh* (1934), which tells of the struggle of the Armenians against the Turks in World War I, and the *Song of Bernadette* (1942), which is about the saint from Lourdes. **Elfriede Jelinek** (born in 1946) studied Music at the Vienna Conservatory, but began writing at the age of 21. Her novels, such as *Die Klavierspielerin* (1986) or *Gier* (2002), highlight class injustices and gender oppression. She has also published poetry, film scripts, and an opera libretto. Among numerous other prizes, she was awarded the Nobel Prize for Literature in 2004.

Kulturkontraste

Wählen Sie eine berühmte Person aus Österreich. Sagen Sie Ihrer Partnerin/ Ihrem Partner, warum die Person berühmt ist, aber sagen Sie nicht, wie die Person heißt. Ihre Partnerin/Ihr Partner sagt, wen Sie beschreiben *(describe)*.

Zum Lesen

🌐 Web Links

Vor dem Lesen

12 **Tatsachen** *(facts)* **über Österreich** Beantworten Sie die Fragen. Die Landkarte von Österreich ist auf Seite vi.

Größe°:	83 855 km²°
	etwa so groß wie Maine (86 027 km²)
	etwas größer° als New Brunswick (72 000 km²)
Topografie:	Im Osten Tiefebene°, im Westen und in der Mitte hohe⁺ Berge⁺.
Bevölkerung°:	8 Millionen Einwohner
Regierungsform°:	Bundesstaat° mit 9 Bundesländern° parlamentarische Demokratie
Hauptstadt:	Wien (1,5 Millionen Einwohner)
8 Nachbarn:	Italien (I)*, Fürstentum Liechtenstein (FL), die Schweiz (CH), Deutschland (D), die Tschechische Republik (CZ), die Slowakei (SK), Ungarn (H), Slowenien (SLO)

*The abbreviations in parentheses are the international symbols used on automobile stickers.

1. Suchen Sie Wien auf der Karte. An welchem Fluss liegt die Hauptstadt?
2. In Innsbruck waren 1964 und 1976 die Olympischen Winterspiele. Wo liegt Innsbruck?
3. In Österreich gibt es viele hohe Berge. Nennen Sie drei davon.
4. Suchen Sie auf der Karte die acht Nachbarländer von Österreich. In welchen Ländern spricht man Deutsch?
5. Österreich ist eine parlamentarische Demokratie. Welche anderen parlamentarischen Demokratien kennen Sie?

Beim Lesen

13 **Zum Text** Der folgende Text ist ein Kurzporträt von Österreich aus einer Broschüre. Lesen Sie den Text und machen Sie sich Notizen. Suchen Sie so viele Informationen über Österreich wie möglich und schreiben Sie diese in die Tabelle.

Thema	Notizen
Natur	
Freizeitaktivitäten	
Kunst, Musik und Literatur	
Geschichte und Kultur	
Internationale Politik	
Transport und Export	
Legenden und Mythologie	

I. Stadt, Land, Fluss

size/km² = **Quadrat-kilometer:** *square kilometers (32,375 sq. miles) / larger / low plain*

population

type of government / federation / federal states

Austria joined the U.N. in 1955, when the Allied occupation ended and it became a sovereign state. Vienna is headquarters for the U.N.'s International Development Org., as well as being the site for many other U.N. activities and conferences.

Famous Austrian-Americans: Directors Fritz Lang, Billy Wilder, Erich von Stroheim, Otto Preminger, and Max Reinhardt; actors Peter Lorre, Arnold Schwarzenegger, and Hedy Lamarr; industrialists John David Hertz, founder of Hertz car rental; and John Kohler, founder of Kohler plumbing equipment business.

Österreich hat etwas für alle!

Jedes Jahr locken° Slogans wie „Kulturland Österreich" und „wanderbares° Österreich" um die 30 Millionen Touristen in das kleine Alpenland. Kein Wunder, denn es gibt hier viele schöne Städte und Schlösser und auch Wälder und Berge, die ideal zum Wandern sind.

5 Winter- und Wassersportler finden auch viele Skigebiete und Seen. Es gibt sechs spektakuläre Nationalparks, aber nicht alle liegen in den Alpen. Der Nationalpark Neusiedler See bei Ungarn° hat nicht nur den größten See des Landes, sondern ist der einzige Steppennationalpark° Mitteleuropas. Hier kann man viele interessante Vögel sehen.

10 Touristen, die sich für Musik, Literatur, Kunst und Geschichte interessieren, kommen in Österreich auch auf ihre Kosten°. Jeder weiß, dass Musik für viele Österreicher immer sehr wichtig war und es heute noch ist. Viele weltberühmte Komponisten wie Haydn, Mozart, Strauß waren Österreicher und bis heute gibt es jedes Jahr

15 viele Musikfeste. Franz Joseph Haydn (1732–1809), aus Eisenstadt am Neusiedler See, war ein Freund von Wolfgang Amadeus Mozart (1756–1791). Mit 13 Jahren war der junge Mozart für seine Sonaten und Sinfonien in ganz Europa berühmt. Sein Geburtshaus° in Salzburg ist bis heute eine Touristenattraktion. Wenn Salzburg

20 die Mozart-Stadt ist, dann assoziiert man die Hauptstadt Wien mit dem „Walzerkönig"° Johann Strauß (Sohn) (1825–1899). Es kommen auch relativ viele bekannte Schriftsteller, Künstler und Wissenschaftler aus der kleinen Alpenrepublik. Wer kennt nicht Sigmund Freud (1856–1939), den „Vater der Psychoanalyse"?

25 Historiker können Geschichte und Architektur von den Römern° bis zur Nazi-Zeit studieren, und wer sich für die Steinzeit° interessiert, kann eine der ältesten Mumien° oder Frauenstatuen° der Welt in Österreichs Museen finden.

Österreich liegt in Mitteleuropa und das ist politisch wichtig.

30 Während des Kalten Krieges hat Österreich versucht, politisch, kulturell und wirtschaftlich neutral zu bleiben. Deshalb hat dieses kleine Land seit dem Zweiten Weltkrieg nicht nur 2,1 Millionen Flüchtlinge° aufgenommen°, sondern es gibt hier auch wichtige internationale Organisationen wie die UNO und OPEC. Das Land ist auch seit 1995

35 in der Europäischen Union.

Die Donau und die Alpenpässe machen Österreich seit fast 3 000 Jahren zum Exportland. Um 800 v. Chr°. exportierte° die Stadt Hallstatt Salz in die Nachbarländer, und bis vor ungefähr 100 Jahren war das „weiße Gold" wichtig für den Export. Um 200 v. Chr. war öster-

40 reichisches Metall in Rom für Waffen° populär. Heute produziert Österreich vor allem Maschinen, Papier, Metallwaren, Pharmazeutika°, Weißwein und Textilien für die Europäische Union (EU). 15 % der Exporte gehen nach Übersee, auch in die USA und nach Kanada.

Wenn man als Tourist nicht mehr laufen will, kann man immer in

45 ein Wiener Café gehen. Dort kann man lange und gemütlich sitzen. Man trinkt Kaffee und isst gute Torten, trifft seine Freunde oder liest die Zeitung. Wiener Cafés sind berühmt für ihre Gemütlichkeit.

1-36

A. Österreich hat etwas für alle!
B. Richtig oder falsch?

entice
suitable for hiking

Hungary
steppes national park

auf ihre Kosten kommen: *get their money's worth*

house where he was born

Waltz King

Romans
stone age
mummies / female statues

refugees
accepted

v. Chr. = *B.C.* /
exportierte *exported (past tense form)*

weapons
pharmaceuticals

Brauchbares

1. **Frauenstatue** (line 27). "Venus von Willendorf," made 25,000 years ago, is one of the oldest female statues in the world and is useful for giving clues to the Stone Age.

2. **Mumie** (line 27). In 1991, German tourists found a mummified man in the Alps. Having been buried for 5,300 years in the ice and with clothing still intact, the mummy is very important for revealing information about the Stone Age. Because he was found in the **Ötztaler Alpen**, he has been called **Ötzi**.

3. **hat … versucht** in line 30 *(tried)*, **hat … aufgenommen** in lines 31–33 *(accepted)*. These two verb forms are in the perfect tense, which is used to talk about the past. This tense will be practiced in *Kapitel 6*.

Nach dem Lesen

14 Fragen zum Lesestück

1. Warum kommen Touristen gern nach Österreich?
2. Wie viele Nationalparks hat das kleine Alpenland?
3. Erklären Sie den Slogan „Kulturland Österreich"!
4. Was kann man außer° Kunst in österreichischen Museen noch finden?
5. Welche internationalen Organisationen haben Büros in Österreich?
6. Warum war und ist die geografische Lage Österreichs wirtschaftlich wichtig?
7. Welche Produkte exportiert Österreich?
8. Möchten Sie in ein österreichisches Café gehen? Warum (nicht)?

besides

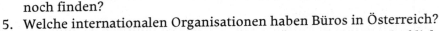

Lichtmeister/Shutterstock.com

 15 Ein kleines Österreich-Quiz Sagen Sie Ihrer Partnerin/Ihrem Partner, was zusammenpasst.

1. _____ „Ötzi" heißt die 5 300 Jahre alte Mumie von einem Mann.
2. _____ Wolfgang Amadeus Mozart kommt aus Salzburg.
3. _____ Der Komponist Franz Joseph Haydn kommt aus Eisenstadt am Neusiedler See.
4. _____ „Hall" ist ein Wort für „Salz".
5. _____ Johann Strauß war bekannter österreichischer Komponist.

a. Dort gibt es heute einen Nationalpark.
b. Man kennt ihn als „Walzerkönig".
c. In Salzburg, Hallstatt und Hallein produziert oder verkauft man das „weiße Gold".
d. Der Komponist war ein Wunderkind.
e. Deutsche Touristen fanden ihn 1991 in den Ötztaler Alpen.

Das Kaffeehaus

Coffee was brought to Europe by the Turks in the seventeenth century. The Turks besieged Vienna for the first time in 1529, then again in 1683. The Polish army under John III ended the siege in the Battle of Kahlenberg. According to legend, Franz Georg Kolschitzky, a Polish interpreter familiar with the Ottomans, introduced coffee to Vienna when he found coffee beans in the supplies left by the Turks when they withdrew. Kolschitzky opened the first coffee house in Vienna, "**Zur blauen Flasche.**"

In Wien muss man ins Kaffeehaus gehen!

The **Kaffeehaus** was introduced to the German-speaking areas in the seventeenth century. The Viennese **Kaffeehäuser** in the late nineteenth and early twentieth centuries became famous as gathering places for artists, writers, and even revolutionaries; for example, Leon Trotsky. Today, **Cafés** are still popular meeting places throughout the German-speaking countries and often provide newspapers and magazines for their customers. People from all walks of life—business people, students, and artists—enjoy taking a break for coffee and perhaps a piece of cake.

L. Kulturkontraste
2. Das Kaffeehaus

Coffee with **Schlagobers** *(whipped cream)* is a favorite in Vienna. In addition to **Kaffee** and a wide variety of **Kuchen** and **Torten**, many **Cafés** offer a small selection of meals (hot and cold), ice cream treats, and beverages. There are no free refills for coffee in German-speaking countries. Rather, you can generally order your **Kaffee** in two sizes, either a **Tasse Kaffee** (about a cup) or a **Kännchen Kaffee** (about two cups). The latter is generally served on a small tray containing a coffee cup on a saucer and a small decanter (the **Kännchen**) from which you serve yourself and refill your actual coffee cup once it is empty. **Cafés** are usually not open evenings, but they are open six or seven days a week. The day on which a **Café** or restaurant is closed is called its **Ruhetag**. Most **Cafés** have a sign posted in a prominent place indicating their **Ruhetag**.

Zum Kaffee gibt es viele leckere Sachen.

Kulturkontraste

Wie ist ein Kaffeehaus in Deutschland, Österreich oder der Schweiz? Wie ist es in Ihrem Land? Was kann man in Ihrem Land in einem Kaffeehaus essen, trinken, und sonst noch machen?

Erweiterung des Wortschatzes 2

Verbs ending in *-ieren*

Many German verbs that end in **-ieren** are recognizable because of their similarities with English. Such verbs are often used in technical or scholarly writing. You already know the following **-ieren** verbs:

Wir gehen am Wochenende **spazieren**.	We are going for a walk on the weekend.
Ich **telefoniere** mit meinen Eltern.	I am calling my parents.
Ich **studiere** Deutsch.	I am studying German.

More **-ieren** verbs are the following:

Was **assoziieren** Sie mit Österreich?	What do you associate with Austria?
Österreich **exportiert** viele Produkte.	Austria exports many products.
In Hallstatt **produziert** man Salz.	In Hallstatt they produce salt.
Wir **interessieren** uns für Bergsteigen.	We are interested in mountain climbing.

16 Welches Verb passt? Lesen Sie die folgenden Sätze und finden Sie das passende Verb dazu.

> spazieren   studieren   telefonieren   exportieren
> assoziieren   interessieren

1. Mareike _telefonieren_ abends immer lange mit ihrer Freundin Jana.
2. Stefan geht gerne im Park _spazieren_.
3. Viele Menschen _assoziieren_ Kaffeehäuser mit Wien.
4. Lena _interessieren_ sich sehr für die Geschichte Österreichs.
5. Auch Deutsche wollen gerne in Österreich _studieren_.
6. Österreich _exportieren_ gut 60% seiner produzierten Waren.

17 Erzählen wir Sprechen Sie mit Ihrer Partnerin/Ihrem Partner über eines der folgenden Themen.

1. Stellen Sie sich vor°, Sie drehen fürs Fernsehen einen Werbespot° über Österreich. Was für Szenen und was für Bilder zeigen Sie? Warum?
2. Sprechen Sie über wichtige österreichische Personen aus Musik, Wissenschaft und anderen Bereichen°.
3. Planen Sie eine Reise nach Österreich. Machen Sie zuerst eine Liste und sagen Sie dann, was Sie in Österreich sehen und machen wollen.

stellen ... vor: *imagine /* **drehen ... Werbespot:** *producing an ad for TV*

areas

▲ Das Belvedere in Wien ist ein bekanntes Museum.

Vokabeln ▐▐

🌐 Audio Flashcards
Tutorial Quizzes

Substantive

Menschen

der **Komponist**, -en, -en/die
 Komponistin, -nen composer
der **Künstler**, -/die **Künstlerin**, -nen
 artist
der **Schriftsteller**, -/die **Schrift-**
 stellerin, -nen writer
der **Sportler**, -/die **Sportlerin**, -nen
 athelete
der **Tourist**, -en, -en/die **Touristin**,
 -nen tourist
der **Wissenschaftler**, -/die **Wissen-**
 schaftlerin, -nen scientist

Geografisches

der **Berg**, -e mountain
der **Park**, -s park
der **See**, -n lake
der **Wald**, ¨er forest
das **Gebiet**, -e area, region
die **Alpen** (pl.) Alps

Weitere Substantive

der **Export** export
der **Krieg**, -e war
der **Vogel**, ¨ bird
der **Weltkrieg**, -e world war
das **Café**, -s café
das **Fest**, -e festival; party
das **Gold** gold
das **Museum, Museen** museum
das **Salz** salt
das **Schloss**, ¨er castle
das **Wunder**, - wonder; marvel; miracle
die **Gemütlichkeit** comfortableness;
 cosiness
die **Hauptstadt**, -städte capital
die **Kultur**, -en culture
die **Maschine**, -n machine
die **Welt**, -en world

Verben

exportieren to export
interessieren to interest
leben to live

mitnehmen (nimmt mit) to take along
produzieren to produce
versuchen to try

Adjektive und Adverbien

bekannt known, famous
berühmt famous
einzig only, sole
gemütlich comfortable, informal
ideal ideal
österreichisch Austrian

politisch political
ungefähr approximately
weltbekannt world-famous
wirtschaftlich economic
zahlreich numerous

Weitere Wörter

deshalb (conj.) therefore
sondern (conj.) but, on the contrary
vor allem above all

während during
weil (conj.) because
wenn (conj.) when, whenever; if

Alles klar?

18 Definitionen Ergänzen Sie die Definitionen mit den passenden Wörtern.

1. Ein _____ schreibt Romane oder generell Geschichten.
2. Eine _____ besucht ein anderes Land oder eine andere Stadt und möchte sie kennenlernen.
3. _____ treiben viel Sport und verdienen mit dem Sport vielleicht auch Geld.
4. Eine _____ malt Bilder, schreibt Literatur, macht Musik oder produziert etwas anderes, was mit Kunst zu tun hat.

19 Sätze Verbinden Sie die folgenden Satzteile.

1. _____ Wenn ein Land viel produziert, ...
2. _____ Daniel geht oft ins Museum, ...
3. _____ Herr Frantzen glaubt, dass es heute Nachmittag regnet; ...
4. _____ Christian möchte nicht Künstler, ...
5. _____ Herr Hauser geht im Park spazieren, ...

a. während seine Frau im Café Zeitung liest.
b. sondern Wissenschaftler werden.
c. deshalb nimmt er einen Regenmantel mit.
d. kann es auch viele Produkte exportieren.
e. weil er sich für Kunst interessiert.

20 Wer oder was ist das? Verbinden Sie die Sätze mit den richtigen Bildern.

Grafissimo/iStockphoto.com

1. _____
   _____

AP Photo/Franka Bruns

2. _____
   _____

toxawww/iStockphoto

3. _____
   _____

Benis Arapovic / Shutterstock.com

4. _____
   _____

Elfriede Jelinek ist eine bekannte Schriftstellerin.
In den österreichischen Alpen kann man sehr gut Ski fahren.
Wolfgang Amadeus Mozart ist ein sehr bekannter Komponist.
Wien ist eine Hauptstadt der Kultur.
In Wien gibt es viele Museen.

Land und Leute

Salzburg

L. Kulturkontraste
3. Salzburg

Situated on the northern edge of the Alps, Salzburg (population 150,378) is Austria's fourth-largest city and the capital of the **Bundesland** Salzburg. Human settlement goes back to the Neolithic age; the site was a Roman settlement, and the name Salzburg first appears in AD 755. Salzburg's long history as a bishopric began around 696 when Rupert, Bishop of Worms, came to the area to Christianize the pagans. His successors would become great patrons of art and music and give their residence city **(Residenzstadt)** a rich variety of architecture. The city's most famous landmark **(Wahrzeichen)** is the Festung Hohensalzburg built in 1077. Sitting atop a mountain, it is one of Europe's oldest and best preserved fortresses.

▲ Blick auf die Altstadt von Salzburg und auf die Festung *(fortress)* Hohensalzburg

Salzburg's most famous citizen was Wolfgang Amadeus Mozart (1756–1791); and a favorite nickname for the city is **Mozartstadt**. It is indeed a city of music. It has four major orchestras. Festivals and concerts are numerous and include music from every era. The most famous festival, the **Salzburger Festspiele** founded in the nineteenth century, has taken place every summer since 1920. The festival is associated with many famous names, such as the composer Richard Strauss and the dramatist Hugo von Hofmannsthal. Salzburg's cultural life is not limited to music. Its museums present exhibits of art, history, local customs, and, of course, Mozart. Salzburg also has five institutions of higher learning in the city or nearby towns, among them a **Musikhochschule**; the newest school is the Salzburg Management Business School, founded in 2001.

In 1996, the historic Center of Salzburg was recognized by UNESCO as a World Heritage Site **(Weltkulturerbe Altstadt Salzburg)**. The jury noted that Salzburg has preserved an amazingly rich urban fabric ranging from the Middle Ages to the nineteenth century with special emphasis on the Baroque buildings. Also mentioned was Mozart's legacy and Salzburg's contribution to art and music.

▲ Der österreichische Komponist Wolfgang Amadeus Mozart ist in diesem Haus in Salzburg geboren.

Kulturkontraste

Das Weltkulturerbe umfasst weltweit über 700 Stätten *(places)*. Ein Weltkulturerbe ist historisch wichtig. Auch Natur kann ein Welterbe sein, wie zum Beispiel Ayers Rock in Australien oder der Serengeti Nationalpark in Afrika. Kennen Sie Stätten des Weltkulturerbes in Ihrem Land? Welche Städte oder Nationalparks aus Ihrem Land sind für Sie wichtig und warum?

Grammatik und Übungen

Verbs with stem-vowel change *au > äu*

Some verbs with stem-vowel **au** change **au** to **äu** in the **du-** and **er/es/sie**-forms of the present tense. The verb you know with this change is **laufen**.

laufen: *to run; to go on foot, walk*			
ich	laufe	wir	laufen
Sie	laufen	Sie	laufen
du	**läufst**	ihr	lauft
er/es/sie	**läuft**	sie	laufen
	du-imperative: lauf(e)		

I. Wir laufen gern

> **21** **Laufen ist gesund** Justins ganze Familie joggt gern. Ergänzen Sie die Sätze mit der passenden Form von **laufen**.
>
> 1. MARIA: Du, Justin, _____ du jeden Morgen?
> 2. JUSTIN: Nicht jeden Morgen, aber ich _____ viel. Mutti _____ aber jeden Morgen.
> 3. MARIA: Deine Schwester Lara _____ auch viel, nicht?
> 4. JUSTIN: Ja. Mein Vater und sie _____ vierzig Minuten nach der Arbeit. Morgens haben sie keine Zeit. Du und Felix, ihr _____ auch gern, nicht?
> 5. MARIA: Ja, aber wir _____ nur am Wochenende.

Connecting ideas

Independent clauses and coordinating conjunctions
(Hauptsätze und koordinierende Konjunktion)

> Wir wollen am Wochenende zelten. Es soll regnen.
> Wir wollen am Wochenende zelten, **aber** es soll regnen.

- An INDEPENDENT (or main) clause can stand alone as a complete sentence.
- Two (or more) independent clauses may be connected by a COORDINATING CONJUNCTION (e.g., **aber**).
- Because coordinating conjunctions are merely connectors and not part of either clause, they do not affect word order. Thus the subject comes before the verb.
- You know the following coordinating conjunctions:

~possible~   ~not possible~

aber	*but, however*	**oder**	*or*
denn	*because, for*	**sondern**	*but (rather, on the contrary, instead)*
doch	*however*	**und**	*and*

- In written German, the coordinating conjunctions **aber, denn,** and **sondern** are generally preceded by a comma.

    Jana kommt morgen, **aber** Lisa kommt am Montag.

- The conjunctions **und** and **oder** are generally not preceded by a comma, although writers may choose to use one for clarity.

    Jana kommt morgen **und** Lisa kommt am Montag.

22 Jana und Lisa Sagen Sie, was Jana und Lisa diese Woche machen. Verbinden Sie die Sätze mit Konjunktionen.

BEISPIEL Die Studentin heißt Jana. Ihre Freundin heißt Lisa. (und)
*Die Studentin heißt Jana **und** ihre Freundin heißt Lisa.*

1. Jana wohnt bei einer Familie. Lisa wohnt bei ihren Eltern. (und)
2. Jana arbeitet zu Hause. Lisa muss in die Bibliothek gehen. (aber)
3. Jana muss viel lernen. Am Mittwoch hat sie eine Klausur. (denn)
4. Lisa hat ihre Klausur nicht am Mittwoch. Sie hat sie am Freitag. (sondern)
5. Was machen die jungen Frauen in den Ferien? Wissen sie es nicht? (oder)
6. Jana geht am Samstag wandern. Lisa geht schwimmen. (aber)

Sondern and *aber*

Paul fährt morgen nicht mit dem Auto, **sondern** geht zu Fuß.	*Paul isn't going by car tomorrow, **but (rather)** is walking.*

Sondern is a coordinating conjunction that expresses a contrast or contradiction. It connects two ideas that are mutually exclusive.

- It is used only after a negative clause and is equivalent to *but, on the contrary, instead, rather.*

- When the subject is the same in both clauses, it is not repeated. This is also true of a verb that is the same; it is not repeated.

Lily tanzt **nicht nur** viel, **sondern auch** gut.	*Lily dances **not only** a lot, **but also** well.*

The German construction **nicht nur ... sondern auch** is equivalent to *not only . . . but also.*

Jakob fährt nicht mit dem Auto, **aber** sein Vater fährt mit dem Auto.	*Jakob isn't going by car, **but** his father is.*

Aber as a coordinating conjunction is equivalent to *but* or *nevertheless*. It may be used after either positive or negative clauses.

23 Was macht Lisa? Erzählen Sie, was Lisa heute alles macht. Ergänzen Sie die Sätze mit **aber** oder **sondern**.

Showing connections and relationships

BEISPIEL Lisa spielt heute nicht Fußball, _____ Tennis.
*Lisa spielt heute nicht Fußball, **sondern** Tennis.*

1. Sie spielt Tennis nicht gut, ___A___ sie spielt es sehr gern.
2. Sie geht nicht zur Vorlesung, ___S___ in die Bibliothek.
3. Im Café bestellt *(orders)* sie Bier, ___A___ sie trinkt Julians Kaffee.
4. Sie möchte den Kaffee bezahlen, ___A___ sie hat kein Geld.
5. Sie fährt nicht mit dem Bus nach Hause, ___S___ geht zu Fuß.
6. Julian hat ein Auto, ___A___ das Auto steht zu Hause.
7. Julian fährt nicht mit Lisa, ___S___ er bleibt noch im Café.

C. Ungarn

24 🔊 **Hören Sie zu** Lisa und Julian sprechen über ihre Freunde. Hören Sie
1-37 zu, und lesen Sie dann die folgenden Sätze. Was ist richtig? Was ist falsch?

		Richtig	Falsch
1.	Franziska ist Filmstudentin.		×
2.	Sie studiert nicht nur, sondern arbeitet auch dreißig Stunden in der Woche.	×	
3.	Sie hat einen Job in einem Kino, aber sie sieht keine Filme.	×	
4.	Franziska kauft oft Kinokarten.		×
5.	Julian möchte nicht nur mit Franziska, sondern auch mit Lisa ins Kino gehen.	×	
6.	Franziska gibt nicht Julian, sondern Michael ihre Kinokarten.	×	
7.	Michael sagt, dass er besser Deutsch lernt, wenn er viele Filme sieht.	×	

Dependent clauses and subordinating conjunctions *(Nebensätze und subordinierende Konjunktionen)*

Independent clause	Conjunction	Dependent clause
Sarah sagt,	**dass**	sie nach Österreich **fährt**.
Sie übernachtet bei Freunden,	**wenn**	sie zu Hause **sind**.

A DEPENDENT (subordinate) clause cannot stand alone; it must be combined
with an independent clause to express a complete idea.

- Two signals distinguish a dependent clause from an independent clause:
  (1) it is introduced by a SUBORDINATING
  CONJUNCTION (**dass, wenn**) and (2) the finite
  verb (**fährt, sind**) is at the end.

- In writing, a dependent clause is separated
  from the independent clause by a comma.

- Here are a few subordinating conjunctions:

bevor	*before*
dass	*that*
obwohl	*although*
weil	*because*
wenn	*if; when*

▶ Für wen gibt es billige Tickets?

„Schade, dass wir nur
Freunde sind."

▶ Schülerticket und Geschwisterkarte
für Schüler – Berlin AB.
gültig ab 1. August 2001

VBB *Verkehrsverbund Berlin-Brandenburg*

BVG *Berliner Verkehrsbetriebe*   S Bahn Berlin   Die Bahn DB

Verkehrsbund Berlin-Brandenburg GmbH

B. Haupt- und Nebensätze
D. Studium in England

25 **Österreicher fahren in die Ferien** Wohin fahren viele Österreicher in den Ferien? Was machen sie da? Verbinden Sie die Sätze mit den Konjunktionen.

BEISPIEL In den Ferien fahren viele Österreicher nach Ungarn. Da ist alles billiger. (weil)
*In den Ferien fahren viele Österreicher nach Ungarn, **weil** da alles billiger ist.*

1. Die Österreicher finden es auch gut. Ungarn ist nicht so weit. (dass)
2. Sie können nicht vor Mitte Juli fahren. Die Sommerferien beginnen erst dann. (weil)
3. Nach Prag fahren sie auch oft. Die Ferien sind kurz. (wenn)
4. Viele Musikfans bleiben im Sommer in Österreich. Sie haben Karten für die Festspiele in Bregenz oder Salzburg. (wenn)
5. In den Winterferien fahren viele Österreicher nach Italien. Das Skilaufen ist dort billiger. (weil)
6. Es ist gut für die Österreicher. Ihr Land liegt in Mitteleuropa. (dass)

Dependent clauses and separable-prefix verbs

Statement	Lara **kauft** gern im Supermarkt **ein**.
Dependent clause	Lara sagt, **dass** sie gern im Supermarkt **einkauft**.

In a dependent clause, the separable prefix is attached to the base form of the verb, which is in final position.

26 **Was sagt Franziska?** Was sagt Franziska über ihre Pläne? Beginnen Sie jeden Satz mit: **Franziska sagt, dass …**

Reporting on actions

BEISPIEL Sie kauft in der Stadt ein.
Franziska sagt, dass sie in der Stadt einkauft.

1. Alina kommt mit.
2. Alina kommt um neun bei ihr vorbei.
3. Sie kaufen auf dem Markt ein.
4. Sie bereitet dann zu Hause ein Referat vor.
5. Alina bringt ein paar Bücher mit.
6. Sie bringt die Bücher am Freitag zurück.
7. Alina fährt am Wochenende nach Salzburg zurück.
8. Ihre Freundin Lisa kommt vielleicht mit.

Dependent clauses and modal auxiliaries

Statement	Sarah **möchte** in die Schweiz fahren.
Dependent clause	Sarah sagt, **dass** sie in die Schweiz fahren **möchte**.

In a dependent clause, the modal auxiliary is the finite verb and therefore is in final position, after the dependent infinitive.

J. Was sagt Peter?

27 **Florian sagt** Sagen Sie einem Freund, was Florian tun möchte und was er tun muss. Beginnen Sie mit: **Florian sagt, dass ...**

BEISPIEL FLORIAN: Ich soll meine Seminararbeit zu Ende schreiben.
SIE: *Florian sagt, dass er seine Seminararbeit zu Ende schreiben soll.*

1. Ich muss meine E-Mails durchlesen.
2. Ich soll einen Brief an meine Großeltern schreiben.
3. Ich will mit dem Computer arbeiten.
4. Ich möchte ein bisschen im Internet surfen.
5. Ich möchte heute Abend ein bisschen fernsehen.

28 **Freizeit** Ihre Partnerin/Ihr Partner fragt, warum Sie nicht dies oder das in Ihrer Freizeit machen. Beginnen Sie Ihre Antwort mit **weil.**

S1: Warum gehst du nicht ins Kino?	*S2:* Weil ich kein Geld habe.
S1: ...	*S2: ...*
1. Warum gehst du nicht inlineskaten?	Ich will zu Hause bleiben.
2. Warum gehst du nicht tanzen?	Ich will allein sein.
3. Warum joggst du nicht?	Ich muss arbeiten.
4. Warum liest du nicht einen Krimi?	Ich will in die Bibliothek gehen.
5. Warum machst du nicht Ferien in Österreich?	Ich habe kein Geld.
	Ich habe keine Zeit.
6. Warum spielst du nicht Golf?	Ich kann nicht tanzen.
7. Warum spielst du nicht mit uns Karten?	Das interessiert mich nicht.
8. Warum bist du immer so müde?	Ich kann nicht schlafen.

Dependent clauses beginning a sentence

	1	2	
	Paul	**fährt**	mit dem Bus.

1		2	
Weil sein Auto kaputt ist,		**fährt**	Paul mit dem Bus.

In a statement, the finite verb is in second position.

- If a sentence begins with a dependent clause, the entire clause is considered a single element, and the finite verb of the independent clause is in second position, followed by the subject.

29 **Eine Radtour durch Österreich** Luca und Fabian planen eine Tour durch Österreich. Verbinden Sie die Sätze. Beginnen Sie den neuen Satz mit einer Konjunktion.

BEISPIEL (wenn) Das Wetter ist gut. Luca und Fabian wollen nach Österreich.
Wenn das Wetter gut ist, wollen Luca und Fabian nach Österreich.

1. (weil) Sie haben wenig Geld. Sie fahren mit dem Rad.
2. (wenn) Sie fahren mit dem Rad. Sie sehen mehr vom Land.
3. (wenn) Das Wetter ist sehr schlecht. Sie schlafen bei Freunden.
4. (obwohl) Sie haben wenig Geld. Sie können vier Wochen bleiben.
5. (weil) Sie haben nur vier Wochen Ferien. Sie müssen im August wieder zu Hause sein.

Dative case *(Der Dativ)*

Nominative	**Der** Verkäufer weiß den Preis.	*The salesperson knows the price.*
Accusative	Frag mal **den** Verkäufer.	*Ask the salesperson.*
Dative	Gib **dem** Verkäufer 20 Euro.	*Give the salesperson 20 euros.*

In addition to nominative and accusative, German has a case called DATIVE. Dative is used for several functions, the primary ones being:

- to show indirect objects (indicating the person[s] to or for whom something is done)
- as objects of certain verbs, such as **glauben** and **helfen**
- with certain prepositions

Masculine	Neuter	Feminine	Plural
d**em** Mann	d**em** Kind	d**er** Frau	d**en** Freunde**n**
dies**em** Mann	dies**em** Kind	dies**er** Frau	dies**en** Freunde**n**
ein**em** Mann	ein**em** Kind	ein**er** Frau	kein**en** Freunde**n**
ihr**em** Mann	unser**em** Kind	sein**er** Frau	mein**en** Freunde**n**

The definite and indefinite articles, **der**-words, and **ein**-words change their form in the dative case. Nouns add an **-n** in the dative plural, unless the plural already ends in **-n** or **-s**: **meine Freunde > meinen Freunden;** but **die Frauen > den Frauen, die Autos > den Autos.**

Masculine N-*nouns in the dative*

Nominative	**der Herr**	**der Student**
Accusative	den Herr**n**	den Student**en**
Dative	dem Herr**n**	dem Student**en**

Masculine **N**-nouns, which add **-n** or **-en** in the accusative, also add **-n** or **-en** in the dative singular. You know the following masculine **N**-nouns so far: **der Herr, der Junge, der Komponist, der Mensch, der Nachbar, der Student,** and **der Tourist.**

Dative of **wer**?

| Nominative | **Wer** sagt das? | *Who says that?* |
| Dative | **Wem** sagen Sie das? | *To whom are you saying that?* |

The dative form of the interrogative **wer** *(who)* is **wem** *([to] whom).*

▲ Die Großglockner Hochalpenstraße in Österreich

Indirect object (das indirekte Objekt)

	Indirect object	Direct object
Jasmin schenkt	ihrem Freund Jan	einen CD-Player.
Jasmin is giving	*her friend Jan*	*a CD player.*

In both English and German some verbs take two objects, which are traditionally called the direct object (e.g., **CD-Player**—*CD player*) and the indirect object (e.g., **Freund**—*friend*).

- The indirect object is usually a person and answers the question *to whom* or *for whom* the direct object is intended.

- Here are some verbs that can take both direct and indirect objects:

bringen	leihen
erklären	sagen
geben	schenken *(to give as a gift)*
kaufen	schreiben

Signals for indirect object and direct object

	Indirect (dative) object	Direct (accusative) object
Marcel schenkt	seiner Freundin Antonia	einen MP3-Player.
Marcel is giving	*his girlfriend Antonia*	*an MP3 player.*

English signals the indirect object by putting it before the direct object or by using the preposition *to* or *for*, e.g., Marcel is giving an MP3 player *to* his girlfriend Antonia. To determine in English whether a noun or pronoun is an indirect object, add *to* or *for* before it.

- German uses case to signal the difference between a direct object and an indirect object.
- The direct object is in the accusative, and the indirect object is in the dative.
- Since the case signals are clear, *German does not use a preposition to signal the indirect object.*

Discussing ideas for birthday presents

E. Akkusativ und Dativ

30 **Geburtstage** Jessica und Jakob diskutieren, was sie ihren Freunden zum Geburtstag schenken. Was ist das indirekte Objekt (Dativ)? Was ist das direkte Objekt (Akkusativ)? Beantworten Sie auch die Fragen.

BEISPIEL JAKOB: Wem schenkst du die Blumen?
　　　　　indirektes Objekt (i.O.): Wem
　　　　　direktes Objekt (d.O): die Blumen

A.

1. JESSICA: Diese Blumen bringe ich meiner Großmutter.
2. JESSICA: Was kaufst du deiner Freundin?
3. JAKOB: Meiner Freundin möchte ich ein T-Shirt schenken.
4. JESSICA: Ich schreibe meinem Bruder eine Geburtstagskarte.

B.

1. Was bringt Jessica ihrer Großmutter?
2. Wem schenkt Jakob ein T-Shirt?
3. Wem schreibt Jessica eine Geburtstagskarte?
4. Was schenkt sie ihrem Freund Christian? Warum?

Dative personal pronouns

Singular						
Nominative	ich	Sie	du	er	es	sie
Accusative	mich	Sie	dich	ihn	es	sie
Dative	**mir**	**Ihnen**	**dir**	**ihm**	**ihm**	**ihr**

Plural				
Nominative	wir	Sie	ihr	sie
Accusative	uns	Sie	euch	sie
Dative	**uns**	**Ihnen**	**euch**	**ihnen**

Dative personal pronouns have different forms from the accusative pronouns, except for **uns** and **euch**.

31 Viele Geschenke In Ihrer Familie haben alle in einem Monat Geburtstag. Sie sprechen mit Ihrem Bruder. Was wollen Sie schenken? Verwenden Sie Personalpronomen im Dativ.

F. Gespräche

BEISPIEL IHR BRUDER: Was soll ich Mutti schenken? Einen neuen Roman?
　　　　　　SIE: *Ja, schenk ihr einen neuen Roman.*

1. IHR BRUDER: Was soll ich Vati schenken? Ein neues Buch?
　　　SIE: Ja, schenk _____.
2. IHR BRUDER: Und Marie? Was soll ich Marie schenken? Einen Pullover?
　　　SIE: Ja, schenk _____.
3. IHR BRUDER: Und was soll ich dir schenken? Vielleicht ein Computerspiel?
　　　SIE: Ja, schenk _____.
4. IHR BRUDER: Und was schenkst du mir? Ein Ticket zu einem Rockkonzert?
　　　SIE: Ja, ich schenke _____.
5. IHR BRUDER: Was meinst du? Was schenken uns die Eltern? Wieder Geld?
　　　SIE: Ja, sie schenken _____.
6. IHR BRUDER: Was sollen wir den Großeltern schenken? Blumen und Schokolade?
　　　SIE: Ja, wir können _____ schenken.

32 Was macht Simon? Wem kauft, leiht, gibt, schenkt Simon etwas? Ergänzen Sie die Sätze mit indirekten Objekten im Dativ.

K. Was macht Dieter?

BEISPIEL Simon kauft _____ neue Weingläser. (seine Eltern)
　　　　Simon kauft seinen Eltern neue Weingläser.

1. Er leiht _____ sein neues Fahrrad. (ich)
2. _____ bringt er Blumen mit. (seine Großmutter)
3. Er leiht _seinem_ seinen neuen Roman. (sein Freund Mustafa)
4. Will er _dir_ seinen Rucksack leihen? (du)
5. Er schenkt _seinem_ seinen alten Computer. (sein Bruder)
6. Simon gibt _uns_ eine interessante DVD. (wir)

Word order of direct and indirect objects

	Indirect object	Direct-object noun
Paul leiht	*seinem Freund Akif*	**sein Fahrrad.**
Paul leiht	*ihm*	**sein Fahrrad.**

The direct (accusative) object determines the order of objects. If the direct object is a noun, it usually follows the indirect (dative) object.

	Direct-object pronoun	Indirect object
Paul leiht	**es**	*seinem Freund.*
Paul leiht	**es**	*ihm.*

If the direct (accusative) object is a personal pronoun, it always precedes the indirect (dative) object. Note that a pronoun, whether accusative or dative, always precedes a noun.

REMEMBER: Dative before accusative unless accusative is a pronoun.

G. Geschenke

33 Kurze Gespräche Ergänzen Sie die Dialoge mit den Wörtern. Achtung: Welches Wort kommt wohin?

BEISPIELE **PAUL:** Schenkst du _____ _____? (den kleinen Tisch / Michaels Schwester)
Schenkst du Michaels Schwester den kleinen Tisch?

JENNIFER: Ja, ich schenke _____ _____. (Michaels Schwester / ihn)
Ja, ich schenke ihn Michaels Schwester.

1. **PAUL:** Schenkst du <u>Michael</u> <u>deine Gitarre</u>? (deine Gitarre / Michael)
   JENNIFER: Ja, ich schenke <u>sie</u> <u>ihm</u>. (sie / ihm)
2. **MUTTI:** Schenkst du <u>Christine</u> <u>diesen DVD player</u> zum Geburtstag? (diesen DVD-Player / Christine)
   STEFFI: Ja, ich schenke <u>ihn</u> <u>Christine</u>. (Christine / ihn)
3. **VATI:** Schreibst du <u>deinen Freunden</u> oft <u>E-Mails</u>? (E-Mails / deinen Freunden)
   ELIAS: Ja, ich schreibe <u>ihnen</u> <u>viele E-Mails</u>. (viele E-Mails / ihnen)

34 Frage-Ecke Sie haben viel Geld und schenken Ihren Freunden und ihrer Familie viele Sachen. Die Informationen für **S2** finden Sie im *Anhang B*.

S1: Was schenkt Ralf seinen Eltern?
S2: Er schenkt ihnen zwei Wochen in Wien.
S1: ...

	Eltern	Schwester	Bruder	Melanie
Karsten	einen Porsche	einen Computer		
Stefanie	Winterferien in Spanien			einen Fernseher
Ralf		eine Gitarre	ein Fahrrad	
ich				
Partnerin/ Partner				

Dative verbs

Moritz **hilft seinem** Freund David.   *Moritz is helping his friend David.*
Chiara **glaubt ihrer** Schwester nicht.   *Chiara doesn't believe her sister.*

Most German verbs take objects in the accusative. However, a few verbs take objects in the dative.

- The dative object is usually a person.
- Such verbs are often called DATIVE VERBS.

gehören (handwritten)

Some common dative verbs are **antworten, danken, gefallen, glauben,** and **helfen.** A more complete list of dative verbs is found in section 17 of the Grammatical Tables in *Appendix D.*

AD 3G4 (handwritten)

Daniela **glaubt ihrem** Freund Nils.   *Daniela believes her friend Nils.*
Nils **glaubt es** nicht.   *Nils doesn't believe it.*

The verb **glauben** always takes personal objects (e.g., **ihrem Freund**) in the dative case. However, impersonal objects (e.g., **es**) after **glauben** are in the accusative case.

---

35 **Eine SMS von Antons Vater** Ergänzen Sie die Sätze mit Pronomen und Endungen der Possessivpronomen.

ANTON: Ah gut, da ist schon die SMS von mein_____ Vater. Er schreibt, dass ihr gerne bei ihnen übernachten könnt und dass sie _____ auch bei anderen Dingen gern helfen.

SARAH: Ach, dein Vater schreibt SMS? Toll. Glaubst du, dass es wirklich okay ist? Deine Eltern kennen uns doch gar nicht.

ANTON: Doch, auf jeden Fall. Meine Eltern sind echt cool.

SARAH: Das ist ja toll. Danke _____ bitte von uns. Wirklich sehr nett!

ANTON: Gut, dann antworte ich _____ gleich, dass ihr kommt.

SARAH: Dann wollen wir dein_____ Eltern auf jeden Fall etwas mitbringen. Was gefällt denn wohl dein_____ Vater? Und dein_____ Mutter?

ANTON: Ach, das müsst ihr nicht. Mein Vater steht immer früh auf und macht euch sicher gern das Frühstück. Helft _____ einfach ein bisschen oder so. Und erzählt _____ von Tübingen. Meine Eltern waren vor ein paar Wochen dort. Das interessiert sie sehr.

SARAH: Vielen Dank, Anton.

▲ Antons Eltern sind echt cool!

Dative prepositions

aus	out of [to come] from [cities and countries]	Nils geht morgens immer spät **aus** dem Haus. Er kommt **aus** Berlin.
außer	besides, except for	**Außer** seinem Freund Paul kennt Nils nur wenige Leute in Wien.
bei	with [at the home of] at [a place of business] near [in the proximity of]	Nils wohnt **bei** seiner Tante. Er arbeitet **bei** Pizzeria Uno. Die Pizzeria ist **bei** der Universität.
mit	with by means of [transportation]	Nils fährt **mit** seinem Freund zur Uni. Sie fahren **mit** dem Auto.
nach	to [with cities and countries used without an article] after	Am Wochenende fahren sie **nach** Salzburg. Aber **nach** einem Tag kommen sie schon zurück.
seit	since [time]	Nils wohnt **seit** Januar in Wien.
von	from of by	Er hört jede Woche **von** seinen Eltern aus Berlin. Berlin ist eine Stadt **von** 3,4 Millionen Einwohnern. Heute Abend hört er eine Oper **von** Mozart.
zu	to [with people and some places] for [in certain expressions]	Nils geht gern **zu** seinem Freund Paul. Sie fahren zusammen **zur** Pizzeria Uno. Heute Abend gibt es **zum** Abendessen Pizza.

The prepositions **aus, außer, bei, mit, nach, seit, von,** and **zu** are always followed by the dative. Some common translations are provided in the chart above.

In addition to the meanings listed above, **bei** has many uses that are hard to translate exactly. It is used, in a general way, to indicate a situation: **beim Lesen** (*while reading*), **bei der Arbeit** (*at work*), **bei diesem Wetter** (*in weather like this*).

bei/mit

Hannah wohnt **bei** ihren Eltern.
Hannah fährt morgen **mit** ihren Eltern nach Hause.

*Hannah lives **with** her parents.*
*Hannah's driving home **with** her parents tomorrow.*

One meaning of both **bei** and **mit** is *with*. However, they are not interchangeable.

- **Bei** indicates location. **Bei ihren Eltern** means *at the home of her parents*.
- **Mit** expresses the idea of doing something together (e.g., **mit ihren Eltern**).

REISEBÜRO¹ DÜSE

Bei uns reisen STUDENTEN besonders GÜNSTIG²!

Reisebüro Düse
An der Bockenheimer Warte
60311 Frankfurt/Main

www.reiseduese.de

Reisebüro Düse
Marktstraße 437
61440 Oberursel i. T.

violetkalpa/Shutterstock.com

Bei wem reisen
Studenten besonders
günstig?

¹*travel agency* ²*reasonably*

zu/nach

Ich muss **zum** Bäcker.
Schmidts fahren morgen **nach** Salzburg.

*I have to go **to** the bakery.*
*The Schmidts are going **to** Salzburg tomorrow.*

One meaning of both **zu** and **nach** is *to*.

- **Zu** is used to show movement toward people and many locations.
- **Nach** is used with cities and countries without an article.

seit

Leonie ist **seit** Montag in Hamburg.

*Leonie has been in Hamburg **since** Monday.*

Nico wohnt **seit** drei Wochen in Wien.

*Nico has been living in Vienna **for** three weeks.*

Seit plus the present tense is used to express an action or condition that started in the past but is still continuing in the present. Note that English uses the present perfect tense (e.g., *has been living*) with *since* or *for* to express the same idea.

Contractions

Brot kaufen wir nur **beim** Bäcker.	bei dem = **beim**
Niklas kommt jetzt **vom** Markt.	von dem = **vom**
Michelle geht **zum** Supermarkt.	zu dem = **zum**
Luisa geht **zur** Uni.	zu der = **zur**

The prepositions **bei, von,** and **zu** often contract with the definite article **dem,** and **zu** also contracts with the definite article **der.**

- While contractions are generally optional, they are required in certain common phrases such as:

beim Arzt *(doctor)*	zum Frühstück / Mittagessen / Abendessen
beim Bäcker	zum Arzt gehen
vom Arzt kommen	zum Bäcker gehen
zum Beispiel	zur Uni / Schule gehen
zum Geburtstag	

Contractions are not used when the noun is stressed or modified: **Gehen Sie immer noch zu dem Bäcker in der Bahnhofstraße?** *(Do you still go to the baker on Bahnhofstraße?)*

---

36 Christine in Wien Daniela erzählt von ihrer Freundin Christine. Ergänzen Sie die Sätze mit Präpositionen, Artikeln und Possessivpronomen.

Christine kommt __aus__ __der__ Schweiz. __Seit__ __einem__ Jahr wohnt sie __bei__ __einer__ Familie in Wien. Sie will Musikerin *(musician)* werden und geht jeden Tag __zu__ Konservatorium (n.). Zwei Tage in der Woche muss sie jobben. Sie arbeitet __bei__ __einem__ Bäcker. Nächsten Sommer macht sie __mit__ ihr__er__ Freundin Aisha eine Radtour. Sie fahren __nach__ Salzburg zu den Festspielen. Ich höre aber nicht sehr oft __von__ Christine.

L. Nein, das ist nicht richtig!

A. Pläne
H. Eine E-Mail

1-38

37 **Hören Sie zu** Michael und Sebastian planen eine Reise. Hören Sie zu und beantworten Sie die Fragen. Sie hören fünf neue Wörter:

die Stadtrundfahrt *(city tour)*
das Hofburg Museum *(museum in the Hofburg castle)*
das Schloss Schönbrunn *(Schönbrunn castle)*
der Prater *(famous amusement park)*
die Jazzkneipe *(jazz bar)*

1. Was hat Sebastian für Michael?
2. Wie kommen Michael und Sebastian nach Wien?
3. Wann fährt der Bus von der Uni ab?
4. Wie lange bleiben Michael und Sebastian in Wien?
5. Was sehen sie in Wien?
6. Welche Stadt wollen sie außer Wien noch besuchen?
7. Was für Musik möchte Michael hören?
8. Um wie viel Uhr sind sie wieder in Tübingen?

38 **Wie komme ich ...?** Sie sind in einer österreichischen Stadt. Sie fragen jemand auf der Straße nach dem Weg. Spielen Sie die Szene mit Ihrer Partnerin/Ihrem Partner. Der Stadplan unten hilft Ihnen bei den Antworten.

S1: Entschuldigung, wie komme ich am besten von der Uni zur Bibliothek?
S2: Am besten fährst du mit dem Fahrrad.

Entschuldigung, wie komme ich am besten von der Schule zum Bahnhof *(train station)?*
... wie komme ich am besten vom Markt zum Café Haag?
... wie komme ich am besten vom Metzger zur Drogerie?
... wie komme ich am besten von der Buchhandlung zum Markt?
... wie komme ich am besten von der Uni zum Bäcker?

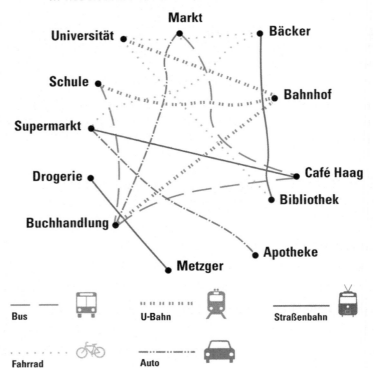

Land und Leute

Öffentliche Verkehrsmittel°

L. Kulturkontraste
4. Öffentliche Verkehrsmittel

Public transportation is efficient and much utilized by the people in German-speaking countries. Buses, streetcars, subways, and trains are owned by either the federal, state, or regional government. While cars are as popular in Germany as in the United States and Canada, governments subsidize public transportation because it is eco-friendly (**umweltfreundlich**) and ensures that everyone has access to transportation. Reduced rates are available for senior citizens (**Seniorenkarten**) and for students (**Schüler-/Studentenkarten**) at all levels. In towns, villages, and suburbs, there is convenient bus and sometimes streetcar (**Straßenbahn**) service. Major cities have a subway (**Untergrundbahn or U-Bahn**) and/or a modern commuter rail system (**Schnellbahn/ Stadtbahn or S-Bahn**). Regionally and internationally, most cities and towns in Europe are connected by extensive bus services. If needed, even ferries are included in the public transportation network, such as the ferry on the Alster River (**Alsterfähre**) in Hamburg.

▲ Straßenbahn in Wien

Trains are a major part of the transportation system in German-speaking countries for both long- and short-distance travel. Larger cities have more than one train station (**Bahnhof**), but the main train station (**Hauptbahnhof**) is usually a prominent building located in the center of town. In addition to transportation facilities, larger train stations may also have a variety of restaurants and stores to serve the traveling public.

> **The Intercity-Express (ICE)** is called "Flugzeug auf Rädern": it is half as fast as a plane but twice as comfortable.

Commuters, business people, and even students use regional trains, either the **Regional-Express (RE)** or the **Regionalbahn (RB)**, which serve all train stations, large and small. Fast, comfortable **Intercity-Express (ICE)** trains run hourly between major cities, traveling at speeds up to 300 kilometers per hour. A network of trains known as **Intercity/Eurocity (IC/ICE)** connects the major cities throughout Europe. For several years, Germany has also been planning to introduce some magnetic elevated trains (**Magnetbahn**) that will connect various cities.

Linie	Ziel	Abfahrt in
TXL		
100	S+U Alexanderplatz	
M48	S+U Alexanderplatz	1 min
200	Michelangelostr.	10 min
9.	03:03 Entspannung beim S	11 min

Spandauer Straße / Marienkirche

▲ Dieses Schild an einer Bushaltestelle in Berlin zeigt Abfahrtszeiten der nächsten Busse an.

Kulturkontraste

Wie sind die öffentlichen Verkehrsmittel in Ihrer Stadt und wie sind sie in Europa? Möchten Sie ein besseres System in Ihrer Stadt haben? Warum (nicht)?

▲ Er mag das gute Essen in Österreich.

▲ Sie fährt in den Ferien nach Rom.

▲ Er fährt mit dem Bus und mit der Straßenbahn in die Stadt.

① Österreich
Ferienpläne
Öffentliche Verkehrsmittel

Vor den Videos

39 **Nachgedacht** Was wissen Sie noch vom Kapitel? Denken Sie nach.

1. Welche öffentlichen Verkehrsmittel gibt es?
2. Wie ist die Landschaft in Österreich?
3. Was wissen Sie über Wien und Salzburg?
4. Was kann man in Kaffeehäusern trinken und essen?
5. Welche berühmten Österreicher kennen Sie?

Nach den Videos

40 **Alles klar?** Sehen Sie sich die Interviews an und machen Sie sich Notizen. Beantworten Sie dann die Fragen.

1. Wer fährt gern Ski?
2. Wer fährt in den Ferien nach Spanien?
3. Wer fährt gerne mit dem Fahrrad?

② Hereinspaziert, die Herrschaften!

▲ Die Stadt Salzburg in Österreich.

▲ „Mozartkugeln" sind eine Spezialität.

▲ Paul und Lily tanzen, aber nicht gut.

In diesem Kapitel sind Anton, Paul, Lily und Hülya in Salzburg. Sie sehen Mozarts Geburtshaus, die berühmte Felsenreitschule, das Schloss, essen Mozartkugeln, und tanzen am Ende Walzer ...

Nützliches	
das Geburtshaus	*house where someone was born*
die Mozartkugeln	*special kind of candy*
die Reitschule	*famous horse riding school in Salzburg*
der Walzer, der Tanz	*waltz, dance*
anschauen	*to look at / to do sightseeing*

Nach den Videos

Sehen Sie sich das Video an und machen Sie sich Notizen. Beantworten Sie dann die Fragen.

A. Schauen Sie genau

B. Wer sagt das?

C. Richtig oder falsch?

D. Interessantes über Salzburg

E. Strauss Walzer

41 **Was passiert wann?** Bringen Sie die folgenden Sätze in die richtige Reihenfolge.

_____ Alle stehen vor der Reitschule.

_____ Anton sagt: „Kommt, lasst uns mal weitergehen."

_____ Hülya und Anton tanzen gut, Paul und Lily nicht.

_____ Anton sagt: „Küss die Hand!"

_____ Alle essen Mozartkugeln.

_____ Alle stehen vor Mozarts Geburtshaus.

_____ Paul sagt: „Wartet mal eben - ich hol' mir welche!"

42 **Was stimmt?** Wählen Sie die richtige Antwort.

1. Salzburg ist eine Stadt in _____.
   a. Schweiz   b. Liechtenstein   c. Österreich

2. In Österreich sagt man: _____.
   a. Küss den Mund!   b. Küss den Fuss!   c. Küss die Hand!

3. Paul kauft die Mozartkugeln in einer _____.
   a. Supermarkt   b. Confiserie   c. Bäckerei

4. Lily isst _____ Mozartkugeln!
   a. eine   b. zwei   c. drei

 43 **Was meinen Sie?** Beantworten Sie die Fragen.

1. Sie sind in Salzburg. Was wollen Sie anschauen?
2. Können Sie Walzer tanzen? Können Sie andere Tänze? Welche?
3. Was fällt Ihnen an der Stadt auf? Was ist in Amerika anders?

Cengage Learning

Wiederholung

 1 **Rollenspiel** Ihre Partnerin/Ihr Partner besucht Sie in Wien und möchte wissen, was sie/er dort alles machen kann. Geben Sie eine enthusiastische Antwort.

1. Kann ich wirklich drei Tage hier bleiben?
2. Ist es denn okay, wenn ich so lange bei dir übernachte?
3. Kann ich hier abends etwas zu essen machen?
4. Kann man von hier mit dem Bus in die Stadt fahren?
5. Darf ich mir auch mal dein Fahrrad ausleihen?
6. Dann darf ich dir aber auch etwas schenken für deine Gastfreundschaft (*hospitality*).

> **Redemittel**
> **Enthusiastische Reaktionen zeigen**
> • Ja, sicher.
> • Klar.
> • Kein Problem.
> • Ja, wirklich.
> • Ja, natürlich.

2 **Eine Reise nach Österreich** Erzählen Sie von Davids Reise nach Österreich. Benutzen Sie die angegebenen (*cued*) Wörter.

1. David / sein / Amerikaner
2. er / fliegen / nach / Wien
3. er / sprechen / mit / einige / Studenten
4. sie / erzählen / von / diese Universität
5. nach / zwei Tage / David / fahren / mit / Zug / nach / Salzburg

3 **Was macht Aynur?** Hanifea erzählt von Aynurs Tag. Ergänzen Sie die Sätze mit den Wörtern in Klammern.

> Use a contraction in sentences 2 and 3.

1. Aynur geht aus _____ _____. (das Haus)
2. Sie geht zu _____ _____. (der Bäcker)
3. _____ _____ Sevil arbeitet bei _____ _____. (ihre Freundin / der Bäcker)
4. Aynur arbeitet für _____ _____. (ihr Onkel)
5. Sie fährt mit _____ _____ zur Arbeit. (das Fahrrad)
6. Nach _____ _____ geht sie in die Buchhandlung. (die Arbeit)
7. Dort kauft sie _____ _____ über die Türkei. (ein Buch)
8. Morgen schenkt sie _____ _____ das Buch zum Geburtstag. (ihr Vater)

4 **Jetzt weiß er es** In einem Café setzt sich (*sits down*) Sebastian Berger an Jana Müllers Tisch. Nach zehn Minuten weiß Sebastian einiges (*some things*) über Jana. Sagen Sie, was Sebastian alles weiß. Beginnen Sie jeden Satz mit **Er weiß, dass ...**

JANA: Ich bin Österreicherin.
SEBASTIAN: Kommst du aus Wien?
JANA: Nein, aus Salzburg.
SEBASTIAN: Wohnst du in einem Studentenwohnheim?
JANA: Nein, bei einer Familie.
SEBASTIAN: Was studierst du denn?
JANA: Wirtschaftswissenschaft (*economics*) ist mein Hauptfach und Englisch mein Nebenfach. Ich möchte in Amerika arbeiten.
SEBASTIAN: Warst du schon in Amerika?
JANA: Leider noch nicht.

5 **Wie sagt man das?**

1. VERENA: Would you like to go to Austria this summer?
2. CARINA: Yes, gladly. Do you want to go by car or by train?
3. VERENA: By bike. If the weather stays nice.
4. EIN FREUND: Can you lend me your German book?
5. SIE: Of course, I can give it to you.
6. EIN FREUND: And can you also explain the dative to me?
7. SIE: Do we have enough time?

6 **Wo soll ich studieren?** Ihre Partnerin/Ihr Partner möchte in Europa studieren. Sie/Er weiß aber nicht, ob sie/er in Deutschland oder Österreich studieren soll. Wählen Sie ein Land und erzählen Sie von dem Land. Hier sind einige Fragen.

> Wie groß ist das Land?
> Wie viele Nachbarn hat es?
> Wie viele Einwohner hat es?
> Hat es viele Berge?
> Hat es viel Industrie?
> Wie heißt die Hauptstadt?

7 **Zum Schreiben** Sie studieren in Wien und möchten Ihre Freundin/ Ihren Freund überreden *(persuade)* auch in Wien zu studieren. In einem kurzen Brief schreiben Sie ihr/ihm von den Vorteilen *(advantages)*.

Wien, den 30. Dezember 2010

Liebe [Barbara],/Lieber [Paul],
ich bin ...

Viele Grüße
deine [Jennifer]/dein [David]

Schreibtipp

Lesen Sie Ihren Brief noch einmal durch. Kontrollieren Sie
• Subjekt und Verb
• Wortstellung mit Konjunktionen
• Genus *(gender)* und Fall *(case)* für alle Substantive und Pronomen
• Präpositionen und Fälle *(cases)*

Grammatik: Zusammenfassung

Verbs with stem-vowel change *au > äu*

laufen: *to run; to go on foot, walk*			
ich	laufe	wir	laufen
Sie	laufen	Sie	laufen
du	**läufst**	ihr	lauft
er/es/sie	**läuft**	sie	laufen
du-imperative: *lauf(e)*			

Independent clauses and coordinating conjunctions

The six common coordinating conjunctions are **aber, denn, doch, oder, sondern,** and **und.**

Noah **kommt** morgen, aber Luisa **muss** morgen arbeiten.

In independent (main) clauses, the finite verb (e.g., **kommt, muss**) is in second position. A coordinating conjunction (e.g., **aber**) does not affect word order.

Dependent clauses and subordinating conjunctions

Ich weiß, dass Nico morgen **kommt.**
dass Chiara morgen **mitkommt.**
dass Pascal nicht **kommen kann.**

Some common subordinating conjunctions are **bevor, dass, obwohl, weil,** and **wenn.**

In dependent (subordinate) clauses, the finite verb (e.g., **kommt**) is in final position. The separable prefix (e.g., **mit**) is attached to the base form of the verb (**kommt**) in final position. The modal auxiliary (e.g., **kann**) is in final position, after the infinitive (e.g., **kommen**).

Wenn du mit dem Rad fährst, **siehst** du mehr vom Land.

When a dependent clause begins a sentence, it is followed directly by the finite verb (e.g., **siehst**) of the independent clause.

Articles, *der-* and *ein*-words in the dative case

	Masculine	Neuter	Feminine	Plural
Nominative	der Mann	das Kind	die Frau	die Freunde
Accusative	den Mann	das Kind	die Frau	die Freunde
Dative	**dem** Mann	**dem** Kind	**der** Frau	**den** Freunden
	diesem Mann	**diesem** Kind	**dieser** Frau	**diesen** Freunden
	einem Mann	**einem** Kind	**einer** Frau	**keinen** Freunden
	ihrem Mann	**unserem** Kind	**seiner** Frau	**meinen** Freunden

Nouns in the dative plural

Nominative	die Männer	die Frauen	die Radios
Dative	den Männer**n**	den Frauen	den Radios

Nouns in the dative plural add **-n** unless the plural already ends in **-n** or **-s.**

Masculine *N*-nouns in the dative case

Nominative	der Herr	der Mensch
Accusative	den Herrn	den Menschen
Dative	**dem** Herr**n**	**dem** Mensch**en**

Dative of *wer*

Nominative	wer
Accusative	wen
Dative	**wem**

For the masculine **N**-nouns used in this book, see the Grammatical Tables in *Appendix D.*

Dative personal pronouns

	Singular					
Nominative	ich	Sie	du	er	es	sie
Accusative	mich	Sie	dich	ihn	es	sie
Dative	**mir**	**Ihnen**	**dir**	**ihm**	**ihm**	**ihr**

	Plural			
	wir	Sie	ihr	sie
	uns	Sie	euch	sie
	uns	**Ihnen**	**euch**	**ihnen**

Word order of direct and indirect objects

	Indirect object	Direct-object noun
Sophia schenkt	*ihrer Schwester*	**den Rucksack.**
Sophia schenkt	*ihr*	**den Rucksack.**

	Direct-object pronoun	Indirect object
Sophia schenkt	**ihn**	*ihrer Schwester.*
Sophia schenkt	**ihn**	*ihr.*

The direct (accusative) object determines the order of objects. If the direct object is a noun, it follows the indirect (dative) object. If the direct (accusative) object is a personal pronoun, it precedes the indirect (dative) object.

> A few common dative verbs are **antworten, danken, gefallen, glauben** and **helfen.** For additional dative verbs, see the Grammatical Tables in *Appendix D.*

Dative verbs

Hilf mir einen Moment.   **Glaub** mir, so ist es.

Most German verbs take objects in the accusative, but a few verbs take objects in the dative. The dative object is usually a person. For convenience, such verbs are often called "dative verbs."

Dative prepositions

Prepositions	
aus	out of; from (= is a native of)
außer	besides, except for
bei	with (at the home of); at (a place of business); near (in the proximity of); while or during (indicates a situation)
mit	with; by means of (transportation)
nach	to (with cities, and countries used without an article); after
seit	since, for (referring to time)
von	from; of; by (the person doing something)
zu	to (with people and some places); for (in certain expressions)

Contractions		
bei dem	=	**beim**
von dem	=	**vom**
zu dem	=	**zum**
zu der	=	**zur**

KAPITEL 6

In der Freizeit
Was man alles machen kann!

"So, und was machen wir jetzt?"

Lernziele

Sprechintentionen
- Discussing leisure-time activities
- Expressing likes and dislikes
- Discussing clothes
- Expressing opinions
- Talking about the past
- Apologizing

Zum Lesen
- Freizeitaktivitäten am Wochenende

Leserunde
- *Kleinstadtsonntag* (Wolf Biermann)

Wortschatz

1 Leisure-time activities
  Fernsehprogramme
2 **Kleidungsstücke**
  Infinitives used as nouns

Grammatik
- Present perfect tense
- Past participles
- Use of auxiliaries **haben** and **sein**
- Dependent clauses in the present perfect tense

Land und Leute
- Freizeit
- Feiertage
- Der deutsche Film
- Der Führerschein

Video-Ecke

1 Was machst du in deiner Freizeit?
  Berlin
  Was ziehst du gern an?
2 Was machen wir heute Abend?

RESOURCES

Bausteine für Gespräche

🔊 ## Was habt ihr vor?

2-2

FELIX: Sagt mal, was macht ihr am Wochenende?

SARAH: Keine Ahnung.

LEON: Ich habe am Freitag Probe mit der Band. Am Samstag spielen wir in der Musikfabrik.

FELIX: Du, Sarah, da können wir doch zusammen hingehen, oder?

SARAH: Gute Idee. Das ist super. Vielleicht geht auch Alex mit?

LEON: Der kann nicht. Er muss fürs Examen arbeiten.

FELIX: Also, Sarah, ich hole dich um acht ab. In Ordnung?

1 Fragen

1. Was hat Leon am Wochenende vor?
2. Wohin möchte Felix gehen?
3. Warum kann Alex nicht mitgehen?
4. Wann holt Felix Sarah ab?

🔊 ## Ich habe im Internet gesurft

2-3

ANNA: Sag' mal Daniel. Warum hast du gestern Abend dein Handy nicht angehabt? Ich habe versucht dich anzurufen.

DANIEL: Ja, ich hatte es auf „lautlos" gestellt. Ich habe nämlich ein bisschen im Internet gesurft und auf einmal war es zwölf Uhr.

ANNA: Was hast du denn so lange im Internet gemacht?

DANIEL: Ich habe nach billigen Flügen in die USA gesucht. Außerdem habe ich noch ein paar Informationen für meine Hausarbeit gebraucht. Und ich habe dir eine E-Mail geschrieben. Hast du sie denn nicht bekommen?

ANNA: Weiß ich gar nicht. Weil ich dich nicht erreicht habe, bin ich allein ins Kino gegangen. Und dann gleich ins Bett.

2 Fragen

1. Warum hat Daniel den Anruf *(telephone call)* von Anna nicht bekommen?
2. Was hat Daniel gestern Abend gemacht?
3. Warum ist Anna gestern Abend dann allein ins Kino gegangen?
4. Hat Anna Daniels E-Mail bekommen? Warum nicht?

Brauchbares

1. To ask whether Sarah agrees with him, Felix ends one sentence with **"oder?"** and the other with **"In Ordnung?"** These two phrases are common in German conversation. You already know **"oder?"**, which is equivalent to *Or don't you agree?* The expression **"In Ordnung?"** is equivalent to *Is that all right with you?*

2. **Ich habe** (im Internet) **gesurft** (*I surfed*) is a past-tense construction in German made up of a form of **haben** and a participle (**gesurft**). **Ich bin gegangen** (*I went*) is also a past-tense construction but made up of a form of **sein** and a participle (**gegangen**). These forms are practiced in *Grammatik und Übungen* in this chapter.

---

3 **Was machst du in der Freizeit?** Fragen Sie Ihre Partnerin/Ihren Partner, was sie/er in ihrer/seiner Freizeit macht. Erzählen Sie den Kursteilnehmern, was sie/er gesagt hat. Benutzen Sie die Wörter unten.

> Musik hören / machen   im Internet surfen   Rad fahren⁺
> fotografieren⁺   joggen   Science-Fiction lesen
> inlineskaten gehen   Ski laufen / fahren   kochen⁺

Discussing leisure-time activities

K. Die beliebtesten Freizeitaktivitäten der Deutschen

E. Arbeiten am Computer

S1:
Was sind deine Hobbys?

S2:
Rad fahren.

S1:
Was hast du am Wochenende vor?

Ich gehe

S2:
schwimmen.
Wasserski laufen / fahren.
windsurfen⁺.
tanzen.

Ich will

viel lesen.

faulenzen.
arbeiten.
Fußball / Tennis im Fernsehen sehen.
im Internet chatten.

---

4 **Was machst du mit dem Computer?** Fragen Sie Ihre Partnerin/Ihren Partner. Was macht sie/er mit dem Computer?

> oft E-Mails schreiben   im Internet surfen   etwas im Internet kaufen
> Informationen für Hausarbeiten suchen   gerne chatten
> Computerspiele spielen

S1:
Was machst du mit dem Computer?

S2:
Ich schreibe oft E-Mails.

---

5 **Was hast du gestern Abend gemacht?** Fragen Sie Ihre Partnerin/Ihren Partner. Was hat sie/er gestern Abend gemacht?

S1:
Was hast du gestern Abend gemacht? Und was noch?

S2:
Ich habe im Internet gesurft.
...

Erweiterung des Wortschatzes 1

Fernsehprogramme

TV Programm vom 11. Januar 2011

ZDF

05.30	**ZDF-Morgenmagazin**
09.00	**heute**
09.05	**Volle Kanne[1] - Service täglich[2]** Service-Magazin Deutschland 2011
10.00	**heute**
10.03	**Volle Kanne - Service täglich**
10.30	**Lena - Liebe meines Lebens[3]** Folge 75, Telenovela Deutschland 2011
11.00	**Reich[4] und schön** Soap, USA 2007
12.00	**heute** mit Börsenbericht[5]
12.15	**drehscheibe Deutschland[6]** Magazin Deutschland, 2011
13.00	**ZDF-Mittagsmagazin**
14.00	**heute - in Deutschland**
14.15	**Die Küchenschlacht[7]** Kochshow, Deutschland, 2011
15.00	**heute**
15.15	**Topfgeldjäger - Das Duell am Herd[8] mit Horst Lichter** Kochshow Deutschland 2011
16.00	**heute - in Europa**
16.15	**Lena - Liebe meines Lebens** Folge 76, Telenovela Deutschland 2001
17.00	**heute - Wetter**
17.15	**hallo deutschland** Boulevardmagazin[9] Deutschland 2011
17.45	**Leute heute** Boulevardmagazin, Deutschland 2011
18.00	**SOKO[10] Köln** Krimiserie Deutschland 2011
18.50	**Lotto**
19.00	**heute**
19.20	**Wetter**
19.25	**Die Rosenheim-Cops Tod beim Live-Chat** Krimiserie, Deutschland 2011
20.15	**Aufstand der Jungen[11]** Spielfilm, Deutschland 2010
21.45	**heute -journal**
22.12	**Wetter**
22.15	**37 Grad Immer mit Herzblut[12] (1/2) Lehrer - mehr als ein Job** Dokumentationsreihe Deutschland 2011
23.00	**Einsatz in Hamburg[13] Mord auf Rezept** Krimireihe, Deutschland 2005
00.30	**heute nacht**
00.45	**Neu im Kino** „Morning Glory" von Roger Michell
00.50	**Der Schakal** Thriller, USA 1997
02.45	**heute**
02.50	**SOKO Köln** Krimiserie, Deutschland 2010
03.35	**37 Grad**
04.20	**heute**
04.25	**Die Küchenschlacht**

RTL

04.45	**Verdachtsfälle[14]** Information, Reality
05.35	**Explosiv - Das Magazin** Information, Boulevard
06.00	**Punkt 6**
07.30	**Alles was zählt[15]** Serie, Soap
08.00	**Unter uns** Soap, Deutschland 2010
08.30	**Gute Zeiten, schlechte Zeiten** Soap, Deutschland 2010
09.00	**Punkt 9**
09.30	**Mitten im Leben[16]** Serie, Sitcom
10.30	**Mitten im Leben**
11.30	**Unsere erste gemeinsame Wohnung** Doku-Soap
12.00	**Punkt 12[17] - Das RTL Mittagsjournal**
14.00	**Die Oliver Geissen Show** Talkshow
15.00	**Mitten im Leben** Doku-Serie
16.00	**Mitten im Leben**
17.00	**Einer gegen Hundert[18]** Quizshow
17.30	**Unter uns[19]** Soap, Deutschland 2010
18.00	**Explosiv - Das Magazin**
18.30	**EXCLUSIV - Das Star-Magazin**
18.45	**RTL Aktuell**
19.03	**RTL Aktuell - Das Wetter**
19.05	**Alles was zählt**
19.40	**Gute Zeiten, schlechte Zeiten** Soap, Deutschland 2010
20.15	**Die 10 witzigsten Live-Comedians**
21.15	**Unser neues Zuhause[20]** Doku-Soap
22.15	**stern TV[21]**
00.00	**RTL Nachtjournal**
00.27	**RTL Nachtjournal - Wetter**
00.35	**Unser neues Zuhause** Doku-Soap
01.25	**CSI: Miami**
02.20	**Law & Order**
03.10	**RTL Nachtjournal**
03.27	**RTL Nachtjournal - Das Wetter**
03.30	**RTL Shop**
04.30	**Mitten im Leben!**

[1]*lit. Full Pot* [2]*daily* [3]*Love of my Life* [4]*rich* [5]*stock market reports* [6]*All About Germany* [7]*Kitchen Battle* [8]*Duel at the stove* [9]*tabloid* [10]**Sonderkommission:** *special unit* [11]*Rebellion of the boys* [12]*Always Passionate* [13]*Policing in Hamburg* [14]*Suspicion* [15]*All that counts* [16]*In the Midst of Life* [17]*Twelve O'clock Sharp* [18]*One against 100* [19]*Amongst Ourselves* [20]*Our New Home* [21]**Stern** *is name of a magazine*

6 Fernsehen Suchen Sie für jede Kategorie von Sendungen eine Fernsehsendung auf Seite 218 aus°. Geben Sie auch an, wann die Sendung beginnt.

suchen aus: *choose*

Musiksendung

Soap

Fernsehserie

Nachrichten

Spielfilm

Sportsendung

7 Fernsehprogramme Auf Seite 218 sehen Sie Fernsehprogramme von ZDF und RTL. Beantworten Sie die Fragen.

1. Es gibt viele amerikanische Sendungen. Welche sind das?
2. Es gibt auch viele englische Wörter. Welche sind das?
3. Welches Programm hat mehr Soaps?
4. Wie oft gibt es im ZDF Nachrichten am 11. Januar? Um welche Uhrzeit?
5. Wann und wo gibt es Quizshows?

8 Deine Lieblingssendung Interviewen Sie drei Studentinnen/ Studenten in Ihrem Deutschkurs. Wie oft sehen sie fern, was sehen Sie, und warum?

S1:	*S2:*
Wie oft siehst du fern?	Einmal⁺ [zweimal, dreimal] die Woche.
Welche Sendungen magst du?	Ich sehe gern [...]. Es ist lustig.
Was ist deine Lieblingssendung?	Meine Lieblingssendung ist [...].

Vokabeln I

Substantive

Unterhaltung *(Entertainment)*

der **Science-Fiction-Film, -e** science
fiction film
das **Fernsehen** TV
das **Fernsehprogramm** TV listing;
TV channel
das **Programm, -e** program; channel;
TV listing
die **Band, -s** (musical) band
die **Probe, -n** rehearsal

die **Science-Fiction** science fiction
die **Sendung, -en** TV or radio program

Weitere Substantive

der **Flug, ⁻e** flight
die **Ahnung** hunch; idea; **keine
Ahnung!** No idea!
die **Fabrik, -en** factory
die **Freizeit** free time, leisure time
die **Idee, -n** idea
die **Information, -en** information

Verben

an·haben to have turned on
an·rufen, angerufen to phone; **bei
[dir] anrufen** to call [you] at home
an·sehen, angesehen to look at
chatten to chat (Internet)
erreichen to reach, catch; to arrive at
fotografieren to photograph
hin·gehen, ist hingegangen to go
there
kochen to cook

**Rad fahren (fährt Rad), ist Rad
gefahren** to ride a bicycle
stellen to put, place; to set
surfen to surf
telefonieren to speak on the telephone;
(mit jemandem) telefonieren to
telephone with someone
vor·haben to intend, have in mind
**windsurfen gehen, ist windsurfen
gegangen** to go windsurfing

Andere Wörter

gar nichts nothing at all
langweilig boring

lautlos silent
zweimal two times

Besondere Ausdrücke

auf einmal all at once
einmal die Woche once a week
gestern Abend last night
In Ordnung? Is that all right (with
you)?

übers Internet kaufen to buy on the
Internet

Lerntipp

- Beginning in this chapter, the past participles of strong verbs (see pp. 236) will
be listed after the infinitive, e.g., **finden, gefunden**.

- Verbs that take **sein** as an auxiliary in the perfect tense are indicated by the
word **ist** before the past participles, e.g., **gehen, ist gegangen**.

Alles klar?

9 **Welches Wort passt nicht?**

1. a. der Flug   b. das Programm   c. das Fernsehen   d. die Sendung

2. a. hingehen   b. windsurfen   c. ansehen   d. Rad fahren

3. a. anrufen   b. stellen   c. chatten   d. telefonieren

4. a. Fabrik   b. Freizeit   c. kochen   d. fotografieren

10 **Ergänzen Sie!**

> Ahnung   ansehen   habt ... vor   hingehen
> in Ordnung   Idee

SOPHIE: Tim, hast du eine _____, was wir morgen in Berlin machen können?

TIM: Hmm, nein, ich weiß nicht. Was _____ ihr denn heute Abend vor? Ihr könnt euch vielleicht einen Film im Kino _____.

SOPHIE: Gute _____! Ja, da können wir _____. Kommst du mit?

TIM: Eigentlich habe ich keine Zeit, denn ich muss lernen. Hmmm, das kann ich aber vielleicht auch am Wochenende machen. Okay, _____. Ich komme mit!

SOPHIE: Dann können wir doch eigentlich gleich los.

11 **Was ist das?** Verbinden Sie die Sätze mit den richtigen Bildern.

1. _____

2. _____

3. _____

4. _____

Fotografieren ist ein interessantes Hobby.
Windsurfen gehen geht nur mit Wind.
Diese Person hat eine Idee!
Das Fernsehprogramm kann sehr langweilig sein.
Stress? Man kann auch zu viel vorhaben.
Die Band hat freitags Probe.

Web Search

Freizeit

 J. Kulturkontraste 1. Freizeit

Although Germans have a reputation for being industrious, they are also known as the world champions in leisure time (**Freizeitweltmeister**). Germany ranks near the top among the industrialized nations in paid vacation time (**Urlaub**).

The European Union requires its member states to offer a minimum of four weeks vacation to workers, but in Germany the majority of all employees enjoy at least six weeks of paid vacation. In addition to paid vacation time, many German companies pay their employees a vacation bonus (**Urlaubsgeld**) of several hundred euros. Vacation time in Austria is five weeks and in Switzerland it is four weeks. The United States and Canada are at the bottom in number of vacation days with 15 days on the average in the United States and 19 days in the Canada.

Many Germans spend much of their free time taking vacation trips abroad. The most popular European destinations for Germans are Spain, Italy, and Austria. Outside of Europe, the favorite destinations are the United States and Canada. About one-third of the vacation trips are taken in Germany.

Beryl Goldberg

▲ Segeln ist ein beliebter Sport in Deutschland. (Wannsee, Berlin)

Monkey Business Images/Shutterstock.com

▲ An der Nordsee machen viele Familien Urlaub.

Kulturkontraste

1. Was meinen Sie: Sind wir produktiver, wenn wir ein Minimum von drei Wochen Urlaub haben?

2. Warum haben nicht alle Leute so viel Urlaub? Wie viele Urlaubstage haben die Leute in Ihrem Land?

3. Viele europäische Länder haben mehr Urlaubstage als die USA. Finden Sie, dass so viele Urlaubstage gut sind? Warum (nicht)?

4. Machen Sie einen Plan: Sie haben sechs Wochen Urlaub im Jahr. Was machen Sie? Wie organisieren Sie Ihren Urlaub in 12 Monaten? Wann machen Sie Urlaub, und wie oft? Bleiben Sie zu Hause, oder fahren Sie weg?

Zum Lesen

 Web Links

Vor dem Lesen

12 **In meiner Freizeit** Was machen Sie in Ihrer Freizeit?

BEISPIEL Ich fahre gern Rad, ich lese gern, und ich esse gern.

> **Rad fahren   joggen   fernsehen   am Computer arbeiten⁺   lesen**
> **wandern oder spazieren gehen   mit Freunden zusammen sein**
> **ins Kino, Theater⁺ oder Konzert⁺ gehen**
> **im Internet surfen / chatten   faulenzen   essen gehen**
> **telefonieren   Sport treiben   tanzen gehen   Musik hören**

 13 **Musik und Konzerte** Beantworten Sie die Fragen.

1. Wo kann man ein amerikanisches Musical sehen?
2. Wo kann man die Theaterkarten⁺ von 10 bis 18 Uhr kaufen?
3. Wann endet das Musical?
4. Welche der beiden Möglichkeiten (possibilities) gefällt Ihnen besser? Das Theaterstück oder das Konzert?

Staatstheater am Gärtnerplatz
Telefon 2 01 67 67
Vorverkauf¹ im Theater
Mo.–Fr. 10–18 Uhr, Sa. 10–13 Uhr
Maximilianstr. 11–13
Mo.–Fr. 10–13, 15.30–17.30,
Sa. 10–13 Uhr
Der Fiedler² auf dem Dach³
(Anatevka)
Musical Jerry Bock
Beginn: 19.30   Ende: 22.45 Uhr

¹advance ticket sales
²fiddler ³roof

© Cengage Learning

Beim Lesen

14 **Letztes Wochenende** Was machen die Leute im Text in ihrer Freizeit? Machen Sie eine Liste.

Wer...	macht was?

H. Freizeit, ein Problem?

I. Was machen Sie in Ihrer Freizeit?

2-4

A. Freizeitaktivitäten am Wochenende

B. Richtig oder falsch?

passion

> Theater-going is very popular in German-speaking countries, which have a total of more than 500 theaters. Germany alone has 180 public theaters, 190 private theaters, and 30 festival theaters. Theaters attract an attendance of over 38 million people annually.

Freizeitaktivitäten am Wochenende

Julian Bosch ist Reporter bei einer Studentenzeitung und macht Straßeninterviews für die Zeitung. Seine Frage: „Was hast du letztes Wochenende in deiner Freizeit gemacht?"

Katharina, 23 Jahre: „Freizeit? Ich habe schon
5 ewig keine richtige Freizeit mehr gehabt. Ich studiere Informatik und bekomme BAföG, da möchte ich natürlich so schnell wie möglich mit dem Studium fertig werden. Ich jobbe in einem Internetcafé, meistens samstags und sonntags.
10 Das ist aber fast wie Freizeit für mich, weil Computer und das Internet meine große Le-idenschaft° sind. Und wenn im Café nicht so viel los ist, kann ich auch selbst im Internet surfen. Ich bin viel auf Facebook. Ich finde, so kann man gut mit Freunden und mit der
15 Familie in Kontakt bleiben. Ich kann Bilder, Texte und Videos hochladen und immer sehen, was meine Freunde und die Familie machen. Und meine Freunde wissen, was ich so mache. Ich finde das sehr praktisch.

Stefan, 19 Jahre: „Ich habe seit zwei Monaten meinen Führerschein und fahre gern mit
20 meinem Auto spazieren. Letzten Samstag bin ich sehr früh aufgestanden. Ich bin zu meinen Großeltern gefahren und habe sie besucht. Sie wohnen etwa hundertfünfzig Kilometer nördlich von München.
25 Ich höre gern Hip-Hop und Rock. Am Samstag sind meine Freunde und ich tanzen gegangen. Wir waren in der Sonderbar. Das ist ein ganz toller Club. Mein Auto ist natürlich zu Hause geblieben, denn ich habe Bier getrunken. Ins
30 Kino gehe ich nicht so gern. Das finde ich so passiv, denn man kann dort nicht mit Freunden sprechen. Ein Club ist da schon viel besser oder eine Kneipe."

Nina, 31 Jahre: „Viele Leute sagen, die Deutschen arbeiten zu viel und sind sehr fleißig.
35 Ich denke auch manchmal, ich arbeite zu viel. Ich bin Ärztin und muss oft viele Stunden im Krankenhaus sein. Letztes Wochenende habe ich aber frei gehabt. Ich habe am Samstag zu-erst mit meinem Bruder Tennis gespielt, dann
40 bin ich mit meinem Freund Rad gefahren. Ich treibe gern Sport. Und außerdem ist Sport ge-sund. Am Abend hat meine Familie Geburtstag gefeiert, denn meine Großmutter ist 83 Jahre alt geworden! Am Sonntag sind mein Freund
45 und ich ins Staatstheater am Gärtnerplatz ge-gangen. Er hatte Geburtstag und ich habe ihn zu dem Musical ‚Der Fiedler auf dem Dach' eingeladen. Mich hat das Stück interessiert, aber mein Freund hat es, glaube ich, ein bisschen langweilig gefunden. Ich gehe in meiner Freizeit gern aus. Manchmal bin ich aber ganz einfach auch gern zu Hause, sehe fern,
50 höre Radio, lese ein Buch oder tue nichts."

Sheftsoff/Shutterstock.com

Warren Goldswain/Shutterstock.com

Ross Petukhov/Shutterstock.com

Nach dem Lesen

15 **Fragen zum Lesestück**

1. Was studiert Katharina?
2. Wo arbeitet Katharina am Wochenende?
3. Was findet Katharina an Facebook so gut?
4. Wie alt ist Stefan?
5. Wie lange hat Stefan schon seinen Führerschein?
6. Warum geht Stefan gern in eine Disco oder Kneipe?
7. Warum ist Stefans Auto zu Hause geblieben?
8. Was ist Ninas Beruf *(profession)*?
9. Wann hat Nina frei gehabt?
10. Mit wem ist Nina ins Theater gegangen?
11. Welches Musical läuft im Staatstheater?
12. Was macht Nina gern zu Hause?
13. Mit wem (Katharina, Stefan oder Nina) möchten Sie gern ein Wochenende verbringen *(spend)*? Warum?

16 **Was passt zu wem?** Was ist typisch für Katharina, für Stefan oder für Nina?

1. Ich habe wenig Freizeit. _____
2. Ich spreche gern mit meinen Freunden. _____
3. Ich bin Studentin. _____
4. Ich gehe gern spazieren. _____
5. Ins Kino gehen gefällt mir nicht. _____
6. Ich muss oft lernen. _____
7. Ich muss viel arbeiten. _____
8. Ich surfe gern im Internet. _____
9. Meine Großmutter ist 83 Jahre alt. _____
10. Ich höre gern Rockmusik. _____
11. Ich spiele gern Tennis. _____
12. Ich finde Facebook gut. _____

17 **Eine Diskussion!** Diskutieren Sie die folgenden Themen mit zwei Partnern.

- Was machst du in deiner Freizeit?
- Warum hast du keine Freizeit?
- Wieviel musst du arbeiten?

Feiertage

J. Kulturkontraste, 2. Feiertage

Germans enjoy a minimum of nine legal, paid holidays per year. These holidays are days off in addition to vacation time. In some states, such as Bavaria, people have twelve holidays. With the exception of some transportation facilities, some restaurants and recreational facilities, businesses in Germany must be closed on legal holidays. Germany celebrates both secular and religious holidays. Among the secular holidays are New Year's Day (**Neujahr**), **Tag der Arbeit** on May 1, which is celebrated in honor of workers, and **Tag der deutschen Einheit** (Day of German Unity).

▲ Neujahrs-Feuerwerk am Brandenburger Tor

Tag der deutschen Einheit is Germany's national holiday and it is celebrated on October 3 to commemorate the unification of East and West Germany in 1990. As provided for in the **Einigungsvertrag** (a legal document organizing and structuring the political and administrative unity), it replaces the former West German holiday June 17 (**der 17. Juni, Tag der deutschen Einheit**), which commemorated the 1953 uprising in East Germany. June 17 remains a day of remembrance (**Gedenktag**), but is not a public holiday anymore. Austria celebrates a **Nationalfeiertag** on October 26—the day in 1955 when occupation forces left and Austrian sovereignty was restored. Switzerland celebrates its **Nationalfeiertag** on August 1 to commemorate the **Rütlischwur** in 1291 when the cantons Uri, Schwyz, and Unterwalden swore mutual support.

The following Christian holidays are observed throughout Germany: Good Friday (**Karfreitag**); Easter (**Ostern**—both **Ostersonntag** and **Ostermontag**); Ascension Day (**Christi Himmelfahrt**), the sixth Thursday after Easter; Pentecost (**Pfingsten**), the seventh Sunday and Monday after Easter; Christmas Eve (**Heiligabend**), and December 25 and 26 (**erster Weihnachtstag** and **zweiter Weihnachtstag**). A variety of other Christian holidays are observed in some states, but not in all.

Kulturkontraste

1. An Feiertagen sind in Deutschland die Geschäfte geschlossen. Was meinen Sie: Warum ist das vielleicht so? Ist das gut oder nicht?

2. Viele Länder haben einen nationalen Feiertag am ersten Mai. In Amerika ist der Tag der Arbeit im September. Was machen Sie an diesem Tag? Gibt es eine Tradition?

3. Gibt es in Ihrer Familie Traditionen oder Rituale für nationale oder religiöse Feiertage? Welche? Warum?

Erweiterung des Wortschatzes 2

Kleidungsstücke *(articles of clothing)*

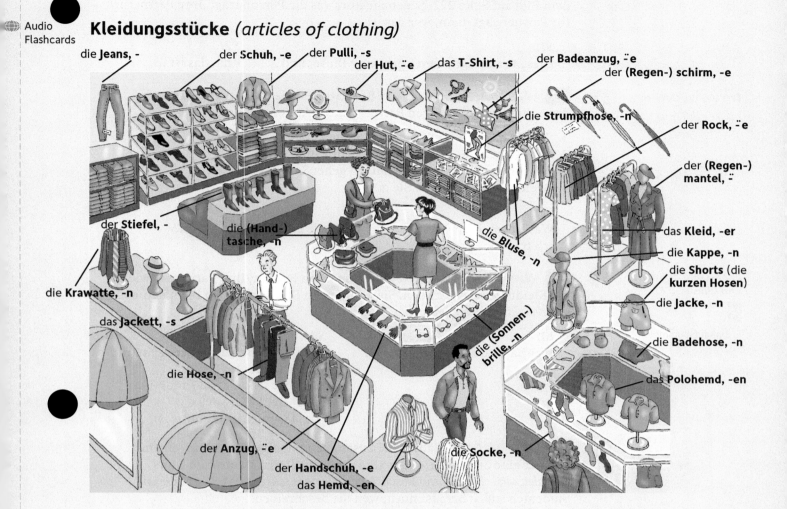

die **Jeans**, -
der **Schuh**, -e
der **Pulli**, -s
der **Hut**, ⸚e
das **T-Shirt**, -s
der **Badeanzug**, ⸚e
der **(Regen-) schirm**, -e
die **Strumpfhose**, -n
der **Rock**, ⸚e
der **(Regen-) mantel**, ⸚
das **Kleid**, -er
die **Kappe**, -n
die **Shorts** (die **kurzen Hosen**)
die **Jacke**, -n
die **Badehose**, -n
das **Polohemd**, -en
die **(Sonnen-) brille**, -n
die **Bluse**, -n
die **(Hand-) tasche**, -n
der **Stiefel**, -
die **Krawatte**, -n
das **Jackett**, -s
die **Hose**, -n
der **Anzug**, ⸚e
der **Handschuh**, -e
das **Hemd**, -en
die **Socke**, -n

Brauchbares

Konfektionsgrößen: Deutschland / USA

Für Damen: Blusen, Röcke, Kleider, Mäntel, Hosen

Deutschland	34	36	38	40	42
USA	6	8	10	12	14
Schuhe					
Deutschland	37	38	39	40	41
USA	6	6.5	8	9	10

Für Herren: Anzüge, Jacken, Mäntel, Hosen

Deutschland	46	48	50	52	54
USA	36	38	40	42	44
Hemden					
Deutschland	36	37	38	39/40	41
USA	14	$14^1/_2$	15	$15^1/_2$	16
Schuhe					
Deutschland	39/40	41	42	43/44	44/45
USA	$6^1/_2$	$7^1/_2$	$8^1/_2$	$9^1/_2$	$10^1/_2$

German fashion ads are filled with American borrowings. Current examples: **der Blazer, die Boots, die Jeans, die Kappe, das Make-up, das Outfit, das Poloshirt, die Pumps, die Sneakers, der Sweater, das Sweatshirt, das T-Shirt.** For additional articles of clothing, see *Supplementary Word Sets* on the Companion Website.

18 **Was tragen⁺ die Leute?** Beschreiben⁺ Sie eine der Personen auf dem Bild auf Seite 227. Sagen Sie nur, was die Person trägt. Ihre Partnerin/Ihr Partner sagt dann, wer das ist.

S1:
Diese Frau trägt einen Rock, eine Bluse, und ...

S2:
Aha, das ist ...

Discussing clothes

19 **Was tragen Sie wann?** Beantworten Sie die Fragen. Fragen Sie dann Ihre Partnerin/Ihren Partner und diskutieren Sie.

1. Was tragen Sie im Winter? Im Sommer?
2. Was tragen Sie, wenn Sie in die Vorlesung gehen?
3. Was tragen Sie, wenn Sie tanzen gehen?
4. Welche Farben tragen Sie gern?

S1:
Was trägst du im Winter?
Ich trage ...

S2:
Ich trage einen Schal. Und du?

Expressing opinions and likes and dislikes

E. Einkaufsbummel

20 **Wie gefällt es dir?** Fragen Sie Ihren Partner/Ihre Partnerin, wie sie die Kleidungsstücke finden. Sie können ein Bild aus diesem Buch nehmen oder sagen, was sie jetzt tragen.

S1:
Was hältst du von [dem Kleid]?

S2:
[Das] muss furchtbar teuer sein. Was kostet [es]?
[Das] ist schön / toll / praktisch.
[Das] sieht billig aus⁺.
[Das] ist nichts Besonderes.

 21 **Wer ist das?** Wählen Sie zusammen mit einer Partnerin/einem Partner eine Studentin/einen Studenten aus Ihrem Deutschkurs aus *(Wählen aus: choose)* und beschreiben Sie, was sie/er trägt. Die anderen Studenten sollen herausfinden, wen Sie beschreiben.

Infinitives used as nouns

Mein Hobby ist **Wandern**.
Frühmorgens ist **das Joggen** toll.

*My hobby is **hiking**.*
***Jogging** early in the morning is great.*

German infinitives may be used as nouns. An infinitive used as a noun is always neuter. The English equivalent is often a gerund, that is, the *-ing* form of a verb used as a noun.

22 **Was ist schön?** Beantworten Sie die Fragen mit Slogans. Nehmen Sie die folgenden Wörter.

| laufen einkaufen faulenzen arbeiten schwimmen fernsehen schlafen chatten |

BEISPIEL Was ist schön? *Laufen ist schön.*

1. Was ist toll?
2. Was ist gesund?
3. Was macht dumm?
4. Was macht fit?
5. Was ist langweilig?

Vokabeln ▐▐

Audio Flashcards
Tutorial Quizzes

Substantive

Freizeit

der **Club, -s** club, dance club
das **Internetcafé, -s** Internet café
das **Konzert, -e** concert; **ins Konzert
gehen** to go to a concert
das **Musical, -s** musical
das **Stück, -e** piece (of music); **Theaterstück** play (theater)
das **Theater, -** theater; **ins Theater
gehen** to go to the theater
die **Disco, -s** (*also* **Disko**) dance club
die **Karte, -n** ticket; die **Theaterkarte,
-n** theater ticket
die **Kneipe, -n** bar, pub
die **Rockmusik** rock (music)

Weitere Substantive

der **Arzt, ⁻e**/die **Ärztin, -nen** doctor,
physician
der **Führerschein, -e** driver's license
der **Reporter, -/**die **Reporterin,
-nen** reporter
das **Interview, -s** interview
das **Krankenhaus, ⁻er** hospital
die **Antwort, -en** answer
die **Kleidung** clothing
die **Sache, -n** thing; matter;
Sachen *(pl.)* clothes
die **Leute** *(pl.)* people

For articles of clothing see page 227.

Verben

auf·stehen, ist aufgestanden to get up;
to stand up
aus·gehen, ist ausgegangen to go out
aus·sehen (sieht aus), ausgesehen to
look like, seem
beschreiben, beschrieben to describe
bleiben, ist geblieben
denken, gedacht to think
ein·laden (lädt ein), eingeladen
to invite
fahren (fährt), ist gefahren to drive;
to travel
feiern to celebrate
gefallen (gefällt), gefallen (+ *dat.*)
to please

gehen, ist gegangen to go
halten (hält), gehalten to hold;
to keep; **halten ... für** to have an
opinion about
interessieren to interest
sehen (sieht), gesehen to see
**spazieren fahren (fährt spazieren), ist
spazieren gefahren** to go for a drive
sprechen (spricht), gesprochen
to speak
tragen (trägt), getragen to wear;
to carry
tun (tut), getan to do
werden (wird), ist geworden
to become

Adjektive und Adverbien

ehrlich honest
ewig forever; eternally
fertig finished
frei: frei haben to be off from work;
frei sein to be unoccupied
letzt- (-er, -es, -e) last
möglich possible
offen frank
passiv passive
zuerst first, first of all, at first

Besondere Ausdrücke

einander one another, each other;
miteinander with each other
es ist nicht viel los there's not much
going on
seit Monaten for months
vor ago; **vor zwei Wochen** two weeks
ago

Alles klar?

23 Definitionen Ergänzen Sie die folgenden Definitionen.

1. Wenn man eine Person _____, erklärt man genau, wie sie aussieht oder wie sie ist.
2. Ein _____ macht Interviews mit Leuten und schreibt Berichte für eine Zeitung oder eine Zeitschrift.
3. Auf eine Frage gibt man eine _____.
4. In einem _____ kann man im Internet surfen und E-Mails schreiben.
5. Wenn man Auto fahren möchte, muss man den _____ machen.
6. Ein Musical ist ein _____, bei dem Leute singen.
7. Wenn man sehr krank ist, muss man ins _____.
8. Wenn man nicht arbeiten muss, hat man _____.

24 Mit Freunden von früher Ergänzen Sie das Gespräch mit den folgenden Wörtern.

> aufgestanden   einander   ewig   frei   gefeiert
> interessiert   möglich   zuerst

JOHANNA: Lukas, du siehst aber müde aus! Wann bist du denn heute Morgen _____?

LUKAS: Nicht so früh, aber ich habe letzte Nacht nur wenig geschlafen. Gestern habe ich mit ein paar Freunden von früher in einer Kneipe _____. Wir haben _____ seit fünf Jahren nicht mehr gesehen.

JOHANNA: Seit fünf Jahren? Das ist ja _____. War auch Maximilian da? Er hat mich immer ein bisschen _____.

LUKAS: Ja, Maxi war auch da. Er war eigentlich wie immer. _____ war er ein bisschen komisch, aber dann am Ende war er richtig offen und hat viel geredet. Es ist _____, dass er mich nächsten Montag besucht. Möchtest du da auch kommen?

JOHANNA: Montag? Ja, da habe ich Zeit. Da muss ich nicht arbeiten. Wir haben _____, weil mein Chef weg ist. Ja, ich komme gern!

25 Was ist das? Verbinden Sie die Wörter mit den richtigen Bildern.

1. _____   Mikael Damkier/Shutterstock.com

2. _____   Ferenc Szelepcsenyi / Shutterstock.com

3. _____   ID1974 / Shutterstock.com

4. _____   dwphotos/Shutterstock.com

der Führerschein   die Disko   das Theaterstück
das Konzert   die Sache   das Internet Café

C. Das Gegenteil
D. Diktat

🌐 Web Links

2-5

Wolf Biermann is a poet, singer, and songwriter **(Liedermacher)** and one of the best known literary figures in Germany. He was born in 1936 in Hamburg. Because of his socialist beliefs, he emigrated to the German Democratic Republic *(DDR)* in 1953. Due to his criticism of the communist regime there, however, he was forbidden to publish and perform. In 1982, the East German government allowed him to go to West Germany to perform, but did not allow him to return. Today he lives in Hamburg and remains a very controversial political and literary figure. In his song "Kleinstadtsonntag," Biermann uses everyday language in an everyday situation and brings us a subtle and ironic look at leisure time on Sunday.

Kleinstadtsonntag

Gehn wir mal hin?
Ja, wir gehn mal hin.
Ist hier was los?
Nein, es ist nichts los.
5 Herr Ober°, ein Bier!
Leer° ist es hier.
Der Sommer ist kalt.
Man wird auch alt.
Bei Rose gabs Kalb°.
10 Jetzt isses° schon halb.
Jetzt gehn wir mal hin.
Ja, wir gehn mal hin.
Ist er schon drin°?
Er ist schon drin.
15 Gehn wir mal rein°?
Na gehn wir mal rein.
Siehst du heut fern?
Ja, ich sehe heut fern.
Spielen sie was?
20 Ja, sie spielen was.
Hast du noch Geld?
Ja, ich habe noch Geld.
Trinken wir ein'?
Ja, einen klein'.
25 Gehn wir mal hin?
Ja, gehn wir mal hin.
Siehst du heut fern?
Ja, ich sehe heut fern.

—*Wolf Biermann*

Herr Ober: *waiter*
empty

veal for dinner
isses = ist es

inside

in

Fragen

1. Wie viele Personen sprechen in diesem Gedicht?
2. Welcher Tag ist es?
3. Wo wohnen die Personen?
4. Was haben sie schon gemacht?
5. Was wollen sie noch machen?
6. Wie finden Sie das Leben der Personen in dem Gedicht? Warum?

Der deutsche Film

People in the German-speaking countries have enjoyed movies since the nineteenth century. Some of the earliest public showings of movies were in Germany. In Berlin in 1885, Max Emil Skladanowsky produced a seven-minute film which is still in existence. The German movie industry flourished during the era of silent films and early "talkies" (1919–1932). Directors, such as Fritz Lang, F. W. Murnau, and G. W. Pabst, were considered among the finest in the world, and the German use of the "moving camera" influenced many of them.

During the Nazi era (1933–1945), many great German and Austrian filmmakers emigrated to the United States and other countries. Some of them never returned; this loss led to a period of mediocrity in German filmmaking that lasted until the mid-sixties. At that point, a generation of young filmmakers began to introduce the New German Cinema (**Neuer deutscher Film**). Those directors, many of them now famous, include Werner Herzog, Wim Wenders, Wolfgang Petersen, and the late Rainer Werner Fassbinder. Despite the fact that the majority of films shown in German movie theaters today are American, with dubbed voices, other German directors such as Margarethe von Trotta, Volker Schlöndorff, Doris Dörrie, Percy Adlon, Tom Tykwer, and Caroline Link have not only renewed the German film audience but won international recognition.

With Tom Tykwer's (b. 1965) 1998 film *Lola rennt* (Run Lola Run) a generation of directors born in the 1960s and 1970s began winning fans at German and international box offices. Caroline Link (b. 1964) directed *Nirgendwo in Afrika* (Nowhere in Africa), which won the American Academy Award for best foreign language film in 2003. The Turkish-German director Fatih Akin won international acclaim with his film *Gegen die Wand* (Head-on) in 2004. In short succession, two more German-language films won Academy Awards—in 2007, Florian Henckel von Donnersmarck's *Das Leben der Anderen* (The Lives of Others) and in 2008, the Austrian film *Die Fälscher* (The Counterfeiters) directed by Stefan Ruzowitzky. All of these Oscar-winning films deal with problematic aspects of the German past, ranging from the Hitler Era to the German Democratic Republic *(DDR)*.

CREADO FILM/BR/ARTE / THE KOBAL COLLECTION / Picture Desk

▲ Der Film *Das Leben der Anderen* bekam 2007 einen Oscar.

J. Kulturkontraste, 3. Der deutsche Film

Kulturkontraste

Internetrecherche Finden Sie Informationen über die folgenden Personen und sagen Sie, was sie mit Deutschland oder Österreich zu tun haben: Marlene Dietrich, Billy Wilder, Roland Emmerich, Carl Laemmle, Sandra Bullock, Leonardo DiCaprio, Wolfgang Petersen, Fritz Lang, Florian Henkel von Donnersmarck, Christoph Waltz, Diane Krüger.

Grammatik und Übungen

🌐 Tutorial Quizzes

The present perfect tense (das Perfekt)

Talking about the past

Ich **habe** mit Lea **gesprochen**.	*I **have spoken** with Lea.*
	*I **spoke** with Lea.*
Sie **ist** nach Hause **gegangen**.	*She **has gone** home.*
	*She **went** home.*

German has several past tenses. One of them is the PRESENT PERFECT TENSE.

- The present perfect tense is commonly used in conversation to refer to past actions or states.

- It is made up of the present tense of the auxiliary **haben** or **sein** and the past participle of the verb.

- In independent clauses, the past participle is the last element. (For dependent clauses see page 242.)

Ich habe es **nicht** allein **gemacht**.	*I **didn't do** it alone.*
Ich habe es **nicht gemacht**.	*I **didn't do** it.*

In *Kapitel 1* you learned which elements **nicht** precedes (e.g., the adverb **allein**). If one of these elements is not present, **nicht** precedes the past participle (e.g., **nicht gemacht**).

Past participles of regular weak verbs (Das Partizip Perfekt regelmäßiger schwacher Verben)

Infinitive	Past participle	Present perfect tense
spielen	ge + spiel + t	Alina **hat** gestern nicht Tennis **gespielt**.
arbeiten	ge + arbeit + et	Sie **hat gearbeitet**.

German verbs may be classified as weak or strong according to the way in which they form their past tenses.

- A German regular weak verb is a verb whose infinitive stem (**spiel-, arbeit-**) remains unchanged in the past-tense forms.

- In German, the past participle of a regular weak verb is formed by adding -**t** to the unchanged infinitive stem. The -**t** expands to -**et** in verbs whose stem ends in -**d** or -**t** (**arbeiten > gearbeitet**), and in some verbs whose stem ends in -**rn** or -**n** (**regnen > geregnet**).

- Most weak verbs also add the prefix **ge-** in the past participle.

> In English, the past participle of corresponding verbs (called "regular" verbs) is formed by adding -**ed** to the stem, e.g., *play > play**ed**, work > work**ed***.

Auxiliary *haben* with past participles

ich	**habe** etwas **gefragt**	wir	**haben** etwas **gefragt**
Sie	**haben** etwas **gefragt**	Sie	**haben** etwas **gefragt**
du	**hast** etwas **gefragt**	ihr	**habt** etwas **gefragt**
er/es/sie	**hat** etwas **gefragt**	sie	**haben** etwas **gefragt**

The chart above shows how the present perfect tense of a weak verb is formed, using the auxiliary **haben**.

I. Wir haben es schon
gehört

J. Ich hab's schon gemacht

26 **Wir haben es schon gehört.** Ihre Freundin/Ihr Freund möchte anderen ein paar Neuigkeiten *(pieces of news)* erzählen. Sagen Sie Ihrer Freundin/Ihrem Freund, dass diese Leute die Neuigkeiten schon gehört haben.

BEISPIEL Frau Fischer   *Frau Fischer **hat** es schon **gehört**.*

1. Elias
2. ich
3. Professor Weber
4. unsere Freunde
5. wir

27 **Am Wochenende** Jana erzählt vom Wochenende. Ergänzen Sie die Sätze. Benutzen Sie das Perfekt.

BEISPIEL Am Freitagabend haben Julian und ich Tennis
_____*gespielt*_____. (spielen)

1. Du hast mich _____, was am Wochenende los war. (fragen)
2. Also, Jasmin hat am Samstag wieder _____. (jobben)
3. Ich habe heute Morgen für meine Matheklausur _____, aber am Nachmittag nur _____. (lernen/faulenzen)
4. Am Sonntag haben wir den Geburtstag meiner Mutter _____. (feiern)
5. Meine Schwester hat ihr wirklich schöne Blumen _____. (schenken)
6. Vati hat das ganze Essen _____. (kochen)

Past participles of irregular weak verbs (Partizip Perfekt der unregelmäßigen schwachen Verben)

Infinitive	Past participle	Present perfect tense
bringen	ge + brach + t	Wer **hat den Wein gebracht**?
denken	ge + dach + t	Jens **hat** an den Wein **gedacht**.
kennen	ge + kann + t	Er **hat** ein gutes Weingeschäft **gekannt**.
		Sie **hat** Thomas gut **gekannt**.
wissen	ge + wuss + t	Das **haben** wir nicht **gewusst**.

A few weak verbs, including **bringen, denken, kennen,** and **wissen,** are irregular. They are called irregular weak verbs because the past participle has the prefix **ge-** and the ending **-t,** but the verb also undergoes a stem change. The past participles of irregular weak verbs are noted in the vocabularies as follows: **denken, gedacht.**

28 **Alles vorbereitet** Hannah und Julian haben eine Party. Lesen Sie die Sätze und sagen Sie, was sie schon gemacht haben. Benutzen Sie das Perfekt.

BEISPIEL Julian denkt an alle Freunde.   *Julian **hat** an alle Freunde **gedacht**.*

1. Hannah denkt an den Wein.
2. Julian bringt Käse mit.
3. Stefan kauft Obst.
4. Marie bringt Pizza mit.
5. Lea und Dominik kaufen Mineralwasser.

29 Frage-Ecke Was haben Sarah, Leon und Felix gestern Abend, letztes Wochenende und letzte Woche gemacht? Die Informationen für **S2** finden Sie im Anhang (*Appendix B*).

K. Pizza machen

S1:
Was hat Sarah letztes Wochenende gemacht?

S2:
Sie hat gefaulenzt.

S1: ...

	Sarah	Leon	Felix
gestern Abend	im Chatroom gechattet		im Internet gesurft
letztes Wochenende		Schach gespielt	
letzte Woche	jeden Abend gekocht		

Use of the present perfect tense

In English, the present perfect tense and the simple past tense have different meanings.

> *What are you doing today?*
> *Daniel has invited me to dinner (and I'm going this evening).*

The present perfect tense (e.g., *has invited*) in English refers to a period of time that continues into the present and is thus still uncompleted.

> *What did you do today?*
> *Daniel invited me to dinner (and I went).*

The simple past tense (e.g., *invited*) in English, on the other hand, refers to a period of time that is completed at the moment of speaking.

Daniel **hat** mich zum Essen **eingeladen**. $\left\{ \begin{array}{l} \textit{Daniel } \textbf{has invited} \textit{ me to dinner.} \\ \textit{Daniel } \textbf{invited} \textit{ me to dinner.} \end{array} \right.$

In German, the present perfect tense (e.g., **hat eingeladen**) refers to all actions or states in the past, whereas in English the simple past tense is used for completed actions and the present perfect tense for uncompleted actions. Context usually makes the meaning clear.

- In German, the present perfect tense is most frequently used in conversation to refer to past actions or states. Therefore, it is often referred to as the "CONVERSATIONAL PAST."

- German also has a simple past tense (see *Kapitel 10*) that is used more frequently in formal writing. It narrates connected events in the past and is, therefore, frequently called the "NARRATIVE PAST."

30 Das hab' ich nicht gewusst Beantworten Sie die folgenden Fragen. Fragen Sie dann eine Partnerin/einen Partner.

Talking about the past

1. Welche Kurse hast du dieses Semester gemacht?
2. Wie viele Bücher hast du dieses Semester gekauft?
3. Wie viel haben deine Bücher gekostet?
4. Hast du heute schon im Internet gesurft?
5. Bis wann hast du gestern Abend gearbeitet?
6. Was hast du letzte Woche in deiner Freizeit gemacht?

31 **Hören Sie zu** Anna und Daniel sind an der Uni. Anna hat eine Einkaufstasche und Daniel will wissen, was Anna gekauft hat. Hören Sie zu und geben Sie an, ob die Sätze unten richtig oder falsch sind. Sie hören fünf neue Wörter: **pleite** *(broke; out of money)*; **du Armer** *(you poor thing)*; **die Tüte** *(bag, sack)*; **neugierig** *(curious)*; **zum Spaß** *(for fun)*.

	Richtig	Falsch
1. Daniel hat viel Geld und will einkaufen gehen.		X
2. Anna hat Schuhe gekauft.	X	
3. Professor Huber hat zwei Bücher für das Seminar gekauft.		X
4. Anna hat Daniel einen Kalender gekauft.	X	

Past participles of strong verbs *(starke Verben)*

Infinitive	Past participle	Present perfect tense
sehen	ge + seh + en	Ich **habe** es **gesehen**.
finden	ge + fund + en	Ich **habe** es **gefunden**.
nehmen	ge + nomm + en	Ich **habe** es nicht **genommen**.

- The past participle of a strong verb ends in **-en**. (EXCEPTION: **getan**.)
- Most strong verbs also add the **ge-** prefix in the past participle.
- Many strong verbs have a stem vowel in the past participle **(gefunden)** that is different from that in the infinitive, and some verbs also have a change in the consonants **(genommen)**.
- Past participles of strong verbs are noted in the vocabularies as follows: **schreiben, geschrieben**.

For a list of strong verbs, see p. R-27 of the Grammatical Tables in *Appendix D*.

Infinitive	Past participle
halten	**gehalten**
schlafen	**geschlafen**
tragen	**getragen**
tun	**getan**

32 **Pizza machen** Aylin und Songül sprechen über Mustafa. Ergänzen Sie die Sätze im Perfekt.

AYLIN: Warum ___hat___ Mustafa heute so lange _geschlafen_? (schlafen)

SONGÜL: Er ___hat___ heute nicht viel _getan_. (tun) Er ___hat___ nur eine Pizza _gemacht_. (machen)

AYLIN: Was _haben_ die Freunde von seinem Plan _gehalten_? (halten)

SONGÜL: Sie _haben_ auch eine Pizza _gemacht_. (machen) Dann _haben_ sie die Pizzas zu den Nachbarn _getragen_. (tragen)

AYLIN: Was _haben_ die Nachbarn dann _getan_? (tun)

SONGÜL: Sie _haben_ die Pizzas natürlich _gegessen_. (essen) Sie _haben_ gut _geschmeckt_. (schmecken)

Infinitive	Past participle	Infinitive	Past participle
geben	**gegeben**	essen	**gegessen**
lesen	**gelesen**	liegen	**gelegen**
sehen	**gesehen**	sitzen	**gesessen**

K. Pizza machen

33 **Ein Abend bei mir** Sie haben Alexander gestern Abend eingeladen. Erzählen Sie, was Sie gemacht haben. Benutzen Sie das Perfekt.

BEISPIEL Ein Buch über die Schweiz liegt da.
Ein Buch über die Schweiz hat da gelegen.

1. Was machst du mit dem Buch?
2. Ich gebe es Alexander.
3. Zuerst liest er das Buch.
4. Dann essen wir.
5. Ich esse auch einen Apfel.
6. Später sehen wir einen Film im Fernsehen.

Infinitive	Past participle	Infinitive	Past participle
nehmen	**genommen**	trinken	**getrunken**
sprechen	**gesprochen**	leihen	**geliehen**
treffen	**getroffen**	schreiben	**geschrieben**
finden	**gefunden**		

34 **Was haben sie getan?** Geben Sie die folgenden Kurzdialoge im Perfekt wieder.

BEISPIELE —Nehmen Paul und Jonas den Zug?   —Haben Paul und Jonas den Zug genommen?

—Nein, ich leihe ihnen mein Auto.   —Nein, ich habe ihnen mein Auto geliehen.

1. —Trinken Sie Kaffee?
 —Nein, ich nehme Tee.

2. —Schreibst du die Karte?
 —Nein, ich finde sie nicht.

3. —Sprechen Niklas und Lea mit euch Englisch?
 —Ja, wir finden das toll.

Past participles of separable-prefix verbs (trennbare Verben)

Infinitive	Past participle	Present perfect tense
abholen	ab + **ge** + holt	Ich **habe** Jana **abgeholt**.
fernsehen	fern + **ge** + sehen	Wir **haben** dann zusammen **ferngesehen**.

The prefix **ge-** of the past participle comes between the separable prefix and the stem of the participle.

* Some separable-prefix verbs are weak (e.g., **abgeholt**); others are strong (e.g., **ferngesehen**).
* In spoken German the separable prefix receives stress: **ab'geholt**.

A list of some separable-prefix verbs you have encountered follows.

Infinitive	Past participle	Infinitive	Past participle
abholen	**abgeholt**	fernsehen	**ferngesehen**
anrufen	**angerufen**	kennenlernen	**kennengelernt**
aussehen	**ausgesehen**	mitbringen	**mitgebracht**
durcharbeiten	**durchgearbeitet**	mitnehmen	**mitgenommen**
einkaufen	**eingekauft**	vorhaben	**vorgehabt**
einladen	**eingeladen**	zurückzahlen	**zurückgezahlt**

35 **Studentenleben** Setzen Sie die folgenden Dialoge ins Perfekt.

BEISPIELE —Lädt Lukas für Samstag einige
Freunde ein?
—Natürlich. Er ruft alle seine
Freunde an.

—*Hat Lukas für Samstag einige*
Freund eingeladen?
—*Natürlich. Er hat alle seine*
Freunde angerufen.

1. —Kauft er auch Wein ein?
   —Na klar. Er kauft auch Käse, Wurst und Brot ein.
2. —Bringen seine Freunde etwas mit?
   —Natürlich. Sie bringen viel mit.
3. —Bringt Lisa auch Jana mit?
   —Nein, denn sie hat etwas vor.
4. —Sieht sie fern?
   —Nein, sie arbeitet ihre Notizen durch.

36 **Wer hat was gemacht?** Was haben die Leute auf den Bildern gestern in ihrer Freizeit gemacht? Benutzen Sie die folgenden Wörter.

> **am Computer arbeiten   einen Brief schreiben   fernsehen**
> **im Supermarkt einkaufen   Spaghetti kochen**
> **viel schlafen   Zeitung lesen**

L. Studentenleben

BEISPIEL *Sie hat die Zeitung gelesen.*

1.

2.

3.

4.

5.

6.

Past participles without the *ge-* prefix

Verbs ending in *-ieren*

Infinitive	Past participle	Present perfect tense
studieren	studiert	Marcel **hat** in München Physik **studiert**.
interessieren	interessiert	Die Kunstvorlesungen **haben** ihn auch **interessiert**.

- Verbs ending in **-ieren** do not have the prefix **ge-** in the past participle.
- All **-ieren** verbs are weak and thus their participles end in **-t**.
- These verbs are generally based on words borrowed from French and Latin; they are often similar to English verbs. Some common verbs are: **diskutieren, fotografieren, interessieren, studieren, telefonieren.**

37 **Worüber hat man diskutiert?** Ergänzen Sie die Kurzdialoge im Perfekt.

D. Das Spiel

TIM: Wo _____ du _____, Paula? (studieren)

PAULA: Ich _____ in München _____. (studieren)

ROBIN: Mit wem _____ Noah so lange _____? (telefonieren)

KEVIN: Mit Laura. Er _____ ihr zum Geburtstag _____. (gratulieren)

PIA: Pascal _____ mit seinem Freund über ein Problem _____. (diskutieren)

CHIARA: Schön. Aber warum _____ sie so lange _____? (diskutieren)

PIA: Die Professoren _____ wieder für mehr Mathematik _____. (plädieren [plead])

NICO: Die Studenten _____ wieder gegen diesen Plan _____, nicht wahr? (protestieren)

Verbs with inseparable prefixes *(untrennbare Verben)*

Infinitive	Past participle	Present perfect tense
beantworten	beantwortet	Du **hast** meine Frage nicht **beantwortet**.
beginnen	begonnen	**Hast** du schon mit der Arbeit **begonnen**?
bekommen	bekommen	Ich **habe** keine E-Mail **bekommen**.
besuchen	besucht	Anton **hat** seine Freunde in Salzburg **besucht**.
bezahlen	bezahlt	Wer **hat** den Kaffee **bezahlt**?
erzählen	erzählt	Hülya **hat** eine lustige Geschichte **erzählt**.
gefallen	gefallen	Sie **hat** ihren Freunden gut **gefallen**.
verdienen	verdient	Wie viel **hast** du gestern bei der Arbeit **verdient**?
versuchen	versucht	**Hast** du wirklich alles **versucht**?

Some prefixes are never separated from the verb stem. These prefixes are **be-, emp-, ent-, er-, ge-, ver-,** and **zer-**.

- Inseparable-prefix verbs do not add the prefix **ge-** in the past participle.
- Some inseparable-prefix verbs are weak; others are strong.
- An inseparable prefix is not stressed in spoken German: **bekom' men.**

A. Wie war der Samstagabend?

38 **Maries Reise in die Schweiz** Marie hat eine Reise in die Schweiz gemacht. Erzählen Sie von ihrer Reise und geben Sie jeden Satz im Perfekt wieder.

BEISPIEL Marie erzählt von ihren Ferien. *Marie hat von ihren Ferien erzählt.*

1. Sie bezahlt die Reise selbst.
2. Die Schweiz gefällt Marie sehr.   *hat gefallen*
3. Sie besucht da Freunde.   *hat besucht*
4. Ihre Freundin Nina erzählt ihr viel.   *hat erzählt*
5. Und sie bekommt da auch guten Käse.   *hat bekommen*

Auxiliary *sein* with past participles

ich	**bin gekommen**	wir	**sind gekommen**
Sie	**sind gekommen**	Sie	**sind gekommen**
du	**bist gekommen**	ihr	**seid gekommen**
er/es/sie	**ist gekommen**	sie	**sind gekommen**

Some verbs use **sein** instead of **haben** as an auxiliary in the present perfect.

> Warum **ist** Marie so früh **aufgestanden?** *Why did Marie get up so early?*
> Sie **ist** nach Freiburg **gefahren.** *She drove to Freiburg.*

Verbs that require **sein** must meet two conditions. They must:

1. be intransitive verbs (verbs without a direct object) and
2. indicate a change in condition (e.g., **aufstehen**) or motion to or from a place (e.g., **fahren**).

Infinitive	Past participle		Infinitive	Past participle	
aufstehen	aufgestanden		laufen	gelaufen	
fahren	gefahren		schwimmen	geschwommen	
fliegen	ist { geflogen		wandern	ist { gewandert	
gehen	gegangen		werden	geworden	
kommen	gekommen				

> Warum **bist** du nur bis elf auf der Party **geblieben?** *Why did you stay at the party only until eleven?*
> Ich **bin** müde **gewesen.** *I was tired.*

The intransitive verbs **bleiben** and **sein** require **sein** as an auxiliary in the present perfect tense, even though they do not indicate a change in condition or motion to or from a place.

> Wie **war** der Kaffee? *How was the coffee?*
> Der Kuchen **war** gut. *The cake was good.*

The simple past tense of **sein (war)** is used more commonly than the present perfect tense of **sein (ist gewesen),** even in conversation.

240 • Deutsch heute
© 2013 Cengage Learning. All Rights Reserved. May not be scanned, copied or duplicated, or posted to a publicly accessible website, in whole or in part.

B. Was haben Sie als Kind (nicht) gern gemacht?

39 So war es Setzen Sie die Kurzdialoge ins Perfekt.

BEISPIELE ELIAS: Sag mal, Alina, _____ du mit dem Auto _____? (fahren)

ALINA: Nein, ich _____ _____. (fliegen)

LARA: Bist du nach Österreich _____, Tim? (fahren)

TIM: Nein, ich bin auch in den Ferien zu Hause _____. (bleiben)

HERR LEHMANN: Sind Müllers auch schwimmen _____? (gehen)

FRAU LEHMANN: Ja, aber sie sind erst später _____. (kommen)

MUTTI: Warum seid ihr nicht schwimmen _____? (gehen)

KINDER: Es ist zu kalt _____. (werden)

JULIA: Bist du auch in den Ferien jeden Tag so früh _____? (aufstehen)

SELINA: Ja, ich bin mit meinem Hund im Park _____. (laufen)

40 Hören Sie zu Stefan hat ein kurzes Interview mit einem Freizeitmagazin. Die Reporterin ist eine alte Schulfreundin von Stefan und will herausfinden, was ein typischer Student in seiner Freizeit macht. Geben Sie an, was Stefan gesagt hat. Sie hören einen neuen Ausdruck: **Du hast recht** (You're right).

2-7

M. So war es

	Richtig	Falsch
1. Stefan hat Annika schon lange nicht mehr gesehen.	✓	
2. Stefan ist in die Vorlesung gegangen.		
3. Stefan hat eine Prüfung geschrieben.		✓
4. Stefan will nächstes Jahr in Finnland Kajak fahren.		✓
5. Stefan hat viele E-Mails geschrieben.		
6. Stefan hat Freunde in der Disco gesehen.	✓	
7. Stefan isst jeden Tag Pizza.		✓
8. Stefan hat viel Kaffee getrunken.	✓	

41 Frage-Ecke Wer hat am Wochenende was gemacht? Die Informationen für *S2* finden Sie im Anhang *(Appendix B)*.

S1:
Was hat Alina gemacht?

S2:
Alina ist spazieren gegangen und hat einen Roman gelesen.

S1: ...

	Alina	Nils	Stefan	Chiara	ich	Partnerin/ Partner
im Restaurant essen				x		
spazieren gehen						
fernsehen						
Rad fahren		x				
faulenzen		x				
in die Kneipe gehen						
einen Roman lesen				x		
mit Freunden telefonieren						

Dependent clauses in the present perfect tense

Lily erzählt, **dass** sie gestern einen guten Film **gesehen hat.**
Sie sagt, **dass** sie mit Freunden ins Kino **gegangen ist.**

In a dependent clause, the present-tense form of the auxiliary verb **haben** or **sein** follows the past participle and is the last element in the clause.

F. Im Café an der Uni

F. Ein Abend bei uns

C. Was hat Stella heute gemacht?

G. Wie war es bei dir?

42 Neugierig (curious) Beantworten Sie die Fragen. Beginnen Sie jeden Satz mit **weil**.

BEISPIEL Warum hat sie dieses Buch gekauft? (Es hat ihr gefallen.)
Weil es ihr gefallen hat.

1. Warum hat Michelle in den Ferien gearbeitet? (Sie hat das Geld fürs Studium gebraucht.)
2. Warum hat sie so viel Geld gebraucht? (Alles ist so teuer geworden.)
3. Warum ist sie in die Buchhandlung gegangen? (Sie hat ein Buch gesucht.)
4. Warum hat sie Deutsch gelernt? (Sie hat die Sprache *[language]* interessant gefunden.)
5. Warum ist sie noch nicht nach Deutschland gefahren? (Sie hat nicht genug Geld gehabt.)

43 Bildgeschichte Was hat Leonie am Montag gemacht? Schreiben Sie zu jedem Bild einen oder zwei Sätze im Perfekt.

1.   2.   3.   4.

5.   6.   7.

Land und Leute

🌐 Web Search

Der Führerschein

The minimum age for an unrestricted driver's license (**Führerschein**) in the German-speaking countries is eighteen, although exceptions are sometimes made for people as young as sixteen who need a car to make a living. In Germany and Austria, drivers aged seventeen may drive as long as an adult licensed driver is also in the car.

▲ Verkehr in Berlin

To obtain a license one must attend a private driving school (**Fahrschule**). In Germany, a driving course for a passenger car consists of a minimum of fourteen 90-minute classes of theoretical instruction and a minimum of twelve hours of driving lessons (**Fahrstunden**). The driving lessons include practice in city driving, on the highway (**Autobahn**), and nighttime driving. At the end of the course, every student must pass both a theoretical test and a driving test. Approximately one-third of the students fail the test the first time. Each candidate must also complete a course in first aid before being issued a driver's license. The **Führerschein** is then issued temporarily for two years, after which time the driver can obtain it for life if the driving record shows no entries for drunk driving or other at-fault violations. The total cost of the driving lessons plus the test fees can easily exceed 1,000 euros.

The member nations of the EU have agreed to standards that apply to all member countries. Therefore, national driver's licenses are valid in all EU countries.

However, laws and regulations are not uniform in the EU countries. Switzerland and Austria charge a fee for using the **Autobahnen**. In Germany there is a fee for large trucks, but none for small trucks or passenger cars. Germany has no speed limit on 70% of the **Autobahnen**, while Austria has a speed limit of 130 km/h and Switzerland 120 km/h. In Germany, truck traffic is forbidden on Sundays and holidays, as well as on Saturdays at the height of the vacation season. Austria, Switzerland, and Germany have laws prohibiting speaking on hand-held phones while driving.

▲ Eine Ampel in Braunschweig

J. Kulturkontraste
4. Der Führerschein

Kulturkontraste

1. Vergleichen Sie Fahrschulen in Deutschland mit Fahrschulen in Ihrem Land. Was ist anders?

2. Finden Sie es gut, dass man in Deutschland, der Schweiz und Österreich beim Fahren nicht mit einem Handy telefonieren kann? Warum (nicht)?

3. Vergleichen Sie die Autobahnen in Deutschland, Österreich und der Schweiz mit den Straßen in Ihrem Land! Was ist gleich, was ist anders? Tipp: 120 km = 75 Meilen; 130 km = 81 Meilen.

Video-Ecke

▲ Sie geht gern ins Kino.

▲ Sie meint: „In Berlin kann man fast alles tun."

▲ Er trägt gerne Jeans – auch zur Arbeit.

❶ Was machst du in deiner Freizeit?
Berlin
Was ziehst du gern an?

Vor den Videos

44 **Nachgedacht** Was wissen Sie noch vom Kapitel? Denken Sie nach.

1. Was machen die Deutschen in ihrer Freizeit?
2. Was gibt es im Fernsehen?
3. Welche Feiertage gibt es?

Nach den Videos

45 **Alles klar?** Sehen Sie sich die Interviews an und machen Sie sich Notizen. Beantworten Sie dann die Fragen.

1. Wer geht gern in der Stadt einkaufen?
2. Was kann man in Berlin alles tun?
3. Wer trägt gerne was?

❷ Was machen wir heute Abend?

▲ Markus muss morgens früh los.

▲ Lily und Hülya gehen in Berlin einkaufen.

▲ Am Abend spielen alle Tischtennis.

In diesem Kapitel frühstücken unsere Freunde bei Markus in Berlin und planen den Tag. Sie gehen dann einkaufen, spielen im Park Fußball, und spielen in einer Kneipe Tischtennis.

Nützliches	
alles Mögliche	*all kinds of things*
die Kneipe	*pub / bar*
Tischtennis	*table tennis*
die Boutique	*boutique / shop*
los müssen	*having to leave / go*

Nach den Videos

Sehen Sie sich das Video an und machen Sie sich Notizen. Beantworten Sie dann die Fragen.

A. Was erfahren Sie?
B. Richtig oder falsch?
C. Wer sagt das?
D. Was ist passiert?
E. Schreiben Sie

46 **Was passiert wann?** Bringen Sie die folgenden Sätze in die richtige Reihenfolge.

———— Alle vier spielen in einer Kneipe Tischtennis.
———— Paul und Anton sind im Park und spielen Fußball.
———— Markus sagt: „Ich muss los."
———— Anton fragt Paul: „Und was machen wir?"
———— Die Freunde planen den Abend in Berlin.
———— Lily trinkt Kaffee.
———— Lily und Hülya kaufen ein.

47 **Richtig oder falsch?** Arbeiten Sie mit einer Partnerin/einem Partner. Fragen Sie sie/ihn: Was ist richtig, was ist falsch?

S1:
Markus geht um 7:00 Uhr los. Ist das richtig?

S2:
Ja, das ist richtig. / Nein. Er …

	Richtig	Falsch
Markus geht um 7:00 Uhr los.	————	————
In Berlin gibt es keine Literaturlesungen.	————	————
Im Treptower Park kann man Fußball spielen.	————	————
Hülya kauft eine Jacke.	————	————
Alle treffen sich um 20:00 Uhr in der Kneipe.	————	————

48 **Was meinen Sie?** Beantworten Sie die Fragen.

1. Sie sind für zwei Tage in Berlin. Was wollen Sie machen?
2. Was kann man in Ihrer Stadt abends machen?
3. Bei Markus, im Park, in der Boutique, und in der Kneipe: Was fällt Ihnen auf? Was ist in Amerika anders?

Wiederholung

1 **Rollenspiel** Heute ist Ihr erster Tag als Bedienung *(server)* in einem Café. Ihre Partnerin/Ihr Partner ist Gast und nicht sehr zufrieden *(satisfied)* mit dem Service. Antworten Sie mit Entschuldigungen *(apologies)* auf ihre/ seine Aussagen.

1. Bedienung, ich warte schon zwanzig Minuten. Kann ich jetzt endlich *(finally)* bestellen *(order)*, bitte?
2. Gibt es denn heute keinen Apfelkuchen?
3. Ich möchte bitte Karameleis. Haben Sie das?
4. Autsch, jetzt haben Sie mir Kaffee auf die Hose geschüttet *(poured)*.
5. Seien Sie nicht so hektisch!
6. Ich finde den Service hier wirklich nicht besonders gut.
7. Kann ich jetzt bitte endlich bezahlen? Ich warte schon seit einer halben Stunde.

> **Redemittel**
> **Sich entschuldigen**
> *(apologizing)*
> • Bitte entschuldigen Sie mich.
> • Entschuldigen Sie.
> • Entschuldigung. *(Excuse me.)*
> • Es tut mir leid, aber ...
> • Leider nicht.
> • Verzeihung. *(Pardon me.)*
> • Das habe ich nicht so gemeint *(meant)*.
> • Das wollte ich nicht.

2 **Das gefällt ihnen nicht** Beantworten Sie die folgenden Fragen mit **nein**. Benutzen Sie Pronomen in Ihren Antworten.

BEISPIELE Laura, liest Kevin gern klassische Literatur?   *Nein, klassische Literatur gefällt **ihm** nicht.*
Liest seine Schwester gern Krimis?   *Nein, Krimis gefallen **ihr** nicht.*

1. Hört Anna gern klassische Musik?
2. Und du, Laura, hörst du gern Rockmusik?
3. Laura und Lena, seht ihr gern Actionfilme?
4. Sehen Paul und Lisa gern Dokumentarfilme?
5. Liest Dominik gern Romane?
6. Und Professor Lange. Hören Sie gern Jazz?

3 **Nils hat Freunde zum Essen eingeladen** Erzählen Sie von Nils und ergänzen Sie die fehlenden *(missing)* Präpositionen.

1. Nils lebt _____ zwei Monaten in Bremen.
2. Er arbeitet _____ einer amerikanischen Firma.
3. _____ Samstag hat er einige Freunde _____ Essen eingeladen.
4. Am Wochenende kommen seine Freunde oft _____ ihm.
5. Sie sind _____ zwölf gekommen.
6. Nils hat _____ seine Freunde einen Fisch gegrillt.
7. _____ dem Wein trinken sie eine ganze Flasche *(bottle)*.
8. Der Wein kommt _____ Italien.
9. _____ dem Essen gehen sie zu einem Fußballspiel.

4 **Pizza oder Spaghetti?** Beschreiben Sie, was Jennifer für ihre Freunde gekocht hat. Benutzen Sie das Perfekt und die folgenden Wörter.

1. Jennifer / einladen / am Samstag / Freunde / zum Essen
2. sie / machen / eine Pizza
3. sie / haben / keinen Käse // und / ihre Freundin Nina / laufen / zu / Supermarkt
4. die Pizza / aussehen / ein bisschen schwarz
5. dann / sie / kochen / Spaghetti

5 Wie sagt man das?

1. —*Why did you come by bus?*
   —*My car is broken down.*
   —*I'm sorry.*
2. —*Did you like Denmark?*
   —*Yes. We hiked a lot.*
   —*Did you camp (in a tent)?*
   —*No. It rained too much. We slept at friends' (houses).*
3. —*I like your jacket.*
   —*It's new. I bought it in Freiburg.*
   —*What were you doing in Freiburg?*
   —*My brother studies there. I visited him.*

6 Fragen über die Uni

Was hat David über das Studium in Deutschland herausgefunden? Verbinden Sie die Sätze mit den Konjunktionen in Klammern.

1. David hat viele Fragen. (weil) Er möchte in Deutschland studieren.
2. Er studiert vier Semester dort. (wenn) Die Uni ist nicht zu teuer.
3. Nicole sagt ... (dass) Ein Semester kostet 500 Euro.
4. Er studiert dort. (wenn) Er kann einen Studentenjob finden.
5. Nicole sagt ... (dass) Es gibt leider wenige Studentenjobs.

7 Rollenspiel

Ihre Partnerin/Ihr Partner ist gestern Abend mit einer Freundin/einem Freund ausgegangen. Fragen Sie sie/ihn, was sie gemacht haben.

8 Zum Schreiben

1. Phillipp und Alina sprechen über verschiedene *(various)* Themen. Wählen Sie eines der Themen und schreiben Sie ein Gespräch zwischen Phillipp und Alina.

> **das Wetter   einkaufen   die Vorlesung   Ferien   Kleidung**
> **Fernsehen   eine Seminararbeit vorbereiten   das Essen**
> **das Wochenende**

2. Schreiben Sie eine Woche lang ein Tagebuch *(diary)* auf Deutsch. Schreiben Sie auf, was Sie jeden Tag gemacht haben. Einige Verben:

> **arbeiten   aufstehen   besuchen   fernsehen   gehen**
> **kaufen   lernen   spielen   sprechen (mit)**

3. Stellen Sie sich vor *(imagine),* dass Sie ein Jahr lang an einer Universität in Deutschland studieren. Schreiben Sie eine E-Mail an eine Freundin oder einen Freund in Deutschland und beschreiben Sie die letzten paar Wochen. Mögliche Themen sind: das Wetter, die Kurse, Leute, die *(whom)* Sie jetzt kennen, Freizeitaktivitäten wie Sport, Fernsehen, Musik, Konzerte, Kneipen, Filme.

Schreibtipp

Nachdem Sie fertig geschrieben haben, lesen Sie Ihren Text noch einmal durch und kontrollieren Sie:

- Subjekt und Verb
- Präpositionen und Fälle *(cases)* (Sehen Sie sich *Kapitel 3* und *5* an.)
- **Haben** oder **sein** mit Perfekt (Sehen Sie sich dieses Kapitel an.)
- Wortstellung *(word order)* mit Konjunktionen (Sehen Sie sich *Kapitel 5* an.)
- Wortstellung im Perfekt (Sehen Sie sich dieses Kapitel an.)

Grammatik: Zusammenfassung

The present perfect tense

Hast du gestern Abend **ferngesehen**?   *Did you watch TV last night?*
Nein, ich **bin** ins Kino **gegangen**.   *No, I went to the movies.*

The German present perfect tense, like the English present perfect, is a compound tense. It is made up of the present tense of the auxiliary **haben** or **sein** and the past participle of the verb. In independent clauses, the past participle is in final position.

Past participles of regular weak verbs and irregular weak verbs

	Infinitive	Past participle	Present perfect tense
Regular weak verbs	sagen	ge + sag + t	Marcel **hat** es **gesagt**.
	arbeiten	ge + arbeit + et	Luisa **hat** viel **gearbeitet**.
	baden (*to bathe*)	ge + bad + et	Die Mutter **hat** das Kind **gebadet**.
	regnen	ge + regn + et	Es **hat** gestern **geregnet**.

	Infinitive	Past participle	Present perfect tense
Irregular weak verbs	bringen	ge + brach + t	Pia **hat** Blumen **gebracht**.
	denken	ge + dach + t	Sie **hat** an deinen Freund **gedacht**.
	kennen	ge + kann + t	Sie **hat** deinen Freund nicht **gekannt**.
	wissen	ge + wuss + t	Er **hat** das **gewusst**.

> The **-t** expands to **-et** in verbs, such as **arbeiten, baden,** and **regnen.**

The past participle of a regular weak verb is formed by adding **-t** to the unchanged stem and adding the prefix **ge-**. Irregular weak verbs change the stem vowel and consonant(s). The past participle also has the prefix **ge-** and the ending **-t**.

Past participles of strong verbs

Infinitive	Past participle	Present perfect tense
nehmen	ge + nomm + en	Ich **habe** das Brot **genommen**.
essen	ge + gess + en	Ich **habe** es aber nicht **gegessen**.
tun	ge + ta + n	Ich **habe** nichts **getan**.

> For a list of strong verbs, see the Grammatical Tables in *Appendix D.*

The past participle of a strong verb ends in **-en** (except **getan**). Most strong verbs also add the **ge-** prefix in the past participle. Many strong verbs have a stem vowel of the past participle that is different from that of the infinitive, and some verbs also have a change in the consonants.

Past participles of separable-prefix verbs

Infinitive	Past participle	Present perfect tense
einkaufen	ein + **ge** + kauft	Lisa **hat** im Supermarkt **eingekauft**.
mitkommen	mit + **ge** + kommen	Noah **ist mitgekommen**.

The prefix **ge-** of the past participle comes between the separable prefix and the stem of the participle.

Past participles without the *ge-* prefix

	Present tense	Present perfect tense
Verbs ending in -*ieren*	Paula **studiert in Heidelberg.** Jan **repariert** sein Auto.	Paula **hat** in Heidelberg **studiert.** Jan ***hat*** sein Auto **repariert.**

Verbs ending in **-ieren** do not have the prefix **ge-** in the past participle. They are always weak verbs whose participle ends in **-t.**

	Present tense	Present perfect tense
Verbs with inseparable prefixes	Antonia **erzählt** von ihrer Arbeit. Sie **bekommt** einen neuen Computer.	Antonia **hat** von ihrer Arbeit **erzählt.** Sie **hat** einen neuen Computer **bekommen.**

> Some separable-prefix verbs are weak (e.g., **einkaufen**); others are strong (e.g., **mitkommen**).

> Some inseparable-prefix verbs are weak (e.g., **erzählen**); others are strong (e.g., **bekommen**).

Some prefixes are never separated from the verb stem: **be-, emp-, ent-, er-, ge-, ver-,** and **zer-**. Inseparable-prefix verbs do not add the prefix **ge-** in the past participle.

Use of the auxiliary *haben*

Christine **hat** heute viel **gearbeitet.** *Christine worked a lot today.*
Sie **hat** ein Referat **geschrieben.** *She wrote a report.*

Haben is used to form the present perfect tense of most verbs.

Use of the auxiliary *sein*

Schmidts **sind** spät nach Hause **gekommen.** *The Schmidts came home late.*
Sie **sind** dann spät **aufgestanden.** *Then they got up late.*

Warum **bist** du so lange **geblieben?** *Why did you stay so long?*
Es **ist** so schön **gewesen.** *It was so nice.*

The auxiliary **sein** is used to form the present perfect tense of intransitive verbs (i.e., verbs that do not have a direct object) when these verbs show motion to or from a place (e.g., **kommen**) or denote a change in condition (e.g., **aufstehen**). Here are some verbs you already know that take **sein** in the present perfect tense.

Infinitive	Auxiliary + past participle		Infinitive	Auxiliary + past participle
aufstehen	ist aufgestanden		laufen	ist gelaufen
bleiben	ist geblieben		schwimmen	ist geschwommen
fahren	ist gefahren		sein	ist gewesen
fliegen	ist geflogen		wandern	ist gewandert
gehen	ist gegangen		werden	ist geworden
kommen	ist gekommen			

> The intransitive verbs **bleiben** and **sein** require the auxiliary **sein,** even though they do not indicate a change in condition or motion to or from a place.

Use of the present perfect tense in dependent clauses

Kevin sagt, dass David ihm eine Karte geschrieben **hat.**
Er sagt, dass David nach Österreich gefahren **ist.**

In a dependent clause, the auxiliary verb **haben** or **sein** follows the past participle and is the last element in the clause, because it is the finite verb.

Reference Section

Appendix A

Bausteine: English Equivalents

Note that the English versions of the dialogues are equivalents rather than literal translations.

Einführung

What's your name?

DANIEL: Hi. My name is Daniel. What's yours?

ANNA: Hi, Daniel! I'm Anna. Do you want to go to Florence too?

DANIEL: Yes, yes.

ANNA: Great . . . oh I'm next. Well then, see you soon.

DANIEL: So long, Anna.

What is your name?

MS. KLUGE: Can I help you? What is your name?

ANNA: Anna Riedholt.

MS. KLUGE: How do you spell that?

ANNA: R-i-e-d-h-o-l-t.

MS. KLUGE: And your address?

ANNA: My address is 72070 Tübingen, Pfleghofstraße 5, room 8.

MS. KLUGE: Do you also have an e-mail address?

ANNA: Yes. The address is ariedholt@gmx.de.

MS. KLUGE: And your telephone number, please.

ANNA: My cell phone number is 0178 550 77187.

MS. KLUGE: Good. Thank you, Ms. Riedholt.

ANNA: You're welcome.

Kapitel 1

What are you doing tonight?

LEON: Hi, what are you doing tonight?

ANNA: Nothing special. Listening to music or something like that.

LEON: I believe you like to play chess, don't you?

ANNA: Chess? Yes, sure. But not especially well.

LEON: Oh come on, we'll play together, OK?

ANNA: Well, all right. And when?

LEON: I don't know . . . some time around seven? Or at seven-thirty?

ANNA: Seven-thirty is fine. OK. See you then.

On the cell phone

ANNA: Yes?

DANIEL: Hi, Anna. This is Daniel.

ANNA: Oh, that is really nice. Hi, Daniel. How are you?

DANIEL: Pretty good. Hey, I'm going swimming on Thursday. Do you have time?

ANNA: No, I have volleyball then.

DANIEL: Too bad!

ANNA: Yes, I really like swimming, you know. So how about Saturday?

DANIEL: I'm working on Saturday. But only until quarter after two. In the afternoon I have time.

ANNA: That's good.

DANIEL: Great. Then we'll talk on the phone once more on Friday. So long, Anna.

ANNA: So long, Daniel.

Kapitel 2

A trip to Berlin

DAVID: Well Anna, how was Berlin?

ANNA: Great. Berlin is first-rate. And at Franziska's and Sebastian's it was also really nice. But I'm still totally tired. The trip was exhausting.

DAVID: I believe that. And in August there are certainly lots of traffic jams.

ANNA: Yes, and it was terribly humid. But Franziska's birthday party was really nice. Almost all our friends from Mainz were there.

Awful weather, isn't it?

SARAH: What weather! The wind is awfully cold. And just yesterday it was so nice. Today everything is so gray. I think it's still going to rain today.

LEON: It is after all almost the end of November. It's almost too cold for rain. It's only one degree. I think maybe it'll snow. On the weekend I'm going hiking. I hope it's dry and not so cold then. And maybe the sun will shine after all.

SARAH: Yes, for sure. Who's going along?

LEON: My friend Dominik from Hamburg.

SARAH: How nice! Unfortunately I'm staying here and working for the university.

Kapitel 3

Are you going shopping today?

FRANZISKA: Sebastian, aren't you going shopping today?

SEBASTIAN: Yes, I am. What would you like?

FRANZISKA: We don't have any more coffee. (We're out of coffee.)

SEBASTIAN: One pound is enough, right? Do we need anything else?

FRANZISKA: Yes, we don't have any more bread. But buy it at Reinhardt's, please. It's much better there.

SEBASTIAN: We still have the whole grain bread you know. And after all, this weekend we'll be at Anna's in Tübingen.

FRANZISKA: Oh yes, that's right!

Where is there a pharmacy?

DAVID: Tell me Anna, where's there a pharmacy (around) here?

ANNA: Why? What do you need?

DAVID: I need something for my headache. It's terrible.

ANNA: I always have aspirin in my backpack. Here, take one.

Kapitel 4

Notes for the test

ANNA: Hi, Leon. Oh good, you're not gone yet. Hey, can you maybe lend me your English notes for three hours?

LEON: Yes, I had a test this morning. I really don't need the notes at the moment.

ANNA: That's great. I have to still study a lot for the test tomorrow, you know.

LEON: Of course, here they are. By the way I'm at volleyball tonight. Can you maybe bring the notes along there?

Is that your major?

LEON: Hi, Sarah. What are you doing here? Since when have you been taking a literature course?

SARAH: Oh, I'd just like to audit. Sometimes I'm not so satisfied with history at all. And maybe I do prefer studying German.

LEON: Oh yes? As a minor?

SARAH: No, as a major.

LEON: Oh really? Hey, should we go have a coffee later?

SARAH: Unfortunately I can't today. I still have to prepare something for my report tomorrow.

Kapitel 5

Are you driving to the university tomorrow?

FELIX: Are you going by car to the university tomorrow?

MARIE: Yes. Why? Do you want to come along?

FELIX: Is that OK? I've got so many library books. Can you pick me up maybe?

MARIE: Of course, no problem. I'll come by your place at eight-thirty. Is that OK?

FELIX: Yes, eight-thirty is good. I'll be waiting downstairs then.

On vacation

LEON: What are you doing on vacation, Sarah?

SARAH: I'm going to Austria.

LEON: Are you going alone?

SARAH: No, I'm going with my friend, Carolin. She knows Austria rather well.

LEON: Are you going by car?

SARAH: No, by train. We're staying in Vienna for three days and then we're going to Salzburg.

LEON: And where are you staying?

SARAH: In Vienna we're sleeping at our friends' house and in Salzburg we're going to a friend of Anna's—his name is Anton. His parents have a big yard and we can pitch a tent there.

Kapitel 6

What are your plans?

FELIX: Say, what are you doing on the weekend?

SARAH: No idea.

LEON: I've got a rehearsal with the band on Friday. On Saturday we're playing at the Musikfabrik.

FELIX: Hey, you know, Sarah, we can go there together, right?

SARAH: Good idea. That's great. Maybe Alex will go along too?

LEON: He can't. He has to study for his comprehensives.

FELIX: All right then, Sarah, I'll pick you up at eight. Is that all right?

I was surfing the Internet.

ANNA: Tell me, Daniel, why didn't you have your cell phone on last night? I tried to call you.

DANIEL: Yeah, I had set it on "silent." I surfed a little on the Internet, you know, and all at once it was twelve o'clock.

ANNA: What were you doing so long on the Internet?

DANIEL: I was looking for cheap flights to the U.S. Besides, I needed a few more bits of information for my homework. And I wrote you an e-mail. Didn't you get it?

ANNA: Don't know. Because I didn't reach you I went to the movies alone. And then right to bed.

Kapitel 7

Munich in the summer

Michael is visiting his friend Christine in Munich.

MICHAEL: What are you doing after the lecture? Do you have to go to the library?

CHRISTINE: No, I have time. Shouldn't we go to a typical Bavarian beer garden today? In this weather, we can sit comfortably outside.

MICHAEL: Oh yes, gladly. In the English Garden?

CHRISTINE: Hmmmm. Naturally there are some beer gardens there, but there are always so many tourists there. Besides it's rather expensive there. I'm somewhat broke at the moment.

MICHAEL: Doesn't matter. I'll treat. As long as I'm in Munich, I would really like to go to the English Garden.

Preparations for a party

FRANZISKA: Say, don't you finally want to straighten up the living room? Your books are lying around everywhere.

SEBASTIAN: Do I have to?

FRANZISKA: Of course, we have to prepare the food and set the table. People are coming in an hour.

SEBASTIAN: What? In an hour? Geez! And we still have to vacuum, dust, do the dishes, dry them, the kitchen looks like . . .

FRANZISKA: Now stop talking so much and hurry up. You know I'm going to help you.

Kapitel 8

Future plans

DANIEL: Say, are you just having a chat? Are you wanting to meet someone?

FELIX: Nonsense! I've been surfing around awhile and have just found a blog of German students who are studying and working in Canada. You know, they have these work-study programs and the people report here on their experiences.

DANIEL: Ah yes. So, you'll not only study in Montreal but work, too.

FELIX: Yes, I'll study for a semester and after that work for six months. But the position in a company I have to find on my own. However, the university in Montreal will help me with it.

DANIEL: Interesting. Tell me, what does Marie have to say about your being gone for a whole year? You're going out, right?

FELIX: Yes. Well, we're both a little sad of course. But she'll visit me there, too. Probably on the winter break. And then maybe we'll go snowboarding.

DANIEL: Nice! Somehow you two just really fit well together.

Kapitel 9

Have you caught a cold?

MARIE: Hi, Felix! What's wrong? You're coughing terribly.

FELIX: Yes, I've caught a cold. My throat is really sore.

MARIE: Do you have a fever, too?

FELIX: Yes, a little—38 [100.4°F].

MARIE: You poor guy! You look pretty pale, too!

FELIX: I do feel really sick. Perhaps I'd better go to the doctor.

MARIE: Well, I would certainly say that, too. Don't forget that beginning Saturday we want to go skiing with Anna and Daniel in Zermatt for a week.

How do you feel today?

Three days later

MARIE: How do you feel today? Did you go to the doctor yesterday?

FELIX: Yes, I was at the university clinic. The doctor prescribed something and I already feel significantly better. The fever is gone.

MARIE: Do you still want to go to Switzerland on Saturday?

FELIX: Of course. After all, we've planned this vacation for months.

MARIE: The weather is supposed to be great next week. Don't forget to bring your sunglasses along.

Kapitel 10

How was it?

Anna and Daniel are at Anna's friends Franziska and Sebastian's in Berlin for a few days. In the morning at breakfast, they talk over their activities.

SEBASTIAN: Well, what do you think of Berlin nightlife? Where were you last night?

ANNA: Franziska went to her volleyball game, of course, but Daniel and I were at the *Berliner Ensemble*.

SEBASTIAN: Oh, what were they playing?

ANNA: *The Threepenny Opera* by Bertolt Brecht. And in fact in a completely modern production.

SEBASTIAN: Oh yes, there was a good review of it in the newspaper. Did you have good seats?

DANIEL: Yes, as a matter of fact we had excellent seats, even though we had student tickets. They cost only 8 euros.

SEBASTIAN: I'd love to go to the theater again sometime. Would you recommend the play?

ANNA: Yes, by all means. At first I didn't want to see it, but then I found it absolutely great.

SEBASTIAN: And what did you do afterwards? You didn't come home until really late.

DANIEL: We were at the Wunder-Bar, drank something, and talked for a long time about the play.

SEBASTIAN: Oh, you lucky guys! I'd love to have been there too! I was awake until two o'clock too, you know, but I had to study for my test!

Kapitel 11

An appointment

FELIX: Hello. Ohrdorf is my name, Felix Ohrdorf. I would like to speak to Dr. Ziegler. I have an appointment with her.

SECRETARY: Hello, Mr. Ohrdorf. Yes, please go right in. She's expecting you.

A summer job

PERSONNEL DIRECTOR: Mr. Ohrdorf, you're now in your eighth semester of computer science and want to work here for two months.

FELIX: Yes, that's right.

PERSONNEL DIRECTOR: From what I can see, you have already worked as a computer specialist.

FELIX: Yes, I also had a summer job last year and I got some good practical experience there.

PERSONNEL DIRECTOR: And what do you want to do with it later on?

FELIX: I would like a position with a bank, an assignment with lots of responsibility, I hope.

Kapitel 12

A German-Turkish concert

FRANZISKA: Michael, do you feel like going to an outdoor concert in the Tiergarten this weekend?

MICHAEL: Hmmm. I don't know. I actually wanted to take a look at Freiburg this weekend. In two weeks I'm flying back to America, of course.

FRANZISKA: Oh, come on. You can go to Freiburg next weekend, too.

MICHAEL: But I know only a few of the rock musicians who are playing there.

FRANZISKA: Well, some are already well-known. For example, Sebastian knows the singer—I think his name is Erkan. And I think the idea is great. It's a concert of German and Turkish musicians and they're singing in German and in Turkish.

MICHAEL: Oh, I didn't know that. Sounds interesting. Do you think that many people will come?

FRANZISKA: I think so, somewhere around 2,000–3,000 people.

MICHAEL: Okay, fine, let's go. I'll pick you up, okay? It's best if we go by bike.

Appendix B

Frage-Ecken, S2 Information

The **Frage-Ecke** charts with the information for **S2** appear here. The charts for **S1** are found in the chapters themselves on the pages indicated.

Einführung (p. 11)

14 The charts in this **Frage-Ecke** activity show the postal codes of particular sections of cities in Germany, Austria, and Switzerland. Take turns with a partner and find out the postal codes that are missing in your chart.

S1:
Wie ist eine Postleitzahl von Zürich?

S2:
Eine Postleitzahl von Zürich ist 8000. Wie ist eine Postleitzahl von Berlin?

S2:

_____	Berlin
80000	Zürich
_____	Hamburg
80331	München
_____	Frankfurt
1010	Wien
_____	Salzburg

Kapitel 1 (p. 29)

3 You and a partner are talking about Emily, Matthew, Sarah, and Andrew. Take turns finding out which subjects they study on which days. Note that Germans use the word **am** with days of the week: **am Montag.**

S1:
Was hat Matthew am Dienstag und Donnerstag?

Deutsch. Was hat ...

S2:
Mathe. Was hat Matthew am Montag, Mittwoch und Freitag?

S2:

	Montag	Dienstag	Mittwoch	Donnerstag	Freitag
Matthew		Mathe		Mathe	
Emily	Englisch		Englisch		Englisch
Sarah	Physik		Physik		Physik
Andrew		Philosophie		Philosophie	

8 Some of the clocks in this activity show particular times. Others are blank. Take turns with a partner and find out the times that are missing on your clocks.

S1:
Nummer 1. Wie viel Uhr ist es?
Es ist ...

S2:
Es ist Viertel nach neun. (Es ist neun Uhr fünfzehn.) Und Nummer 2? Wie spät ist es?

S2:

| 1 | 2 | 3 | 4 | 5 | 6 |

Kapitel 1 (p. 43)

22 You and your partner are talking about the characteristics of certain people. Take turns finding out the information that is missing in your own chart.

S1:
Was für ein Mensch ist Daniel?

S2:
Er ist lebhaft und freundlich.
Was für ein Mensch ist Anna?

S2:

Anna		
Daniel	lebhaft	freundlich
Sarah		
Marie	praktisch	ruhig
Leon		
Sebastian	intelligent	sportlich

Kapitel 1 (p. 59)

7 You and your partner are talking about the activities of certain people. Ask each other questions to find out who does what and at what times. Then fill in the **ich** row of your schedule with your own information and ask your partner about her/his activities.

S1:
Was macht David heute Abend?

Sie gehen am Sonntag wandern.

S2:
Er macht heute Abend Fitnesstraining.
Was machen Leon und Anna am Sonntag?

S2:

	heute Abend	morgen Nachmittag	morgen Abend	am Sonntag
Franziska		arbeiten		Karten spielen
David	Fitnesstraining machen			Computerspiele spielen
Leon und Anna	Sport treiben		Schach spielen	
ich				
Partnerin/Partner				

Kapitel 2 (p. 76)

20 Find out where the following people are from and where they live now. Obtain the missing information by asking your partner.

S1:
Woher kommt Leon?
Er ist Deutscher.
Wo wohnt Leon?

S2:
Er kommt aus Deutschland.
Was ist Leon?
Er wohnt in Hamburg.

S2:

	Woher kommt ... ?	Was ist ... ?	Wo wohnt ... ?
Leon	Deutschland		Hamburg
Charlotte	Liechtenstein		
Marie		Deutsche	Leipzig
Anton		Österreicher	Salzburg

Kapitel 2 (p. 83)

31 Find out how old the following people are, when their birthdays are, and what the typical weather in that month is. Obtain the missing information from your partner.

S1: Wie alt ist Nils?
S2: Nils ist 21 Jahre alt. Wann hat er Geburtstag?
S1: Im Januar. Wie ist das Wetter im Januar?
S2: Es ist kalt.

S2:

	Wie alt?	Geburtstag	das Wetter
Nils	21		kalt
Laura		Oktober	
Herr Hofer	45		
Frau Vogel		April	nass und kühl
ich			
Partnerin/Partner			

Kapitel 3 (p. 101)

5 Fragen Sie, was die folgenden Personen und Ihre Partnerin/Ihr Partner in den Geschäften kaufen. *(Ask what the following people and your partner are going to buy in certain places of business.)*

S1:
Warum geht Herr Sommer ins Kaufhaus?
Ich brauche ein Heft. / Ich gehe doch nicht ins Kaufhaus.
Ich brauche nichts.

S2:
Er braucht ein Radio. Warum gehst du ins Kaufhaus?

S2:

	ins Kaufhaus	in die Drogerie	in die Metzgerei	in die Bäckerei	in den Supermarkt
Tim		Bleistifte		sechs Brötchen	
Franziska und Sebastian	zwei Kulis		250 Gramm Wurst	Brot	Kaffee
Herr Sommer	ein Radio		Salami		
Partnerin/Partner					

46 Was haben Sie im Zimmer? Was hat Ihre Partnerin/Ihr Partner im Zimmer? Schauen Sie sich die Bilder an und vergleichen Sie sie miteinander. (*What do you have in your room? What does your partner have in her/his room? Look at the pictures and compare them.*)

S1:
Mein Zimmer hat [eine Pflanze]. Hast du auch [eine Pflanze]?

S2:
Ja, ich habe auch [eine Pflanze]. / Nein, aber ich habe Blumen.

S2:

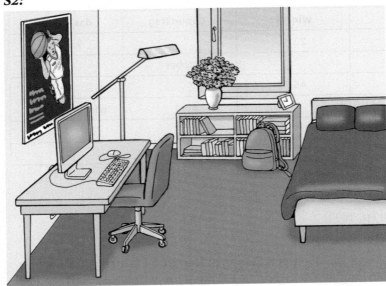

21 Ergänzen Sie die fehlenden (*missing*) Informationen. Fragen Sie Ihre Partnerin/Ihren Partner.

S1: Wie heißt die Mutter von Alina?
S2: Sie heißt Nora Gerber.
S1: Wie alt ist Alinas Mutter?
S2: Sie ist 36 Jahre alt.

S2:

	Alina	Marcel	ich	Partnerin/ Partner
Vater		Niklas Gerber, 42		
Mutter	Nora Gerber, 36			
Tante		Nora Gerber, 36		
Onkel	Niklas Gerber, 42			
Großvater		Peter Gerber, 66		
Großmutter		Leah Gerber, 65		

43 Ergänzen Sie die fehlenden Informationen. Fragen Sie Ihre Partnerin/ Ihren Partner.

> *S1:* Was muss Lea machen?
> *S2:* Sie muss jobben.

S2:

	Lea	Jan und Laura	Dominik	Sebastians Schwester
müssen	jobben		in die Vorlesung gehen	
dürfen		dürfen Kuchen essen		Milch trinken
wollen		ins Kino gehen	viel Geld verdienen	das Essen bezahlen
sollen			sein Referat vorbereiten	lesen
können	gut tanzen	das Essen bezahlen		

Kapitel 5 (p. 202)

34 Sie haben viel Geld und schenken Ihren Freunden und ihrer Familie viele Sachen.

> *S1:* Was schenkt Ralf seinen Eltern?
> *S2:* Er schenkt ihnen zwei Wochen in Wien.

S2:

	Eltern	Schwester	Bruder	Melanie
Karsten			neue Skier	einen schönen Ring
Stefanie		ein Smartphone	einen MP3-Player	
Ralf	zwei Wochen in Wien			eine Uhr
ich				
Partnerin/Partner				

Kapitel 6 (p. 235)

29 Was haben Sarah, Leon und Felix gestern Abend, letztes Wochenende und letzte Woche gemacht?

> *S1:*
> Was hat Sarah letztes Wochenende gemacht?
> *S2:*
> Sie hat gefaulenzt.

S2:

	Sarah	Leon	Felix
gestern Abend		englische Vokabeln gelernt	
letztes Wochenende	gefaulenzt		nichts gemacht
letzte Woche		ein neues Hemd gekauft	gejobbt

Kapitel 6 (p. 241)

41 Wer hat am Wochenende was gemacht?

S1:
Was hat Alina gemacht?

S2:
Alina ist spazieren gegangen und
hat einen Roman gelesen.

S2:

	Alina	Nils	Stefan	Chiara	ich	Partnerin/ Partner
im Restaurant essen						
spazieren gehen	X					
fernsehen			X			
Rad fahren						
faulenzen						
in die Kneipe gehen			X			
einen Roman lesen	X					
mit Freunden telefonieren			X			

Kapitel 7 (p. 255)

7 Sie und Ihre Partnerin/Ihr Partner planen die Hausarbeit für das
Wochenende. Sagen Sie, was Julia, Lukas, Alex, Lena, Sie und Ihre Partnerin/
Ihr Partner am Freitag und Samstag machen.

S1:
Was macht Julia am Freitag?

S2:
Sie kocht das Abendessen.

S2:

	Freitag	Samstag
Julia	das Abendessen kochen	
Lukas		Staub saugen
Alex	das Bad putzen	
Lena		Geschirr spülen
ich		
Partnerin/ Partner		

17 Ihre Partnerin/Ihr Partner und verschiedene andere Leute haben einige neue Möbel und andere neue Sachen in ihren Wohnungen. Finden Sie heraus, was sie haben und in welchen Zimmern die Sachen sind.

S1:
Was ist im Wohnzimmer und im Schlafzimmer von Herrn Becker neu?

S2:
Im Wohnzimmer ist die Pflanze und im Schlafzimmer ist der Schrank neu.

S2:

	in der Küche	im Wohnzimmer	im Esszimmer	im Schlafzimmer
Herr Becker		Pflanze		Schrank
Frau Hauff	Kühlschrank			Nachttisch
Andrea		Sessel	Teppich	
Jens	Spülmaschine		Bild von den Großeltern	
ich				
Partnerin/ Partner				

35 Sprechen sie mit Ihrer Partnerin/Ihrem Partner über Geburtstagsgeschenke. Finden Sie erst heraus, was Anton, Lily, und Franziska ihrer Familie und ihren Freunden schenken. Fragen Sie dann Ihre Partnerin/Ihren Partner, was sie/er verschenken möchte.

S1:
Was möchte Lily ihren Eltern schenken?

S2:
Sie möchte ihren Eltern einen neuen Computer schenken.

S2:

	Eltern	Schwester	Bruder	Freundin/Freund
Anton			ein neuer Krimi	ein schönes Bild
Lily	ein neuer Computer	ein roter Mantel		
Franziska	ein guter CD-Player			ein gutes Buch
ich				
Partnerin/Partner				

19 Letzte Woche hatten Sie, Ihre Partnerin/Ihr Partner und einige andere Leute viel zu tun. Finden Sie heraus, wer was tun konnte, wollte, sollte und musste.

S1:
Was wollte Nils tun?

S2:
Er wollte mehr Sport treiben.

S2:

	konnte	wollte	sollte	musste
Jana	jeden Tag genug schlafen			die Fenster putzen
Nils		mehr Sport treiben	seine Großeltern be-suchen	
Frau Müller			mit ihren Freunden Golf spielen	
Herr Meier	jeden Tag spazieren gehen	einen neuen Krimi lesen		
ich				
Partnerin/Partner				

26 Sprechen Sie mit Ihrer Partnerin/Ihrem Partner und finden Sie heraus, was die folgenden Leute tun würden, wenn sie arbeitslos oder krank wären oder wenn sie mehr Zeit und viel Geld hätten.

S1:
Was würde Herr Schäfer machen, wenn er mehr Zeit hätte?

S2:
Wenn er mehr Zeit hätte, (dann) würde er seine Freunde besuchen.

S2:

	arbeitslos wäre	krank wäre	mehr Zeit hätte	viel Geld hätte
Frau Müller		zum Arzt gehen		
Herr Schäfer	eine neue Stelle suchen		seine Freunde be-suchen	ein neues Auto kaufen
Susanne und Moritz		nichts essen		ihr Haus renovieren
ich				
Partnerin/Partner				

Appendix C

Pronunciation and Writing Guide

The best way to learn to pronounce German is to imitate speakers of German, as completely and accurately as you can. Some of the sounds of German are just like those of English and will cause you no trouble. Others may sound strange to you at first and be more difficult for you to pronounce. With practice, you will be able to master the unfamiliar sounds as well as the familiar ones.

Though imitation is the one indispensable way of learning to pronounce any language, there are two things that should help you in your practice. First, you should learn how to manipulate your vocal organs so as to produce distinctly different sounds. Second, you should learn to distinguish German sounds from the English sounds that you might be tempted to substitute for them.

As you learn to pronounce German, you will also start to read and write it. Here a word of caution is in order. The writing system of German (or any language) was designed for people who already know the language. No ordinary writing system was ever designed to meet the needs of people who are learning a language. Writing is a method of reminding us on paper of things that we already know how to say; it is not a set of directions telling us how a language should be pronounced.

This Pronunciation and Writing Guide will give you some help with the German sound system. Further practice with specific sounds will be given in the Lab Manual section of the *Student Activities Manual*.

Stress

Nearly all native German words are stressed on the "stem syllable," that is, the first syllable of the word, or the first syllable that follows an unstressed prefix.

Without prefix		*With unstressed prefix*	
den′ken	to think	**beden′ken**	to think over
kom′men	to come	**entkom′men**	to escape

In the end vocabulary of this book, words that are not stressed on the first syllable are marked. A stress mark follows the stressed syllable.

German Vowels

German has short vowels, long vowels, and diphthongs. The short vowels are clipped, and are never "drawled" as they often are in English. The long vowels are monophthongs ("steady-state" vowels) and not diphthongs (vowels that "glide" from one vowel sound toward another). The diphthongs are similar to English diphthongs except that they, like short vowels, are never drawled. Compare the English and German vowels in the words below.

English (with off-glide)	*German (no off-glide)*
bait	**Beet**
vein	**wen**
tone	**Ton**
boat	**Boot**

Spelling as a reminder of vowel length

By and large, the German spelling system clearly indicates the difference between long and short vowels. German uses the following types of signals:

1. A vowel is long if it is followed by an **h** (unpronounced): **ihn, stahlen, Wahn.**
2. A vowel is long if it is double: **Beet, Saat, Boot.**
3. A vowel is generally long if it is followed by one consonant: **den, kam, Ofen, Hut.**
4. A vowel is generally short if it is followed by two or more consonants: **denn, Sack, offen, Busch, dick.**

Pronunciation of vowels

Long and short a

Long $[\bar{a}]$ = aa, ah, a (**Saat, Bahn, kam, Haken**): like English *a* in *spa,* but with wide-open mouth and no off-glide.

Short $[a]$ = a (**satt, Bann, Kamm, Hacken**): between English *o* in *hot* and *u* in *hut.*

Long and short e

Long $[\bar{\varepsilon}]$ = e, ee, eh, ä, äh (**wen, Beet, fehlen, gähnt**): like *ay* in English *say,* but with exaggeratedly spread lips and no off-glide.

Short $[e]$ = e, ä (**wenn, Bett, fällen, Gent**): like *e* in English *bet,* but more clipped.

Unstressed [ə] and [ər]

Unstressed [ə] = e (bitte, endet, gegessen): like English e in *begin, pocket.*

Unstressed [ər] = er (bitter, ändert, vergessen): When the sequence [ər] stands at the end of a word, before a consonant, or in an unstressed prefix, it sounds much like the final *-a* in English *sofa*; the **-r** is not pronounced.

Long and short i

Long [ī] = ih, ie (ihn, Miete, liest): like *ee* in *see,* but with exaggeratedly spread lips and no off-glide.

Short [i] = (in, Mitte, List): like *i* in *mitt,* but more clipped.

Long and short o

Long [ō] = oh, o, oo (Sohne, Ofen, Tone, Moos): like English *o* in *so,* but with exaggeratedly rounded lips and no off-glide.

Short [o] = o (Most, Tonne, offen, Sonne): like English *o* often heard in the word *gonna.*

Long and short u

Long [ū] = uh, u (Huhne, schuf, Buße, Mus): like English *oo* in *too,* but with more lip rounding and no off-glide.

Short [u] = u (Hunne, Schuft, Busse, muss): like English *u* in *bush,* but more clipped.

Diphthongs

[ai] = ei, ai, ay (nein, Kaiser, Meyer, Bayern): like English *ai* in *aisle,* but clipped and not drawled.

[oi] = eu, äu (neun, Häuser): like English *oi* in *coin,* but clipped and not drawled.

[au] = au (laut, Bauer): like English *ou* in *house,* but clipped and not drawled.

Long and short ü

Long [ǖ] = üh, ü (Bühne, kühl, lügen): To pronounce long [ǖ], keep your tongue in the same position as for long [ī], but round your lips as for long [ū].

Short [ü] = ü (Küste, müssen, Bünde): To pronounce short [ü], keep your tongue in the same position as for short [i], but round your lips as for short [u].

Long and short ö

Long [ȫ] = ö, öh (Höfe, Löhne, Flöhe): To pronounce long ȫ, keep your tongue in the same position as for long [ɛ], but round your lips as for long [ö].

Short [ö] = ö (gönnt, Hölle, Knöpfe): To pronounce short [ö], keep your tongue in the same position as for short [e], but round your lips as for short [o].

Consonants

Most of the German consonant sounds are similar to English consonant sounds. There are four major differences.

1. German has two consonant sounds without an English equivalent: [x] and [ç]. Both are spelled **ch**.
2. The German pronunciation of [l] and [r] differs from the English pronunciation.
3. German uses sounds familiar to English speakers in unfamiliar combinations, such as [ts] in an initial position: **zu.**
4. German uses unfamiliar spellings of familiar sounds.

The letters b, d, and g

The letters **b, d,** and **g** generally represent the same consonant sounds as in English. German **g** is usually pronounced like English *g* in *go.* When the letters **b, d,** and **g** occur at the end of a syllable, or before an **s** or **t**, they are pronounced like [p], [t], and [k] respectively.

b = [b] (Diebe, gaben)
b = [p] (Dieb, Diebs, gab, gabt)

d = [d] (Lieder, laden)
d = [t] (Lied, Lieds, lud, lädt)

g = [g] (Tage, sagen)
g = [k] (Tag, Tags, sag, sagt)

The letter j

The letter **j** (ja, jung) represents the sound *y* as in English *yes.*

The letter l

English [l] typically has a "hollow" sound to it. When an American pronounces [l], the tongue is usually "spoon-shaped": It is high at the front (with the tongue tip pressed against the gum ridge above the upper teeth), hollowed out in the middle, and high again at the back. German [l] (viel, Bild, laut) never has the "hollow" quality. It is pronounced with the tongue tip against the gum ridge, as in English, but with the tongue kept flat from front to back. Many Americans use this "flat" [l] in such words as *million, billion,* and *William.*

The letter r

German [r] can be pronounced in two different ways. Some German speakers use a "tongue-trilled [r]," in which the tip of the tongue vibrates against the gum ridge above the upper teeth—like the *rrr* that children often use in imitation of a telephone bell or police whistle. Most German speakers, however, use a "uvular [r]," in which the back of the tongue is raised toward the uvula, the little droplet of skin hanging down in the back of the mouth.

You will probably find it easiest to pronounce the uvular [r] if you make a gargling sound before the sound [a]: ra. Keep the tip of your tongue down and out of the way; the tip of the tongue plays no role in the pronunciation of the gargled German [r].

r = [r] + vowel (Preis, Jahre, Rose): When German [r] is followed by a vowel, it has the full "gargled" sound.

r = vocalized [r] (Tier, Uhr, Tür): When German [r] follows a vowel, it tends to become "vocalized," that is, pronounced like the vowel-like glide found in the final syllable of British English *hee-uh* (here), *thay-uh* (there).

The letters s, ss, ß

s = [ş] (sehen, lesen, Gänse): Before a vowel, the letter s represents the sound [ş], like English *z* in *zoo*.

s = [s] (das, Hals, fast): In most other positions, the letter s represents the sound [s], like English [s] in *so*.

[s] = ss, ß (wissen, Flüsse, weiß, beißen, Füße): The letters ss and ß (called **ess-tsett**) are both pronounced [s]. The double letters **ss** signal the fact that the preceding vowel is short, and the single letter **ß** signals the fact that the preceding vowel is long (or a diphthong).

The letter v

v = [f] (Vater, viel): The letter v is generally pronounced like English [f] as in *father*.

v = [v] (Vase, November): In words of foreign origin, the letter v is pronounced [v].

The letter w

w = [v] (Wein, Wagen, wann): Many centuries ago, German w (as in **Wein**) represented the sound [w], like English *w* in *wine*. Over the centuries, German w gradually changed from [w] to [v], so that today the w of German **Wein** represents the sound [v], like the *v* of English *vine*. German no longer has the sound [w]. The letter w always represents the sound [v].

The letter z

z = final and initial [ts] (Kranz, Salz, Zahn, zu): The letter z is pronounced [ts], as in English *rats*. In English, the [ts] sound occurs only at the end of a syllable; in German, [ts] occurs at the beginning as well as at the end of a syllable.

The consonant clusters gn, kn, pf, qu

To pronounce the consonant clusters **gn, kn, pf, qu** correctly, you need to use familiar sounds in unfamiliar ways.

gn: pronunciation is [gn]
kn: pronunciation is [kn]

pf: pronunciation is [pf]
qu: pronunciation is [kv]

gn = [gn-] (Gnade, Gnom)
kn = [kn-] (Knie, Knoten)
pf = [pf-] (Pfanne, Pflanze)
qu = [kv-] (quälen, Quarz, quitt)

The combination ng

ng = [ŋ] (Finger, Sänger, Ding): The combination **ng** is pronounced [ŋ], as in English *singer*. It does not contain the sound [g] that is used in English *finger*.

The combinations sch, sp, and st

sch = [š] (Schiff, waschen, Fisch)
sp = [šp] (Spaten, spinnen, Sport)
st = [št] (Stein, Start, stehlen)

Many centuries ago, both German and English had the combinations **sp, st, sk,** pronounced [sp], [st], [sk]. Then two changes took place. First, in both languages, [sk] changed to [š], as in English *ship, fish,* and German **Schiff, Fisch.**

Second, in German only, word-initial [sp-] and [st-] changed to [šp-] and [št-]. The *sp* in English *spin* is pronounced [sp-], but in German **spinnen** it is pronounced [šp-]. The *st* in English *still* is pronounced [st-], but in German *still* it is pronounced [št-]. Today, German **sch** always represents [š] (like English *sh*, but with more rounded lips); *sp-* and *st-* at the beginning of German words or word stems represent [šp-] and [št-].

The letters ch

The letters **ch** are usually pronounced either [x] or [ç]. The [x] sound is made in the back of the mouth where [k] is produced.

If you have ever heard a Scotsman talk about "Lo*ch* Lomond," you have heard the sound [x]. The sound [x] is produced by forcing air through a narrow opening between the back of the tongue and the back of the roof of the mouth (the soft palate). Notice the difference between [k], where the breath stream is stopped in this position and [x], where the breath stream is forced through a narrow opening in this position.

To practice the [x] sound, keep the tongue below the lower front teeth and produce a gentle gargling sound, without moving the tongue or lips. Be careful not to substitute the [k] sound for the [x] sound.

> **ck, k = [k] (Sack, pauken, Pocken, buk)**
> **ch = [x] (Sache, hauchen, pochen, Buch)**

The [ç] sound is similar to that used by many Americans for the *h* in such words as *hue, huge, human*. It is produced by forcing air through a narrow opening between the front of the tongue and the front of the roof of the mouth (the hard palate). Notice the difference between [š], where the breath stream is forced through a wide opening in this position and the lips are rounded, and [ç], where the breath stream is forced through a narrow opening in this position and the lips are spread.

To practice the [ç] sound, round your lips for [š], then use a slit-shaped opening and spread your lips. Be careful not to substitute the [š] sound for [ç].

> **sch = [š] (misch, fischt, Kirsche, Welsch, Menschen)**
> **ch = [ç] (mich, ficht, Kirche, welch, München)**

Note two additional points about the pronunciation of **ch**:

1. **ch = [x]** occurs only after the vowels **a, o, u, au**.
2. **ch = [ç]** occurs only after the other vowels and **n, l,** and **r**.

The combination chs

> **chs = [ks] (sechs, Fuchs, Weichsel)**
> **chs = [xs] or [çs] (des Brauchs, du rauchst, des Teichs)**

The fixed combination **chs** is pronounced [ks] in words such as **sechs, Fuchs,** and **Ochse.** Today, **chs** is pronounced [xs] or [çs] only when the **s** is an ending or part of an ending (**ich rauche, du rauchst; der Teich, des Teichs**).

The suffix -ig

- **-ig = [iç] (Pfennig, König, schuldig):** In final position, the suffix **-ig** is pronounced [iç] as in German **ich**.
- **-ig = [ig] (Pfennige, Könige, schuldige):** In all other positions, the **g** in **-ig** has the sound [g] as in English *go*.

The glottal stop

English uses the glottal stop as a device to avoid running together words and parts of words; it occurs only before vowels. Compare the pairs of words below. The glottal stop is indicated with an *.

an *ice man	a nice man
not *at *all	not a tall
an *ape	a nape

German also uses the glottal stop before vowels to avoid running together words and parts of words.

> **Wie *alt *ist *er?**
> **be*antworten**

The glottal stop is produced by closing the glottis (the space between the vocal cords), letting air pressure build up from below, and then suddenly opening the glottis, resulting in a slight explosion of air. Say the word *uh-uh*, and you will notice a glottal stop between the first and second *uh*.

The Writing System

German punctuation

Punctuation marks in German are generally used as in English. Note the following major differences.

1. In German, dependent clauses are set off by commas.

   German   Der Mann, der hier wohnt, ist alt.
   English   The man who lives here is old.

2. In German, independent clauses, with two exceptions, are set off by commas. Clauses joined by **und** (*and*) or **oder** (*or*) need not be set off by commas, unless the writer so chooses for the sake of clarity.

   German   Robert singt und Karin tanzt. *or*
             Robert singt, und Karin tanzt.
   English   Robert is singing and Karin is dancing.

3. In German, a comma is not used in front of **und** in a series as is often done in English.

   German   Robert, Ilse und Karin singen.
   English   Robert, Ilse, and Karin are singing.

4. In German, opening quotation marks are placed below the line.

   German   Er fragte: „Wie heißt du?"
   English   He asked, "What is your name?"

Note that a colon is used in German before a direct quotation.

5. In German, commas stand outside of quotation marks.

   German   „Meyer", antwortete sie.
   English   "Meyer," she answered.

German capitalization

1. In German, all nouns are capitalized.

   German   Wie alt ist der Mann?
   English   How old is the man?

2. Adjectives are not capitalized, even if they denote nationality.

   German   Ist das ein amerikanisches Auto?
   English   Is that an American car?

3. The pronoun **ich** is not capitalized, unlike its English counterpart *I*.

   German   Morgen spiele ich um zwei Uhr Tennis.
   English   Tomorrow I am playing tennis at two o'clock.

Appendix D
Grammatical Tables

1. Personal pronouns

Nominative	ich	Sie	du	er	es	sie	wir	Sie	ihr	sie
Accusative	mich	Sie	dich	ihn	es	sie	uns	Sie	euch	sie
Dative	mir	Ihnen	dir	ihm	ihm	ihr	uns	Ihnen	euch	ihnen

2. Reflexive pronouns

	ich	Sie	du	er/es/sie	wir	Sie	ihr	sie
Accusative	mich	sich	dich	sich	uns	sich	euch	sich
Dative	mir	sich	dir	sich	uns	sich	euch	sich

3. Interrogative pronouns

Nominative	wer	was
Accusative	wen	was
Dative	wem	
Genitive	wessen	

4. Relative pronouns

	Masculine	Neuter	Feminine	Plural
Nominative	der	das	die	die
Accusative	den	das	die	die
Dative	dem	dem	der	denen
Genitive	dessen	dessen	deren	deren

5. Definite articles

	Masculine	Neuter	Feminine	Plural
Nominative	der	das	die	die
Accusative	den	das	die	die
Dative	dem	dem	der	den
Genitive	des	des	der	der

6. *Der*-words

	Masculine	Neuter	Feminine	Plural
Nominative	dieser	dieses	diese	diese
Accusative	diesen	dieses	diese	diese
Dative	diesem	diesem	dieser	diesen
Genitive	dieses	dieses	dieser	dieser

Common **der**-words are **dieser, jeder, mancher, solcher,** and **welcher.**

7. Indefinite articles and *ein*-words

	Masculine	Neuter	Feminine	Plural
Nominative	ein	ein	eine	keine
Accusative	einen	ein	eine	keine
Dative	einem	einem	einer	keinen
Genitive	eines	eines	einer	keiner

The **ein**-words include **kein** and the possessive adjectives: **mein, Ihr, dein, sein, ihr, unser, Ihr, euer,** and **ihr.**

8. Plural of nouns

Type	Plural signal	Singular	Plural	Notes
1	ø (no change)	das Zimmer	**die Zimmer**	Masculine and neuter nouns ending in **-el, -en, -er**
	¨ (umlaut)	der Garten	**die Gärten**	
2	-e	der Tisch	**die Tische**	
	¨ e	der Stuhl	**die Stühle**	
3	-er	das Bild	**die Bilder**	Stem vowel **e** or **i** cannot take umlaut
	¨ er	das Buch	**die Bücher**	Stem vowel **a, o, u,** takes umlaut
4	-en	die Uhr	**die Uhren**	
	-n	die Lampe	**die Lampen**	
	-nen	die Freundin	**die Freundinnen**	
5	-s	das Radio	**die Radios**	Mostly foreign words

9. Masculine *N*-nouns

	Singular	Plural
Nominative	der Herr	die Herren
Accusative	den Herrn	die Herren
Dative	dem Herrn	den Herren
Genitive	des Herrn	der Herren

Some other masculine **N**-nouns are **der Architekt, der Journalist, der Junge, der Komponist, der Kollege, der Mensch, der Nachbar, der Pilot, der Präsident, der Soldat, der Student, der Tourist.** A few masculine **N**-nouns add **-ns** in the genitive; **der Name > des Namens.**

10. Preceded adjectives

	Masculine	Neuter	Feminine	Plural
Nom.	der neue Pulli	das neue Sweatshirt	die neue Hose	die neuen Schuhe
	ein **neuer** Pulli	ein **neues** Sweatshirt	eine **neue** Hose	keine **neuen** Schuhe
Acc.	den **neuen** Pulli	das **neue** Sweatshirt	die **neue** Hose	die **neuen** Schuhe
	einen **neuen** Pulli	ein **neues** Sweatshirt	eine **neue** Hose	keine **neuen** Schuhe
Dat.	dem **neuen** Pulli	dem **neuen** Sweatshirt	der **neuen** Hose	den **neuen** Schuhen
	einem **neuen** Pulli	einem **neuen** Sweatshirt	einer **neuen** Hose	keinen **neuen** Schuhen
Gen.	des **neuen** Pullis	des **neuen** Sweatshirts	der **neuen** Hose	der **neuen** Schuhe
	eines **neuen** Pullis	eines **neuen** Sweatshirts	einer **neuen** Hose	keiner **neuen** Schuhe

11. Unpreceded adjectives

	Masculine	Neuter	Feminine	Plural
Nominative	frischer Kaffee	frisches Brot	frische Wurst	frische Eier
Accusative	frischen Kaffee	frisches Brot	frische Wurst	frische Eier
Dative	frischem Kaffee	frischem Brot	frischer Wurst	frischen Eiern
Genitive	frischen Kaffees	frischen Brotes	frischer Wurst	frischer Eier

12. Nouns declined like adjectives

*Nouns preceded by definite articles or **der**-words*

	Masculine	Neuter	Feminine	Plural
Nominative	der Deutsche	das Gute	die Deutsche	die Deutschen
Accusative	den Deutschen	das Gute	die Deutsche	die Deutschen
Dative	dem Deutschen	dem Guten	der Deutschen	den Deutschen
Genitive	des Deutschen	des Guten	der Deutschen	der Deutschen

*Nouns preceded by indefinite articles or **ein**-words*

	Masculine	Neuter	Feminine	Plural
Nominative	ein Deutscher	ein Gutes	eine Deutsche	keine Deutschen
Accusative	einen Deutschen	ein Gutes	eine Deutsche	keine Deutschen
Dative	einem Deutschen	einem Guten	einer Deutschen	keinen Deutschen
Genitive	eines Deutschen	—	einer Deutschen	keiner Deutschen

Other nouns declined like adjectives are **der/die Bekannte, Erwachsene, Fremde, Jugendliche, Verwandte.**

13. Irregular comparatives and superlatives

Base form	bald	gern	gut	hoch	nah	viel
Comparative	eher	lieber	besser	höher	näher	mehr
Superlative	ehest-	liebst-	best-	höchst-	nächst-	meist-

14. Adjectives and adverbs taking umlaut in the comparative and superlative

alt–älter
arm–ärmer
blass–blasser *or* blässer
dumm–dümmer
gesund–gesünder *or* gesunder
groß–größer

jung–jünger
kalt–kälter
krank–kränker
kurz–kürzer
lang–länger
nass–nässer *or* nasser

oft–öfter
rot–röter
schwach–schwächer
schwarz–schwärzer
stark–stärker
warm–wärmer

15. Prepositions

With accusative	With dative	With either accusative or dative	With genitive
bis	aus	an	(an)statt
durch	außer	auf	trotz
für	bei	hinter	während
gegen	mit	in	wegen
ohne	nach	neben	
um	seit	über	
	von	unter	
	zu	vor	
		zwischen	

16. Verb and preposition combinations

anfangen mit
anrufen bei
antworten auf (+ *acc.*)
arbeiten bei (*at a company*)
aufhören mit
beginnen mit
sich beschäftigen mit
danken für
denken an (+ *acc.*)
sich erinnern an (+ *acc.*)
erzählen von
fahren mit (*by a vehicle*)
fragen nach
sich freuen auf (+ *acc.*)
sich freuen über (+ *acc.*)
sich fürchten vor (+ *dat.*)
halten von
hoffen auf (+ *acc.*)
sich interessieren für
lächeln über (+ *acc.*)

nachdenken über (+ *acc.*)
reden über (+ *acc.*) *or* von
riechen nach
schreiben an (+ *acc.*)
schreiben über (+ *acc.*)
sprechen über (+ *acc.*), von, *or* mit
sterben an (+ *dat.*)
studieren an *or* auf (+ *dat.*)
suchen nach
teilen durch
telefonieren mit
sich unterhalten über (+ *acc.*)
sich vorbereiten auf (+ *acc.*)
warten auf (+ *acc.*)
wissen über (+ *acc.*) *or* von
wohnen bei
zeigen auf (+ *acc.*)

17. Dative verbs

antworten
danken
fehlen
folgen
gefallen
gehören
glauben (*dat.* of person)
gratulieren

helfen
leid·tun
passen
passieren
schaden
schmecken
weh·tun

The verb **glauben** may take an impersonal accusative object: **ich glaube es.**

18. Guidelines for the position of *nicht*

1. **Nicht** always *follows* the finite verb.

   Kevin **arbeitet nicht.**

   Anne **kann nicht** gehen.

2. **Nicht** always *follows:*

   a. noun objects

      Ich glaube **Kevin nicht.**

   b. pronouns used as objects

      Ich glaube **es nicht.**

   c. specific adverbs of time

      Anne geht **heute nicht** mit.

3. **Nicht** *precedes* most other elements:

   a. predicate adjectives

      Dieter ist **nicht freundlich.**

   b. predicate nouns

      Jan ist **nicht mein Freund.**

   c. adverbs

      Lena spielt **nicht gern** Tennis.

   d. adverbs of general time

      Lena spielt **nicht oft** Tennis.

   e. prepositional phrases

      Marcel geht **nicht ins Kino.**

   f. dependent infinitives

      Ich kann es **nicht machen.**

   g. past participles

      Ich habe es **nicht gemacht.**

   h. separable prefixes.

      Warum kommst du heute **nicht mit?**

4. If several of the elements that are preceded by **nicht** occur in a sentence, **nicht** usually *precedes* the first one.

   Ich gehe **nicht oft** ins Kino.

19. Present tense

	lernen[1]	arbeiten[2]	tanzen[3]	geben[4]	lesen[5]	fahren[6]	laufen[7]	auf•stehen[8]
ich	lern**e**	arbeite	tanze	gebe	lese	fahre	laufe	stehe ... auf
Sie	lern**en**	arbeiten	tanzen	geben	lesen	fahren	laufen	stehen ... auf
du	lern**st**	arbeit**est**	tan**zt**	gibst	liest	f**ä**hrst	l**äu**fst	stehst ... auf
er/es/sie	lern**t**	arbeit**et**	tan**zt**	gibt	liest	f**ä**hrt	l**äu**ft	steht ... auf
wir	lern**en**	arbeiten	tanzen	geben	lesen	fahren	laufen	stehen ... auf
Sie	lern**en**	arbeiten	tanzen	geben	lesen	fahren	laufen	stehen ... auf
ihr	lern**t**	arbeit**et**	tanzt	gebt	lest	fahrt	lauft	steht ... auf
sie	lern**en**	arbeiten	tanzen	geben	lesen	fahren	laufen	stehen ... auf
Imper. sg.	lern(e)	arbeite	tanz(e)	gib	lies	fahr(e)	lauf(e)	steh(e) ... auf

1. The endings are used for all verbs except the modals, **wissen, werden,** and **sein.**

2. A verb with a stem ending in **-d** or **-t** has an **e** before the **-st** and **-t** endings. A verb with a stem ending in **-m** or **-n** preceded by another consonant has an **e** before the **-st** and **-t** endings, e.g., **atmen > du atmest, er/es/sie atmet; regnen > es regnet.** Exception: If the stem of the verb ends in **-m** or **-n** preceded by **-l** or **-r,** the **-st** and **-t** do not expand, e.g., **lernen > du lernst, er/es/sie lernt.**

3. The **-st** ending of the **du**-form contracts to **-t** when the verb stem ends in a sibilant (**-s, -ss, -ß, -z,** or **-tz).** Thus the **du**- and **er/es/sie**-forms are identical.

4. Some strong verbs have a stem-vowel change **e > i** in the **du**- and **er/es/sie**-forms and the imperative singular.

5. Some strong verbs have a stem-vowel change **e > ie** in the **du**- and **er/es/sie**-forms and the imperative singular. The strong verbs **gehen** and **stehen** do not change their stem vowel.

6. Some strong verbs have a stem-vowel change **a > ä** in the **du**- and **er/es/sie**-forms.

7. Some strong verbs have a stem-vowel change **au > äu** in the **du**- and **er/es/sie**-forms.

8. In the present tense, separable prefixes are separated from the verbs and are in last position.

20. Simple past tense

	Weak verbs		Strong verbs
	lernen[1]	*arbeiten*[2]	*geben*[3]
ich	lern**te**	arbeit**ete**	gab
Sie	lern**ten**	arbeit**eten**	gab**en**
du	lern**test**	arbeit**etest**	gab**st**
er/es/sie	lern**te**	arbeit**ete**	gab
wir	lern**ten**	arbeit**eten**	gab**en**
Sie	lern**ten**	arbeit**eten**	gab**en**
ihr	lern**tet**	arbeit**etet**	gab**t**
sie	lern**ten**	arbeit**eten**	gab**en**

1. Weak verbs have a past-tense marker **-te** + endings.

2. A weak verb with a stem ending in **-d** or **-t** has a past-tense marker **-ete** + endings. A weak verb with a stem ending in **-m** or **-n** preceded by another consonant has a past-stem marker **-ete** plus endings, e.g., **er/es/sie atmete; es regnete.** Exception: If the stem of the verb ends in **-m** or **-n** preceded by **-l** or **-r,** the **-te** past-tense marker does not expand, e.g., **lernte.**

3. Strong verbs have a stem-vowel change + endings.

21. Auxiliaries *haben, sein, werden:* present, simple past, past participles, and subjunctive

ich	habe	bin	werde
Sie	haben	sind	werden
du	hast	bist	wirst
er/es/sie	hat	ist	wird
wir	haben	sind	werden
Sie	haben	sind	werden
ihr	habt	seid	werdet
sie	haben	sind	werden
Simple past (3ps):	hatte	war	wurde
Past participle:	gehabt	gewesen	geworden
Subjunctive (3ps):	hätte	wäre	würde

22. Modal auxiliaries: present, simple past, past participle, and subjunctive

	dürfen	können	müssen	sollen	wollen	mögen	(möchte)
ich	darf	kann	muss	soll	will	mag	(möchte)
Sie	dürfen	können	müssen	sollen	wollen	mögen	(möchten)
du	darfst	kannst	musst	sollst	willst	magst	(möchtest)
er/es/sie	darf	kann	muss	soll	will	mag	(möchte)
wir	dürfen	können	müssen	sollen	wollen	mögen	(möchten)
Sie	dürfen	können	müssen	sollen	wollen	mögen	(möchten)
ihr	dürft	könnt	müsst	sollt	wollt	mögt	(möchtet)
sie	dürfen	können	müssen	sollen	wollen	mögen	(möchten)
Simple past (3ps):	durfte	konnte	musste	sollte	wollte	mochte	
Past participle (3ps):	gedurft	gekonnt	gemusst	gesollt	gewollt	gemocht	
Subjunctive (3ps):	dürfte	könnte	müsste	sollte	wollte	möchte	

23. Present and past perfect tenses

	Present perfect				**Past perfect**			
ich	habe		bin		hatte		war	
Sie	haben		sind		hatten		waren	
du	hast		bist		hattest		warst	
er/es/ sie	hat	gesehen	ist	gegangen	hatte	gesehen	war	gegangen
wir	haben		sind		hatten		waren	
Sie	haben		sind		hatten		waren	
ihr	habt		seid		hattet		wart	
sie	haben		sind		hatten		waren	

24. Future tense

ich	werde	
Sie	werden	
du	wirst	
er/es/sie	wird	gehen
wir	werden	
Sie	werden	
ihr	werdet	
sie	werde	

25. Passive voice

	Present passive		**Past passive**	
ich	werde		wurde	
Sie	werden		wurden	
du	wirst		wurdest	
er/es/sie	wird	gesehen	wurde	gesehen
wir	werden		wurden	
Sie	werden		wurden	
ihr	werdet		wurdet	
sie	werden		wurden	

26. Subjunctive mood

Present-time subjunctive		
ich	würde	
Sie	würden	
du	würdest	
er/es/sie	würde	
wir	würden	sehen
Sie	würden	
ihr	würdet	
sie	würden	

Past-time subjunctive				
ich	hätte		wäre	
Sie	hätten		wären	
du	hättest		wärest	
er/es/sie	hätte		wäre	
wir	hätten	gesehen	wären	gegangen
Sie	hätten		wären	
ihr	hättet		wäret	
sie	hätten		wären	

27. Principal parts of strong and irregular weak verbs

The following list includes all the strong and irregular verbs from the **Vokabeln** lists. Compound verbs like **herumliegen** and **hinausgehen** are not included, since the principal parts of compound verbs are identical to the basic forms: **liegen** and **gehen.** Separable-prefix verbs like **einladen** are included only when the basic verb (**laden**) is not listed elsewhere in the table. Basic English meanings are given for all verbs in this list. For additional meanings, consult the German-English vocabulary on pages R-30 to R-50. The number indicates the chapter in which the verb was introduced.

Infinitive	Present-tense vowel change	Simple past	Past participle	Meaning
anfangen	fängt an	fing an	angefangen	*to begin 4*
anrufen		rief an	angerufen	*to telephone 6*
sich anziehen		zog an	angezogen	*to get dressed 9*
sich ausziehen		zog aus	ausgezogen	*to get undressed 9*
beginnen		begann	begonnen	*to begin 4*
bekommen		bekam	bekommen	*to get 4*
bleiben		blieb	ist geblieben	*to stay; to remain 2*
bringen		brachte	gebracht	*to bring 4*
denken		dachte	gedacht	*to think 6*
einladen	lädt ein	lud ein	eingeladen	*to invite; to treat 6*
empfehlen	empfiehlt	empfahl	empfohlen	*to recommend 10*
entscheiden		entschied	entschieden	*to decide 12*
erziehen		erzog	erzogen	*to rear; to educate 8*
essen	isst	aß	gegessen	*to eat 3*

Infinitive	Present-tense vowel change	Simple past	Past participle	Meaning
fahren	fährt	fuhr	ist gefahren	*to drive, travel, ride 4*
fallen	fällt	fiel	ist gefallen	*to fall 10*
finden		fand	gefunden	*to find; to think 3*
fliegen		flog	ist geflogen	*to fly 5*
geben	gibt	gab	gegeben	*to give 3*
gefallen	gefällt	gefiel	gefallen	*to please 6*
gehen		ging	ist gegangen	*to go 1*
gewinnen		gewann	gewonnen	*to win 8*
haben	hat	hatte	gehabt	*to have E*
halten	hält	hielt	gehalten	*to hold; to stop 4*
hängen		hing	gehangen	*to be hanging 7*
heben		hob	gehoben	*to lift 1*
heißen		hieß	geheißen	*to be called, named E*
helfen	hilft	half	geholfen	*to help 4*
kennen		kannte	gekannt	*to know; to be aquainted with 3*
klingen		klang	geklungen	*to sound 12*
kommen		kam	ist gekommen	*to come 1*
lassen	lässt	ließ	gelassen	*to let, allow 12*
laufen	läuft	lief	ist gelaufen	*to run; to walk 5*
leiden		litt	gelitten	*to suffer; to endure 8*
leihen		lieh	geliehen	*to lend 4*
lesen	liest	las	gelesen	*to read 4*
liegen		lag	gelegen	*to lie; to be located 2*
nehmen	nimmt	nahm	genommen	*to take 3*
nennen		nannte	genannt	*to name 10*

German-English Vocabulary

This vocabulary includes all the words used in **Deutsch heute** except numbers. The definitions given are generally limited to the context in which the words are used in this book. Chapter numbers are given for all words and expressions occurring in the chapter vocabularies and in the *Erweiterung des Wortschatzes* sections to indicate where a word or expression is first used. Recognition vocabulary does not have a chapter reference. The symbol ~ indicates repetition of the key word (minus the definite article, if any).

Nouns are listed with their plural forms: **der Abend, -e.** No plural entry is given if the plural is rarely used or nonexistent. If two entries follow a noun, the first one indicates the genitive and the second one indicates the plural: **der Herr, -n, -en.**

Strong and irregular weak verbs are listed with their principal parts. Vowel changes in the present tense are noted in parentheses, followed by simple-past and past-participle forms. All verbs take **haben** in the past participle unless indicated with **sein**. For example: **fahren (ä), fuhr, ist gefahren.** Separable-prefix verbs are indicated with a raised dot: **auf·stehen.**

Adjectives and adverbs that require an umlaut in the comparative and superlative forms are noted as follows: **warm (ä).** Stress marks are given for all words that are not accented on the first syllable. The stress mark follows the accented syllable: **Amerika'ner.** In some words, either of the two syllables may be stressed.

The following abbreviations are used:

abbr.	abbreviation	decl.	declined	p.p.	past participle
acc.	accusative	f.	feminine	part.	participle
adj.	adjective	fam.	familiar	pl.	plural
adv.	adverb	gen.	genitive	sg.	singular
colloq.	colloquial	interj.	interjection	sub.	subordinate
comp.	comparative	m.	masculine	subj.	subjunctive
conj.	conjunction	n.	neuter	sup.	superlative
dat.	dative				

A

ab *(prep. + dat.)* after, from a certain point on; away from 9; **~ heute** from today on 9; **~ und zu** now and then

der **Abend, -e** evening E; **gestern ~** last night; **Guten ~!** Good evening. E; **heute ~** tonight, this evening; **zu ~ essen** to have (eat) dinner/supper

das **Abendessen, -** dinner, supper 3; **zum ~** for dinner 3; **Was gibt's zum ~?** What's for dinner? 3

abends evenings, in the evening 7

aber *(conj.)* but; however 1

ab·fahren (fährt ab), fuhr ab, ist abgefahren to depart (by vehicle) 7

ab·holen to pick up 5

das **Abitur'** diploma from college-track high school **(Gymnasium)**

der **Absatz, ⸚e** paragraph

absolut' absolutely, completely 10

ab·trocknen to dry dishes; to wipe dry 7

ab·waschen (wäscht ab), wusch ab, abgewaschen to do dishes 7

ach oh E

achten to pay attention

Achtung! *(exclamation)* Pay attention! Look out!

die **Adres'se, -n** address E; **Wie ist deine/Ihre ~?** What is your address? E

ah oh 4

ähnlich similar

die **Ahnung** hunch, idea 6; **Keine ~!** No idea! 6

die **Aktivität', -en** activity 4

aktuell' current, up to date

akzeptie'ren to accept

alle all 1

allein' alone 5

allein'stehend single

allem: vor ~ above all 5

allerdings of course 12

alles everything 2; all; **Alles Gute.** Best wishes.

allgemein' general; **im Allgemeinen** in general

die **Alliier'ten** *(pl.)* Allies (WW II)

der **Alltag** everyday life

die **Alpen** *(pl.)* Alps 5

als *(after a comp.)* than 2; as; *(sub. conj.)* when 8

also well, well then E; therefore, so 3

alt (ä) old E; **Wie ~ bist du/sind Sie?** How old are you? E; **Ich bin [19] Jahre ~.** I'm [19] years old. E

das **Alter** age

am: ~ Freitag/Montag on Friday/Monday E

(das) **Ame'rika** America 1

der **Amerika'ner, -/die Amerika'nerin, -nen** American person 2

amerika′nisch American (adj.) 4
an (+ acc./dat.) at 2; to 7; on 7
andere other 4
andererseits on the other hand
(sich) ändern to change; to alter
anders different(ly) 2
der Anfang, ⸗e beginning 8; am ~ in
the beginning 8
an·fangen (fängt an), fing an,
angefangen to begin 4; mit
[der Arbeit] ~ to begin [the work]
an·geben (gibt an), gab an, angege-
ben to give; name, cite
der/die Angestellte (noun decl. like
adj.) salaried employee, white-
collar worker 11
die Anglis′tik English studies
(language and literature) 4
die Angst, ⸗e fear 7; ~ haben
(vor + dat.) to be afraid (of) 7
an·haben (hat an), hatte an, angehabt to have turned on, to wear 6
der Anhang, pl. Anhänge appendix,
reference section; attachment
an·kommen, kam an, ist angekom-
men (in + dat.) to arrive (in) 7
an·kreuzen to check off
an·nehmen (nimmt an), nahm
an, angenommen to accept; to
assume 8
an·rufen, rief an, angerufen to
phone 6; bei [dir] ~ to call [you]
at home 6
an·schauen to look at; to watch 7
(sich) (dat.) an·sehen (sieht an), sah
an, angesehen to look at 6; Ich
sehe es mir an. I′ll have a look
at it. 12
(an)statt′ (+ gen.) instead of 8; ~ zu
(+ inf.) instead of
anstrengend exhausting, strenuous 2
die Antwort, -en answer 6
antworten (+ dat.) to answer (as in Ich
antworte der Frau. I answer the
woman.) 11; ~ auf (+ acc.) to answer
(as in Ich antworte auf die Frage.
I answer the question.) 11
die Anzeige, -n announcement; ad 8
sich (acc.) an·ziehen, zog an,
angezogen to get dressed 9; Ich
ziehe mich an. I get dressed 9;
sich (dat.) an·ziehen to put on 9;
Ich ziehe [mir die Schuhe] an.
I put on [my shoes].
der Anzug, ⸗e man′s suit 6
der Apfel, ⸗ apple 3
der Apfelsaft apple juice 3
die Apothe′ke, -n pharmacy 3;
in die/zur ~ to the pharmacy 3
der Apothe′ker, -/die Apothe′kerin,
-nen pharmacist
der Apparat′, -e apparatus, appliance

der Appetit′ appetite; Guten ~! Enjoy
your meal.
der April′ April 2
das Äquivalent′, -e equivalent
die Arbeit work; die Arbeit, -en
(school or academic) paper; piece
of work 4
arbeiten to work; to study 1; am
Computer ~ to work at the
computer 6; bei einer [Firma] ~
to work at a [company] 11;
mit dem Computer ~ to do
work on a computer 11; mit
Textverarbeitungsprogram-
men ~ to do word processing 11
der Arbeiter, -/die Arbeiterin, -nen
worker 9
der Arbeitgeber, -/die Arbeitgeberin,
-nen employer
der Arbeitnehmer, -/die
Arbeitnehmerin, -nen employee,
worker
die Arbeitskraft, ⸗e employee
arbeitslos unemployed, out of work 11
die Arbeitslosigkeit unemployment
der Arbeitsplatz, ⸗e job, position;
workplace 8
die Arbeitssuche job search
die Arbeitszeit, -en working
hours 8
der Architekt′, -en, -en/die
Architek′tin, -nen architect 8
die Architektur′ architecture
ärgerlich angry, annoyed, irritated
(sich) ärgern to be or feel angry
(or annoyed)
argumentie′ren to argue
arm (ä) poor 9; Du Armer. Poor
fellow/guy/thing. 9
der Arm, -e arm 9
die Art, -en type, kind; manner; auf
diese ~ und Weise in this way
der Arti′kel, - article 4
der Arzt, ⸗e/die Ärztin, -nen
(medical) doctor, physician 6
(das) Asien Asia
das Aspirin′ aspirin 3
der Assistent′, -en, -en/die
Assisten′tin, -nen assistant, aid
assoziie′ren to associate
die Attraktion′, -en attraction 9
auch also E
auf (+ acc./dat.) on top of; to; on 7;
up; open; ~ dem Weg on the way,
~ den Markt to the market 3;
~ [Deutsch] in [German] 9; ~ einmal all at once 6; ~ Wiedersehen.
Good-bye. E
die Aufgabe, -n assignment; task,
set of duties 4; die Hausaufgabe,
-n homework; Hausaufgaben
machen to do homework

auf·geben (gibt auf), gab auf,
aufgegeben to give up 8
auf·hören to stop (an activity); mit
der Arbeit ~ to stop work
auf·listen to list
auf·machen to open
auf·nehmen (nimmt auf), nahm
auf, aufgenommen to accept
auf·passen to watch out; ~ auf
(+ acc.) to take care of
auf·räumen to straighten up
(a room) 7
auf·schreiben, schrieb auf,
aufgeschrieben to write down
auf·stehen, stand auf, ist aufgestanden to get up; to stand up 6
auf·stellen to set up (a list)
auf·teilen (in + acc.) to split up
(into) 10
auf·wachsen (wächst auf), wuchs
auf, ist aufgewachsen to grow
up 12
das Auge, -n eye 9
der August′ August 2
aus (+ dat.) out of 6; to come/
be from (be a native of) 1; Ich
komme ~ [Kanada]. I come from
[Canada]. 1
die Ausbildung training, education
der Ausdruck, ⸗e expression
aus·drücken to express
auseinan′der apart, away from each
other 8
aus·gehen, ging aus, ist ausgegangen to go out 6
das Ausland (no pl.) foreign
countries 7; im ~ abroad 7
der Ausländer, -/die Ausländerin,
-nen foreigner 12
die Ausländerfeindlichkeit hostility
toward foreigners 12
der Ausländerhass xenophobia
ausländisch foreign
aus·leihen, lieh aus, ausgeliehen
to rent (film, DVD); to check out
(book from library) 4; to lend
out 4
aus·machen to matter 11; Es macht
[mir] nichts aus. It doesn′t matter
to [me]. 11
aus·räumen to unload the
[dishwasher]; to clear away 7
die Aussage, -n statement
aus·sagen to state, assert
aus·sehen (sieht aus), sah aus,
ausgesehen to appear, look like,
seem 6
das Aussehen appearance
der Außenhandel foreign trade 11
außer (+ dat.) besides; except for 5
außerdem besides, in addition,
as well 4

aus·suchen to select, choose

der **Austauschstudent, -en, -en**/ die **Austauschstudentin, -nen** exchange student 7

aus·wählen to choose, select

aus·wandern, ist ausgewandert to emigrate 9

sich (acc.) **aus·ziehen, zog aus, aus-gezogen** to get undressed 9; **Ich ziehe mich aus.** I get undressed. 9; sich (dat.) **aus·ziehen** to take off; **Ich ziehe [mir die Schuhe] aus.** I take off [my shoes]. 9

der/die **Auszubildende** (noun decl. like adj.) trainee, apprentice

das **Auto, -s** automobile, car 2; **mit dem ~ fahren** to go by car 5

die **Autobahn, -en** freeway, expressway 7

die **Automatisie'rung** automation

autonom' autonomous

der **Autor,** pl. **Auto'ren**/die **Auto'rin, -nen** author

B

backen (ä), backte, gebacken to bake

der **Bäcker, -**/die **Bäckerin, -nen** baker 3; **beim ~** at the baker's/ bakery 3; **zum ~** to the baker's/ bakery 3

die **Bäckerei', -en** bakery 3

das **Bad, ⸗er** bath; bathroom 7

der **Badeanzug, ⸗e** swimming suit 6

die **Badehose, -n** swimming trunks 6

baden to bathe 9; to swim

das **Badezimmer, -** bathroom

das **BAföG (= das Bundesausbildungs-förderungsgesetz)** national law that mandates financial support for students

die **Bahn, -en** train; railroad 5

der **Bahnhof, ⸗e** train station 7

bald soon 1; **Bis ~.** See you later. 1

der **Balkon, -s** or **-e** balcony

die **Bana'ne, -n** banana 3

die **Band, -s** band (musical) 1

die **Bank, ⸗e** bench

die **Bank, -en** bank 11

die **Bar, -s** bar, pub, nightclub 10

der **Basketball** basketball E

der **Bau** construction

der **Bauch,** pl. **Bäuche** abdomen; belly 9

bauen to build 9

der **Bauer, -n, -n**/die **Bäuerin, -nen** farmer

der **Baum, ⸗e** tree

der **Baustein, -e** building block

bay(e)risch Bavarian 7

beant'worten to answer (a question, a letter) 5

bedeu'ten to mean 9; **Was bedeutet das?** What does that mean? 9

die **Bedeu'tung, -en** significance; meaning

beein'flussen to influence 2

been'den to finish, complete

begeis'tert enthused

begin'nen, begann, begonnen to begin 4; **mit [der Arbeit] ~** to begin [(the) work]

begrü'ßen to greet; to welcome

behaup'ten to claim

der/die **Behin'derte** (noun decl. like adj.) handicapped person

bei (+ dat.) at 2; at a place of; near; in the proximity of 5; while, during (indicates a situation); **~ Franziska** at Franziska's 5; **beim Bäcker** at the baker's/bakery 3; **~ der Uni** near the university 5; **~ dir** at your place/house/home 5; **~ mir vorbeikommen** to stop by my place 5; **beim Chatten** while chatting 6; **~ einer Firma arbeiten** to work at a company/firm 11; **beim Fernsehen** while watching TV; **~ uns** at our house; in our country

beide both 1

beieinan'der next to each other 2

das **Bein, -e** leg 9

das **Beispiel, -e** example 4; **zum Beispiel** (abbr. **z. B.**) for example 1

bekannt' known, famous 5; **Das ist mir ~.** I'm familiar with that.

der/die **Bekann'te** (noun declined like adj.) acquaintance 9

die **Bekannt'schaft, -en** acquaint-ance 8

bekom'men, bekam, bekommen to receive 3; **Kinder ~** to have children

beliebt' popular, favorite

bemer'ken to notice; to remark 12

die **Bemer'kung, -en** remark; observation

benut'zen to use 7

das **Benzin'** gasoline

beo'bachten to observe 7

bequem' comfortable

bereit' ready; prepared; willing 5

der **Berg, -e** mountain 5; **in die Berge fahren** to go to the mountains

der **Bericht', -e** report 4

berich'ten to report 8

Berli'ner Berliner (adj.); **Berliner Zeitung** Berlin newspaper 10

der **Berliner, -**/die **Berlinerin, -nen** person from Berlin 2

der **Beruf', -e** profession, occupation 4; **Was ist er von Beruf?** What is his profession?

beruf'lich career-related; professional 11

berufs'tätig working; gainfully employed 8

berühmt' famous 5

beschäf'tigen to occupy, keep busy 11; **sich ~ (mit)** to be occupied (with) 11; **beschäftigt sein** to be busy 11

beschlie'ßen, beschloss, beschlossen to decide 10

beschrei'ben, beschrieb, beschrieben to describe 6

die **Beschrei'bung, -en** description

beset'zen to occupy; **besetzt'** occupied; engaged; busy (telephone line)

der **Besit'zer, -**/die **Besit'zerin, -nen** owner

beson'der- special; **(nichts) Besonderes** (nothing) special 1; **besonders** especially, particularly 1

besprech'en (i), besprach, besprochen to discuss

besser (comp. of **gut**) better 3

best- (-er, -es, -e) best 9; **am besten** best

bestel'len to order

bestimmt' certain(ly), for sure 2

der **Besuch', -e** visit 3; **~ haben** to have company 3; **zu ~** for a visit 12

besu'chen to visit 3; to attend (e.g., a lecture) 4

der **Besu'cher, -**/die **Besu'cherin, -nen** visitor

beto'nen to emphasize

betref'fen (betrifft) betraf, betroffen to concern

die **Betriebs'wirtschaft** business administration 4

das **Bett, -en** bed E; **zu (ins) ~ gehen** to go to bed 6

die **Bettdecke, -n** blanket 7

die **Bevöl'kerung, -en** population

bevor' (sub. conj.) before 5

die **Bewer'bung, -en** application

der **Bewoh'ner, -**/die **Bewoh'nerin, -nen** inhabitant 12

bezah'len to pay (for) 3; **das Essen ~** to pay for the meal 3

die **Bezie'hung, -en** relationship, connection 10

die **Bibliothek', -en** library E; **in der ~** in/at the library 1

das **Bier, -e** beer 3

der **Biergarten, ⸗** beer garden 7

das **Bild, -er** picture; photograph E; image

bilden to form
das **Bilderbuch, ⸚er** picture book
die **Bildgeschichte, -n** picture story
billig cheap 3
bin am E; **ich ~ [Schweizer/ Amerikaner].** I am [Swiss/ American]. 2
die **Biografie', -n** (*also* **Biographie**) biography
die **Biologie'** biology 4
bis (+ *acc.*) until, till 1; **~ auf** (+ *acc.*) except for; **~ bald.** See you later/ soon. E; **~ dann.** See you then. E; **~ zu(r)** up to 1
bisher' until now, so far
bisschen: ein ~ a little 1
bist: du bist you are E
bitte (*after* **danke**) You're welcome. E; please E; **Bitte?** May I help you? E; **Bitte schön.** You're welcome.; **Bitte sehr.** (*said when handing someone something*) Here you are.; **Wie ~?** (I beg your) pardon? E
bitten, bat, gebeten (**um** + *acc.*) to request, ask (for) something
blass pale 9
blau blue E
bleiben, blieb, ist geblieben to stay, to remain 2
der **Bleistift, -e** pencil E
der **Blick, -e** view
die **Blocka'de, -n** blockade
blockie'ren to blockade, block
der/das **Blog, -s** blog 8
blond blond 9
die **Bluesband, -s** blues band 1
die **Blume, -n** flower 3
der **Blumenstand, ⸚e** flower stand 3
die **Bluse, -n** blouse 6
der **Boden, ⸚** floor 7; ground
das **Boot, -e** boat
böse (**auf** + *acc.*) angry (at) 7; bad, mean; **Sei [mir] nicht ~.** Don't be mad [at me]. 7
brauchbar usable; **Brauchbares** something usable
brauchen to need 3
braun brown E; **hell~** light brown 9
das **Brett, -er** board; shelf; das **schwarze ~** bulletin board
der **Brief, -e** letter
der **Brieffreund, -e**/die **Brieffreundin, -nen** pen pal
die **Brille, -n** eyeglasses 6; **Tragen Sie eine ~?** Do you wear glasses? 6
bringen, brachte, gebracht to bring 4
das **Brot, -e** bread; sandwich 3
das **Brötchen, -** bread roll 3
die **Brücke, -n** bridge 10
der **Bruder, ⸚** brother 4
das **Buch, ⸚er** book E

das **Bücherregal, -e** bookcase E
die **Buchhandlung, -en** bookstore 3
der **Buchladen, ⸚** bookstore 3
buchstabie'ren to spell
das **Bundesland, ⸚er** federal state
die **Bundesrepublik Deutschland (BRD)** Federal Republic of Germany (FRG) (*the official name of Germany*) 10
der **Bundesstaat, -en** federal state (in the U.S.A.)
der **Bundestag** lower house of the German parliament
der **Bürger, -/**die **Bürgerin, -nen** citizen
das **Büro', -s** office 11
der **Bus, -se** bus 5
die **Butter** butter 3

C

das **Café', -s** café 5
die **CD', -s** CD 4
der **CD-Player, -** (*also* der **CD-Spieler, -**) CD player E
chao'tisch messy; chaotic 1
der **Chat, -s** chat 8
der **Chatroom** (*also* **Chat-Room**)**, -s** (online) chat room 6
chatten to chat (online) 6; **beim Chatten** while chatting 6
der **Chef, -s/**die **Chefin, -nen** boss 11
die **Chemie'** chemistry 4
circa (*abbr.* **ca.**) approximately
der **Club, -s** club; dance club 6
die **Cola, -s** cola drink 2
der **Comic, -s** comic strip, comics 8
der **Compu'ter, -** computer E; **am ~ arbeiten** to work at the computer 6; **mit dem ~ arbeiten** to do work on the computer 11
das **Compu'terspiel, -e** computer game 1
der **Couchtisch, -e** coffee table 7
der **Cousin', -s** cousin (*m.*) (*pronounced* **kuzɛ̃'**) 1
die **Cousine, -n** cousin (*f.*)

D

da there E; here; then 1; (*sub. conj.*) since, because 8
dabei' and yet, with it; here (with me) 8; **~ sein** to be there, be present 10
dage'gen against it; on the other hand
daher therefore, for that reason
das **da-Kompo'situm** da-compound
damals at that time 8
die **Dame, -n** lady
damit' (*sub. conj.*) so that 9; (*adv.*) with it
danach' after it; afterwards 8

der **Dank** thanks; **Vielen ~.** Many thanks.
danke thanks. E; **Danke sehr.; Danke schön.** Thank you very much. E
danken (+ *dat.*) to thank 5; **~ für** to thank for
dann then E; **Bis ~.** See you then. 1
daraus' out of it
das the (*n.*); that E
dass (*sub. conj.*) that 5
das **Datum,** *pl.* **Daten** date
dauern to last; to require time 11
davor' before it
dazu' to it, to that; in addition 7
dazwi'schen in between
die **DDR' (Deutsche Demokra'tische Republik')** GDR (German Democratic Republic)
decken to cover 7; **den Tisch ~** to set the table 7
dein(e) your (*fam. sg.*) E
die **Demokratie', -n** democracy
demokra'tisch democratic(ally) 10
die **Demonstration', -en** demonstration 10
demonstrie'ren to demonstrate 10
denen (*dat. pl. of demonstrative and relative pronoun*) them; which 12
denken, dachte, gedacht to think, believe 6; **~ an** (+ *acc.*) to think of/ about 7; **~ daran** to think about it
denn (*conj.*) because, for 3; (*flavoring particle adding emphasis to questions*) 2
deprimiert' depressed
der the (*m.*) E
dersel'be, dassel'be, diesel'be the same
deshalb (*conj.*) therefore, for that reason 5
deswegen therefore, for this reason 9
deutsch German (*adj.*) 2
(das) **Deutsch** German class E; German (language) 1; **~ machen** to do German (as homework) 1; to study German (subject at the university) 4 **auf ~** in German 9
der/die **Deutsche, -n** (*noun decl. like adj.*) German person 2
die **Deutsche Demokra'tische Republik' (DDR)** German Democratic Republic (GDR)
der **Deutschkurs, -e** German class or course
(das) **Deutschland** Germany 2
deutschsprachig German-speaking
der **Dezem'ber** December 2
der **Dialekt', -e** dialect
der **Dialog', -e** dialogue
der **Dichter, -/**die **Dichterin, -nen** poet

dick fat; thick 9
die the *(f.)* E
der **Dienstag** Tuesday 1; der **Dienstaga'bend, -e** Tuesday evening
dies (-er, -es, -e) this, these; that, those 4
diesmal this time 11
die **Digital'kamera, -s** digital camera
das **Ding, -e** thing 3
dir *(dat.)* (to *or* for) you 5; **und ~?** And you? (How about you?) *(as part of response to* **Wie geht's?**) E
die **Disco, -s** *(also* **Disko)** dance club 6
die **Diskussion', -en** discussion; debate
diskutie'ren to discuss
die **Distanz'** distance
doch *(flavoring particle)* really, after all, indeed 1; Yes, of course; on the contrary *(response to negative statement or question)* 3; but still, nevertheless, however, yet 3; **Geh ~ zum ...** Well then, go to . . . 3
die **Donau** Danube
der **Döner, -** *(short for* **Dönerkebab)** Arabic/Turkish dish of grilled meat and spices
der **Donnerstag** Thursday 1
dort there 3
dorthin' (to) there
die **Dose, -n** can, tin; box
dran: ich bin ~ it's my turn; I'm next in line E
draußen outside 7
dreieinhalb three and a half
dritt- (-er, -es, -e) third 8
das **Drittel, -** third
die **Drogerie', -n** drugstore 3
der **Drogerie'markt, ˙e** self-service drugstore
drucken to print
du you *(fam. sg.)* E; **~!** Hey! 1; **~ Armer/ ~ Arme** you poor fellow/guy/thing 9; **Du meine Güte!** Good heavens! 7
dumm (ü) dumb, stupid
dunkel dark 9
dunkelhaarig dark-haired
dünn thin 9
durch *(+ acc.)* through 3; divided by E; by (means of which)
durch·arbeiten to work through; to study 4
durch·machen to work/go through; to endure
durch·sehen (sieht durch), sah durch, durchgesehen to look through; to glance over; to examine

dürfen (darf), durfte, gedurft to be permitted, be allowed to; may 4
der **Durst** thirst 3; **~ haben** to be thirsty 3
die **Dusche, -n** shower 9
(sich) duschen to shower 9
duzen to address someone with the familiar **du**-form
die **DVD' -s** DVD 4
der **DVD-Player, -** (der **DVD-Spieler, -)** DVD player E

E

eben just, simply 7; even, smooth; *(flavoring particle)* used to support a previous statement, express agreement; made as a final statement it implies the speaker has no desire to discuss a point further
echt genuine; **~?** *(slang)* Really? 1
die **Ecke, -n** corner 7
egal' same; **Das ist mir ~.** It's all the same to me, I don't care.
egois'tisch egocentric 1
die **Ehe, -n** marriage 8
die **Ehefrau, -en** wife
ehemalig formerly
der **Ehemann, ˙er** husband
das **Ehepaar, -e** married couple 8
eher sooner, rather
ehrlich honest; frank 6
das **Ei, -er** egg 3; **Rühr ~** scrambled egg; **Spiegel ~** fried egg; **weich gekochtes ~** soft-boiled egg
die **Eidgenossenschaft, -en** confederation
eigen own 10
eigentlich actually 1
die **Eigenschaft, -en** characteristic, trait
ein(e) a, an E; **ein paar** a couple 3
einan'der one another, each other 6; **miteinander** with each other 6; **auseinander** away from each other 8
der **Eindruck, ˙e** impression
einfach simple; simply 2
das **Einfami'lienhaus, ˙er** single-family house
der **Einfluss,** *pl.* **Einflüsse** influence
die **Einführung, -en** introduction
die **Einheit** unity; **Der Tag der deutschen ~** The Day of German Unity *(celebrated on October 3)*
einige some, several 4; **einiges** something
ein·kaufen to shop 3; **~ gehen** to go shopping 3
die·**Einkaufstasche, -n** shopping bag 3
das **Einkommen, -** income

ein·laden (lädt ein), lud ein, eingeladen to invite 6; to treat (pay for someone) 7
die **Einladung, -en** invitation
einmal once, one time 4; **~ im Jahr** once a year 4; **~ die Woche** once a week 6; **~ in der Woche** once a week 6; **auf ~** all at once 6; **noch ~** again, once more 12
ein·räumen to place or put in; to load [the dishwasher] 7; **Geschirr in die Spülmachine ~** to put dishes into the dishwasher
ein·setzen to insert, fill in
ein·wandern to immigrate 9
der **Einwohner, -/die Einwohnerin, -nen** inhabitant 2
einzeln single, singly, individual(ly)
einzig- (-er, -es, -e) only, sole 5
das **Eis** ice; ice cream 3
das **Eisen** iron
die **Eisenbahn, -en** railroad
eisern iron; **der Eiserne Vorhang** Iron Curtain
eiskalt ice cold 2
elegant' elegant
die **Eltern** *(pl.)* parents 4
der **Elternteil** parent
die **E-Mail, -s** e-mail E
empfeh'len (ie), empfahl, empfohlen to recommend 10
die **Empfeh'lung, -en** recommendation
das **Ende, -n** end, conclusion 4; **am ~** (in) the end 4; **zu ~** over, finished 8; **~ [August]** the end of [August] 2
enden to end
endgültig final; definite
endlich finally 3
die **Energie'** energy
eng narrow; tight; cramped 10
(das) Englisch English (language); (academic subject) 1; **auf Englisch** in English
der **Engländer, -/die Engländerin, -nen** English person 9
der **Enkel, -/die Enkelin, -nen** grandson/granddaughter
das **Enkelkind, -er** grandchild
enorm' enormously
entde'cken to discover
entste'hen, entstand', ist entstan'den to arise, originate
der **Entomolo'ge, -n, -n/die Entomolo'gin, -nen** entomologist
(sich) entschei'den, entschied, entschieden to decide 12
(sich) entschul'digen to excuse (oneself); **Entschuldigen Sie!** Excuse me!
die **Entschul'digung, -en** apology

entweder ... oder (*conj.*) either . . . or

er he, it E

das **Erd'geschoss** the ground floor of a building

errei'chen to reach, attain 6

das **Ereig'nis, -se** occasion, event

erfah'ren (ä), erfuhr, erfahren to come to know, learn

die **Erfah'rung, -en** experience 8

erfin'den, erfand, erfunden to invent

die **Erfin'dung, -en** invention

der **Erfolg', -e** success

ergän'zen to complete

sich **erin'nern (an** + *acc.***)** to remember

sich **erkäl'ten** to catch a cold 9; **erkältet: ich bin ~** I have a cold 9

die **Erkäl'tung, -en** cold (illness) 9; **Was macht deine ~?** How's your cold? 9

erklä'ren to explain 4

erle'ben to experience

ernst serious 1

erreichen to reach, catch; to arrive at 6

erschei'nen, erschien, ist erschienen to appear, seem

erst (*adj.*) first 4; (*adv.*) not until, only, just 2; **~ einmal** first of all 11

erstaun'lich astonishing, amazing 2

erstaunt' to be astonished, astounded

erstens first of all

der/die **Erwach'sene** (*noun decl. like adj.*) adult

erwäh'nen to mention

erwar'ten to expect 11

die **Erwei'terung, -en** expansion, extension

erzäh'len (über + *acc.***/von)** to tell (about) 4

die **Erzäh'lung, -en** account; story

erzie'hen, erzog, erzogen to bring up, rear; to educate 8

der **Erzie'her, -/die Erzie'herin, -nen** teacher, educator

die **Erzie'hung** bringing up, rearing; education 8

der **Erzie'hungsurlaub** leave of absence for child rearing

es it E; **~ gibt** (+ *acc.*) there is, there are 2

das **Essen, -** meal; prepared food 3; **zum ~** for dinner 12

essen (isst), aß, gegessen to eat 3; **zu Abend ~** to have (eat) dinner 6

das **Esszimmer, -** dining room 7

etwa approximately, about 2

etwas something 3; some, somewhat 1; **noch ~** something else (in addition) 4; **~ anderes** something else

die **EU: Europä'ische Union'** EU, European Union

euch: bei ~ in your country

euer your (*pl. fam.*) 2

der **Euro, -** euro (*EU currency*) 4

(das) **Euro'pa** Europe 2

europä'isch European

die **Europä'ische Union'** (EU) European Union

existie'ren to exist

extrem' extreme

ewig forever, eternally 6

das **Exa'men, -** comprehensive examination, finals 4; **~ machen** to graduate from the university 4

existie'ren to exist 9

exo'tisch exotic

der **Export, -e** export 5

exportie'ren to export 5

F

die **Fabrik', -en** factory 6

das **Fach, ⸚er** (academic) subject; field 4

fahren (ä), fuhr, ist gefahren to drive; to travel; to ride 4; **mit [dem Auto] ~** to go by [car] 5

die **Fahrkarte, -n** ticket

der **Fahrplan, ⸚e** train/bus schedule 5

das **Fahrrad, ⸚er** bicycle 5

die **Fahrschule, -n** driving school

die **Fahrt, -en** drive, ride, trip

die **Fakt, -en** fact

der **Fall, ⸚e** case, situation; fall, demise 4; **auf jeden ~** in any case 12

fallen (ä), fiel, ist gefallen to fall 10

falsch wrong, false E

die **Fami'lie, -n** family 4; das **Fami'lienleben** family life

der **Fan, -s** fan; supporter (sports)

fände (*subj. of* **finden**) would find 11

fantas'tisch fantastic E

die **Farbe, -n** color E; **Welche ~ hat ...?** What color is . . . ? E

das **Farbfernsehen** color TV

fast almost 2

faul lazy 1

faulenzen to lounge around, be idle 4

der **Februar** February 2

fehlen (+ *dat.*) to be lacking, missing

fehlend missing

feiern to celebrate 6

der **Feiertag, -e** holiday

das **Fenster, -** window E

die **Ferien** (*pl.*) vacation 4; **in den ~** on/during vacation 4; **in die ~ gehen/fahren** to go on vacation; **Semes'terferien** semester break 4; der **Ferienjob, -s** job during vacation

die **Ferienreise, -n** vacation trip 7

das **Fernsehen** television (the industry) 6

fern·sehen (sieht fern), sah fern, ferngesehen to watch TV 4

der **Fernseher, -** television set E

das **Fernsehprogramm', -e** TV channel, TV program; TV listing 6

die **Fernsehsendung, -en** television program 6

die **Fernsehserie, -n** TV series

fertig finished; ready 6

fest firm(ly)

das **Fest, -e** celebration; festival, formal party 5; **auf dem ~** at the celebration; **ein ~ feiern** to give a party 5

fett gedruckt in boldface

das **Feuer, -** fire

das **Fieber** fever 9

der **Film, -e** film 8

der **Filmemacher, -/die Filmemacherin, -nen** filmmaker

finanziell' financial

finden, fand, gefunden to find; to think 3; **Er findet die Wurst gut.** He likes the lunch meat. 3; **Wie findest du das?** What do you think of that?

der **Finger, -** finger 9

die **Firma,** *pl.* **Firmen** company, firm 8; **bei einer ~ arbeiten** to work for a company 11

der **Fisch, -e** fish 3

der **Fischmann, ⸚er/die Fischfrau, -en** fishmonger

fit fit

das **Fitnesstraining** fitness training, workout 1; **~ machen** to work out 1

die **Flasche, -n** bottle; **eine ~ Mineral'wasser** a bottle of mineral water 7

das **Fleisch** meat 3

fleißig industrious, hardworking 1

flexi'bel flexible 11

fliegen, flog, ist geflogen to fly 5

der **Flug, ⸚e** flight 6

der **Flughafen, ⸚** airport

das **Flugzeug, -e** airplane 5

der **Fluss, ⸚e** river

föhnen to blow-dry; **ich föhne mir die Haare** I blow-dry my hair 9

folgen, ist gefolgt (+ *dat.*) to follow

folgend following

die **Form, -en** form

formell' formal

das **Foto, -s** photo

der **Fotograf', -en, -en/die Fotogra'fin, -nen** photographer

die **Fotografie', -n** photograph; photography

fotografie′ren to photograph 6

die Frage, -n question 1; **eine ~ stellen** to ask a question; **eine ~ an (+ acc.) stellen** to ask some one a question; **Sie stellt eine Frage an ihn.** She asks him a question; *also (+ dat.)* **Sie stellt ihm eine Frage.** She asks him a question.

fragen to ask, to question 3; **~ nach** to inquire about

fraglich questionable

der Franken frank; **Schweizer Franken (sFr.)** Swiss unit of currency

(das) Frankreich France

der Franzo′se, -n, -n/die Französin, -nen French person

franzö′sisch French *(adj.)* 9

(das) Franzö′sisch French (language)

die Frau, -en woman; wife E; **Frau . . .** Mrs. . . .; Ms. . . . *(term of address for all adult women)* E

frei free 6; **~ haben** to be off work 6; **~ sein** to be unoccupied 6; **~ nehmen** to take time off

die Freiheit, -en freedom 8

der Freitag Friday 1; **am ~** on Friday 1

die Freizeit free time; leisure time 6

die Freizeitbeschäftigung, -en leisure activity

fremd foreign; strange 12

der Fremdenhass xenophobia

die Freude, -n pleasure, joy 11; **~ machen** to give pleasure 11; **~ an (+ dat.)** pleasure in 11

sich freuen (auf + acc.) to look forward (to) 9; **~ (über + acc.)** to be pleased (about/with) 9

der Freund, -e/die Freundin, -nen friend 1; boyfriend/girlfriend

freundlich friendly 1

die Freundlichkeit friendliness

der Frieden peace

friedlich peaceful(ly) 10

frisch fresh 3

der Friseur, -e/die Friseurin, -nen barber, hairdresser

froh happy 1

früh early 5

der Frühling spring 2

das Frühstück, -e breakfast 3; **zum ~** for breakfast 3

frühstücken to eat breakfast

die FU (Freie Universität′ Berlin′) Free University of Berlin

sich fühlen to feel (ill, well, etc.); **Ich fühle mich nicht wohl.** I don't feel well. 9

führen to lead; to carry in stock, have for sale 10; **ein Gespräch ~** to conduct a conversation

der Führerschein, -e driver's license 6

funktionie′ren to function, work

für (+ acc.) for 1

furchtbar terrible, horrible; very E

fürchten to fear; **sich ~ (vor + dat.)** to fear, be afraid (of)

fürchterlich horrible, horribly 9

der Fuß, ̈e foot 5; **zu ~** on foot 5; **Ich gehe immer zu ~.** I always walk. 5

der Fußball soccer 1

der Fußgänger, -/die Fußgängerin, -nen pedestrian

die Fußgängerzone, -n pedestrian zone 7

G

die Gabel, -n fork 7

ganz complete(ly), whole; very 1; **~ gut** not bad, OK E; **~ schön** really quite 9; **~ schön [blass]** pretty [pale] 9; **im Ganzen** altogether

gar: ~ nicht not at all 4; **~ nichts** nothing at all 6

der Garten, ̈ garden

der Gast, ̈e guest

das Gebäu′de, - building

geben (gibt), gab, gegeben to give 3; **es gibt (+ acc.)** there is, there are 2; **Was gibt's zum [Abendessen]?** What's for [dinner/supper]? 3; **Was gibt's/gab es?** What is/was playing? 10; **Was gibt's Neues?** What's new?

das Gebiet′, -e area, region 5

das Gebir′ge, - mountain range; *(pl.)* mountains

gebo′ren, ist geboren born 12

gebrau′chen to use 12

die Geburt′, -en birth 8

das Geburts′haus, -häuser the house where someone was born

der Geburts′tag, -e birthday 2; **Ich habe im [Mai] ~.** My birthday is in [May]. 2; **Wann hast du ~?** When is your birthday? 2; **zum ~** for one's birthday; **Alles Gute zum ~.** Happy birthday.

der Gedan′ke, -n, -n thought, idea 4

das Gedicht′, -e poem

die Gefahr′, -en danger

gefähr′lich dangerous

gefal′len (gefällt), gefiel, gefallen (+ dat.) to please, be pleasing (to) 6; **Es gefällt [mir].** [I] like it. 6

das Gefühl′, -e feeling 8

gegen (+ acc.) against 3; **~ [sechs] Uhr** around/about [six] o'clock

die Gegend, -en region; area

gegenü′ber (+ dat.) opposite; across from there; toward

der Gegner, -/die Gegnerin, -nen opponent

das Gehalt′, ̈er salary 11

gehen, ging, ist gegangen to go 1; **~ wir!** Let's go!; **Es geht (nicht).** OK. Not bad. All right E; It will (won't) do./It's (not) OK./It's (not) possible. 1; **Geht das?** Is that OK? 5; **Geht es?** Will that work/Will that be OK? 1; **Mir geht es gut.** I'm fine 1; **Wie geht es Ihnen?** How are you? *(formal)* E; **Wie geht's?** How are you? *(informal)* E; **zu Fuß ~** to walk 5

gehö′ren (+ dat.) to belong to 9

gelang′weilt bored 1

gelb yellow E

das Geld money 3

das Gemü′se, - vegetable 3

gemüt′lich comfortable, informal 5

die Gemüt′lichkeit coziness, comfortableness 5

genau′ exact(ly) 4; **Genau!** That's right! 7

die Genau′igkeit exactness

genau′so exactly the same 7

die Generation′, -en generation

genug′ enough 3

geöff′net open

die Geografie′ (*also* **Geographie**) geography

geogra′fisch geographical

gera′de just; straight 8

das Gerät′, -e apparatus; tool; instrument

gera′ten, geriet, ist geraten get into a state; **in [Panik] ~** to get in a [panic]

die Germanis′tik German studies (language and literature) 4

gern gladly, willingly; *used with verbs to indicate liking, as in* **Ich spiele gern Tennis.** I like to play tennis. 1; **~ haben** to be fond of *(with people only), as in* **Ich habe Anne ~.** I am fond of Anne.

das Geschäft′, -e store; business 3

die Geschäfts′frau, -en business woman 11

der Geschäfts′mann, business man; **Geschäfts′leute** *(pl.)* business men, business people 11

die Geschäfts′zeit, -en business hours

das Geschenk′, -e present, gift

die Geschich′te, -n story; history 4

das Geschirr′ dishes 7; **~ spülen** to wash dishes 7

der Geschirr′spüler dishwasher 7

die Geschwis′ter *(pl.)* siblings 12

die Gesell′schaft, -en society; company

das **Gesetz'**, **-e** law
das **Gesicht'**, **-er** face 9
das **Gespräch'**, **-e** conversation 11; **ein ~ führen** to carry on a conversation 11
gestern yesterday 2; **~ Abend** last night 6
gestresst' stressed 8
gesund' (ü) healthy 3
die **Gesund'heit** health
geteilt' durch divided by *(in math)* E
das **Getränk'**, **-e** beverage 3
die **Gewalt'** violence
die **Gewalt'tat**, **-en** act of violence
die **Gewerk'schaft**, **-en** labor union
die **Gewich'te** *(pl.)* weights; **~ heben** to lift weights 1
das **Gewicht'heben** weightlifting 1
gewin'nen, gewann, gewonnen to win
gewöhn'lich common; general; usual
die **Gitar're**, **-n** guitar E
das **Glas**, **⸗er** glass 3
glauben (+ *dat. when used with a person*) to believe 1; **Ich glaube, ja.** I think so. 1; **Ich glaube nicht.** I don't think so. 1
gleich immediately; in a minute; same; similar; simultaneously 4
gleichberechtigt entitled to equal rights
die **Gleichberechtigung**, **-en** equal rights
die **Gleichheit** sameness; equality
gleichzeitig at the same time
das **Glück** luck; happiness; **Viel ~!** Good luck!; **zum ~** fortunately
glücklich happy; lucky 1
der/die **Glückliche** *(noun decl. like adj.)* lucky/fortunate one 10
Glückwunsch: Herzlichen ~ [zum Geburtstag]! Happy birthday!
das **Gold** gold 5
das **Golf** golf 1
das **Grad** degree *(temperature only)* 2; **Es sind minus [10] ~.** It's minus [10] degrees. 2; **Wie viel ~ sind es?** What's the temperature? 2
das **Gramm** *(abbr. g)* gram (1 ounce = 28.35g) 3
gratulieren (+ *dat.*) to congratulate 6
grau gray E
die **Grenze**, **-n** border, boundary; limit 10
(das) **Griechenland** Greece
das **Grillfest**, **-e** barbecue party
groß (ö) large, big; tall *(of people)* E
(das) **Großbritan'nien** Great Britain
die **Größe**, **-n** size
die **Großeltern** *(pl.)* grandparents 4
die **Großmutter**, **⸗** grandmother 4
die **Großstadt**, **⸗e** city 8

der **Großvater**, **⸗** grandfather 4
größt- (groß) largest 9
grün green E
der **Grund**, **⸗e** reason 11
das **Grundgesetz** constitution of Germany
die **Grünen** *(pl.)* environmentalist political party
die **Gruppe**, **-n** group 10; die **[Dreier] gruppe** group of [three]
der **Gruß**, **⸗e** greeting; *(closing of an e-mail or a letter)* **viele Grüße** best regards 1; **liebe/herzliche Grüße** best regards *(closing of an e-mail or a letter)*
grüßen to greet; **Grüß dich!** *(fam.)* Hi! E
die **Gurke**, **-n** cucumber; die **saure ~** pickle 3
gut good, well; fine E; **Mir geht es ~.** I'm fine.; **Na ~!** All right. 1
Güte: Du meine ~! Good heavens!
das **Gymna'sium**, *pl.* **Gymnasien** college-track secondary school 4

H

das **Haar**, **-e** hair 9
haben (hat), hatte, gehabt to have E; **Angst ~ vor** (+ *dat.*) to be afraid of 10; **Besuch ~** to have company 3; **Was hast du?** What is wrong with you?, What's the matter? 9
das **Hähnchen**, **-** chicken 3
halb half 1; **~ [zwei]** half past [one] 2; **~ so groß wie ...** half as large as . . . 2
der **Halbbruder**, **⸗** half brother
die **Halbschwester**, **-n** half sister
halbtags half days, part-time
die **Hälfte**, **-n** half
Hallo! Hello. Hi. Hey! E
der **Hals**, **⸗e** throat, neck 9
halten (hält), hielt, gehalten to hold; to keep 4; **~ von** to think of, have an opinion about 4; **eine Vorlesung ~** to give a lecture
die **Hand**, **⸗e** hand 9
der **Handel** trade
handeln to treat; to concern; to act; to do business 12; **~ von** to be about 12
der **Handschuh**, **-e** glove 6
die **Handtasche**, **-n** handbag, purse 6
das **Handy**, **-s** cellular phone E
hängen, hängte, gehängt to hang [something], put 7
hängen, hing, gehangen to be hanging, be suspended 7
hart (ä) hard; difficult 9
der **Hass** hatred
hässlich ugly; hideous
hast has E

hat has E
hatte *(past tense of* **haben***)* had 4
hätte *(subj. of* **haben***)* would have 8
häufig often, frequently 12
der **Hauptbahnhof** main train station
das **Hauptfach**, **⸗er** major (subject) 4
die **Hauptstadt**, **⸗e** capital 2
das **Hauptverb**, **-en** main verb
das **Haus**, *pl.* **Häuser** house 3; **nach Hause** (to go) home 3; **zu Hause** (to be) at home 4
die **Hausarbeit** homework 4; housework 7; chore 7
die **Hausaufgabe**, **-n** homework; **Hausaufgaben machen** to do homework
die **Hausfrau**, **-en** housewife
der **Haushalt** household; housekeeping 1; **den ~ machen** to take care of the house; to do the chores
der **Hausmann**, **⸗er** househusband 8
He! Hey!
heben, hob, gehoben to lift; **Gewichte ~** to lift weights 1
das **Heft**, **-e** notebook E
die **Heimat** native country; homeland 12
die **Heirat** marriage
heiraten to marry, to get married
heiß hot 2
heißen, hieß, geheißen to be named, be called E; **Wie heißt du?** What is your name? *(informal)*; **Wie heißen Sie?** What is your name? *(formal)* E; **Du heißt [Mark], nicht?** Your name is [Mark], isn't it? E; **das heißt (d. h.)** that means, that is (i.e.) 2; **es heißt** it says
helfen (i), half, geholfen (+ *dat.*) to help 4
hell light; bright 9; **~braun** light brown 9
das **Hemd**, **-en** shirt 6
her *(prefix)* *(indicates motion toward speaker)* 7
herauf' up here
heraus' out
heraus'·finden, fand heraus, herausgefunden to find out
der **Herbst** autumn, fall 2; **im ~** in the fall 2
der **Herd**, **-e** cooking range 7
herein' in
der **Herr**, **-n**, **-en** gentleman E; **Herr ...** Mr. . . . *(term of address)* E; **~ Ober** *(term of address for a waiter)*
her·stellen to produce; to manufacture 11
herum' around 7

herum′·liegen, lag herum, herumge-legen to lie around 7

das Herz, -ens, -en heart

herzlich cordial; **herzliche Grüße** best regards

heute today 1; ~ **Abend** this evening 1; ~ **Morgen** this morning 1; ~ **Nachmittag** this afternoon 1

heutzutage nowadays

hier here 1

die Hilfe help 10; **Hilfe!** Help!

hin *(prefix) (indicates motion away from speaker)* 7

hinein′ into, in 11

hinein′·gehen, ging hinein, hineingegangen to go in 11

hin·gehen, ging hin, ist hingegan-gen to go there 6

hinter *(+ acc./dat.)* behind, in back of 7

hinterher′ afterwards

der Hinweis, -e tip, hint

der Histo′riker, -/die Histo′rikerin, -nen historian

hmm hmm 2

das Hobby, -s hobby 4

hoch (höher, höchst-) high 4; **hoh-** *before nouns, as in* **ein hoher Lebensstandard** a high standard of living

das Hochdeutsch High German, standard German

die Hochschule, -n institution of higher education (e.g., university)

der Hochschullehrer, -/die Hochschullehrerin, -nen teacher at a university or college

hoffen to hope 8; ~ **auf** *(+ acc.)* to hope for 8

hoffentlich hopefully *(colloq.)*; I hope so. 2

höflich polite

hoh- (-er, -es, -e) high *(the form of* **hoch** *used before nouns, as in* **hohe Berge** high mountains) 8

hören to hear; to listen to 1; **Musik ~** to listen to music 1

der Hörsaal, -säle lecture hall

die Hose, -n pants, trousers 6; **ein Paar Hosen** a pair of pants; **die kurzen Hosen** shorts 6

der Hund, -e dog 7

der Hunger hunger 3; ~ **haben** to be hungry 3; **Riesenhunger haben** to be very hungry 3

hungrig hungry 12

husten to cough 9

der Hut, ∸e hat 6

I

ich I E; ~ **auch** me, too

ideal′ ideal 5

---

die Idee′, -n idea 6

identifizie′ren to identify

idyl′lisch idyllic

Ihnen *(dat. of* **Sie)** (to) you; **Und Ihnen?** And you? *(as part of response to* **Wie geht es Ihnen?)** 1

ihr *(pron.)* you *(familiar pl.)* 1; *(poss. adj.)* her, their 2

Ihr *(poss. adj.)* your *(formal)* E

illustrie′ren to illustrate

immer always 2; ~ **mehr** more and more 8; ~ **noch** still 9; **noch ~** still; **wie ~** as always; ~ **wieder** again and again 11

importie′ren to import

in *(+ acc./dat.)* in 2; into; to 3

individuell′ individual(ly) 10

die Industrie′, -n industry

die Informa′tik computer science; information technology 4

der Informa′tiker, -/die Informa′tikerin, -nen computer specialist, information technologist 11

die Information′, -en information 6

der Ingenieur′, -e/die Ingenieu′rin, -nen engineer 4

das Ingenieur′wesen engineering (subject) 4

die Initiati′ve, -n initiative

inlineskaten to go in-line skating 1

der Inlineskater, -/die Inlineskaterin, -nen in-line skater

das Inlineskating in-line skating 1

insgesamt all together

die Institution′, -en institution

das Instrument′, -e instrument

die Inszenie′rung, -en production (of a play)

intakt′ intact

integrie′ren to integrate

intelligent′ intelligent, smart 1

interessant′ interesting 2

das Interes′se, -n interest

interessie′ren to interest 5; **sich interessieren (für)** to be interested (in) 9

interessiert′ sein (an + dat.) to be interested (in) 9

international′ international

das Internet Internet 1; **im ~** on the Internet 1; **im ~ surfen** to surf the Internet 1; **übers ~ kaufen** to buy on the Internet 6

das Internetcafé, -s cybercafé 6

das Interview, -s interview 6

interviewen to interview

die Intoleranz intolerance

inwiefern′ to what extent

inzwi′schen in the meantime 10

der iPod, -s iPod

---

irgendwann′ sometime, at some point

irgendwie′ somehow 2

iro′nisch ironical

irritie′ren to irritate

isoliert′ isolated

ist is E

(das) Ita′lien Italy

italie′nisch Italian *(adj.)*

 J

ja yes E; *(flavoring particle)* indeed, of course 1; **na ~** well now, oh well 8; ~ **schon** yes, of course 3

die Jacke, -n jacket 6

das Jackett′, -s *(pronounced /zhaket′/)* a man's suit jacket; sport coat 6

das Jahr, -e year E; **Ich bin [19] Jahre alt** I'm [19] years old. E; **die [siebziger/ neunziger] Jahre** the [1970s/1990s]; **vor [10] Jahren** [10] years ago

die Jahreszeit, -en season 2

das Jahrhun′ dert, -e century 9

-jährig . . . years old

jährlich annual, yearly 9

das Jahrzehnt′, -e decade

der Januar January 2

je . . . desto . . . the . . . the . . . *(with comp.)*; **je größer desto besser** the bigger the better

die Jeans *(sg. and pl.)* jeans 6

jed- (-er, -es, -e) each, every 4; **jeder** everyone 4

jedenfalls at any rate

jedoch′ *(conj. or adv.)* however, nonetheless 11

jemand (-en, -em) *(endings are optional)* someone 8

jetzt now 2

jetzig of the present time; current

jeweils at any one time; each time; each

der Job, -s job 4

jobben *(colloq.)* to have a temporary job (e.g., a summer job) 4

joggen to jog 1

das Jogging jogging 1; ~ **gehen** to go jogging 1

der Journalist′, -en, -en/die Journalis′tin, -nen journalist 11

der Jude, -n, -n/die Jüdin, -nen Jew

jüdisch Jewish

die Jugendherberge, -n youth hostel

der/die Jugendliche *(noun decl. like adj.)* young person

der Juli July 2

jung (ü) young 4

der Junge, -n, -n boy E

der Juni June 2

Jura law studies 1

K

der **Kaffee** coffee 3; ~ **trinken gehen** to go for coffee 4
die **Kaffeebohne, -n** coffee bean
das **Kaffee′haus, -häuser** café (in Austria); coffeehouse
der **Kalen′der, -** calendar
kalt (ä) cold 2; **es wird** ~ it is getting cold 6
die **Kamera, -s** camera
der **Kamm, ̈e** comb 3
(sich) kämmen to comb 9; **Ich kämme mich./Ich kämme mir die Haare.** I comb my hair. 9
(das) Kanada Canada 2
der **Kana′dier, -/die Kana′dierin, -nen** Canadian (person) 2
kana′disch Canadian (adj.)
der **Kanton′, -e** canton (a Swiss state)
die **Kappe, -n** cap 6
kaputt′ broken; exhausted (slang) 5
die **Karot′te, -n** carrot 3
die **Karrie′re, -n** career 8
die **Karte, -n** card; postcard 1; ticket 6;
die **Karten** (pl.) playing cards 1; ~ **spielen** to play cards 1
die **Kartof′fel, -n** potato 3
der **Käse** cheese 3
das **Käsebrot, -e** cheese sandwich
die **Kategorie′, -n** category
die **Katze, -n** cat 7
kaufen to buy 3
das **Kaufhaus, -häuser** department store 3
kaum hardly
kein not a, not any 2; ~ **... mehr** no more . . . 3
kennen, kannte, gekannt to know, be acquainted with [people, places, or things] 3; **kennen·lernen** to get to know; to make the acquaintance of 4
das **Kilo(gramm)** (abbr. **kg**) kilo(gram) (= 2.2 pounds) 3
der **Kilometer, -** (abbr. **km**) kilometer (= .062 miles) 2
das **Kind, -er** child E
der **Kindergarten, ̈** nursery school; kindergarten 8
die **Kindheit** childhood
das **Kinn, -e** chin 9
das **Kino, -s** movie theater 1; **ins** ~ **gehen** to go to the movies 1
die **Kirche, -n** church
das **Kissen, -** pillow 7
klagen to complain 8
die **Klammer, -n** parenthesis
klar clear; (interj.) of course, naturally 4

die **Klasse, -n** class; die **erste** ~ first grade; **Klasse!** Great! 2
der **Klassenkamerad, -en, -en/** die **Klassenkameradin, -nen** classmate
klassisch classic(al)
die **Klausur′, -en** test 4; **eine** ~ **schreiben** to take a test 4
das **Klavier′, -e** piano 10; das ~ **konzert** piano concerto; piano concert 10
das **Kleid, -er** dress 6
die **Kleidung** clothing 6; das **Kleidungsstück, -e** article of clothing
klein small; short (of people) E
klettern to climb
das **Klima** climate 2
klingeln to ring 11
klingen, klang, geklungen to sound 12
die **Klinik, -en** clinic 9
das **Klischee′, -s** cliché
km (abbrev of **Kilometer**) kilometer 2
die **Kneipe, -n** bar, pub 6
das **Knie, -** (pl. pronounced /Kni e/) knee 9
der **Koch, ̈e/die Köchin, -nen** cook
kochen to cook 6
die **Kohle, -n** coal
der **Kolle′ge, -n, -n/die Kolle′gin, -nen** colleague 8
Köln Cologne
komisch funny; strange 2
kommen, kam, ist gekommen to come 1; **aus ...** ~ to be from . . . ; **Woher kommst du?** Where are you from?/Where do you come from? 2; **Ich komme aus ...** I come/am from . . . 2
der **Kommentar′, -e** comment; commentary
der **Kommilito′ne, -n, -n/die Kommilito′nin, -nen** fellow student
die **Kommo′de, -n** chest of drawers 7
der **Kommunis′mus** communism
der **Kommunist′, -en, -en/die Kommunis′tin, -nen** communist
kommunizie′ren to communicate
kompliziert′ complicated
der **Komponist′, -en, -en/die Komponis′tin, -nen** composer 5
die **Konditorei′, -en** pastry shop 3
der **König, -e/die Königin, -nen** king/queen
die **Konjunktion′, -en** conjunction
die **Konkurrenz′** competition
konkurrie′ren to compete 11
können (kann), konnte, gekonnt to be able to; can 4; **Deutsch** ~ to know German

könnte (subj. of **können**) would be able to 11
der **Kontakt′, -e** contact 8
kontrollie′ren to control
sich konzentrie′ren to concentrate
das **Konzert′, -e** concert 6; **ins** ~ **gehen** to go to a concert 6
der **Kopf, ̈e** head 9
die **Kopfschmerzen** (pl.) headache 3
das **Kopftuch, ̈er** headscarf 12
der **Körper, -** body 9
korrigie′ren to correct
die **Kosten** (pl.) expenses 11; ~ **sparen** keeping expenses down 11
kosten to cost 10
das **Kostüm′, -e** costume; ladies' suit
krank sick, ill E
das **Krankenhaus, -häuser** hospital 6
die **Krankenkasse** health insurance
der **Krankenpfleger, -/die Krankenpflegerin, -nen** nurse 7
die **Krankenschwester, -n** female nurse 7
die **Krankheit, -en** illness 9
die **Krawat′te, -n** necktie 6
kreativ′ creative 1
die **Kredit′karte, -n** credit card 9
der **Krieg, -e** war 5
kriegen to get 11
der **Krimi, -s** mystery (novel or film) 4
die **Krise, -n** crisis
die **Kritik′, -en** criticism; review 10
kritisch critical 1
die **Küche, -n** kitchen 7
der **Kuchen, -** cake 3
das **Küchengerät, -e** kitchen appliance
der **Kugelschreiber, -** ballpoint pen E
kühl cool 2
der **Kühlschrank, ̈e** refrigerator 7
der **Kuli, -s** (colloq. for **Kugelschreiber**) ballpoint pen E
kulminie′ren to culminate
die **Kultur′, -en** culture 5
kulturell′ cultural(ly) 10
der **Kunde, -n, -n/die Kundin, -nen** customer, client 11
die **Kündigung, -en** dismissal
die **Kunst, ̈e** art; skill 4
die **Kunstgeschichte** art history 4
der **Künstler, -/die Künstlerin, -nen** artist 5
der **Kurs, -e** course, class 4
der **Kursteilnehmer, -/die Kursteilnehmerin, -nen** member of a class or course
kurz (ü) short, brief(ly) 4; die **kurzen Hosen** shorts 6
die **Kurzgeschichte, -n** short story
die **Kusi′ne, -n** cousin (f.) 4
küssen to kiss

L

lächeln to smile 7; ~ **über** (+ acc.) to smile about

lachen to laugh 2; ~ **über** (+ acc.) to laugh about; **zum Lachen** laughable

der **Laden, ⸚** store 3

die **Lage, -n** position, location; situation 9

die **Lampe, -n** lamp E

das **Land, ⸚er** country, land 2; **aufs ~ fahren** to go to the country

die **Landkarte, -n** map

die **Landwirtschaft** farming, agriculture

lang (ä) long 4

lange (adv.) for a long time 2

langsam slow(ly)

längst for a long time; a long time ago 9

sich langweilen to feel bored

langweilig boring 6

der **Laptop, -s** laptop

lassen (lässt), ließ, gelassen to leave behind; to let, permit; to have something done 12; **Lass uns gehen.** Let's go. 12

latei'nisch Latin

laufen (läuft), lief, ist gelaufen to run; to go on foot, to walk 5

laut (adj.) loud; noisy 1; (prep. + gen. or dat.) according to

lautlos silent 6

das **Leben** life 7

leben to live 5

die **Lebensmittel** (pl.) food; groceries 3

das **Lebensmittelgeschäft, -e** grocery store 3

der **Lebensstandard** standard of living

lebhaft lively 1

lecker tasty, delicious

die **Lederjacke, -n** leather jacket

leer empty 11

legen to lay or put something in a horizontal position 7

die **Legen'de, -n** legend

lehren to teach

der **Lehrer, -/die Lehrerin, -nen** teacher 11

leicht light; easy 11

leid: Es tut mir ~. I'm sorry. 4

leiden, litt, gelitten to suffer; to tolerate; to endure 8

die **Leidenschaft, -en** passion

leider unfortunately 2

leihen, lieh, geliehen to lend; to borrow 4

lernen to learn; to study 4

lesen (ie), las, gelesen to read 4

das **Lesestück, ⸚e** reading selection

letzt- (-er, -es, -e) last 6

die **Leute** (pl.) people 6

das **Licht, -er** light

lieb (adj.) dear; **Liebe [Barbara], Lieber [Paul] ...** Dear [Barbara], Dear [Paul] . . . (used at the beginning of a letter)

die **Liebe** love 4

lieben to love

lieber (comp. of **gern**) preferably, rather 4

der **Liebesroman, -e** romance (novel) 4

der **Liebling, -e** favorite 3; darling; **Lieblings-** (prefix) favorite: das **Lieblingsgetränk, -e** favorite drink 3

liebsten: am ~ best liked; most of all 9

liegen, lag, gelegen to lie; to be situated, be located 2

lila lavender, lilac

die **Limona'de** lemonade 3; soft drink

links on/to the left 11

die **Lippe, -n** lip 9

die **Liste, -n** list; **eine ~ auf·stellen/ machen** to make a list

der **Liter, -** (abbr. **l**) liter (= 1.056 U.S. quarts) 3

die **Literatur'** literature 4

der **Löffel, -** spoon 7

logisch logical

das **Lokal', -e** restaurant; bar 12

los loose; **Was ist ~?** What's the matter? What's going on? What's up? E; **es ist nicht viel ~** there's not much going on 6

los off, away, start off; **Los!** Let's go!; **ich muss ~** I have to leave 1

los·fahren (fährt los), fuhr los, ist losgefahren to drive off 4

lösen to solve

die **Luft** air 10

die **Luftbrücke** airlift

die **Lust** desire; pleasure; enjoyment 10; ~ **haben** (+ zu + inf.) to be in the mood for, to feel like doing something 10

lustig funny; merry; cheerful 1

die **Lustigkeit** merriment; fun

der **Luxus** luxury

M

machen to do; to make 1; **Mach's gut!** Take it easy. E; **Deutsch ~** to do/study German (homework); **Examen ~** to graduate from the university 4; **(Es) macht nichts.** (It) doesn't matter. 7; **Mach schnell!** Hurry up! 7

das **Mädchen, -** girl E

der **Magen, -** stomach 9; die ~**schmerzen** (pl.) stomachache 9

der **Mai** May 2

mal time; times (in multiplication) E; **drei~** three times; **mal (= einmal)** once; sometime; (flavoring particle added to an imperative) **Sag ~ ...** Tell me . . . 3

das **Mal, -e** time; **dieses ~** this time 4;

die **Mama** mom 4

man one, people, (impersonal) you E

der **Manager, -/die Managerin, -nen** manager 8

manch- (-er, -es, -e) many a (sg.); some (pl.) 4

manchmal sometimes 2

der **Mann, ⸚er** man E; husband

der **Mantel, ⸚** outer coat

die **Margari'ne** margarine 3

markie'ren to check

der **Markt, ⸚e** market 3; **auf den ~** to the market 3

die **Marmela'de** marmalade, jam 3

der **März** March 2

die **Maschi'ne, -n** machine 5

die **Masse, -n** crowd; pl. masses

die **Mathe** (short for **Mathematik**) math 4

die **Mathematik'** mathematics 4

die **Mauer, -n** (exterior) wall 10

der **Mecha'niker, -/die Mecha'nikerin, -nen** mechanic

mehr (comp. of **viel**) more 2; **immer ~** more and more 8; ~ **oder weniger** more or less; **kein ... ~** no more . . . 3; **nicht ~** no longer, not any more 3

mehrere several; various 8

die **Mehrheit** majority

mein(e) my E

meinen to mean; to think, have an opinion 7; **Was meinst du?** What do you think?

die **Meinung, -en** opinion 10; **meiner ~ nach** in my opinion

meist (superlative of **viel**) most 9; die **meisten [Leute]** most of [the people] 9

meistens most of the time, mostly 4

die **Mensa, -s** or **Mensen** university cafeteria

der **Mensch, -en, -en** person, human being 1; ~**!** Man!/Wow!

merken to notice; to realize 11; **sich** (dat.) ~ to note down

das **Messer, -** knife 7

das **Metall', -e** metal

der **Meter, -** (abbr. **m**) meter (= 39.37 inches)

die **Meteorologie'** meteorology

der **Metzger**, - butcher 3; **beim ~** at the butcher's 3; **zum ~** to the butcher's 3

die **Metzgerei′**, **-en** butcher shop, meat market 3

mieten to rent

der **Mikrowelle**, **-n** microwave (oven)

die **Milch** milk 3

mild mild 2

die **Million′**, **-en** million 2

die **Minderheit**, **-en** minority

mindestens at least

das **Mineral′wasser** mineral water 3

minus minus (in subtraction) E

die **Minu′te**, **-n** minute 1

mir me 4

misera′bel miserable E

mit (+ dat.) with 2; **~ dem [Auto] fahren** to go by [car] 5; **~ dem Computer arbeiten** to use the computer 11

der **Mitarbeiter**, **-/die Mitarbeiterin**, **-nen** employee 11

der **Mitbewohner**, **-/die Mitbewohnerin**, **-nen** roommate

mit·bringen, brachte mit, mitgebracht to bring along 4

der **Mitbürger**, **-/die Mitbürgerin**, **-nen** fellow citizen

miteinan′der with each other 6

mit·fahren (fährt mit), fuhr mit, ist mitgefahren to drive/ride along 5

mit·gehen, ging mit, ist mitgegangen to go along 2

das **Mitglied**, **-er** member 5; der **Mitgliedsstaat**, **-en** member state

mit·kommen, kam mit, ist mitgekommen to come along 2; **Wer kommt mit?** Who's coming along? **Kommst du mit ins Kino?** Are you coming along to the movie?

mit·machen to join in 12

mit·nehmen (nimmt mit), nahm mit, mitgenommen to take along 5

der **Mittag**, **-e** noon 8

das **Mittagessen** midday meal 3; **zum ~** for the midday meal, for lunch 3

mittags at noon

die **Mitte** middle 3

das **Mitteleuro′pa** Central Europe

mitten: ~ in in the middle of . . .

der **Mittwoch** Wednesday 1

die **Möbel** (pl.) furniture 7

das **Möbelstück**, **-e** piece of furniture 7

möchte (subj. of mögen) would like 3

modern′ modern 4

mögen (mag), mochte, gemocht to like 4

möglich possible 6

die **Möglichkeit**, **-en** possibility

moin moin hello (North German greeting)

der **Moment′**, **-e** moment 4; **im ~** at the moment 4; **~ mal!** Just a minute! 11

der **Monat**, **-e** month 2; **einmal im ~** once a month; **seit Monaten** for months 6

der **Montag** Monday 1; **am ~** on Monday 1; **~ in acht Tagen** a week from Monday

morgen tomorrow 1; **~ früh** tomorrow morning

der **Morgen** morning E; **Guten ~.** Good morning. E

morgens mornings, every morning 3

das **Motor′rad**, pl. **Motor′räder** motorcycle 5

das **Mountainbike**, **-s** mountain bike

der **MP3-Player**, - MP3 player E

müde tired E

multikulturell′ multicultural 12

der **Mund**, **̈er** mouth 9

das **Muse′um**, pl. **Muse′en** museum 5

das **Musical**, **-s** musical 6

die **Musik′** music 1; **~ hören** to listen to music 1

musika′lisch musical 1

der **Mu′siker**, **-/die Mu′sikerin**, **-nen** musician 11

der **Muslim**, **-e/die Musli′min**, **-nen** Muslim

müssen (muss), musste, gemusst to have to; must 4

das **Müsli**, **-s** muesli, a type of granola cereal

müsste (subj. of müssen) would have to 11

die **Mutter**, **̈** mother 4

die **Muttersprache**, **-n** native language

die **Mutti**, **-s** mom 4

die **Mütze**, **-n** cap

N

na well 1; **~ gut!** All right. 1; well (interjection); **na ja** oh well; well now 8

nach (+ dat.) after 1; to (with cities and countries used without an article, e.g., **nach Berlin; nach Deutschland**) 2; **~ Hause** (to go) home 5; **fragen ~** to ask about

der **Nachbar**, **-n**, **-n/die Nachbarin**, **-nen** neighbor 1

das **Nachbarland**, pl. **Nachbarländer** neighboring country 2

nachdem′ (conj.) after

nach·denken, dachte nach, nachgedacht (über) (+ acc.) to think (about), reflect (on)

nachher afterwards 4

der **Nachmittag**, **-e** afternoon 1

der **Nachname**, **-ns**, **-n** last name 7

die **Nachricht**, **-en** message; **Nachrichten** (pl.) newscast

nach·schlagen (schlägt nach), schlug nach, nachgeschlagen to look up

nach·sehen (sieht nach), sah nach, nachgesehen to look up

die **Nachspeise**, **-n** dessert

nächst- (-er, -es, -e) next 9

die **Nacht**, **̈e** night E; **Gute ~.** Good night. E;

das **Nachtleben** nightlife

der **Nachtisch**, **-e** dessert

nachts at night

der **Nachttisch**, **-e** bedside table 7

nahe (+ dat.) near 12; **mir ~** close to me 12

die **Nähe** nearness, proximity; vicinity; **in der ~** near at hand 12

der **Name**, **-ns**, **-n** name 7

nämlich after all; that is (to say); you know; you see 1

die **Nase**, **-n** nose 9

nass (nasser or **nässer)** wet 2

die **Nation′**, **-en** nation

die **Nationalität′**, **-en** nationality

der **National′rat** National Council (Switzerland)

die **Natur′** nature 9

natür′lich natural 3; naturally 3; of course

die **Natür′lichkeit** naturalness

der **Natur′wissenschaftler**, **-/die Natur′wissenschaftlerin**, **-nen** (natural) scientist

neben (+ acc./dat.) beside, next to, besides 7

nebeneinander next to each other; side by side 12

das **Nebenfach**, **̈er** minor (subject) 4

nebenher′ in addition

nee (colloq.) no, nope

der **Neffe**, **-n**, **-n** nephew 4

negativ negative

nehmen (nimmt), nahm, genommen to take 3

nein no E

nennen, nannte, genannt to name 10

nervös′ nervous 1

nett nice 1

neu new E; **Was gibt's Neues?** What's new?

neugierig curious

neutral′ neutral

die **Neutralität'** neutrality

nicht not E; ~? *(tag question)* don't you?; isn't it? 1; **Nina ist sehr ernst, ~?** Nina is very serious, isn't she? 1; **~ mehr** no longer, not anymore 3; **~ nur … sondern auch** not only . . . but also 5; **~ so [kalt/viel]** not as [cold/much]; **~ wahr?** isn't that so/ don't you think so? 2; **noch ~** not yet 2

die **Nichte, -n** niece 4

nichts nothing 1; **~ Beson'deres** nothing special 1; **(Es) macht ~!** (It) doesn't matter. 7

nie never 8

(die) **Niederlande** *(pl.)* the Netherlands

niedrig low 11

niemand (-en, -em) *(endings are optional)* no one 9

nirgends nowhere

nirgendwo nowhere

der **Nobelpreis'träger, -/**die **Nobelpreis'trägerin, -nen** Nobel prize winner

noch still; in addition 1; **~ ein(e) …** another . . . 3; **~ einmal** again, once more 12; **~ mal** once more 1; **~ etwas** something else 3; **~ immer** still; **~ mehr** even more; **~ nicht** not yet 2; **immer ~** still 9; **Sonst ~ einen Wunsch?** Anything else? 3; **sonst ~ etwas** something else 3; **was ~?** what else? 7

der **Norden** north 2; **im ~** in the north 2

nördlich to the north 2

die **Nordsee** North Sea 2

normal' normal

(das) **Norwegen** Norway

die **Note, -n** grade; note 4

(sich) notie'ren to make a note of

die **Notiz', -en** note 4

der **Novem'ber** November 2

die **Nudeln** *(pl.)* noodles 3

der **Numerus clausus** limited number of university positions for study in certain subjects

die **Nummer, -n** number E

nummerie'ren to number

nun now, at present 7

nur only E

O

ob *(sub. conj.)* whether, if 7

oben above

der **Ober, -** waiter

oberflächlich superficial 7

das **Obst** fruit 3

obwohl' *(sub. conj.)* although 8

oder or 1; **~?** Or don't you agree? 2; **Du kommst doch, ~?** You're coming, aren't you?

offen open 12; frank 6

öffentlich public(ly) 7

offiziell' official

öffnen to open 10

oft (ö) often 1

oh oh 2; **~ je** oh dear 3

ohne *(+ acc.)* without 3; **~ … (+ inf.)** without

das **Ohr, -en** ear 9

okay' okay, OK E

der **Okto'ber** October 2

die **Oli've, -n** olive

die **Oma, -s** grandma 4

der **Onkel, -** uncle 4

der **Opa, -s** grandpa 4

das **Open-Air-Konzert, -e** outdoor concert 10

die **Oper, -n** opera 10; **in die ~ gehen** to go to the opera 10

optimis'tisch optimistic

die **Oran'ge, -n** orange 3

der **Oran'gensaft** orange juice 3

die **Ordnung** order; **in ~?** is that all right [with you]? 6

die **Organisation', -en** organization

organisato'risch organizational

organisie'ren to organize 8

der **Ort, -e** place (geographical)

der **Ostblock** the eastern bloc

der **Ostdeutsche** *(noun declined like adj.)* East German

der **Osten** east 2

(das) **Österreich** Austria 2

der **Österreicher, -/**die **Österreicherin, -nen** Austrian person 2

österreichisch Austrian *(adj.)* 5

östlich eastern

der **Ozean, -e** ocean

P

das **Paar, -e** pair; couple 8

paar; ein ~ a few 3; **alle ~ Minuten** every few minutes

der **Papa, -s** dad 4

das **Papier', -e** paper E

der **Papier'korb** wastepaper basket E

der **Park, -s** park 5

parken to park

der **Partner, -/**die **Partnerin, -nen** partner

die **Partnerschaft, -en** partnership

die **Party, -s** party 2; **auf eine ~** to a party; **auf einer ~** at a party; **eine ~ geben** to give a party

der **Pass, :-e** passport

passen (passt) *(+ dat.)* to fit, suit; to be appropriate 8

passend appropriate; suitable

passie'ren, ist passiert *(+ dat.)* to happen 7; **Was ist dir passiert?** What happened to you? 7

passiv passive(ly) 6

die **Pause, -n** break, rest; intermission 8

die **Person', -en** person

der **Personal'ausweis, -e** identity card

der **Personal'chef, -s/**die **Personal'chefin, -nen** head of the human resources (personnel) department 11

persön'lich personal(ly) 3

die **Persön'lichkeit, -en** personality; personage

die **Pflanze, -n** plant E

pflanzen to plant

das **Pfund, -e** *(abbr. Pfd.)* pound (= 1.1 U.S. pounds) 3

die **Philosophie'** philosophy 4

die **Physik'** physics 4

der **Phy'siker, -/**die **Phy'sikerin, -nen** physicist

der **Physiotherapeut', -en, -en/**die **Physiotherapeu'tin, -nen** physical therapist

das **Picknick, -s** picnic; **ein ~ machen** to have a picnic

der **Pionier', -e/**die **Pionie'rin, -nen** pioneer

die **Pizza, -s,** *also* **Pizzen** pizza

plädie'ren to plead

der **Plan, :-e** plan 5; schedule

planen to plan 9

der **Platz, :-e** place; seat; space; square 8; **~ nehmen** to take a seat

pleite broke, out of money 7

plötzlich suddenly

die **Politik'** political science 4; politics 8

der **Poli'tiker, -/**die **Poli'tikerin, -nen** politician 10

poli'tisch political(ly) 5

die **Polizei'** police

das **Polohemd, -en** polo shirt 6

die **Pommes frites** *(pl.)* French fries

das **Popkonzert, -e** pop concert 10

populär' popular

das **Porträt', -s** portrait

positiv positive

die **Post** mail; post office 11

das *or* der **Poster, -** poster E

die **Postleitzahl, -en** postal code E

das **Praktikum,** *pl.* **Praktika** practicum; practical training, internship

praktisch practical(ly) 1; for all practical purposes 3

praktizie'ren to practice (medicine, law)

der **Präsident', -en, -en/**die **Präsiden'tin, -nen** president

präzis' precise(ly)
der **Preis**, -e price 11
prima fantastic, great (**prima** *takes no adj. endings*) 10
privat' private
privilegiert' privileged
pro per 4
die **Probe**, -n rehearsal 6
proben to rehearse
probie'ren to try; to (put to the) test; *(food)* to taste
das **Problem'**, -e problem 5
problema'tisch problematical 12
das **Produkt'**, -e product 3
die **Produktion'** production
produzie'ren to produce 5
der **Profes'sor**, *pl.* **Professo'ren**/die **Professo'rin**, -nen professor E
das **Programm'**, -e TV guide; TV channel; program
protestie'ren to protest
proviso'risch provisionally
das **Prozent'** percent
der **Prozess'**, -e process; trial
die **Prüfung**, -en test, examination 4
die **Psychoanaly'se** psychoanalysis
die **Psychologie'** psychology 4
das **Publikum** public
die **Publizis'tik** journalism 4
der **Pulli**, -s sweater 6
der **Punkt**, -e dot, spot, point; period
pünktlich punctual 7
putzen to clean 7; **Ich putze mir die Zähne** I'm brushing my teeth 9

Q

die **Qualität'**, -en quality 9
der **Quatsch** nonsense 8; ~! Nonsense! 8

R

das **Rad**, ⸚er *(short for* **Fahrrad)** bike, bicycle 5; wheel; **Rad fahren (fährt Rad), fuhr Rad, ist Rad gefahren** to (ride a) bicycle, to bike 5
das **Radio**, -s radio E
die **Radtour**, -en bicycle trip 12
(sich) **rasie'ren** to shave 9
raten (ä), riet, geraten to guess
der **Rauch** smoke
rauchen to smoke
der **Raum**, ⸚e room; space
raus *(contraction of* **heraus)** out 12
reagie'ren (auf + *acc.*) to react (to)
das **Recht**, -e right; law; **das ~ auf (+ acc)** right to 8
recht right 7; **~ haben** to be right 7; **Du hast ~.** You're right. 7
rechts on/to the right 11
der **Rechtsanwalt**, -anwälte/die **Rechtsanwältin**, -nen lawyer 11

die **Rede**, -n speech; **eine ~ halten** to give a speech
reden (über + *acc.*) to talk/speak (about) 2
das **Redemittel**, - speech act
reduzie'ren to reduce, diminish
das **Referat'**, -e report; seminar paper 4
die **Reform'**, -en reform
die **Regelstudienzeit** limit on time to complete university studies
der **Regen** rain 2
der **Regenmantel**, ⸚ raincoat 6
der **Regenschirm**, -e umbrella 5
die **Regie'rung**, -en government 10
regnen to rain 2; **es regnet** it's raining 2
reich rich 9
reif ripe
rein *(contraction of* **herein)** in
die **Reise**, -n trip, journey 2; **Gute ~!** Have a good trip!
das **Reisebüro**, -s travel agency
reisen, ist gereist to travel 4
relativ' relative; relatively 1
renovie'ren to renovate
repari'eren to repair
der **Repor'ter**, -/die **Repor'terin**, -nen reporter 6
die **Republik'**, -en republic
das **Restaurant'**, -s restaurant 7
richtig correct, right E
die **Richtigkeit** correctness; accuracy
riechen, roch, gerochen to smell 3; **~ nach** to smell of
riesengroß gigantic, huge 2
der **Rinderbraten** roast beef 3
riski'eren to risk
der **Rock**, ⸚e skirt 6
die **Rockband**, -s rock band 10
die **Rockmusik** rock (music) 6
der **Rockmusiker**, -/die **Rockmusikerin**, -nen rock musician 12
der **Rohstoff**, -e raw material 11
die **Rolle**, -n role; **eine ~ spielen** to play a role
das **Rollenspiel**, -e role play
der **Roman'**, -e novel 4
die **Rose**, -n rose 3
die **Rosi'ne**, -n raisin
rot red E
der **Rotwein**, -e red wine 3
der **Rücken**, - back 9; die **Rückenschmerzen** *(pl.)* backache 9
die **Rückreise**, -n return trip
der **Rucksack**, -säcke backpack E
rufen, rief, gerufen to call, cry out 3
die **Ruhe** rest; peace and quiet
ruhig calm, easygoing; quiet 1
das **Rührei**, -er scrambled egg

rum·surfen to surf around 8
rund round; around
der **Russe**, -n, -n/die **Russin**, -nen Russian person
(das) **Russland** Russia

S

die **Sache**, -n thing; matter 6; affair, concern; *(pl.)* clothes 6
der **Saft**, ⸚e juice 3
sagen to say; tell 3; **sag' mal** tell me 3
der **Salat'**, -e lettuce; salad 3
das **Salz**, -e salt 5
sammeln to collect 11
der **Samstag** *(in southern Germany)* Saturday 1 E
samstags (on) Saturdays, every Saturday 3
sanft gentle; soft
der **Sänger**, -/die **Sängerin**, -nen singer 12
der **Satz**, ⸚e sentence 11
sauber clean 7; **~ machen** to clean 7
sauer sour; cross, morose
saugen to suck; **Staub ~** *(also* **staubsaugen, gestaubsaugt)** to vacuum 7
das **Schach** chess 1
schade that's too bad, a pity, a shame 1
schaden (+ *dat.*) to harm
schauen to see; to look 8; **~ nach** to look after 8
der **Schein**, -e glow; *(type of official document)* **der Geldschein** bill; der **Seminarschein** certificate of attendance for one semester of a course
scheinen, schien, geschienen to shine 2; to appear, seem
schenken to give (as a gift) 5
schick chic
schicken to send
das **Schiff**, -e ship 5
der **Schinken**, - ham 3
der **Schirm**, -e umbrella 6
schlafen (ä), schlief, geschlafen to sleep 5; **bei jemandem ~** to sleep at someone's house
schlaflos sleepless, without sleep
das **Schlafzimmer**, - bedroom 7
schlagen (ä), schlug, geschlagen to hit, beat; to whip
die **Schlagsahne** whipped cream
schlank slender 9
schlecht bad, badly E; **Mir ist ~.** I feel nauseated. 9
schließen, schloss, geschlossen to close 3
schließlich finally, after all 7
schlimm bad, serious, severe 8
das **Schloss**, ⸚er castle 5

schmecken *(+ dat.)* to taste; **Es schmeckt [mir].** It tastes good [to me]. 6; **Hat es geschmeckt?** Did it taste good? 6

der Schmerz, -en pain 9

(sich) schminken to put on makeup 9; **Ich schminke mich.** I put on makeup. 9; **Ich schminke mir die Augen.** I put on eye makeup. 9

schmutzig dirty

der Schnee snow 2

schneien to snow 2; **es schneit** it's snowing 2

schnell fast, quick(ly) 3; **Mach ~!** Hurry up! 7

die Schokola′de chocolate 9; **das Schokola′deneis** chocolate ice cream

schon already 1

schön nice, beautiful 2; **~ warm** nice and warm 2; **schönes Wetter** nice weather 2; **ganz ~** really quite 9

die Schönheit beauty

der Schrank, ⸚e wardrobe 7

schrecklich horrible, terrible 2

schreiben, schrieb, geschrieben to write E; **~ an** *(+ acc.)* to write to 9; **~ über** *(+ acc.)* to write about 7; **~ von** *(+ dat.)* to write about; **Wie schreibt man das?** How do you spell that? E

der Schreibtisch, -e desk 7

der Schriftsteller, -/die Schriftstellerin, -nen writer 5

der Schritt, -e step 8

der Schuh, -e shoe 6

die Schule, -n school 4

schützen to protect

schwach (ä) weak 9

schwarz black E

(das) Schweden Sweden

die Schweiz Switzerland 2

der Schweizer, -/die Schweizerin, -nen Swiss person 2

Schweizer Swiss *(adj.)* 9

(das) Schweizerdeutsch Swiss German

schwer hard, difficult; heavy 9

die Schwester, -n sister 4

Schwieger- *(prefix meaning* in-law*)*; **~tochter** daughter-in-law

schwierig difficult 8

die Schwierigkeit, -en difficulty

schwimmen, schwamm, ist geschwommen to swim 1

schwül humid 2

der Science-Fic′tion-Film, -e science fiction film 6

der See, -n lake 5

die See, -n sea 2

segeln to sail

sehen (ie), sah, gesehen to see 6

sehr very (much) E

sei (du-*imperative of* **sein)** 3; **~ [mir] nicht böse.** Don't be mad [at me]. 7

die Seife soap

die Seifenoper, -n soap opera

sein his; its 1

sein (ist), war, ist gewesen to be 1

seit *(+ dat.)* since (temporal) 4; for (time period) 4; **~ einigen Jahren** for several years 4; **~ wann** since when, (for) how long 4; **~ kurzer Zeit** recently; **~ Monaten** for months 6

seitdem′ since then 7

die Seite, -n side; page 10

der Sekretär′, -e/die Sekretä′rin, -nen secretary

der Sektor, ***pl.* Sekto′ren** sector

selber oneself, myself, itself, etc.

selbst oneself, myself, itself, etc. 4; even

selbstständig independent, self-reliant

selbstverständlich of course, it goes without saying

selten seldom

das Semes′ter, - semester 4

die Semes′teradresse, -n school address

die Semes′terferien *(pl.)* semester break 4

das Seminar′, -e seminar 4

die Seminar′arbeit, -en seminar paper 4

der Seminar′schein, -e certificate of attendance for one semester of a course

die Sendung, -en TV or radio program 6

der Septem′ber September 2

die Serie, -n series

servie′ren to serve

der Sessel, - easy chair 7

setzen to set or put something down 7; **sich setzen** to take/have a seat 9

das Shampoo′, -s shampoo

die Shorts *(pl.)* shorts 6

sicher sure; safe; secure; certain(ly) 2

die Sicherheit safety, security 9

sicherlich surely, certainly

sie she, it E; they 1

Sie you *(formal)* E

silber *(adj.)* silver

sind are E

die Sinfonie′, -n symphony

sinken, sank, ist gesunken to sink 8

der Sinn meaning, purpose

die Situation′, -en situation 4

der Sitz, -e headquarters, seat

sitzen, saß, gesessen to sit 7

skeptisch skeptical 4

der Ski, -er (Ski is pronounced **Schi)** ski 5; **Ski laufen** (*also* **Ski fahren**) to ski 2; **zum Skilaufen gehen** to go skiing

der Skiläufer, -/die Skiläuferin, -nen skier

das Snowboard, -s snowboard 5

snowboarden to snowboard 2

so so, thus; this way E, **so genannt** so-called, **~ ... wie** as . . . as 2; **~?** Is that so? Really? 4; **~ ein** such a 4

sobald′ *(sub. conj.)* as soon as

die Socke, -n sock 6

das Sofa, -s sofa 7

sofort′ immediately 4

sogar′ even 8

der Sohn, ⸚e son 4

solch (-er, -es, -e) such a *(sg.)*; such *(pl.)* 4

die Solidarität′ solidarity

der Soldat′, -en, -en/die Solda′tin, -nen soldier 10

sollen (soll), sollte, gesollt to be supposed to; to be said to 4

der Sommer summer 2

die Sona′te, -n sonata

sondern *(conj.)* but, on the contrary 5; **nicht nur ... ~ auch** not only . . . but also 5

der Sonnabend *(in northern Germany)* Saturday 1

die Sonne sun 2

die Sonnenbrille, -n sunglasses 8

sonnig sunny 2

der Sonntag Sunday 1

sonntags (on) Sundays 1

sonst otherwise 3; **~ noch etwas?** Anything else? 3; **~ noch einen Wunsch?** Would you like anything else? 3

die Sorge, -n care, worry 11; **sich Sorgen machen (um)** to worry (about) 11

die Sorte, -n type, kind

sowie′ *(conj.)* as well as

sowieso′ in any case 12

die Spaghet′ti *(pl.)* spaghetti 3

(das) Spanien Spain

spanisch Spanish *(adj.)*

sparen to save (e.g., money, time) 11

der Spaß enjoyment; fun 6; **Es/Das macht ~.** It/That is fun. 6; **an der Arbeit ~ haben** to enjoy one's work; **Viel ~.** Have fun; **der Spaß, ⸚e** joke; **Er hat nur ~ gemacht.** He was only joking.

spät late 1; **Wie ~ ist es?** What time is it? 1; **später** later 1

spazie′ren fahren (ä), fuhr spazieren, ist spazieren gefahren to go for a drive 6

spazie′ren gehen, ging spazieren, ist spazieren gegangen to go for a walk 1

der **Spazier′gang, -gänge** walk, stroll

der **Spiegel, -** mirror 7

das **Spiegelei, -er** fried egg

das **Spiel, -e** game 1

spielen to play 1

der **Spielfilm, -e** feature film

spontan′ spontaneously

der **Sport** sport(s) 1; **~ treiben** to engage in sports 1; **Was für einen ~ machst du?** What kind of sports do you do? 2

der **Sportler, -/die Sportlerin, -nen** athelete 5

sportlich athletic 1

der **Sportverein, -e** sports club

die **Sprache, -n** language 9

sprechen (i), sprach, gesprochen to speak 5; **~ mit** to speak to/with (someone); **~ über (+ acc.)** to speak about 7; **~ von (+ dat.)** to speak about/of 7

spülen to rinse; to wash 7; **Geschirr ~** to wash dishes 7

die **Spülmaschine, -n** dishwasher 7

der **Staat, -en** state; country 4

staatlich (abbr. staatl.) public, government-owned 4

der **Staatsbürger, -/die Staatsbürgerin, -nen** citizen

das **Stadion, pl. Stadien** stadium

die **Stadt, ⸗e** city 2; **das ~ viertel** city district

der **Stammbaum, -bäume** family tree

stark (ä) (adj.) strong 8; **(adv.)** greatly, very much 8

statt (+ gen.) instead of 9; **~ ... (+ inf.)** instead of

statt·finden, fand statt, stattgefunden to take place 10

die **Statue, -n** statue

der **Stau, -s** traffic jam 2

der **Staub** dust 7; **~ wischen** to dust 7; **ich wische ~** I'm dusting; **~ saugen** to vacuum 7

das **Steak, -s** steak

stecken to stick, put or insert something into something else 7

stehen, stand, gestanden to stand 3; to be located 7; **es steht in der Zeitung ...** it says in the newspaper . . . 10; **stehen bleiben, blieb stehen, ist stehen geblieben** to stop

steigen, stieg, ist gestiegen to rise, climb

die **Stelle, -n** job; position; place, spot 8

der **Stein, -e** stone

stellen to stand, place, put something (upright), set 6; **eine Frage ~ + dat.** to ask someone a question 9; **eine Frage an + acc. ~** to ask someone a question 9

das **Stellenangebot, -e** job offer (ad)

die **Stellenanzeige, -n** want ad

sterben (i), starb, ist gestorben to die 10; **~ an (+ dat.)** to die of

die **Stereoanlage, -n** stereo system

stereotyp′ stereotypical

das **Stichwort, ⸗er** cue, key word

der **Stiefel, -** boot 6

die **Stiefmutter, ⸗** stepmother 4

der **Stiefvater, ⸗** stepfather 4

stimmen to be correct 3; **Das stimmt./Stimmt.** That's right. 3

das **Stipen′dium, pl. Stipen′dien** scholarship, grant 4

stolz (auf + acc.) proud (of) 8

die **Straße, -n** street; road E

die **Straßenbahn, -en** streetcar 5

das **Straßencafé, -s** street café

der **Streik, -s** strike 11

streiken to strike

der **Stress** stress

stressen to stress; **gestresst** stressed

stressfrei free of stress

die **Strumpfhose, -n** pantyhose 6

das **Stück, -e** piece 3; piece (of music); play (theater) 6

der **Student′, -en, -en/die Studen′tin, -nen** student E

das **Studen′tenheim, -e** dormitory 4

das **Studienfach, ⸗er** college major

die **Studiengebühren pl.** administrative fees at the university; tuition

der **Studienplatz, pl. Studienplätze** opening for student in a particular course of study at a university

studie′ren to study; to go to college 1; **~ an/auf (+ dat.)** to study at (a college) 7; **Ich studiere Chemie.** I'm majoring in chemistry 1

das **Studium, pl. Studien** studies 4

der **Stuhl, ⸗e** chair E

die **Stunde, -n** hour 6; lesson; class; **die Klavier~** piano lesson

stundenlang for hours

das **Substantiv, -e** noun

suchen to look for 3; **~ nach** to look for 6

der **Süden** south 2

südlich to the south 2

super super, great 6

der **Supermarkt, ⸗e** supermarket 3; **in den/zum ~** to the supermarket 3

surfen to surf 1

süß sweet; nice

das **Sweatshirt, -s** sweatshirt

Symbol, -e symbol 9

sympa′thisch likeable, agreeable 1; **er ist mir ~** I like him

systema′tisch systematic(ally)

die **Szene, -n** scene

die **Tabel′le, -n** chart; table

die **Tablet′te, -n** tablet, pill 3

der **Tag, -e** day E; **Guten ~./~.** Hello.; Hi. E; **eines Tages** one day; **[Montag] in acht Tagen** a week from [Monday]

das **Tagebuch, pl. Tagebücher** diary

der **Tagesplan, pl. Tagespläne** daily schedule

die **Tagesreise** a day's journey

täglich daily

die **Tante, -n** aunt 4

tanzen to dance 1

die **Tasche, -n** bag; pocket 3; handbag, purse 6

das **Taschenbuch, pl. Taschenbücher** paperback book 5

die **Tasse, -n** cup 3

das **Team, -s** team 11

die **Technologie′, -n** technology

der **Tee** tea 3

der **Teil, -e** part 9; **zum ~** partly; **zum größten ~** for the most part

teilen to share, to divide (up) 10; **(math) ~ durch** to divide by

die **Teilzeitarbeit** part-time work 8

die **Teilzeitbeschäftigung, -en** part-time work

das **Telefon′, -e** telephone E

telefonie′ren (mit jemandem) to telephone (someone) 1

die **Telefon′nummer, -n** telephone number E; **Wie ist deine/Ihre ~?** What's your telephone number? E; **Wie ist die ~ von ... ?** What is the telephone number of . . . ? E

die **Telefon′zelle, -n** telephone booth

der **Teller, -** plate; dish of food 12

die **Temperatur′, -en** temperature 2

das **Tempolimit** speed limit

das **Tennis** tennis 1

der **Teppich, -e** rug, carpet 7

der **Termin′, -e** appointment 11; **einen ~ bei jemandem haben** to have an appointment with someone 11

der **Termin′kalender, -** appointment calendar

teuer expensive 3

die **Textilien (pl.)** textiles

das **Textverarbeitungsprogramm, -e** word processing program 11; **mit Textverarbeitungsprogrammen arbeiten** to do word processing 11

das **Thea′ter, -** theater 6; **ins ~ gehen** to go to the theater 6; **die ~karte, -n** theater ticket 6; **das ~stück** theater play 6

das **Thema,** *pl.* **Themen** theme, topic 12

theore′tisch theoretical

das **Ticket, -s** ticket

das **Tier, -e** animal

der **Tisch, -e** table E; **den ~ decken** to set the table 7

das **Tischtennis** table tennis 1

die **Tochter, :** daughter 4

tolerant′ tolerant 1

toll great, fantastic, terrific E; **das wäre ~** that would be great 8

die **Toma′te, -n** tomato 3; **die Tomatensoße** tomato sauce

die **Torte, -n** layered cake with a cream or fruit filling 3

total′ completely, utterly 1

der **Touris′mus** tourism

der **Tourist′, -en, -en/die Touris′tin, -nen** tourist 5

die **Tradition′, -en** tradition

traditionell′ traditional

tragen (ä), trug, getragen to carry; to wear 6

die **Traube, -n** grape 3

der **Traum,** *pl.* **Träume** dream

träumen (+ von) to dream (of)

traurig sad 1

(sich) treffen (i), traf, getroffen to meet 3; **Ich treffe mich mit Freunden,** I'm meeting friends.

treiben, trieb, getrieben to drive; to engage in 1; **Sport ~** to engage in sports 1

trinken, trank, getrunken to drink 3

trocken dry 2

die **Trockenheit** dryness

trotz (+ gen.) in spite of 8

trotzdem nevertheless 4

tschüss (also tschüs) so long, good-bye *(informal)* E

das **T-Shirt, -s** T-shirt 6

das **Tuch, :er** cloth; scarf; shawl 12

tun, tat, getan to do 4; **Es tut mir leid.** I'm sorry. 4

die **Tür, -en** door E

der **Türke, -n, -n/die Türkin, -nen** Turk

die **Türkei′** Turkey

türkisch Turkish 12

die **Tüte, -n** bag, sack

typisch typical 7

U

die **U-Bahn, -en** *(abbr. for* **Untergrundbahn)** subway 5

üben to practice

über (+ acc./dat.) about 2; over, above 3; across 7

überall everywhere

überein′·stimmen to agree

überfüllt′ overfilled

überglücklich ecstatic

überhaupt′ generally (speaking); actually, altogether; **~ nicht** not at all 7

übernach′ten to spend the night, to stay (in hotel or with friends) 5

Übersee *(no article)* overseas

überset′zen to translate

überzeu′gen to convince

übrigens by the way

die **Uhr, -en** clock E; **Wie viel ~ ist es?** What time is it? 1; **um [zehn] ~** at [ten] o'clock 1; **Um wie viel ~?** At what time? 1

die **Uhrzeit, -en** clock time 1

um (+ acc.) at 1; around 3; **~ [zehn] Uhr** at [ten]o'clock 1; **~ wie viel Uhr?** At what time? 1; **Er ging ~ die Ecke.** He went around the corner.; **~ ... zu (+ inf.)** (in order) to 9

die **Umfrage, -n** opinion poll, survey

die **Umwelt** environment 9

unabhängig independent 11

unbedingt without reservation, absolutely 10

und and E; plus *(in addition)* E; **~ dir/ Ihnen?** And you? (How about you?) E

der **Unfall, :e** accident

unfreundlich unfriendly 1

ungarisch Hungarian

(das) **Ungarn** Hungary

ungefähr approximately 5

ungern unwillingly 4

ungewöhnlich unusual, uncommon

unglaub′lich unbelievable, unbelievably 7

unglücklich unhappy; sad 1

die **Uni, -s** *(colloq. for* **Universität)** 1; **an der ~** at the university 1

unintelligent unintelligent 1

uninteressant uninteresting 2

die **Universität′, -en** university 1

unmöglich impossible

unmusikalisch unmusical 1

unpersönlich impersonal 3

unpraktisch impractical 1

unpünktlich not punctual

uns us 3

unser our 2

unsicher insecure; unsafe 11

unsympathisch unpleasant, unappealing, disagreeable 1

unten downstairs; below 5

unter (+ acc./dat.) under, beneath; among 7; **~ sich** among themselves; **~ anderem** among which

unterbre′chen (unterbricht), unterbrach, unterbrochen to interrupt

unterhal′ten (unterhält), unterhielt, unterhalten to entertain; **sich unterhalten** to converse 10; **sich ~ über (+ acc.)** to converse about 10

die **Unterhaltung, -en** conversation; die **Unterhaltung** *(no pl.)* entertainment 10

der **Unterschied, -e** difference 10

unterstüt′zen to support 8

unverheiratet unmarried

unzufrieden dissatisfied

die **Urgroßeltern** *(pl.)* great-grandparents

der **Urlaub** vacation 4; **~ machen** to go on vacation 4; **in** *or* **im** *or* **auf ~ sein** to be on vacation 4; **in ~ fahren** to go on vacation 4

die **USA** *(pl.)* U.S.A. 2

usw. (= und so weiter) and so forth

V

die **Vase, -n** vase 7

der **Vater, :** father 4

der **Vati, -s** dad 4

sich verab′reden to make an appointment/date

(sich) verän′dern to change 12

die **Verän′derung, -en** change

verant′wortlich (für) responsible (for) 10

die **Verant′wortung, -en** responsibility 11

das **Verb, -en** verb

verbin′den, verband, verbunden to connect 9

die **Verbin′dung, -en** connection

verbrin′gen, verbrachte, verbracht to spend (time) 8

verdie′nen to earn 4

der **Verein′, -e** club

die **Verei′nigung** unification 10

die **Verein′ten Natio′nen** *(pl.)* United Nations

die **Verfas′sung, -en** constitution

verfol′gen to pursue; to follow; to persecute 9

verges′sen (vergisst), vergaß, vergessen to forget 9

verglei′chen, verglich, verglichen to compare

verhasst′ hated

verhei′ratet married 8

verkau′fen to sell 11

der **Verkäu'fer**, -/die **Verkäu'ferin**, -nen salesperson
der **Verkehr'** traffic; transportation
das **Verkehrs'mittel**, - means of transportation 5
verlas'sen (verlässt), verließ, verlassen to leave, abandon 10
verlet'zen to injure, hurt 9; **Ich habe mir den Arm verletzt.** I've injured/hurt my arm. 9; **Ich habe mich verletzt.** I hurt myself. 9
verlie'ren, verlor, verloren to lose 8
vermis'sen to miss someone or something; to regret; 7
verrückt' crazy
verschie'den various 12
verschrei'ben, verschrieb, verschrieben to prescribe 9
verständ'lich understandable
versteh'en, verstand, verstanden to understand 9
versu'chen to try 5
verwandt' related
der/die **Verwand'te** (noun decl. like adj.) relative 9
die **Verzei'hung** pardon; ~! I beg your pardon.
der **Vetter**, -n cousin (m.) 4
das **Videospiel**, -e video game 1
viel (mehr, meist-) much 1; **viele** many 3; **Viel Glück!** Good luck!; **viele Grüße** (closing in a personal letter) regards 1
vieles much 3
vielleicht' maybe, perhaps 1
vielseitig many-sided, versatile 1
das **Viertel**, - a fourth, quarter 1; district of a city; ~ **vor [zwei]** quarter to [two]; ~ **nach [zwei]** quarter past [two] 1
das **Vitamin'**, -e; die **Vitamin'tablette**, -n vitamin pill
der **Vogel**, : bird 5
die **Voka'bel**, -n vocabulary word 4
das **Volk**, :er people; nation
die **Volkswirtschaftslehre** economics (subject)
voll full
voller full of
der **Volleyball** volleyball 1
das **Vollkornbrot**, pl. **Vollkornbrote** coarse wholegrain bread
von (+ dat.) of E; from 2; by [the person doing something]
vor (+ acc./dat.) before 1; in front of 7; ~ **allem** above all 5; ~ **zwei Wochen** two weeks ago 6
vorbei' over; gone 10
vorbei'·kommen, kam vorbei, ist vorbeigekommen to come by 5; **bei [mir]** ~ to come by [my] place 5

vor·bereiten to prepare 4; **sich ~ (auf + acc.)** to prepare oneself (for)
vor·bereitet sein prepared; **Ich bin (nicht) gut vorbereitet.** I'm (not) well prepared. 4
die **Vorbereitung**, -en preparation 7
vor·haben to intend, have in mind 6
vorher previously; beforehand
vorig last, previous; **voriges Jahr** last year
die **Vorlesung**, -en lecture 4; **eine ~ halten** to give a lecture; **eine ~ besuchen** to attend a lecture
der **Vorname**, -ns, -n first name 7
der **Vorschlag**, :e suggestion
vor·schlagen (ä), schlug vor, vorgeschlagen to suggest
sich (dat.) vor·stellen to imagine 12; **Ich kann es mir vorstellen.** I can imagine that. 12
das **Vorstellungsgespräch**, -e job interview
das **Vorurteil**, -e prejudice
die **Vorwahl**, -en area code

W

wach awake 10
wachsen (ä), wuchs, ist gewachsen to grow 10
die **Waffe**, -n weapon
der **Wagen**, - car; wagon 5
wählen to choose; to elect
wahr true 5; **nicht ~?** isn't that so? 5
während (prep.) (+ gen.) during 5; (conj.) while
die **Wahrheit**, -en truth
wahrschein'lich (adj.) probable; (adv.) probably 8
der **Wald**, :er forest 5
die **Wand**, :e (interior) wall E
der **Wanderer**, -/die **Wanderin**, -nen hiker
wandern, ist gewandert to hike; ~ **gehen** to go walking/hiking 1
die **Wanderung**, -en hike; **eine ~ machen** to go on a hike
der **Wanderweg**, -e hiking path
wann when E; **seit ~** since when, (for) how long 4
war (past tense of **sein**) was 2
die **Ware**, -n wares, merchandise, goods 11
wäre (subj. of **sein**) would be 8; **das ~ toll** that would be great 8
warm (ä) warm 2; **schön ~** nice and warm 2
warten (auf + acc.) to wait (for) 5
warum' why 1

was what 1; **Was für (ein) ...** what kind of (a) . . . 1; **Was für ein Wetter!** Such weather! 2; **Was gab es?** What was playing?/What was offered? 10; **Was gibt's Neues?** What's new? 8; **Was gibt's zum [Abendessen]?** What's for [dinner]? 3; **Was hast du?** What's wrong? 9; **Was ist los?** What's wrong? E; **Was noch?** What else? 7
die **Wäsche** laundry 7; ~ **waschen** to do the laundry
waschen (ä), wusch, gewaschen to wash 7; **sich ~** to wash oneself 9; **Ich wasche [mir] die Hände.** I'm washing [my] hands. 9
die **Waschmaschine**, -n washing machine
das **Wasser** water 3; **ein ~** a bottle/glass of mineral water 6
der **Wasserski**, -er water ski 5; **Wasserski laufen/fahren** to water-ski 5
die **Webseite**, -n website
wechseln to change 11
weder ... noch neither . . . nor
weg away; off; gone 4
der **Weg**, -e way; path; **auf dem ~** on the way 10
weg·gehen, ging weg, ist weggegangen to go away
wegen (+ gen.) on account of, because of 8
weg·fahren (fährt), fuhr weg, ist weggefahren to drive away; to leave 4
weh·tun (+ dat.) to hurt 9; **Die Füße tun mir weh.** My feet hurt. 9
weil (sub. conj.) because 5
die **Weile** while; **eine ganze ~** a long time 8
der **Wein**, -e wine 3
weiß white E
der **Weißwein**, -e white wine 3
weit far 2
weiter farther, further 2; additional
welch- which E; **Welche Farbe hat ... ?** What color is . . . ? E; **Welcher Tag ist heute?** What day is today? 1
die **Welt**, -en world 5
weltbekannt world-famous 5
weltberühmt world-famous
der **Weltkrieg**, -e world war 5
wem (dat. of **wer**) (to or for) whom 5
wen (acc. of **wer**) whom 3
wenn (conj.) when; whenever; if 4
wenig little 2; **ein ~** a little; **wenige** few
wenigstens at least
wenn (sub. conj.) when, whenever; if 4
wer who 2

werden (wird), wurde, ist geworden to become 4; will (*auxiliary verb of the fut. tense*): **Das wird sie sicher finden.** She will certainly find it.

werfen (i), warf, geworfen to throw

wesentlich essential; substantial; in the main 9

wessen (*gen. of* **wer**) whose 8

der **Westen** west 2

westlich western 10

das **Wetter** weather 2; **Was für ein ~!** Such weather! 2; **Wie ist das ~?** How's the weather? 2

der **Wetterbericht, -e** weather report 8

wichtig important 4

die **Wichtigkeit** importance

wie how E; as 2; **Wie alt bist du?** How old are you? E; **Wie bitte?** I beg your pardon? E; **Wie geht es Ihnen/dir?** How are you? E; **Wie geht's?** How are you? E; **~ immer** as always 11; **Wie ist das Wetter?** How is the weather? 2; **Wie ist deine Telefonnummer?** What is your telephone number? E; **~ lange** for how long; **Wie schreibt man das?** How do you spell that? E; **Wie spät ist es?** What time is it? 1; **~ viel** how much E; **Wie viel Grad sind es?** What's the temperature? 2; **Wie viel macht das?** How much/What does that come to?; **~ viele** how many E; **Wie wär's mit … ?** How about . . . ?

wieder again 4; **immer ~** again and again 11

wieder·geben (gibt), gab wieder, wiedergegeben to reproduce, render

wiederho'len to repeat

die **Wiederho'lung, -en** review; repetition

Wiedersehen: Auf ~. Good-bye. E

wiederum in turn; on the other hand

die **Wiedervereinigung** reunification 10

Wien Vienna 5

wie viel' how much E; **Wie viel Grad sind es?** What's the temperature? 2; **Wie viel Uhr ist es?** What time is it? 1; **Wie viel macht das?** How much/ What does that come to?; **wie viele** how many E

der **Wind** wind 2

windig windy 2

windsurfen to windsurf 6; **~ gehen** to go windsurfing 6

der **Winter** winter 2

wir we 1

wirklich really 2

die **Wirklichkeit** reality 8

die **Wirtschaft** economy 8

wirtschaftlich economical(ly) 5

wissen (weiß), wusste, gewusst to know (a fact) 1; **~ über** (*+ acc.*)/**~ von** to know about; **Woher weißt du das?** How do you know that? 11

die **Wissenschaft, -en** science

der **Wissenschaftler, -/die Wissenschaftlerin, -nen** scientist 5

wissenschaftlich scientific

wo where 2

die **Woche, -n** week 1; **einmal die/in der ~** once a week 6

das **Wochenende, -n** weekend 1; **am ~** on the weekend 1; **Schönes ~!** Have a nice weekend!

der **Wochentag, -e** day of the week 1

woher where from 2; **Woher kommst du?** Where are you from? 2; **Woher weißt du das?** How do you know that? 11

wohin where (to) 5

wohl probably; indeed; well 9

wohnen to live, reside 2; **bei jemandem ~** to live at someone else's residence

das **Wohnhaus, -häuser** residential building; apartment building

das **Wohnheim, -e** dormitory

die **Wohnung,-en** dwelling; apartment 7

das **Wohnzimmer, -** living room 7

wolkig cloudy 2

wollen (will), wollte, gewollt to want to; intend to 4

wollte (*subj. of* **wollen**) would want 11

das **Wort, ̈er** word 2; **Worte** words (*in a context*) 10

die **Wortverbindung, -en** phrase; expression

der **Wortschatz** vocabulary

wow wow

wozu' what for, to what purpose, why

das **Wunder, -** miracle; wonder; marvel 5; **kein ~** no wonder 8

wunderbar wonderful

wundern to be surprised; **es wundert mich** I'm surprised 9

wunderschön very beautiful 3

der **Wunsch, ̈e** wish 3; **Sonst noch einen ~?** Anything else? 3

wünschen to wish 9; **Was wünschst du dir?** What do you wish for? 9

würde (*subj. of* **werden**) would 9; **Ich ~ das auch sagen** You can say that again 9

die **Wurst, ̈e** sausage; lunch meat 3

das **Wurstbrot, -e** cold meat sandwich

das **Würstchen, -** frankfurter 3

Z

z. B. (*abbr. for* **zum Beispiel**) e.g. (for example)

die **Zahl, -en** number, numeral E

zahlen to pay 4; **Zahlen bitte.** I'd like to pay, please (in a restaurant).

zahlreich numerous 5

der **Zahn, ̈e** tooth 9; **Ich putze mir die Zähne** I'm brushing my teeth

der **Zahnarzt, ̈e/die Zahnärztin, -nen** dentist 11

die **Zahnbürste, -n** toothbrush

die **Zahnpaste/Zahnpasta** toothpaste

die **Zahnschmerzen** (*pl.*) toothache 9

zeigen to show 10; **~ auf** (*+ acc.*) to point to

die **Zeile, -n** line

die **Zeit, -en** time 1; **zur gleichen ~** at the same time 9

die **Zeitschrift, -en** magazine; journal 4

die **Zeitung, -en** newpaper 4; **Es steht in der ~.** It says in the newspaper.

das **Zelt, -e** tent

zelten to camp in a tent 5

das **Zentrum,** *pl.* **Zentren** center 9

zerstö'ren to destroy

der **Zettel, -** note; slip of paper

ziehen, zog, ist gezogen to move

das **Ziel, -e** goal 4

ziemlich quite, rather, fairly 1

das **Zimmer, -** room E

zu (*+ dat.*) (*prep.*) to (with people and some places) 3; shut, closed; **~ Abend essen** to eat dinner; **~ Besuch** for a visit; **~ Ende** over, finished 10; **~ Fuß gehen** to walk, 5; **~ Hause** (to be) at home 4; **um … ~** (*+ inf.*) (in order) to 9; **zum Essen** for dinner 12

zu too 2; **zu viel'** too much 4

der **Zucker** sugar

zueinan'der to each other

zuerst' first, first of all; at first 6

zufrie'den satisfied, content 4

der **Zug, ̈e** train 5

das **Zuhau'se** home 12

zu·hören to listen to; to audit (a course) 4

die **Zukunft** future 8

zum (*contraction of* **zu dem**) to *or* for the; **~ Essen** for dinner 12

zu·machen to close

zumin'dest at least

zurück' back, in return 4

zurück'·bekommen to get back 4

zurück'·bringen, brachte zurück, zurückgebracht to bring back

zurück'·fliegen, flog zurück, ist zurückgeflogen to fly back 12

zurück'·zahlen to pay back 4

zurzeit at the moment

zusam'men together 1; ~ **sein** to be going out 8; ~ **wachsen** to grow together 10

zusam'men·passen to fit together 8

der **Zusam'menhang, :e** connection

zwar to be sure, it's true, indeed 7

zweimal twice, two times 6; ~ **im Monat** twice/two times a month 10

zweit- second 8

zwingen, zwang, gezwungen to force, compel 10

zwischen (+ *acc./dat.*) between, among 7

English-German Vocabulary

The English-German end vocabulary contains the words included in the active vocabulary lists and the *Erweiterung des Wortschatzes* section of the chapters. Not included from the active lists are numbers, articles, and pronouns. The plural forms of nouns are given. Strong and irregular weak verbs are indicated with a raised degree mark (°). Their principal parts can be found in Appendix D. Separable-prefix verbs are indicated with a raised dot: **mit·bringen.**

The following abbreviations are used:

acc.	accusative	*n.*	noun	*prep.*	preposition
adj.	adjective	*pl.*	plural	*v.*	verb
conj.	conjunction				

A

abandon verlassen°
abdomen der Bauch, ⸚e
able: to be ~ to können°
about über *(prep.)*; etwa *(adv.)*
above all vor allem
abroad im Ausland
absolute(ly) absolut; unbedingt; **~ great** ganz/wirklich toll
accept an·nehmen°
account: on ~ of wegen
acquaintance der/die Bekannte *(noun decl. like adj.)*; die Bekanntschaft, -en; **to make the ~ of/to become acquainted** kennen·lernen
activity die Aktivität, -en
actually eigentlich; überhaupt
ad die Anzeige, -n
addition: in ~ to noch, dazu; außerdem
address die Adresse, -n; **home ~** die Heimatadresse; **school ~** die Semesteradresse; **What is your ~?** Wie ist deine/Ihre Adresse?
advertisement die Anzeige, -n
afraid: to be ~ (of) Angst haben (vor + *dat.*), (sich) fürchten (vor + *dat.*)
after nach *(prep.)*; nachdem *(conj.)*; **~ all** schließlich; nämlich; doch; **~ it** danach
afternoon der Nachmittag, -e; **this ~** heute Nachmittag
afternoons nachmittags
afterwards nachher; danach
again wieder; noch einmal; **~ and ~** immer wieder
against gegen
ago: [two weeks] ~ vor [zwei Wochen]

agree: Or don't you ~? Oder?; **Don't you ~?** Nicht wahr?
agreeable sympathisch
air die Luft, ⸚e
airplane das Flugzeug, -e
airport der Flughafen, ⸚
all alle; alles; **above ~** vor allem; **at ~** überhaupt; **~ day** den ganzen Tag
allowed: to be ~ to dürfen°
all right in Ordnung; Na gut!; **It's ~.** Es geht.
almost fast
alone allein
Alps die Alpen *(pl.)*
already schon
also auch
although obwohl
always immer
amazing erstaunlich
America (das) Amerika
American *(adj.)* amerikanisch; **~ (person)** der Amerikaner, -/ die Amerikanerin, -nen
among unter
and und; **~ so on** und so weiter
angry böse; **~ at** böse auf; **Don't be ~ with me.** Sei mir nicht böse.; **to feel ~** sich ärgern
announcement die Anzeige, -n
another noch ein(e); **one ~** einander
answer die Antwort, -en; **to ~ [the woman]** [der Frau] antworten; **to ~ the question** auf die Frage antworten, die Frage beantworten
any einige; etwas; **I don't have any . . .** Ich habe kein(e) ...
anyone jemand
anything: ~ else? Sonst noch etwas?
apart auseinander
apartment die Wohnung, -en

appear scheinen°; erscheinen°
apple der Apfel, ⸚; **~ juice** der Apfelsaft
appliance das Gerät, -e
appointment der Termin, -e; **to have an ~ with someone** einen Termin bei/mit jemandem haben
appropriate: to be ~ passen
approximately ungefähr; etwa
April der April
architect der Architekt, -en, -en/die Architektin, -nen
area das Gebiet, -e
arm der Arm, -e
around herum
arrive an·kommen°; **to ~ at** erreichen
art die Kunst, ⸚e; **~ history** die Kunstgeschichte
article der Artikel, -
artist der Künstler, -/die Künstlerin, -nen
as als; wie; **~ . . . ~** so ... wie; **~ always** wie immer
ask fragen; **~ for** bitten° um; **to ~ him a question** ihm/an ihn eine Frage stellen
aspirin das Aspirin
assignment die Aufgabe, -n
at an; auf; **~ (a place)** bei; **~ [seven]** um [sieben]; **~ once** gleich
athlete der Sportler, -/die Sportlerin, -nen
athletic sportlich
attend (a lecture, school) besuchen; **~ college** studieren
attorney der Rechtsanwalt, *pl.* Rechtsanwälte/die Rechtsanwältin, -nen
attraction die Attraktion, -en
August der August
aunt die Tante, -n

Austria (das) Österreich
Austrian österreichisch *(adj)*;
~ **(person)** der Österreicher, -/die
Österrei-cherin, -nen
automobile das Auto, -s
autumn der Herbst
awake wach
away weg

B

back *(adv.)* zurück; **to get ~ zurück·**
bekommen; *(n.)* der Rücken, -;
~ **ache** die Rückenschmerzen *(pl.)*
backpack der Rucksack,
pl. Rucksäcke
bad schlecht; schlimm; böse;
not ~ ganz gut; **too ~** schade
badly schlecht
bag die Tasche, -n
bake backen°
baker der Bäcker, -/die Bäckerin,
-nen
bakery die Bäckerei, -en; **at the**
~ beim Bäcker; **to the ~** zum
Bäcker
balcony der Balkon, -s
ballpoint pen der Kugelschreiber, -
[der Kuli, -s *(colloq.)*]
banana die Banane, -n
band (musical) die Band, -s;
blues ~ die Bluesband, -s
bank die Bank, -en
bar die Bar, -s; die Kneipe, -n; das
Lokal, -e
basketball der Basketball
bath das Bad, ̈er
bathe baden
bathing: ~ suit der Badeanzug, ̈e;
~ **trunks** die Badehose, -n
bathroom das Bad, ̈er;
die Toilette, -n
Bavarian bay(e)risch
be sein°; ~ **so kind.** Sei/Seien Sie so
gut.; ~ **there** dabei sein
beautiful schön; **very ~** wunderschön
because weil; denn; da; ~ **of** wegen
become werden°
bed das Bett, -en; ~ **covering** die
Bettdecke, -n; **to make the ~** das
Bett machen
bedroom das Schlafzimmer, -
beef roast der Rinderbraten
beer das Bier, -e; ~ **garden** der
Biergarten, ̈
before vor; vorher; bevor
begin an·fangen°; beginnen°; ~ **the**
work mit der Arbeit anfangen
beginning der Anfang, ̈e;
in the ~ am Anfang
behind hinter
believe glauben; **I ~ so.** Ich glaube
schon/ja.

belong to gehören (+ *dat.*)
below unten
bench die Bank, ̈e
beside bei; neben; außer; ~ **each**
other nebeneinander
besides außerdem; außer
best best; ~ **of all** am besten
better besser
between zwischen
beverage das Getränk, -e
bicycle das Fahrrad, *pl.* Fahrräder;
to ride a ~ mit dem Fahrrad
fahren°; Rad fahren°; ~ **trip** die
Radtour, -en
big groß
bike das Rad, ̈er *(short for* Fahrrad);
~ **trip** die Radtour, -en
biology die Biologie
bird der Vogel, ̈
birth die Geburt, -en
birthday der Geburtstag, -e;
When is your ~? Wann hast du
Geburtstag?; **for one's ~** zum
Geburtstag
black schwarz
blanket die Bettdecke, -n
blog das Blog, -s
blond blond
blouse die Bluse, -n
blue blau
body der Körper, -
book das Buch, ̈er
bookcase das Bücherregal, -e
bookstore die Buchhandlung, -en
boot der Stiefel, -
border die Grenze, -n
bored gelangweilt
boring langweilig
born geboren; **I was born in 1987.**
Ich bin 1987 geboren.
borrow leihen°
boss der Chef, -s/die Chefin, -nen
both beide; beides
bottle die Flasche, -n
boundary die Grenze, -n
boy der Junge, -n, -n; ~**friend** der
Freund, -e
bread das Brot, -e
bread roll das Brötchen, -
break die Pause, -n
breakfast das Frühstück; **for ~** zum
Frühstück; **to eat ~** frühstücken
bridge die Brücke, -n
briefly kurz
bright hell
bring bringen°; **to ~ along**
mit·bringen°; **to ~ up** erziehen°
broke (out of money) pleite
broken: ~ down kaputt
brother der Bruder, ̈; **brothers and**
sisters die Geschwister *(pl.)*
brown braun

brush: to ~ [my] teeth [mir] die
Zähne putzen
build bauen
bus der Bus, -se
business das Geschäft, -e
businessman der Geschäftsmann,
pl. Geschäftsleute
businesspeople die Geschäftsleute
businesswoman die Geschäftsfrau, -en
busy: to be ~ beschäftigt sein; **to**
keep ~ (sich) beschäftigen;
(line is) ~ besetzt
but aber; sondern
butcher der Metzger, -/die
Metzgerin, -nen
butcher shop die Metzgerei, -en; **at**
the ~ beim Metzger; **to the ~** zum
Metzger
butter die Butter
buy kaufen; **to ~ on the Internet**
übers Internet kaufen
by (close to) bei, an (+ *dat.*), neben
(+ *dat.*); ~ **[car]** mit [dem Auto]

C

café das Café, -s
cafeteria (university) die Mensa, -s
or Mensen
cake der Kuchen, -; die Torte, -n
call nennen°; rufen°; an·rufen°; **to**
~ **[your] home** bei [dir] anrufen
called: it's ~ es heißt
calm ruhig
camera der Fotoapparat, -e; die
Kamera, -s
camp campen; **to ~ in a tent** zelten
can *(v.)* können°
can *(n.)* die Dose, -n
Canada (das) Kanada
Canadian *(adj.)* kanadisch;
~ **(person)** der Kanadier, -/die
Kanadierin, -nen
cap die Mütze, -n; die Kappe, -n
capital die Hauptstadt,
pl. Hauptstädte
car das Auto, -s; der Wagen, -
card die Karte, -n; **(playing) cards**
die Karten *(pl.)*; **to play ~** Karten
spielen
care die Sorge, -n; **to ~ for**
sorgen für
career die Karriere, -n; ~ **related**
beruflich
carpet der Teppich, -e
carrot die Karotte, -n; die
Möhre, -n
carry tragen°
case der Fall, ̈e; **in any ~** auf jeden
Fall; sowieso
castle das Schloss, ̈er
cat die Katze, -n
catch: to ~ erreichen

CD die CD, -s
CD player der CD-Player, -; der CD-Spieler, -
celebrate feiern
celebration die Feier, -n; das Fest, -e
cell phone das Handy, -s
center das Zentrum, *pl.* Zentren
century das Jahrhundert, -e
certain(ly) bestimmt; sicher
chair der Stuhl, ⁝e; **easy ~** der Sessel, -
change wechseln; sich verändern
chaotic chaotisch
chat (on the Internet) chatten
chat room der Chatroom, -s (*also* Chat-Room, -s)
cheap billig
check out (book from library) aus·leihen°
cheerful lustig
cheese der Käse
chemistry die Chemie
chess das Schach; **~ game** das Schachspiel
chest of drawers die Kommode, -n
chicken das Hähnchen, -
child das Kind, -er
chin das Kinn
chocolate die Schokolade, -n; **~ ice cream** das Schokoladeneis
chore: household chores die Hausarbeit; **to do the chores** den Haushalt machen
Christmas das Weihnachten; **Merry ~!** Frohe *or* Fröhliche Weihnachten!
church die Kirche, -n
city die Stadt, ⁝e; die Großstadt, ⁝e; **~ hall** das Rathaus, *pl.* Rathäuser
class die Klasse, -n; **German ~** die Deutschstunde
clean sauber; **to ~** putzen; auf·räumen; sauber machen
clear klar
cliché das Klischee, -s
client der Kunde, -n, -n/die Kundin, -nen
climate das Klima
clinic die Klinik, -en
clock die Uhr, -en
close nahe; **~ to me** mir nahe; **to ~** schließen°; zu·machen
cloth das Tuch, ⁝er
clothes die Sachen (*pl.*)
clothing die Kleidung, die Sachen (*pl.*); **article of ~** das Kleidungsstück, -e
cloudy wolkig
club der Club, -s
coat der Mantel, ⁝; **sport ~** das Jackett, -s; der Sakko, -s

coffee der Kaffee; **for (afternoon) ~** zum Kaffee; **to go for ~** Kaffee trinken gehen; **~house** das Kaffeehaus, *pl.* Kaffeehäuser; **~ table** der Couchtisch, -e
cola drink die Cola, -s
cold kalt; **ice ~** eiskalt; die Erkältung, -en; **to catch a ~** sich erkälten
colleague der Kollege, -n, -n/die Kollegin, -nen
collect sammeln
college: to go to ~ studieren; auf/an die Universität gehen
color die Farbe, -n; **What ~ is ...?** Welche Farbe hat ...?
comb der Kamm, ⁝e; **to ~ (one's hair)** (sich) kämmen
come kommen°; **to ~ along** mit· kommen°; **to ~ by** vorbei·kommen°
comfortable gemütlich
comfortableness die Gemütlichkeit
comics der Comic, -s
company die Gesellschaft, -en; die Firma, *pl.* Firmen; **to have ~** Besuch haben
compel zwingen°
compete konkurrieren
complain klagen
complete(ly) ganz; voll; absolut; total (*slang*)
composer der Komponist, -en, -en/ die Komponistin, -nen
computer der Computer, -; **~ game** das Computerspiel, -e; **~ science** die Informatik; **~ specialist** der Informatiker, -/die Informatikerin, -nen; **to work at the ~** mit dem/ am Computer arbeiten
concept die Vorstellung, -en
concert das Konzert, -e; **to go to a ~** ins Konzert gehen
connect verbinden°
contact der Kontakt, -e
content zufrieden
contrary: on the ~ sondern; doch
conversation das Gespräch, -e; die Unterhaltung, -en; **to conduct/ carry on a ~** ein Gespräch führen
converse (about) (sich) unterhalten°
convince überzeugen
cook kochen
cool kühl
corner die Ecke, -n
correct richtig; **to be ~** stimmen; **That's ~.** Das stimmt.
cost kosten
cough husten
could könnte
country das Land, ⁝er; der Staat; **in our ~** bei uns; **in the ~** auf dem Land(e); **out into the ~** ins Grüne; **to the ~** aufs Land

couple das Paar, -e
course der Kurs, -e; die Vorlesung, -en
course: of ~ bestimmt; natürlich; klar; sicher; allerdings; doch
cousin (*female*) die Kusine, -n/ Cousine, -n; **~** (*male*) der Cousin, -s
cover decken
cozy gemütlich
cozyness die Gemütlichkeit
cramped eng
creative kreativ
credit card die Kreditkarte, -n
critical kritisch
criticism die Kritik, -en
cucumber die Gurke, -n
cultural(ly) kulturell
culture die Kultur, -en
cup die Tasse, -n
customer der Kunde, -n, -n/ die Kundin, -nen
cyber café das Internetcafé, -s

D

dad der Vati, -s; der Papa, -s
dance (*v.*) tanzen
dance club der Club, -s; die Disco, -s (*also* Disko)
dancing: I'm going ~. Ich gehe tanzen.
dark dunkel; **~haired** dunkelhaarig
date das Datum; **What's the ~ today?** Den Wievielten haben wir heute?; Der Wievielte ist heute?
daughter die Tochter, ⁝
day der Tag, -e; **one/some ~** eines Tages; **all ~** den ganzen Tag; **days of the week** die Wochentage (*pl.*); **every ~** jeden Tag; **What ~ is today?** Welcher Tag ist heute?
dear lieb (-er, -e, -es); **oh ~** oh je
December der Dezember
decide (sich) entscheiden°; **to ~ on** beschließen°
deed die Tat, -en
degree der Grad (*temperature*)
delicious lecker
democratic(ally) demokratisch
demonstrate demonstrieren
demonstration die Demonstration, -en
dentist der Zahnarzt, *pl.* Zahnärzte/ die *pl.* Zahnärztin, -nen
depart ab·fahren°
department store das Kaufhaus, *pl.* Kaufhäuser
describe beschreiben°
desire die Lust
desk der Schreibtisch, -e
dessert der Nachtisch, -e
dialect der Dialekt, -e

die sterben°
difference der Unterschied, -e
different(ly) verschieden; anders; **something ~** (et)was anderes
difficult schwer; schwierig
digital camera die Digitalkamera, -s
dining room das Esszimmer, -
dinner das Abendessen, -; **for ~** zum Abendessen/Essen; **to eat ~** zu Abend essen
diploma (from high school) das Abitur
dish (for food) der Teller, -
dishes das Geschirr; **to do/wash the ~** abwaschen°; Geschirr spülen
dishwasher die Spülmaschine, -n; der Geschirrspüler, -; **to empty the ~** die Spülmaschine aus·räumen; **to load the ~** die Spülmaschine ein·räumen
divide teilen; auf·teilen (in + acc.)
divided by (in mathematics) geteilt durch
do machen; tun°; **to ~ [German] homework** [Deutsch] machen
doctor der Arzt, ⸚e/die Ärztin, -nen; **to go to the ~** zum Arzt gehen
doesn't he (she) nicht? nicht wahr?
dog der Hund, -e
done fertig
door die Tür, -en
dormitory das Studentenheim, -e; das Studentenwohnheim, -e
downstairs unten
dress das Kleid, -er; **to ~** (sich) an·ziehen°; **I get dressed.** Ich ziehe mich an.
dresser die Kommode, -n
drink das Getränk, -e; **to ~** trinken°
drive fahren°; **to ~ along** mit·fahren°; **to ~ away** weg·fahren°; **to go for a ~** spazieren fahren°
driver der Fahrer, -/die Fahrerin, -nen
driver's license der Führerschein, -e
drugstore die Drogerie, -n, die Apotheke, -n
dry trocken; **to ~ (dishes)** ab·trocknen
dumb dumm
during während
dust der Staub; **to ~** Staub wischen
DVD die DVD, -s
dwelling die Wohnung, -en

each jed- (-er, -es, -e)
each other einander; **with ~** miteinander
ear das Ohr, -en
early früh

earn verdienen; **to ~ money** Geld verdienen
east der Osten; **to the ~** östlich
easy leicht; **Take it ~.** Mach's gut.
easygoing ruhig
eat essen°
economic(al) wirtschaftlich
economy die Wirtschaft
educate aus·bilden; erziehen°
education die Erziehung; die Ausbildung
egg das Ei, -er
egocentric egoistisch
else: what ~? was noch?; **something ~?** sonst noch etwas?
emigrate aus·wandern
employ beschäftigen
employed berufstätig
employee der Arbeitnehmer, -/ die Arbeitnehmerin, -nen; der Mitarbeiter, -/die Mitarbeiterin, -nen; der/die Angestellte (noun. decl. like adj.)
employer der Arbeitgeber, -/die Arbeitgeberin, -nen
empty leer
end das Ende, -n; **in/at the ~** am Ende; **at the ~ of [August]** Ende [August]
endure leiden°
engage: to ~ in sports Sport treiben°
engineer der Ingenieur, -e/die Ingenieurin, -nen
engineering das Ingenieurwesen
England (das) England
English (adj.) englisch; **~ (language)** (das) Englisch; **~ studies** die Anglistik
English (person) der Engländer, -/ die Engländerin, -nen
enjoy: to ~ something Spaß an einer Sache haben
enjoyment die Lust; der Spaß
enough genug
entertain unterhalten°
entertainment die Unterhaltung
environment die Umwelt
especially besonders
essential wesentlich
etc. usw.
eternal(ly) ewig
euro der Euro, -
Europe das Europa
even sogar; **~ if** auch wenn
evening der Abend, -e; **Good ~.** Guten Abend.; **this ~** heute Abend
evenings abends
every jed- (-er, -es, -e); **~ day** jeden Tag
everyone jeder
everything alles
everywhere überall

exactly genau; **~ the same** genauso
exam die Klausur, -en
examination die Klausur, -en; die Prüfung, -en; **comprehensive ~** das Examen, -; **to take an ~** eine Klausur schreiben°
examine durch·sehen°; prüfen
example das Beispiel, -e; **for ~** zum Beispiel (z. B.)
except außer
exchange student der Austauschstudent, -en, -en/die Austauschstudentin, -nen
excuse die Entschuldigung, -en; **~ me!** Entschuldigung!
exhausted (slang) kaputt
exhausting anstrengend
exist existieren
expect erwarten
expense die Kosten (pl.)
expensive teuer
experience die Erfahrung, -en
explain erklären
export der Export, -e; **to ~** exportieren
expressway die Autobahn, -en
eye das Auge, -n

F

face das Gesicht, -er
factory die Fabrik, -en
fairly ganz; ziemlich
fall der Herbst; **to ~** fallen°
false falsch
familiar bekannt
family die Familie, -n
famous bekannt; berühmt; **world ~** weltbekannt
fan (team supporter) der Fan, -s
fantastic fantastisch; toll; prima
far weit
farther weiter
fast schnell
fat dick
father der Vater, ⸚
favorite Lieblings-; **~ (program)** (die) Lieblings(sendung)
fear die Angst, ⸚e, **to ~** sich fürchten (vor + dat.); **to ~ for** Angst haben um
feast das Fest, -e
February der Februar
Federal Republic of Germany die Bundesrepublik Deutschland (BRD)
feel sich fühlen; **to ~ like** Lust haben; **I don't ~ like working.** Ich habe keine Lust zu arbeiten.; **I don't ~ like it.** Dazu habe ich keine Lust.
feeling das Gefühl, -e
festival das Fest, -e

fever das Fieber
few wenig(e); **a ~** ein paar
film der Film, -e
finally endlich, schließlich
finals das Examen, -
find finden°
fine fein; gut; **I'm ~.** Es geht mir gut.
finger der Finger, -
finished fertig; zu Ende
firm die Firma, *pl.* Firmen
first erst; **at ~** zuerst; **~ of all** erst einmal, erstens
first name der Vorname, -ns, -n
fish der Fisch, -e
fit passen
fitness training das Fitnesstraining
flexible flexibel
flight der Flug, ⸚e
floor der Boden, ⸚
flower die Blume, -n; **~ stand** der Blumenstand, ⸚e
fly fliegen°; **to ~ back** zurück·fliegen°
food das Essen; die Lebensmittel *(pl.)*
foot der Fuß, ⸚e; **to go on ~** zu Fuß gehen°; laufen°
for für *(prep.)*; denn *(conj.)*; **(time)** seit; **~ a year** seit einem Jahr
force zwingen°
foreign fremd; **~ country** das Ausland; **~ trade** der Außenhandel
foreigner der Ausländer, -/die Ausländerin, -nen
forest der Wald, ⸚er
forever ewig
forget vergessen°
fork die Gabel, -n
formerly früher
fortunate person der/die Glückliche *(noun decl. like adj.)*
fortunately zum Glück
fourth das Viertel, -
France (das) Frankreich
frank(ly) offen
free frei; **~ time** die Freizeit; **for ~** umsonst, gratis
freedom die Freiheit, -en
freeway die Autobahn, -en
freezer der Gefrierschrank, ⸚e
French *(adj.)* französisch; **~ (language)** (das) Französisch
French fries die Pommes frites *(pl.)*
frequent(ly) häufig
fresh frisch
Friday der Freitag
friend der Freund, -e/die Freundin, -nen
friendly freundlich
from von; **~ (native of)** aus; **~ a certain point on** ab; **Where do you come ~?** Woher kommst du/ kommen Sie?

fruit das Obst
full voll
fun der Spaß; **It's/That's ~.** Es macht Spaß.; **to have lots of ~** viel Spaß haben
funny lustig; komisch
furnished möbliert
furniture die Möbel *(pl.)*; **piece of ~** das Möbelstück, -e
further weiter
future die Zukunft

G

game das Spiel, -e
garage die Garage, -n
garden der Garten, ⸚
gasoline das Benzin
general: in ~ überhaupt; im Allgemeinen
gentleman der Herr, -n, -en
genuine(ly) echt
German *(adj.)* deutsch; **~ (person)** der/die Deutsche *(noun decl. like adj.)*; **~ (language)** (das) Deutsch; **to do ~ (homework)** Deutsch machen; **I'm doing ~.** Ich mache Deutsch.; **~ studies (language and literature)** die Germanistik
German Democratic Republic die Deutsche Demokratische Republik (DDR)
Germany (das) Deutschland
get bekommen°; kriegen; holen; **to ~ back** zurück·bekommen°; **to ~ up** auf·stehen°; **to ~ together** sich treffen°
girl das Mädchen, -; **~friend** die Freundin, -nen
give geben°; **to ~ (as a gift)** schenken; **to ~ up** auf·geben°
glad froh; **~ to** gern
gladly gern
glass das Glas, ⸚er
glove der Handschuh, -e
go gehen°; **to ~ along** mit·gehen°; **to ~ [by car]** mit [dem Auto] fahren°; **to ~ for coffee** Kaffee trinken gehen°; **to ~ in** hinein·gehen°; **to ~ out** aus·gehen°; **to ~ out with someone** zusammen sein; **to ~ there** hin·gehen°
goal das Ziel, -e
going on: What's ~? Was ist los?; **There's not much ~** Es ist nicht viel los.
gold das Gold
golf das Golf
gone weg; vorbei
good gut; **~ Heavens!** Du meine Güte!
good-bye Auf Wiedersehen.; Tschüss. *(colloq.)*

goods die Ware, -n
government die Regierung, -en
grade die Note, -n; **[seventh] ~** [die siebte] Klasse
graduate (from the university) *(v.)* Examen machen
gram das Gramm, -
grandfather der Großvater, *pl.* Großväter
grandma die Oma, -s
grandmother die Großmutter, ⸚
grandpa der Opa, -s
grandparents die Großeltern *(pl.)*
grape die Traube, -n
gray grau
great toll, super, prima; Klasse!; **absolutely ~** ganz/wirklich toll
green grün
greeting der Gruß, ⸚e
groceries die Lebensmittel *(pl.)*
grocery store das Lebensmittelgeschäft, -e
group die Gruppe, -n
grow wachsen°; **to ~ up** auf·wachsen°; **to ~ together** zusammenwachsen°
guest der Gast, ⸚e; **to have a ~** Besuch haben
guitar die Gitarre, -n

H

hair das Haar, -e
half die Hälfte, -n; halb
ham der Schinken, -
hand die Hand, ⸚e
handbag die (Hand)tasche, -n
hang hängen°
happen passieren° *(+ dat.)*; **What happened to you?** Was ist dir passiert?
happy froh, glücklich
hard hart; schwer
hardly kaum
hardworking fleißig
has hat
hat der Hut, ⸚e
hatred der Hass; **~ of foreigners** der Ausländerhass
have haben°; **to ~ to** müssen°; **to ~ in mind** vor·haben°; **~ some cake.** Nehmen Sie etwas Kuchen.
head der Kopf, ⸚e
headache die Kopfschmerzen *(pl.)*
headscarf das Kopftuch, *pl.* Kopftücher
healthy gesund
hear hören
heavy schwer
hello Guten Tag.; Grüß dich.; Hallo. *(informal)*
help die Hilfe; helfen°, **to ~ with [work]** bei [der Arbeit] helfen

here hier, da; ~ [toward the speaker]
  her; ~ **you are** bitte sehr
Hey! Du!; He!
Hi! Tag! Hallo! Grüß dich! Hi!
high hoch
high school (college track) das
  Gymnasium, *pl.* Gymnasien
hike die Wanderung, -en; **to ~**
  wandern
history die Geschichte
hobby das Hobby, -s
hold halten°
holiday der Feiertag, -e
home das Zuhause; **at ~** zu Hause;
  (to go) ~ nach Hause (gehen°);
  at the ~ of bei; **homeland** die
  Heimat
homework die Hausaufgaben (*pl.*);
  to do ~ die Hausaufgaben machen
honest ehrlich
hope die Hoffnung, -en; **to ~** hoffen;
  to ~ for hoffen auf (*+ acc.*); **I ~**
  hoffentlich
horrible furchtbar; fürchterlich;
  schrecklich
horribly furchtbar; fürchterlich
hospital das Krankenhaus,
  pl. Krankenhäuser
hostility toward foreigners die
  Ausländerfeindlichkeit
hot heiß
hot dog das Würstchen, -
hour die Stunde, -n
house das Haus, ̈er
household chore die Hausarbeit; **to
  do ~** die Hausarbeit machen
househusband der Hausmann,
  pl. Hausmänner
housekeeping der Haushalt
housework die Hausarbeit
how wie; **for ~ long?** seit wann;
  ~ are you? Wie geht es Ihnen?/
  Wie geht's?; **~ do you know that?**
  Woher weißt du/wissen Sie das?
however aber; doch; jedoch
huge riesengroß
human being der Mensch, -en, -en
**human resources department:
  head of ~ (personnel)**
  der Personalchef, -s/die
  Personalchefin, -nen
humid schwül
hunch die Ahnung
hunger der Hunger
hungry hungrig; **to be ~** Hunger
  haben; **to be very ~** Riesenhunger
  haben; **to get ~** Hunger
  bekommen°/kriegen
Hurry up! Mach schnell!
hurt weh·tun°, verletzen; **I ~ myself.**
  Ich habe mich verletzt.
husband der (Ehe)mann, ̈er

I

ice das Eis
ice cream das Eis
idea die Idee, -n; der Gedanke, -n, -n;
  die Ahnung; **No ~!** Keine Ahnung!
ideal ideal
idle: to be ~ faulenzen
if wenn; ob; **even ~** wenn auch
ill krank
illness die Krankheit, -en
image das Bild, -er
imagine sich (*dat.*) vor·stellen;
  ~ that! Stell dir das vor!; **I can
  ~ it.** Ich kann es mir vorstellen.
immediately gleich; sofort
immigrate ein·wandern
impersonal unpersönlich
important wichtig; **to be ~** eine Rolle
  spielen
in(to) in; hinein
income das Einkommen, -
indeed zwar; doch; ja
independent unabhängig
individual(ly) einzeln; individuell
industrious fleißig
influence beeinflussen
information die Information, -en
information technologist
  der Informatiker, -/die
  Informatikerin, -nen
inhabitant der Einwohner, -/die
  Einwohnerin, -nen; der Bewohner,
  -/die Bewohnerin, -nen
injure verletzen
in-line skating das Inlineskating;
  inline- skaten;
  to go ~ inlineskaten gehen°
in order to um ... zu
insecure unsicher
insert stecken
in spite of trotz
instead of (an)statt
instrument das Instrument, -e
intelligent intelligent
intend to vor·haben°; wollen
interest interessieren
interested: to be ~ (in) (sich)
  interessieren (für); interessiert
  sein an (*+ dat.*)
interesting interessant
intermission die Pause, -n
Internet das Internet; **to surf the ~**
  im Internet surfen; **to buy on the ~**
  übers Internet kaufen; **~ café** das
  Internetcafé, -s
interview das Interview, -s
invite ein·laden°
is ist; **isn't it?** nicht?; nicht wahr?
  (*tag question*); **Your name is
  [Sandra], isn't it?** Du heißt
  [Sandra], nicht?

J

jacket die Jacke, -n
jam die Marmelade
January der Januar
jeans die Jeans (*sg. and pl.*)
job der Job, -s; die Stelle, -n; **to have
  a ~** arbeiten; **to have a temporary ~**
  jobben
jog joggen
jogging das Jogging
join in mit·machen
journalist der Journalist, -en, -en/die
  Journalistin, -nen
journey die Reise, -n
juice der Saft, ̈e
July der Juli
June der Juni
just eben; erst; gerade

K

keep halten°
kilogram das Kilo(gramm)
kilometer der Kilometer, -
kind gut, nett; **be so ~** Sei/Seien Sie
  so gut/nett.; **what ~ of person**
  was für ein Mensch
kindergarten der Kindergarten, ̈
kitchen die Küche, -n; **~ appliance**
  das Küchengerät, -e; **~ range** der
  Herd, -e
knee das Knie, -
knife das Messer, -
know (a fact) wissen°; **to ~ (be
  acquainted)** kennen°; **to get to ~**
  kennen·lernen; **to ~ [German]**
  [Deutsch] können
known bekannt

L

lack fehlen
lady die Dame, -n; die Frau, -en
lake der See, -n
lamp die Lampe, -n
land das Land, ̈er
language die Sprache, -n
large groß; **largest** größt-
last letzt- (-er, -es, -e) (*adj.*) **~ night**
  gestern Abend; **to ~** dauern
late spät
later später; **until ~/see you ~** bis
  später, tschüss, bis dann, bis bald
laugh lachen
laughable zum Lachen
laundry die Wäsche
law das Gesetz, -e; das Recht; **~ (field
  of study)** Jura (*no article*)
lawyer der Rechtsanwalt,
  pl. Rechtsanwälte/die
  Rechtsanwältin, -nen
lay legen
lazy faul

lead führen
learn lernen
least: at ~ wenigstens
leave lassen°; weg·fahren°;
    ab·fahren°; verlassen°; **I have**
    to ~. Ich muss los.
lecture die Vorlesung, -en
left: on/to the ~ links
leg das Bein, -e
leisure time die Freizeit
lemonade die Limonade, -n
lend leihen°; **to ~ out** aus·leihen°
lesson die Stunde, -n; **piano ~** die
    Klavierstunde, -n
let lassen°
letter der Brief, -e
lettuce der (Kopf)salat, -e
library die Bibliothek, -en
lie liegen°; **to ~ around** herum·
    liegen°
life das Leben, -
lift heben°; **to ~ weights** Gewichte
    heben°
light *(adj.)* leicht; **~ (in color)** hell;
    ~ brown hellbraun
like: would ~ to möchte; **to ~** gern
    haben; mögen; gefallen°; **What**
    do you ~ to do? Was machst du
    gern?; **I ~ to swim.** Ich schwimme
    gern.; **How do you ~ the cheese?**
    Wie findest du den Käse?; **would**
    you ~ to hättest du Lust
likeable sympathisch
likewise ebenso; auch
limit die Grenze, -n
lip die Lippe, -n
listen: to ~ to zu·hören; **to ~ to**
    music Musik hören
liter der Liter, -
literature die Literatur
little klein; wenig; **a ~** ein bisschen,
    ein wenig
live leben; wohnen
lively lebhaft
living room das Wohnzimmer, -
load ein·räumen; **to ~ the dishwasher**
    die Spülmaschine einräumen
located: to be ~ liegen°, stehen°
location die Lage, -n
long lang; lange; **a ~ time** lange;
    how ~ seit wann
longer: no ~ nicht mehr
look: to ~ at an·sehen°, an·schauen;
    to ~ after schauen nach; **to ~ like**
    ... wie ... aus·sehen°; **to ~ for**
    suchen; **to ~ forward to** sich
    freuen auf (+ acc.); **to ~ through**
    durch·sehen°
lose verlieren°
lot: a ~ viel
lots of viel
loud laut

lounge around faulenzen
love die Liebe; **to ~** lieben
low niedrig
luck das Glück; **Good ~!** Viel Glück!;
    to be lucky Glück haben
lucky person der/die Glückliche
    (noun decl. like adj.)
lunch das Mittagessen; **for ~** zum
    Mittagessen; **to have ~** zu Mittag
    essen°
lunch meat die Wurst, ⸚e
lying around: to be ~ herum·liegen°

M

machine die Maschine, -n
magazine die Zeitschrift, -en
major *(v.)* **in [chemistry]** [Chemie]
    studieren
major subject das Hauptfach, *pl.*
    Hauptfächer
mail die Post
main Haupt-; **~ train station** der
    Hauptbahnhof
make machen
makeup: to put on ~ (sich)
    schminken
mama die Mama
man der Mann, ⸚er; **~!** Mensch!
manager der Manager, -/die
    Managerin, -nen
manufacture her·stellen
many viele; **how ~** wie viele; **too ~** zu
    viele; **~ a** manch (-er, -es, -e)
map die Landkarte, -n
March der März
margarine die Margarine
market der Markt, ⸚e
marmalade die Marmelade
marriage die Heirat; die Ehe, -n
married verheiratet; **~ couple** das
    Ehepaar, -e
marry heiraten
marvel das Wunder, -
math die Mathe
mathematics die Mathematik
matter die Sache, -n; **to**
    ~ aus·machen; **it doesn't ~** (es)
    macht nichts; **it doesn't ~ [to**
    me] es macht [mir] nichts aus;
    What's the ~? Was ist los?; Was
    hast du denn?
May der Mai
may dürfen°; **that ~ well be** das mag
    wohl sein; **~ I help you?** Bitte?
maybe vielleicht
meal das Essen; **evening ~** das
    Abendessen
mean meinen; bedeuten; **What does**
    that ~? Was bedeutet das?; **that**
    means das heißt
meantime: in the ~ inzwischen
meanwhile inzwischen

meat das Fleisch
meat market die Metzgerei, -en
meet (sich) treffen°; kennen·lernen;
    I'm meeting friends. Ich treffe
    mich mit Freunden.
member das Mitglied, -er
merchandise die Ware, -n
merry lustig
messy chaotisch
microwave oven der Mikrowellenherd,
    -e
midday meal das Mittagessen, -
middle die Mitte
mild mild
milk die Milch
million die Million, -en
mind: to have in ~ vor·haben°
mineral water das Mineralwasser
minor subject das Nebenfach, ⸚er
minus (in subtraction) minus
minute die Minute, -n; **five minutes**
    after two fünf Minuten nach zwei;
    Just a ~, please! Einen Moment,
    bitte!; Moment mal.
miracle das Wunder, -
mirror der Spiegel, -
miss: to ~ something or someone
    vermissen
missing: to be ~ fehlen
modern modern
mom die Mutti, -s; die Mama
moment der Moment, -e; **at the ~** im
    Moment, zurzeit
Monday der Montag
money das Geld; **out of ~** pleite
month der Monat, -e; **a ~ ago** vor
    einem Monat; **every ~** jeden
    Monat
mood: to be in the ~ Lust haben
more mehr; **no ~ . . .** kein ... mehr;
    ~ and ~ immer mehr; **~ or less**
    mehr oder weniger; **not any ~**
    nicht mehr
morning der Morgen; **Good ~.** Guten
    Morgen.; **this ~** heute Morgen
mornings morgens
most meist; **~ of the people** die
    meisten Leute; **~ of the time**
    meistens
mostly meistens
mother die Mutter, ⸚
motorcycle das Motorrad,
    pl. Motorräder
motto das Motto, -s
mountain der Berg, -e
mouth der Mund, ⸚er
movie der Film, -e; **~ theater** das
    Kino, -s
movies das Kino, -s; **to go**
    to the ~ ins Kino gehen°
Mr. Herr
Mrs. Frau

Ms. Frau

much viel, **how ~** wie viel; **too ~** zu viel

multicultural(ly) multikulturell

museum das Museum, *pl.* Museen

music die Musik

musical das Musical, -s; *(adj.)* musikalisch

musician der Musiker, -/die Musikerin, -nen

must müssen°

mystery (novel or film) der Krimi, -s

N

name der Name, -ns, -n; **first ~** der Vorname, -ns, -n; **last ~** der Nachname, -ns, -n; **What is your ~?** Wie heißt du/heißen Sie?; **to ~** nennen°; **Your ~ is [Mark], isn't it?** Du heißt [Mark], nicht?

named: to be ~ heißen°

narrate erzählen

narrow eng

native country die Heimat

natural(ly) klar; natürlich

nature die Natur

nauseated: I feel ~. Mir ist schlecht.

near bei; **~ by** in der Nähe, nah(e)

nearness die Nähe

neck der Hals, ⸚e

need brauchen

neighbor der Nachbar, -n, -n/die Nachbarin, -nen

neighboring country das Nachbarland, *pl.* Nachbarländer

nephew der Neffe, -n, -n

nervous nervös

neutral neutral

never nie

nevertheless trotzdem; doch

new neu; **What's ~?** Was gibt's Neues?

newspaper die Zeitung, -en

next nächst

nice nett; schön; **~ and warm** schön warm

niece die Nichte, -n

night die Nacht, ⸚e, **last ~** gestern Abend/Nacht; **Good ~.** Gute Nacht.

nightclub das Nachtlokal, -e; die Bar, -s

nightstand der Nachttisch, -e

nighttable der Nachttisch, -e

no nein; kein; nicht; **~ longer** nicht mehr; **~ more . . .** kein ... mehr

noisy laut

nonetheless jedoch

nonsense der Quatsch; **Nonsense!** Quatsch!

noodles die Nudeln *(pl.)*

noon der Mittag, -e

no one niemand

north der Norden; **to the ~** nördlich

North Sea die Nordsee

nose die Nase, -n

not nicht; **isn't that so?** nicht?; **~ at all** gar nicht; **~ a, any** kein; **~ bad** ganz gut; Es geht.; **~ only . . . but also . . .** nicht nur ... sondern auch ...; **~ yet** noch nicht

note die Notiz, -en; die Note, -n

notebook das Heft, -e

nothing nichts; **~ at all** gar nichts; **~ special** nichts Besonderes

notice bemerken, merken

novel der Roman, -e

November der November

now jetzt; nun; **~ and then** ab und zu

number die Zahl, -en; die Nummer, -n; **phone ~** die Telefonnummer

numeral die Zahl, -en

numerous zahlreich

nurse der Krankenpfleger, -/die Krankenpflegerin, -nen; **~ (female only)** die Krankenschwester, -n

nursery school der Kindergarten, ⸚

O

obtain bekommen°; kriegen

observe beobachten

occupation der Beruf, -e

occupied: to be ~ (with) beschäftigt sein (mit)

occupy beschäftigen

ocean der Ozean, -e

o'clock: one ~ ein Uhr

October der Oktober

of von

off weg; **to be ~ work** frei haben

offer: What was offered? Was gab es?

office das Büro, -s

often oft

oh ach, ah; **~ I see** ach so; **~ my** o je; **~ well** na ja

OK okay (O.K.); ganz gut; **It's (not) ~.** Es geht (nicht).

old alt; **I'm [19] years ~.** Ich bin [19] Jahre alt. **How ~ are you?** Wie alt bist du?

on an; auf; **~ account of** wegen; **~ [Thursday]** am [Donnerstag]

once einmal; mal; **all at ~** auf einmal; **~ more** noch einmal; **~ a week** einmal in der Woche/einmal die Woche

one *(pronoun)* man; **~ another** einander; **~ time** einmal

oneself selbst, selber

only nur; erst; einzig

open offen, geöffnet; **to ~** auf·machen; öffnen

opera die Oper, -n

opinion die Meinung, -en; **What's your ~?** Was hältst du davon?; Was meinst du?

or oder

orange die Orange, -n; **~ juice** der Orangensaft

order die Ordnung; **in ~** in Ordnung; **to ~** bestellen

organize organisieren

other ander- (-er, -es, -e); **each ~** einander; **with each ~** miteinander

otherwise sonst; anders

out of aus

outdoor concert Open-Air-Konzert, -e

outside draußen; **~ of** außerhalb (+ *gen.*)

over (time) vorbei; zu Ende; **~ (task)** fertig; **~ (position)** über

own *(adj.)* eigen

P

page die Seite, -n

pain der Schmerz, -en

pair das Paar, -e

pale blass

pants die Hose, -n

pantyhose die Strumpfhose, -n

papa der Papa

paper das Papier; **~ (theme, essay)** die Arbeit, -en

paperback das Taschenbuch, *pl.* Taschenbücher

pardon: I beg your ~? Wie bitte?

parents die Eltern *(pl.)*

park der Park, -s

part der Teil, -e; **to play a ~** eine Rolle spielen

particular besonder-

particularly besonders

part-time work die Teilzeitarbeit

party die Party, -s; die Feier, -n; das Fest, -e; die Fete, -n; **at a ~** auf einer Party; **to give a ~** eine Party geben°; **to go to a ~** auf eine Party gehen°

passive passiv

pay: to ~ for bezahlen; zahlen; **to ~ back** zurück·zahlen

peace der Frieden

peaceful(ly) friedlich

pedestrian der Fußgänger, -/die Fußgängerin, -nen; **~ zone** die Fußgängerzone, -n

pen der Kugelschreiber, - [der Kuli, -s *(colloq.)*]

pencil der Bleistift, -e

pen pal der Brieffreund, -e/die Brieffreundin, -nen

people die Leute *(pl.)*; die Menschen *(pl.)*; man

per pro

percent das Prozent
perhaps vielleicht
period der Punkt, -e
permit lassen°
permitted: to be ~ dürfen°
person der Mensch, -en, -en; die Person, -en
personal persönlich
persuade überzeugen
pharmacy die Apotheke, -n; **to the ~** in die/zur Apotheke
philosophy die Philosophie
phone das Telefon, -e; **~ number** die Telefonnummer, -n; **to ~** an·rufen°
photo das Bild, -er; das Foto, -s
photograph das Bild, -er; das Foto, -s; **to ~** fotografieren
physician der Arzt, ∶e/die Ärztin, -nen
physics die Physik
piano das Klavier, -e; **~ lesson** die Klavierstunde, -n; **~ concerto** das Klavierkonzert, -e
pickle die saure Gurke, -n
pick up ab·holen
picnic das Picknick, -s
picture das Bild, -er
piece das Stück, -e
pill die Tablette, -n; die Pille, -n
pillow das Kissen, -
Ping-Pong das Tischtennis
pity: what a ~ schade
place der Platz, ∶e; die Stelle, -n; der Ort, -e; **to my ~** zu mir; **at my ~** bei mir
place: to ~ stellen, legen, setzen
plan der Plan, ∶e; **to ~** vor·haben°; planen
plant die Pflanze, -n
plate der Teller, -
play Stück, -e; das Theaterstück, -e; **to ~** spielen
please bitte; **to ~** gefallen°
pleased: to be ~ (about) sich freuen (über + *acc.*)
pleasure die Freude, -n; die Lust; **~ in** Freude an (+ *dat.*); **to give ~** Freude machen
plus (in addition) und
pocket die Tasche, -n
point der Punkt, -e
political(ly) politisch
political science die Politik(wissenschaft)
politician der Politiker, -/die Politikerin, -nen
politics die Politik
polo shirt das Polohemd, -en
poor arm; **You ~ thing!** Du Armer!/ Du Arme!
pop concert das Popkonzert, -e

portion der Teil -e
portrait das Porträt, -s
position die Stelle, -n; der Arbeitsplatz, *pl.* Arbeitsplätze
possible möglich; **It's (not) ~.** Es geht (nicht); **That would (not) be ~.** Das ginge (nicht).
postal code die Postleitzahl, -en
postcard die Postkarte, -n
poster das/der Poster, -
post office die Post; **to go to the ~** auf die/zur Post gehen°
potato die Kartoffel, -n
pound das Pfund, -e
practical(ly) praktisch
prefer: I ~ to work. Ich arbeite lieber.
preparation die Vorbereitung, -en
prepare (for) (sich) vor·bereiten (auf + *acc.*)
prepared bereit; vorbereitet
prescribe verschreiben°
present das Geschenk, -e
present: at ~ nun; **to be ~** dabei sein
pretty schön; **~ pale** ganz schön blass
price der Preis, -e
private(ly) privat
probably wahrscheinlich
problem das Problem, -e
problematical problematisch
produce her·stellen, produzieren
product das Produkt, -e
profession der Beruf, -e
professional beruflich
professor der Professor, -en/die Professorin, -nen
program das Programm, -e; **TV or radio ~** die Sendung, -en
proper richtig
proud(ly) stolz
proximity die Nähe
psychology die Psychologie
pub die Bar, -s; die Kneipe, -n; die Gaststätte, -n; das Lokal, -e; die Wirtschaft, -en
public öffentlich; staatlich
pullover der Pulli, -s; der Pullover, -
punctual(ly) pünktlich
purse die Handtasche, -n
put legen; stellen; stecken; setzen; hängen

Q

quarter das Viertel, -; **~ after one** Viertel nach eins; **~ to two** Viertel vor zwei
question die Frage, -n
quick schnell
quiet ruhig; still; **Be ~!** Sei ruhig!
quite ziemlich; ganz

R

racism der Rassismus
radio das Radio, -s; **~ program** die Radiosendung, -en
railroad die Bahn, -en
rain der Regen; **to ~** regnen
raincoat der Regenmantel, ∶
range (kitchen) der Herd, -e
rare(ly) selten
rather ziemlich; **~ than** lieber ... als
raw material der Rohstoff, -e
reach: to ~ erreichen
read lesen°
ready fertig; bereit
reality die Wirklichkeit
realize merken
really wirklich; richtig; eigentlich; echt *(slang)*
rear *(v.)* erziehen°
rearing die Erziehung
reason der Grund, ∶e; **for that ~** daher; darum; deshalb; deswegen; aus diesem Grund
receive bekommen°
recommend empfehlen°
red rot
refrigerator der Kühlschrank, ∶e
regards (closing in an e-mail or a letter) Herzliche Grüße; Viele Grüße
region das Gebiet, -e
regret vermissen
relationship die Beziehung, -en
rehearsal die Probe, -n
rehearse: to ~ [a play] [ein Theaterstück] proben
relative der/die Verwandte *(noun decl. like adj.)*
remain bleiben°
remark bemerken
remember (someone/something) sich erinnern (an + jemand/etwas)
rent die Miete, -n; **to ~** mieten; vermieten; aus·leihen°
repair reparieren
report der Bericht, -e; das Referat, -e; **to ~** berichten
reporter der Reporter, -/die Reporterin, -nen
reservation: without ~ unbedingt
reside wohnen
responsibility die Verantwortung, -en
responsible (for) verantwortlich (für)
rest die Pause, -en
restaurant das Restaurant, -s; die Gaststätte, -n; das Lokal, -e
return zurück·fahren°; zurück· gehen°; zurück·kommen°; **to ~ (something)** (etwas) zurück· geben°

reunification die Wiedervereinigung
review die Kritik; **to ~ (schoolwork, etc.)** wiederholen
rich reich
ride: to ~ a bike mit dem Fahrrad fahren°, Rad fahren°
right das Recht, -e; **Is it all ~ with you?** Ist es dir recht?; **to be ~** recht haben; **you're ~** du hast recht; **All ~!** Na, gut!; **That's ~!** Genau!; Richtig! Stimmt!; **~ to** Recht (auf + *acc.*); **on/to the ~** rechts
ring klingeln
rinse spülen
river der Fluss, ˙˙e
roast beef der Rinderbraten
rock: ~ band die Rockband, -s; **~ music** die Rockmusik; **~ musician** der Rockmusiker, -/ die Rockmusikerin, -nen
role die Rolle, -n
roll das Brötchen, -
Rollerblading das Rollerblading; **to go ~** Rollerblading gehen
romance (novel) der Liebesroman, -e
room das Zimmer, -
rose die Rose, -n
rug der Teppich, -e
run laufen°
running das Jogging

S

sad traurig
safe sicher
safety die Sicherheit
salad der Salat
salary das Gehalt, ˙˙er
salt das Salz
same gleich; **It's all the ~ to me.** Das ist mir egal.
sandwich das [Wurst]Brot, -e
satisfied zufrieden
Saturday der Samstag; der Sonnabend; **on ~** am Samstag
Saturdays samstags
sausage die Wurst, ˙˙e
save (time, money, etc.) sparen
say sagen
scarf (for neck) das Halstuch, *pl.* Halstücher
scholarship das Stipendium, *pl.* Stipendien
school die Schule, -n
science die Wissenschaft, -en; die Naturwissenschaft, -en
science fiction film der Science-Fiction-Film, -e
scientist der Wissenschaftler, -/die Wissenschaftlerin, -nen
sea die See
season die Jahreszeit, -en

seat der Platz, ˙˙e; **to ~ oneself** sich setzen
secretary der Sekretär, -e/die Sekretärin, -nen
secure sicher
security die Sicherheit
see sehen°; **~ you then/soon.** Bis dann/bald.
seem scheinen°
seldom selten
self: oneself, myself, itself, etc. selbst, selber
sell verkaufen
semester das Semester, -; **~ break** die Semesterferien (*pl.*)
seminar das Seminar, -e; **~ room** das Seminar, -e; **~ report/paper** die Seminararbeit, -en
send schicken
sentence der Satz, ˙˙e
September der September
serious ernst; schlimm; **Are you ~?** Ist das dein Ernst?
set setzen; **to ~ the table** den Tisch decken
several einige; mehrere; **for ~ years** seit einigen Jahren
severe schlimm
shave (sich) rasieren
shawl das Tuch, ˙˙er
shine scheinen°
ship das Schiff, -e
shirt das Hemd, -en
shoe der Schuh, -e
shop das Geschäft, -e; der Laden, ˙˙; **to ~** ein·kaufen
shopping: to go ~ ein·kaufen gehen°
shopping bag die Einkaufstasche, -n
short kurz; **~ (people)** klein
shorts die Shorts (*pl.*), die kurzen Hosen
show zeigen
shower die Dusche, -n; **to ~** (sich) duschen
siblings die Geschwister (*pl.*)
sick krank
side die Seite, -n; **~ by ~** nebenein-ander
silent lautlos
similar ähnlich; gleich
simple einfach
simply einfach; eben
simultaneous(ly) gleich; gleichzeitig
since seit (*prep.*); da (*conj.* = because); **~ when** seit wann; **~ then** seitdem
sing singen°
singer der Sänger, -/die Sängerin, -nen
single einzeln
sink sinken°
sister die Schwester, -n

sit sitzen°; **to ~ down** sich setzen
situated: to be ~ liegen°
situation die Situation, -en; die Lage, -n; der Fall, ˙˙e
skeptical skeptisch
ski der Ski, -er; **to ~** Ski laufen°, Ski fahren°
skier der Skiläufer, -/die Skiläuferin, -nen
skirt der Rock, ˙˙e
sleep schlafen°; **to ~ at [a friend's] house** bei [einem Freund] schlafen°
slender schlank
slow(ly) langsam
small klein
smart intelligent
smell riechen°
smile (about) lächeln (über + *acc.*)
smoke der Rauch; **to ~** rauchen
snow der Schnee; **to ~** schneien
snowboard das Snowboard, -s; **to ~** snowboarden
so so; also; **Isn't that ~?** Nicht?; **~ that** damit; **~ long.** Tschüss (*also* Tschüs.); **I believe ~.** Ich glaube schon/ja.
soccer der Fußball
society die Gesellschaft, -en
sock die Socke, -n
sofa das Sofa, -s
soft drink die Limonade, -n
soldier der Soldat, -en, -en/die Soldatin, -nen
sole einzig
some etwas; einige; manch (-er, -es, -e)
somehow irgendwie
someone jemand
something etwas/was; **~ else** noch etwas; **~ like that** so was; **~ different/ else** etwas anderes
sometimes manchmal
somewhat etwas
son der Sohn, ˙˙e
soon bald; **as ~ as** sobald; wie
sorry: I'm ~ (es) tut mir leid
sound: to ~ klingen°
south der Süden; **to the ~** südlich
space der Platz, ˙˙e
spaghetti die Spaghetti (*pl.*)
speak sprechen°; reden
special besonders; **nothing ~** nichts Besonderes
spell buchstabieren; **How do you ~ that?** Wie schreibt man das?
spend (money) aus·geben°; **to ~ (time)** verbringen°; **to ~ the night** übernachten
spite: in ~ of trotz
split up auf·teilen
spoon der Löffel, -

sport der Sport; **to engage in sports** Sport treiben°

spot die Stelle, -n; der Punkt, -e

spring der Frühling

stand stehen°; **to ~ up** auf·stehen°; **to ~/put upright** stellen

standard German (das) Hochdeutsch

standard of living der Lebensstandard

state (in Germany) das Land, ̈er; **~ (in the U.S.A.)** der Staat, -en

state-owned staatlich

stay bleiben°; **to ~ at a hotel** im Hotel übernachten

steak das Steak, -s

step der Schritt, -e; die Stufe, -n

stepfather der Stiefvater, ̈

stepmother die Stiefmutter, ̈

stick (v.) stecken

still noch; immer noch; noch immer; doch

stomach der Magen

stomachache die Magenschmerzen (pl.)

store das Geschäft, -e; der Laden, ̈

story die Geschichte, -n

stove (kitchen) der Herd, -e

straight gerade

straighten up auf·räumen

strange komisch; fremd

street die Straße, -n; **~car** die Straßenbahn, -en

stress der Stress

stressed gestresst

strenuous anstrengend

strike der Streik, -s; **to ~** streiken

stroll spazieren gehen°

strong stark

student der Student, -en, -en/die Studentin, -nen

studies das Studium, pl. Studien

study studieren; lernen; arbeiten; durch·arbeiten; **to ~ for a test** für eine Klausur lernen

stupid dumm

subject (academic) das Fach, ̈er

substantial wesentlich

subway die U-Bahn, -en

such solch (-er, -es, -e); **~ a** so ein

suddenly plötzlich

suffer leiden°

suit (man's) der Anzug, pl. Anzüge; **(woman's) ~** das Kostüm, -e; **to ~** passen

suitable: to be ~ for each other zusammen·passen

summer der Sommer

sun die Sonne, -n

sunglasses die Sonnenbrille, -n

Sunday der Sonntag

sunny sonnig

super super

superficial oberflächlich

supermarket der Supermarkt, pl. Supermärkte; **to the ~** in den Supermarkt; **at the ~** im Supermarkt

supper das Abendessen; **for ~** zum Abendessen; **to have ~** zu Abend essen

support unterstützen

supporter (of a team) der Fan, -s

supposed: to be ~ to sollen°

sure sicher; bestimmt; (agreement) **~!** Natürlich!

surf surfen; **to ~ around** rum·surfen (colloq.)

surprise wundern; **I'm surprised.** Es wundert mich.

sweater der Pulli, -s; der Pullover, -

swim schwimmen°; **~ suit** der Badeanzug, pl. Badeanzüge; **~ trunks** die Badehose, -n

swimming: to go ~ schwimmen gehen°

Swiss (adj.) Schweizer; **~ (person)** der Schweizer, -/die Schweizerin, -nen

Switzerland die Schweiz

symbol das Symbol, -e

T

table der Tisch, -e; **bedside ~** der Nachttisch, -e

tablet die Tablette, -n

table tennis das Tischtennis

take nehmen°; **~ along** mit·nehmen°; **~ place** statt·finden°

take off sich (dat.) [etwas] aus·ziehen°; **I take off my shoes.** Ich ziehe mir die Schuhe aus.

talk sich unterhalten°; **to ~ (about)** reden (über); sprechen° (über + acc./von)

tall (people) groß

task die Aufgabe, -n

taste schmecken; probieren

tasty lecker

tea der Tee

team das Team, -s

teacher der Lehrer, -/die Lehrerin, -nen

telephone das Telefon, -e; **to ~** telefonieren; an·rufen°

telephone number die Telefonnummer, -n; **What is your ~?** Wie ist deine/ Ihre Telefonnummer?

television das Fernsehen; **~ set** der Fernseher, -; **color ~** der Farbfernseher; **~ program** die Fernsehsendung, -en; **to watch ~** fern·sehen°

tell sagen; erzählen; **to ~ (about)** erzählen (über + acc./von)

temperature die Temperatur, -en; **What's the ~?** Wie viel Grad sind es?

tennis das Tennis

terrible schlimm; furchtbar; schrecklich

terrific toll; prima

test die Klausur, -en; die Prüfung, -en; **to take a ~** eine Klausur schreiben°; **to study for a ~** für eine Klausur lernen

than als (after a comparison)

thank danken; **Thank you very much.** Danke sehr/schön.

thanks danke; der Dank; **~ a lot, many ~** vielen Dank

that dass (conj.); jen- (er, -es, -e) (adj.)

theater das Theater, -; **to go to the ~** ins Theater gehen°; **~ play** das Theaterstück, -e; **movie ~** das Kino, -s

theme das Thema, pl. Themen

then dann; da; damals

there da; dort; dahin; **~ is/are** es gibt; **to be ~** dabei sein; **there-fore** also; deshalb; daher; darum; deswegen

these diese

thin dünn, schlank

thing das Ding, -e; die Sache, -n

think denken°; meinen; **What do you ~?** Was meinst du? **What do you ~ of the cake?** Was hältst du von dem Kuchen?; **I don't ~ so.** Ich glaube nicht.

third das Drittel, -

thirst der Durst

thirsty: to be ~ Durst haben°

this dies (-er, -es, -e); **~ afternoon** heute Nachmittag

thought der Gedanke, -n

throat der Hals, ̈e

Thursday der Donnerstag

thus also

ticket die Karte -n; **entrance ~** die Eintrittskarte, -n; **train/bus ~** die Fahrkarte, -n

tie: neck~ die Krawatte, -n

tight eng

till bis

time die Zeit, -en; das Mal, -e; mal; **at that ~** damals; **this ~** diesmal; **at the same ~** zur gleichen Zeit; **for a long ~** lange; eine ganze Weile; längst; **a short ~ ago** vor kurzem, neulich; **free ~** die Freizeit; **this ~** diesmal; **What ~ is it?** Wie viel Uhr ist es?/Wie spät ist es?; **At what ~?** Um wie viel Uhr?; **Have a good ~!** Viel Spaß!

times mal; **[three] ~** [drei]mal

tired müde; kaputt (colloq.)

to an; auf, in; nach; zu

today heute; **from ~ on** ab heute; **What day is it ~?** Welcher Tag ist heute?

together zusammen

tolerant tolerant

tolerate leidenº

tomato die Tomate, -n

tomorrow morgen

tonight heute Abend

too zu; **me ~** ich auch; **~ little** zu wenig; **~ much** zu viel

tooth der Zahn, ⸚e; **to brush [my] teeth** [mir] die Zähne putzen

toothache die Zahnschmerzen (pl.)

topic das Thema, pl. Themen

totally total

tourist der Tourist, -en, -en/die Touristin, -nen

trade der Handel; **foreign ~** der Außenhandel

traffic der Verkehr; **~ jam** der Stau, -s

train der Zug, ⸚e; die Bahn, -en; **~ station** der Bahnhof, pl. Bahnhöfe; **to go by ~** mit dem Zug/der Bahn fahrenº

transportation: **means of ~** das Verkehrsmittel, -

travel fahrenº; reisen; **to ~ by train** mit dem Zug fahrenº

tree der Baum, ⸚e

treat (to pay for someone) ein·ladenº

trip die Reise, -n, die Fahrt, -en; die Tour, -en; **bike ~** die Radtour, -en

trousers die Hose, -n

true wahr

try versuchen; probieren

T-shirt das T-Shirt, -s

Tuesday der Dienstag

Tuesdays dienstags

tuition die Studiengebühr, -en

Turkish türkisch

turn: **to have one's ~** dran sein; **it's your ~** du bist dran

TV das Fernsehen; **~ channel** das Fernsehprogramm, -e; **~ set** der Fernseher, -; **~ program** die Fernsehsendung, -en; **to watch ~** fern·sehenº

twice zweimal; **~ a month** zweimal im Monat

type: **to ~** tippen

typical typisch

U

umbrella der Regenschirm, -e; der Schirm, -e

unappealing unsympathisch

unbelievable unglaublich

uncle der Onkel, -

under unter

understand verstehenº

undress (sich) aus·ziehenº; **I get undressed.** Ich ziehe mich aus.

unemployed arbeitslos

unfortunately leider

unfriendly unfreundlich

unhappy unglücklich

unification die Vereinigung

unintelligent unintelligent

union die Gewerkschaft, -en

university die Universität, -en; die Uni, -s; **to attend a ~** an/auf die Universität gehenº; **at the ~** an der Universität

unload aus·räumen; **to ~ the dishwasher** die Spülmaschine ausräumen

unmusical unmusikalisch

unoccupied frei sein

unpleasant unsympathisch

unsafe unsicher

until bis; **~ now** bisher; **~ later** bis später; tschüss; bis dann; bis bald

unwilling(ly) ungern

up: **What's ~?** Was ist los?

U.S.A. die USA (pl.); **to the ~** in die USA

use benutzen; gebrauchen

utterly total

V

vacation der Urlaub; die Ferien (pl.); **~ trip** die Ferienreise, -n; **on/during ~** in Urlaub/in den Ferien; **to go on ~** in Urlaub/in die Ferien fahrenº; Urlaub machen; **to be on ~** in/im/auf Urlaub/in den Ferien seinº

vacuum der Staubsauger, -; **to ~** Staub saugen

various mehrere; verschiedene

vase die Vase, -n

VCR der Videorecorder, -

vegetable das Gemüse, -

versatile vielseitig

very sehr; ganz

vicinity die Nähe

video das Video, -s

video game das Videospiel, -e

visit der Besuch, -e; **on/for a ~** zu Besuch; **to ~** besuchen

vocabulary word die Vokabel, -n

volleyball der Volleyball, pl. Volleybälle

W

wait (for) warten (auf)

walk der Spaziergang, pl. Spaziergänge; **to take a ~** einen Spaziergang machen; **to go for a ~** spazieren gehenº

walking: **to go ~** wandern/spazieren gehenº

wall die Wand, ⸚e; die Mauer, -n

want (to) wollenº

war der Krieg, -e; **world ~** der Weltkrieg, -e

wardrobe (closet) der Schrank, ⸚e

ware die Ware, -n

warm warm

was war

wash die Wäsche; **to ~** (sich) waschenº; **to ~ dishes** ab·waschenº; Geschirr spülen

wastepaper basket der Papierkorb

watch die (Armband)uhr, -en; **to ~** an·sehenº/an·schauen; **to ~ TV** fern·sehenº

water das Wasser

water ski der Wasserki, -er; **to ~** Wasserski laufen/fahrenº

way der Weg, -e; **on the ~** auf dem Weg; die Art

weak schwach

wear tragenº

weather das Wetter; **~ report** der Wetterbericht, -e; **What ~!** Was für ein Wetter!

Wednesday der Mittwoch

week die Woche, -n; **a ~ from [Monday]** [Montag] in acht Tagen; **a ~ ago** vor einer Woche

weekend das Wochenende; **on the ~** am Wochenende; **over the ~** übers Wochenende

weightlifting das Gewichtheben

weights die Gewichte (pl.); **to lift ~** Gewichte hebenº

welcome: **you're ~** bitte (sehr)

well also; gut; wohl; **I'm not ~.** Mir geht's schlecht; **~.** (interjection) na!, nun!; **~ now, oh ~** na ja

well-known bekannt

west der Westen; **to the ~** westlich

western westlich

wet nass

what was; **~ kind (of), ~ a** was für (ein); **What else?** Was noch?

when wann; wenn; als

whenever wenn

where wo; **~ (to)** wohin; **~ do you come from?** Woher kommst du?

whether ob

which welch (-er, -es, -e)

while während; die Weile; **~ chatting** beim Chatten

white weiß

white-collar worker der/die Angestellte (noun decl. like adj.)

who wer

whole ganz

whom wen (*acc. of* wer); wem (*dat. of* wer)

whose wessen

why warum

willingly gern

win gewinnen°

wind der Wind

window das Fenster, -

windsurfing: to go ~ windsurfen gehen°

windy windig

wine der Wein, -e; **red ~** der Rotwein; **white ~** der Weißwein

winter der Winter

wipe dry ab·trocknen

wish der Wunsch, ⸗e; **to ~** wünschen; **I ~ I had . . .** Ich wollte, ich hätte ...

with mit; **~ it** damit; dabei; **~ me** mit mir; **to live ~ a family** bei einer Familie wohnen

woman die Frau, -en

wonder das Wunder, -; **no ~** kein Wunder

woods der Wald, ⸗er

word das Wort, ⸗er (*lexical items*); **words** Worte (*in a context*)

word processing die Textverarbeitung; **~ program** das Textverarbeitungsprogramm, -e; **to do ~** mit Textverarbeitungsprogrammen arbeiten

work die Arbeit; **out of ~** arbeitslos; **to ~ for a company** bei einer Firma arbeiten; **to do the ~** die Arbeit machen; arbeiten; **to ~ through** durch·arbeiten; **It doesn't ~.** Es geht nicht.; **to be off from ~** frei haben; **It works.** Es geht.

worker der Arbeiter, -/die Arbeiterin, -nen; der Arbeitnehmer, -/die Arbeitnehmerin, -nen

working (gainfully employed) berufstätig

working hours die Arbeitszeit, -en

workout das Fitnesstraining; **to work out** Fitnesstraining machen

workplace der Arbeitsplatz, *pl.* Arbeitsplätze

world die Welt, -en; **~ war** der Weltkrieg, -e

worry die Sorge, -n; **to ~ about** sich Sorgen machen (um)

would würde; **~ like** möchte; **How ~ it be?** Wie wär's?; **~ you like to** hättest du Lust; **~ have** hätte; **~ be able to** könnte

write schreiben°; **to ~ to someone** jemandem/an jemanden schreiben; **to ~ down** auf·schreiben°

writer der Schriftsteller, -/die Schriftstellerin, -nen

wrong falsch; **What's ~?** Was ist los?; **What is ~ with you?** Was hast du?

X

xenophobia der Ausländerhass

Y

year das Jahr, -e; **a ~ ago** vor einem Jahr

yearly jährlich

yellow gelb

yes ja

yesterday gestern

yet noch; schon; **not ~** noch nicht

young jung

Z

Zip code die Postleitzahl, -en

Index

conjunctions,
    coordinating, 194–195, 212
    subordinating, 196, 212, 279
contractions, 213
    optional, 127, 205, 272, 286, 419
    not used or required, 205
contrary-to-fact conditions, 417, 420,
    426, 434
conversational language. *See* colloqui-
    al speech; informal language
conversational past, 235, 379. *See also*
    present perfect tense
coordinating conjunctions **(koor-
    dinierende Konjunktion)**,
    194–195, 212
countries, names of, 74
cousin, 151n

da, 159
da-compounds (*da*-Kompositum),
    277, 287
dar-, 277
dass, 196, 212n
dates **(Datum)**, 315, 375
dative case **(Dativ)**, 199, 212–213
    of **der**-words, 199, 213
    for indirect objects, 199, 342
    interrogative pronoun in, 199, 213
    of masculine N-nouns, 199, 213
    personal pronouns in, 201, 213
    prepositions +, 199, 204, 213,
        271–272, 308
    reflexive pronouns in, 342, 360
    relative pronouns in, 450, 466
    to replace the genitive, 304
    time expressions in, 275, 287
    verbs +, 203, 213
dative plural, 199, 212
days of the week, 29, 112
definite article,
    accusative of, 122, 136
    adjective preceded by, 309, 323
    with body parts and clothing, 346
    and case, 124
    contractions of, 127, 205, 272, 286
    dative of, 199, 212
    and **der**-words, 322
    genitive of, 322
    meaning *that*, 159
    with names of countries, 74
    negation of, 97
    nominative case of, 83, 97
demonstrative pronouns, 100
denn,
    as coordinating conjunction, 194,
        212n
    as flavoring particle, 72
dependent clauses, 196–198
    indirect questions as, 278, 287
    modal auxiliaries in, 197
    in the present perfect tense, 242,
        249

relative clauses as, 450, 466
and separable-prefix verbs, 197
word order and, 197, 198, 212
dependent infinitives
    modals +, 164, 175, 349
    position of, 52, 61
    werden +, 459
    zu +, 349, 360
der/das/die, 16
    + superlative, 354, 361
    See also definite article
der-words, 158–159, 174, 322
    accusative of, 158, 174
    adjectives preceded by, 309, 323
    dative of, 199, 212
    genitive of, 309, 322
    months and seasons as, 65
    nominative of, 158, 174
dessen, 450–451, 466
**Deutsche Demokratische Republik
    (DDR)**. *See* German Democratic
    Republic
dieser, 158–159, 174
direct object **(direktes Objekt)**, 122,
    123, 124, 136, 200, 202, 213.
    See also accusative case
direct questions, 390–399
doch,
    as flavoring particle, 64
    meaning *however*, 109, 194
    meaning *yes*, 100n, 102
driving, 243
Drogerie, 110
du
    as attention-getter, 28n, 110
    imperative of, 121
    vs. **ihr**, 47
    vs. **Sie**, 4n, 6, 8, 47, 48
    uses of, 8, 261
durch, 127
dürfen, 162, 175

eben *(flavoring particle)*, 261
education,
    higher, 145, 149. *See also* universi-
        ties, professional training and,
        429
    words describing, 155
ein,
    as indefinite article. *See* indefinite
        article
    as number, 10, 32
ein-words, 91
    accusative of, 126, 137
    adjectives preceded by, 311, 323
    dative of, 199, 212
    genitive of, 305, 322
    nominative of, 89, 97
    See also possessive adjectives
e-mail,
    addresses for, 4n
    format for, 40

messaging forms used in, 91n
present perfect used in, 379
See also computer terminology
Englischer Garten, 253, 258
equality, comparison of, 350
-er *(suffix)*, 75, 351, 366
es
    as dummy subject, 72, 458
    expressions with, 348, 360
es gibt, 127, 137
etwas, 336
euer, 90
euro, 117
European Credit Transfer System
    (ECTS), 145
European Union, 117, 187, 416
    driver's licenses in, 243
    dual citizenship and, 446
    single market of, 416
    taxes in, 408
    and Switzerland, 341

Fachhochschule, 145, 169
facial expressions, 57
fact, conditions of, 420
false cognates, 5
family
    life, 295–296
    members, 151
    policy, federal, 297
films, 73, 232
financial aid, 149
finite verbs, 50, 52, 53, 61
    position of, in statements, 82, 96
    in dependent clauses, 196
    See also verbs
fitness, 37, 55
flavoring particles, 64, 72, 100, 105, 261
folk songs, 422
foods, 103, 107, 267. *See also* bread
    Arabic/Turkish, 441
    Bavarian, 253
    breakfast, 111, 131
    shopping for, 107
foreign residents, 441, 442, 443–446
formal language
    vs. informal speech, 7, 8, 47, 48
    and social address, 402
    in writing, 48, 235, 379
    See also **Sie** *(you)*
Frau, 6
Freiburg, 107, 165
Freud, Sigmund, 185, 187
friends, 267
für, 127
furniture, 263
future tense **(Futur)**, 290, 302, 322,
    459
future time,
    expressed by present tense, 51,
        302, 322
    wenn +, 90, 399

market, outdoor, 107
masculine **N**-nouns, *See* **N**-nouns, masculine
measurement, units of, 113, 113n
mehr, 351
Merkel, Angela, 449
messaging, 91
metric system, 72, 113, 113n
mit, 204, 213
möchte-forms, 163, 175, 417
modal auxiliaries **(Modalverb)**, 159–163, 175
 in dependent clauses, 197
 + dependent infinitive, 159, 164, 175, 349
 omission of infinitive with, 164
 simple past tense of, 379–380, 398
 subjunctive of, 423, 435
 word order and, 159, 175, 197
 See also modal auxiliaries by name
mögen, 163, 175, 417. *See also* **möchte** forms
money, European, 117
months, 65
mood. *See* indicative mood; subjunctive mood
motion,
 hin and **her** showing, 268, 286
 verbs of, 164, 240, 249, 286
Mozart, Wolfgang Amadeus, 185, 187, 193
Munich **(München)**, 258
museums, 73, 111, 193, 258
müssen, 159, 161, 175

nach, 204, 205, 213
nächst-, 276
name days, 79
names,
 of countries, 74
 proper, 89, 151n, 402
narrative past, 235, 279. *See also* simple past tense
nationality, nouns of, 75, 150
neben, 271, 286
Nebensatz. *See* dependent clauses
nicht
 vs. **kein**, 88, 97, 150
 nicht gern, 52
 nicht nur ... sondern auch, 195
 word order with, 52, 61, 83, 88, 89, 124, 127, 159, 233
nichts, 336
N-nouns, masculine, 128
 accusative of, 128, 136
 dative of, 199, 213
 genitive of, 305, 322
nominative case **(Nominativ)**, 83, 87, 97, 125
noun
 compounds, 112
 suffixes, 298

nouns,
 adjectives used as, 336
 ending in **-ung**, 366
 gender of, 16, 74, 75
 infinitive used as, 228
 N-nouns. *See* **N**-nouns, masculine
 of nationality, 75, 150
 plural forms of, 67n, 74, 84–85, 96, 199, 212
 predicate, 83, 124
 suffixes for, 298
 weak. *See* **N**-nouns, masculine
 See also proper names
Novak, Helga M., 391–392
numbers,
 cardinal, 10
 ordinal, 314, 325
 telephone, 3, 14

ob, 279, 287
obwohl, 196, 212n
oder, 194, 212n, 217
ohne, 127
on, 273
ordinal numbers, 314, 325
Ordnung: in Ordnung, 217
outdoor
 dining, 253, 281
 market, 107

passive voice **(Passiv)**, 455, 458, 467
past participles **(Partizip Perfekt)**
 of **-ieren** verbs, 239, 249
 of inseparable-prefix verbs, 239, 249
 of separable-prefix verbs, 237, 248, 249n
 of strong verbs, 236, 248, 248n
 of weak verbs, 233, 234, 248, 248n
past perfect tense **(Plusquamperfekt)**, 389, 399
past tense. *See* present perfect tense; simple past tense
past-time subjunctive, 411, 417, 426, 435
pedestrian zones, 281
Perfekt. *See* past perfect tense; present perfect tense
personal
 care verbs, 344–345
 pronouns, 129, 137, 213, 342, 360
place, expressions of, 120, 136
Plusquamperfekt. *See* past perfect tense
poetry, concrete, 51, 86, 166, 280, 347
polite requests, 327, 417, 418, 423, 434
possession,
 in colloquial speech, 89, 308
 von + dative indicating, 304

 See also genitive case; possessive adjectives
possessive adjectives **(Possessivpronomen)**, 89, 97, 126, 137, 306
potential statements, 417
Prädikatsnomen. *See* predicate nouns
Präteritum. *See* simple past tense
preceded adjectives, 309, 311–313, 323
predicate
 adjectives, 52, 61, 309, 354, 361
 nouns, 83, 124
prefixes,
 inseparable, 239, 249
 separable. *See* separable-prefix verbs
prepositions **(Präposition)**, 129
 + accusative, 129, 137, 271–273, 274, 287
 da- and **wo-** with, 277, 287
 + dative, 199, 204, 213, 271–272, 308, 362
 + genitive, 308, 323
 with **hin** and **her**, 268, 286
 + relative pronouns, 451
 two-way, 271–273, 286
 and verb combinations, 274, 287
present perfect tense **(Perfekt)**, 233, 235, 248, 379
 auxiliary with, 240, 249
 word order in, 233, 242, 249
 See also past participles
present probability, expressing, 302, 322
present tense **(Präsens)**, 51, 60
 to express future time, 51, 302, 322
 + **seit**, 205
present-time subjunctive. *See* subjunctive mood
professions, 150, 404, 429
pronouns **(Pronomen)**, 19
 capitalization of, 8, 13n, 47, 48, 89
 demonstrative, 100
 interrogative, 126, 137, 277, 306, 322
 personal, 129, 137, 213, 342, 360
 reflexive, 326, 342, 360
 relative, 450–451, 466
 subject, 60
pronunciation,
 of cognates, 5
 of dialects, 91
 of e-mail addresses, 4n
 of numbers, 10
 of punctuation, 4n
proper
 adjectives, 13
 names, 89, 151n, 402
 nouns, 13

Student Activities Manual

TENTH EDITION

Deutsch heute

Workbook

Laboratory Manual

Video Manual

Self-Tests

Jack Moeller
Oakland University

Simone Berger
Starnberg, Germany

HEINLE
CENGAGE Learning·

Australia • Brazil • Japan • Korea • Mexico • Singapore • Spain • United Kingdom • United States

Contents

Introduction

The *Student Activities Manual* to accompany **Deutsch heute, Tenth Edition,** is designed to help you improve your reading and writing skills, reinforce your listening comprehension skills, and enhance your cognition of grammatical features of German. The *Student Activities Manual* consists of four components:

1. Workbook
2. Lab Manual
3. Video Manual
4. Self-Tests including Answer Key

Workbook

The Workbook provides guided practice in writing German. Exercises include completing dialogues or sentences, rewriting sentences, answering questions, building sentences or paragraphs from guidelines, and creating short compositions. Some exercises encourage you to express your own moods, opinions, and ideas and to speculate on what you would do in a particular situation. Other exercises are based on line art and realia, including maps, photos, ads, and charts; some activities offer extra reading practice and new cultural information. Vocabulary sophistication is developed by exercises that require you to supply synonyms, antonyms, or definitions, or to form new words with suffixes and prefixes. In general the exercises are based upon a situation that presents the language in a realistic and natural context. Many of the situations involve the characters you have become familiar with in the textbook. Answer Keys to the exercises in the Workbook are provided at your instructor's discretion.

Lab Manual

The Lab Manual contains material that is coordinated with the SAM Audio Program. The Lab Manual is divided into three sections:

1. Übungen zum Hörverständnis
2. Übungen zur Aussprache
3. Mündliche Übungen

The **Übungen zum Hörverständnis** are based on dialogues or short passages, as well as on the reading in the **Zum Lesen** section of each chapter of the textbook. (Downloadable MP3 files of the recorded readings are available through the Premium Website.) Exercise types include true/false, multiple choice, matching, dictation, fill-in-the-blank, and written response. Each numbered chapter also has two pronunciation exercises **(Übungen zur Aussprache).** Finally, the Lab Manual contains oral grammar drills **(Mündliche Übungen)** that provide extra practice on selected grammar topics. Your instructor has access to the scripts for the SAM Audio Program through the Instructor's Website. Answer Keys to the exercises in the Lab Manual are provided at your instructor's discretion.

Video Manual

The Video Manual contains activities designed to be used in conjunction with the *Deutsch heute* video. Downloadable MP4 files are accessible through the Premium Website. Your instructor also has a DVD.

Each chapter of the Video Manual corresponds to the video scenes you already know from the textbook. The material in the Video Manual provides you with an opportunity to work with the video using its visual and audio component.

Visual Component. What one sees in a video or movie is of course important for understanding what is going on und understanding the characters. Background scenery, facial and body gestures—they all tell the viewer much. Each segment of the Video Manual contains one or more activities to focus your attention on the visual. You might be asked to describe the persons, how they behave, or the place they are at. In order to focus your attention on the visual and not be distracted by the dialog you are advised to watch the video without the sound.

Audio Component. Once you have become familiar with the visual situation it is time to watch the video with the sound on. Now you can concentrate on what the characters say, how they say it, and how they interact with the other persons in the scene. Activities to help you understand the audio component will either include the exact words of the characters or be the basis for questions or true-false statements. Thus you can become clear in your mind about who said what, to whom, how it was said, and what the person meant.

Post-viewing activities. The final activity in each segment encourages you to expand on what you have seen in the video and to call on your own experience and imagination, e.g., you may be asked to create a dialogue, a role-play, or to give your opinion about one of the characters or their relationships to others. Or you may be asked to relate something in the video to your own experience. To broaden the cultural component conveyed by the video you are sometimes asked to go to a website for more information.

Wichtige Wörter. While you need not understand every word that the characters say to follow the gist of a particular conversation the **Wichtige Wörter** list introduces some words that may be unfamiliar to you but are useful for your understanding of the dialogue.

Self-Tests

The Self-Tests are provided to help you review structures and vocabulary as you prepare for the chapter test. Doing the Self-Tests, either individually or in class, will enable you to see whether you have understood the grammatical features introduced in the chapter and whether you can apply your understanding of the grammatical principles. You will need to use a separate answer sheet for the Self-Tests. An Answer Key to the Self-Tests is included at the end of this Manual.

WORKBOOK

Das bin ich!

A **Wie heißt du?** Christian is attending his first lecture at the university. While waiting for the professor to arrive, he gets acquainted with the student next to him. Complete their dialogue by writing in the appropriate responses from the column on the right.

1. Hallo, ich heiße Christian. Wie heißt du?

   _____

2. Hm. Wie schreibt man das?

   _____

3. Wie ist deine Handynummer?

   _____

4. Wie ist deine Adresse?

   _____

5. Und wie ist deine E-Mail-Adresse?

   _____

a. 0176 463 22 78

b. Christian11111@yahoo.de

c. eff ah üppsilon err ih enn ih ess ess ah.

d. Hallo. Mein Name ist Fayrinissa.

e. Nauklerstraße 72.

B **Wie geht's?** Read the following conversational starters. For each one choose a fitting response from the list. (Use each item only once.)

> Danke, gut. Und Ihnen?   Miserabel.
> Ich bin müde.   Tschüss.

1. — Wie geht's?

   _____

2. — Auf Wiedersehen, bis morgen.

   _____

3. — Was ist los?

   _____

4. — Wie geht es Ihnen?

   _____

C Farben Fill in the correct color.

1. Ein Elefant ist _____.

2. Ein Tiger ist _____ und _____.

3. Eine Tomate ist _____.

4. Moby Dick ist _____.

5. Eine Banane ist _____.

6. Die Grundfarben° sind _____, _____ und _____.   *primary colors*

7. Mein Telefon ist _____.

8. Mein Rucksack ist _____.

9. Die Wand in meinem Zimmer ist _____.

10. Meine Lieblingsfarbe° ist _____.   *favorite color*

D Welcher Artikel? You have already learned a number of nouns. Since the gender of nouns is very important in German, categorize them by their *definite articles.*

Frau   Professorin   Farbe   Handy   Papier   Tag   Stuhl   Buch   Computer   Mädchen   Bleistift

der

_____

_____

_____

_____

das

_____ *das Buch*

_____

_____

_____

die

_____

_____

_____

E **Wie ist …?** Daniel and Anna are talking about the following people and things. For each item, first complete the question by supplying the pictured noun and its definite article. Then give an answer, using a complete sentence with the cue in parentheses.

(47)

(Daniel)

(braun)

(Anna)

(80)

(schwarz)

(alt)

(neu)

→ Wie alt ist der Mann?
Er ist siebenundvierzig Jahre alt.

1. Wie heißt _____?

   _____

   _____

2. Welche Farbe hat _____?

   _____

   _____

3. Wie heißt _____?

   _____

   _____

4. Wie alt ist _____?

   _____

   _____

5. Welche Farbe hat _____?

   _____

   _____

6. Wie ist _____?

   _____

   _____

7. Wie ist _____?

   _____

   _____

F **Volkshochschule** *(adult education center)* **Tübingen** Look at the ad from the adult education center in Tübingen and answer the questions that follow.

volkshochschule tübingen

Katharinenstraße 18
72072 Tübingen

Telefon (0 70 71) 56 03 0
Fax   (0 70 71) 56 03 28
www.vhs-tuebingen.de

Öffnungszeiten:
Mo.-Fr. 09:00 bis 12:30 Uhr
            14:00 bis 17:30 Uhr

GLOBUS-Kartendienst GmbH, Hamburg

1. Wie heißt die Abkürzung° für „Volkshochschule"? _____   *abbreviation*

2. Wie ist die Adresse? _____

3. Wie ist die Telefonnummer? _____

4. Wie ist die Internetadresse? _____

5. Wie ist das VHS-Haus°? Alt oder neu? _____   *building*

Von Alma mater bis Zeitung

Unser Minilexikon für das erste Studienjahr

Cengage Learning

G **Das Zimmer** Anna has sent you a picture of her room in Tübingen. A friend of yours is planning to go to Germany next summer, so you tell her on the phone about Anna's room.

Bryn Colton/Assignments Photographers/CORBIS

1. Name six items with the indefinite article. If there is more than one of an item, name only one.

▶ *In Annas Zimmer ist ein Stuhl, …* _____

_____

_____

2. Your friend is curious and wants to know what the room and the things in the room look like. Using various *modifiers* (colors, size, age), write five sentences describing the room and the objects in it.

▶ *Der Stuhl ist neu.* _____

_____

_____

_____

_____

H **Deutsch ist leicht (easy)!** You may be surprised to discover how much German you can understand without knowing every word. Since German and English are closely related linguistically, you will find many cognates that will help you get the gist of a reading. Look at the ad below and answer the questions that follow.

MEINRAD – Musik in meinen Ohren!
Radio – Fernsehen – HiFi

Bitte senden Sie mir weitere Informationen
über MEINRAD's Produktpalette° zu.   *diverse range of products*

Name (Herr/Frau): _____

Telefon (tagsüber): _____

(abends): _____

Adresse (Straße): _____

(PLZ°/Wohnort°): _____   *Postleitzahl / residence (city)*

Bitte° unfrankierten Umschlag zurück an: *Bitte…an Please return unstamped*
MEINRAD,   *envelope to*
Postfach 1327,
55001 Mainz oder
E-Mail (Betreff°: Info) an: info@meinradHiFi.de   *subject*

---

1. List six German words you already know.

   _____   _____

   _____   _____

   _____   _____

2. List five German words that look *similar to* English words.

   _____   _____

   _____   _____

   _____

3. What is this ad about? _____

4. In the ad, fill in the requested personal details so that you can receive more information from *Meinrad*.

5. Wie heißt die Firma°? _____   *company*

6. Wie heißt die Stadt°? _____   *city*

7. Wie ist die E-Mail Adresse? _____

I **Am Telefon** In order to get information about the University of Tübingen, call the office for international students. The person on the phone promises to send the information and asks for your address. Answer her/his questions.

1. Wie heißen Sie?

   _____

2. Wie ist Ihre Adresse? Die Straße?

   _____

3. Und die Stadt° und die Postleitzahl°?   *city / postal code*

   _____

4. Ihre E-Mail-Adresse?

   _____

5. Danke, Herr / Frau _____

J **Cognates** Look at the following groups of cognates and cross out the one word in each group that doesn't belong.

► der Elefant   das Känguru   ~~die Lampe~~   die Maus

1. der Arm	der Finger	die Hand	die Socke
2. blau	dumm	grün	rot
3. der Ball	die Klarinette	die Trompete	die Violine
4. das Bett	die Couch	das Sofa	das Telefon
5. der Film	die Musik	die Politik	das Theater

K **Kulturkontraste**

1. **Guten Tag.** Decide whether the following greetings are expressions for saying hello (H) or expressions for saying good-bye (G).

   a. Tschüss.   _____

   b. Guten Morgen.   _____

   c. Gute Nacht.   _____

   d. Ade.   _____

   e. Guten Tag.   _____

   f. Bis bald.   _____

   g. Mach's gut.   _____

   h. Grüß Gott.   _____

2. Die deutsche Sprache heute. Give three reasons why German is an important world language.

_____

_____

_____

Freizeit und Sport

A **Gehen wir ins Kino?** Sarah and Leon have classes in the same building. When they run into each other, they talk about their plans for the evening. Make up their conversation by writing the following sentences in a meaningful sequence.

—Nichts Besonderes. Was machst du?
—Tschüss. Bis dann.
—Anna und ich, wir gehen ins Kino, in *Beste Zeit.* Kommst du auch?
—Gut, dann bis halb acht. Ciao.
—Au ja, ich komme gern. Ich glaube, der Film ist toll. Wann geht ihr?
—Was machst du heute Abend?
—So um halb acht.

LEON:	*Was machst du heute Abend?*
SARAH:	_____
LEON:	_____
SARAH:	_____
LEON:	_____
SARAH:	_____
LEON:	_____

B **Was machst du?** Anna and Leon meet in the lounge of their dormitory. Choose Leon's lines from the list provided and write them in the spaces provided.

Ciao, bis später.   Nein, heute nicht. Ich spiele nämlich mit Daniel Tennis.
Ganz gut. Und dir?   Nein, nicht besonders. Aber ich spiele total gern Tennis.
So um halb vier.

ANNA:	Ach, hallo Leon. Wie geht's?
LEON:	_____
ANNA:	Auch gut. Du, ich gehe heute schwimmen. Hast du auch Zeit?
LEON:	_____
ANNA:	Schade!° Spielst du gut?
LEON:	_____
ANNA:	Und wann spielt ihr?
LEON:	_____
ANNA:	Dann viel Spaß°. Also, tschüss Leon, bis dann.
LEON:	_____

Too bad!

v... paß:
have fun

C **Wie sind Sie?** You are participating in a survey of the Department of Psychology dealing with the relationship between the generations. Complete the chart for yourself and others. For each person select three *adjectives* from the following list and write them in the chart.

chaotisch   egoistisch   ernst   freundlich   froh   glücklich   intelligent
kreativ   kritisch   laut   lebhaft   lustig   praktisch   ruhig   sympathisch
tolerant   traurig   unfreundlich   unsympathisch

	sehr	manchmal°	nicht	
→ Mein Professor ist	kritisch	praktisch	unfreundlich	*sometimes*
1. Meine Professorin ist				
2. Meine Freundin ist				
3. Mein Freund ist				
4. Meine Mutter° ist				*mother*
5. Mein Vater° ist				*father*
6. Ich bin				

D **Wann?** You are visiting your Swiss friend Katharina. For today you have planned an excursion on the lake near **Luzern.** Ask the ship line employee about departure and arrival times. He looks up the times in the ship schedule and gives you the official time (use Method 1 as in a). You tell Katharina the time in conversational German (use Method 2 as in b).

Luzern	(ab)	9.30
WEGGIS X	(an)	10.09
	(ab)	10.32
KEHRSITEN X	(an)	10.50
	(ab)	11.00
ALPNACHSTAD	(an)	12.00
	(ab)	15.10
Luzern	(an)	16.45
	ab	

▶ Wann fahren wir von° Luzern ab°?   *from / **fahren ab:** depart*

   a. Um   _neun Uhr dreißig_ .

   b. Um _____ _halb zehn_ _____ .

1. Wann kommen wir in Weggis an°?   ***kommen an:*** *arrive*

   a. Um _____.

   b. Um _____.

2. Wann fahren wir von Kehrsiten ab?

   a. Um _____.

   b. Um _____.

3. Wann kommen wir in Luzern an?

   a. Um _____.

   b. Um _____.

E **Wer ich bin und was ich gern mache** Michael is spending a year as an exchange student in Berlin. For his German class, he has to write a short essay about himself, including his hobbies. Complete each paragraph of Michael's report with the appropriate form of the verbs listed.

Verbs: kommen, sein (*5x*), studieren

Ich _____[1] 22 Jahre alt und ich _____[2] aus°   *from*

Boston. Dort° _____[3] ich an der Boston University. Jetzt°   *there / now*

_____[4] ich für ein Jahr als° Austauschstudent° in Berlin.   *as / exchange student*

Berlin _____[5] toll und total interessant. Ich wohne° im   *live*

Wohnheim°. Mein Zimmer _____[6] klein, aber okay. Die   *dorm*

Studenten im Wohnheim _____[7] auch ganz nett, vielleicht

ein bisschen reserviert.

Verbs: inlineskaten gehen (*fills 2 blanks*), machen, schwimmen, sein, spielen, wandern

Und ich? Ich _____[8] natürlich freundlich, sympathisch,

intelligent, sportlich, tolerant und ziemlich° ironisch! Ich   *rather*

_____[9] Basketball und ich _____[10]

Fitnesstraining. Im Sommer _____[11] ich auch oft und ich

_____[12] gern. Meine Freunde und ich _____[13]

oft am Charles River _____[14].

Verbs: arbeiten, glauben, haben (*2x*), machen, tanzen gehen (*fills 2 blanks*)

An der FU° _____[15] ich Musik in einer Band. Ich   **Freie Universität Berlin**

_____[16] hier in Berlin zwei gute Freunde, Franziska und Sebastian.

Heute Abend _____[17] wir _____[18]. Stefan

_____[19] in einem Club, dem „Cinderella". Am Wochenende

_____[20] wir Karten für ein Konzert in dem Club. Ich

_____[21], die Band ist super!

F **Ja, so ist es** Leon is home in Hamburg for the weekend, where he meets his friend Tobias. They have kept in touch by e-mail since Leon went to Tübingen, so Tobias knows quite a bit about Leon's life and friends there. They are looking at pictures that Leon took in Tübingen and Tobias is commenting on them. Take Leon's place and respond in the affirmative, replacing the noun phrase with the corresponding *personal pronoun.*

▶ Ist Daniel sehr sportlich? *Ja, er ist sehr sportlich.*

1. Dein Zimmer ist ziemlich klein, nicht?

   Ja, _____.

2. Studiert Anna auch Englisch?

   Ja, _____.

3. Gehen deine Freunde oft inlineskaten?

   Ja, _____.

4. Kommt David aus Washington, D.C.?

   Ja, _____.

5. Ist die Uni relativ groß?

   Ja, _____.

6. Ist die Stadt ziemlich klein?

   Ja, _____.

7. Telefoniert dein Zimmernachbar sehr oft?

   Ja, _____.

8. Weiß dein Freund Leonhard viel über Tübingen?

   Ja, _____.

G **Gespräche** *(conversations)* Anna's parents and her brother Nico are having dinner with Anna and her new friends Daniel and Leon. Use the cues provided to write a question addressed to the person listed. Then make up an answer for that person. You may answer in short phrases, which is normal in conversation. Pay attention to the appropriate use of **du, ihr,** or **Sie.** Since Mr. and Mrs. Riedholt are meeting Daniel and Leon for the first time, they address them formally **(Sie),** but use first names because they are Anna's friends. Note that specific questions as well as yes/no questions are being used.

▶ HERR RIEDHOLT: Daniel, _gehen Sie gern ins Kino_? (gehen / gern / ins Kino)
   DANIEL: _Nein, nicht sehr gern_.

1. NICO: Daniel, _____? (surfen / oft / im Internet)
   DANIEL: _____.

2. LEON: Herr Riedholt, _____? (wandern / gern)
   HERR RIEDHOLT: _____.

3. ANNA: Daniel und Leon, _____?

   (gehen / am Wochenende / wieder schwimmen)

   DANIEL UND LEON: _____.

4. FRAU RIEDHOLT: Leon, _____? (spielen / oft / Gitarre)

   LEON: _____.

5. DANIEL: Nico, _____? (hören /gern / Hip-Hop)

   NICO: _____.

6. HERR RIEDHOLT: Daniel, _____? (sein / musikalisch)

   DANIEL: _____.

H **Was? Wann?** Andrea, your Austrian neighbor, asks you about various activities. Check your calendar and respond in German using complete sentences with **Ja, …** or **Nein, …** and the correct activity.

▶ *Freitag:* Gehen wir schwimmen? *Nein, wir gehen tanzen.* _____

1. *Montag:* Spielen wir Fußball? _____

2. *Dienstag:* Spielst du Schach? _____

3. *Mittwoch:* Gehst du heute Abend schwimmen? _____

4. *Donnerstag:* Gehen wir ins Kino? _____

5. *Samstag:* Spielen wir heute Morgen Tennis? _____

6. *Sonntag:* Arbeitest du heute viel? _____

I Wer sind Sie? You are going to be an exchange student in Germany for a year. The study abroad agency wants you to provide information about yourself so that your German host family will know who you are and what you like to do. Complete the questionnaire they have sent.

Eigenschaften°   **Hobbys/Aktivitäten**   *characteristics*

ernst	lustig	auf Facebook gehen	Schach spielen
fleißig	musikalisch	Basketball spielen	schreiben
freundlich	nett	Computerspiele spielen	schwimmen
groß	praktisch	Gitarre spielen	Sport treiben
intelligent	ruhig	Golf spielen	tanzen
klein	sportlich	im Internet surfen	Tennis spielen
kreativ	tolerant	inlineskaten gehen	twittern°
kritisch	vielseitig	joggen	Videospiele spielen
lebhaft		mit Freunden telefonieren	wandern
		Musik hören	

to tweet

Wer sind Sie?

Adresse

Nachname: _____

Vorname(n)°: _____   *first name(s)*

Wohnort°: _____   *city/town*

Straße und Hausnummer: _____

Telefonnummer: _____

Alter°: _____   *age*

Persönlichkeit°   *personality*

Welche Eigenschaften haben Sie? _____

_____

Was machen Sie gern? _____

_____

Was machen Sie nicht gern? _____

_____

J Hallo, Tobias! Leon is back in Tübingen and is writing an e-mail to his friend Tobias in Hamburg. Read the e-mail and answer the questions that follow.

Hallo, Tobias,

wie geht's? Heute ist Donnerstag und ich bin jetzt wieder° in Tübingen.   *again*
Meine neue Adresse ist Pfleghofstraße 5, 72072 Tübingen. Meine Nachbarin
heißt Anna. Anna studiert auch Englisch und sie ist sehr nett. Heute Abend
um sieben Uhr spielen wir zusammen Schach. Und am Samstagnachmittag
gehen Anna, Daniel und ich schwimmen und am Abend tanzen. Ich weiß,
du tanzt nicht gern. Aber ich tanze sehr gern. O je°, es ist schon Viertel vor   *oh dear*
sieben und Anna kommt in fünfzehn Minuten.

Bis bald,

Leon

1. Wo ist Leon? _____

2. Welcher Tag ist heute? _____

3. Was machen Leon und Anna heute Abend? _____

4. Wer geht am Samstag schwimmen und später tanzen? _____

5. Tanzt Tobias gern? _____

6. Wer kommt gleich°? _____   *right away (in a minute)*

K Kulturkontraste

1. **Sportvereine.** Compare how people in German-speaking countries and people in your country may participate in competitive sports.

_____

_____

_____

_____

2. **Tübingen.** Give several reasons for the saying: "Tübingen hat keine Universität. Tübingen ist eine Universität."

_____

_____

_____

3. **Du *vs*. Sie.** Match the following brief conversations with the people described. Pay attention to whether the people would address one another formally or informally.
   a. Two students see each other in the dormitory kitchen.
   b. Two neighbors meet on the street.
   c. Two children get to know each other on the street.
   d. Two older people get to know each other on a train.

   _____ *i.* —Guten Morgen, Frau Herrmann. Wie geht es Ihnen?
                 —Danke gut. Und Ihnen?

   _____ *ii.* —Hallo. Wie geht's?
                 —Nicht besonders. Ich bin total müde.

   _____ *iii.* —Wo wohnen Sie?
                  —Ich wohne in Berlin. Und Sie?

   _____ *iv.* —Wie heißt du?
                 —Ich heiße Lisa. Und du?

4. **Fit bleiben.** Swimming is a popular leisure time activity for people who want to stay in shape. Tell what features are offered in Germany for swimmers using indoor **(Hallenbad)** and outdoor **(Freibad)** facilities. Write three to four sentences.

   _____

   _____

   _____

   _____

Das Land und das Wetter

A **Wie ist das Wetter?** Characterize the weather where you live in the months and seasons listed.

▶ Im Februar: *Es ist kalt. Es schneit oft.*

Im Januar: _____

Im Frühling: _____

Im Juli: _____

Im Herbst: _____

Im November: _____

B **Wetterprobleme** Anna and Franziska are talking on the phone and they find out that the weather is quite different in Tübingen and in Berlin. Rewrite each sentence, beginning with the cued word. Be sure not to delete any of the original words in rewriting the sentences. Note that in one sentence you have to change the verb from present tense to simple past.

▶ Das Wetter ist selten° schön. (im November)   *seldom*
Im November ist das Wetter selten schön.

1. Der Wind ist sehr kalt. (in Berlin)

   _____

2. Es regnet in Berlin. (leider)

   _____

3. Es schneit bestimmt. (morgen)

   _____

4. Es war sonnig und warm in Tübingen. (gestern)

   _____

5. Der Frühling kommt. (bald)

   _____

C Was machst du (nicht) gern? Write down two things you like to do and two things you do not like to do. Then tell about your friends. The following expressions will give you some ideas.

Sport treiben
joggen
wandern
auf Facebook chatten
twittern
Fahrrad fahren
Montainbike fahren
Inlineskaten gehen
Fitnesstraining machen
Yoga machen
Gewichte heben
Schwimmen
Basketball/Volleyball/Fußball spielen

Tennis spielen
Schach spielen
Computerspiele/Videospiele spielen
im Internet surfen
Gitarre spielen
Musik (Rock 'n Roll, Jazz, Rap) hören
mit Freunden telefonieren
auf° ein Konzert gehen   *to*
auf eine Party gehen
tanzen
ein Picknick machen
arbeiten

▶ *Ich jogge gern.*

1. _____

2. _____

▶ *Ich höre nicht gern Jazz.*

3. _____

4. _____

▶ *Meine Freunde heben gern Gewichte.*

5. _____

6. _____

D Etwas über Deutschland You have read a brochure about Germany and you exchange some facts with a friend in your German class. In each statement, underline the *subject* once. Some of the sentences contain a predicate noun. Underline each *predicate noun* twice.

▶ *Berlin ist die Hauptstadt von Deutschland.*

1. In Deutschland ist das Wetter anders als in Amerika.

2. Im Sommer ist es in Amerika oft sehr heiß.

3. In Deutschland ist der Sommer relativ kühl.

4. Österreich ist ein Nachbarland von Deutschland.

5. Im Süden von Deutschland liegt die Schweiz.

6. Die Deutschen spielen gern Fußball.

7. John F. Kennedy war im Sommer 1963 in Berlin.

E **Wer hat was?** Anna, Daniel, Felix, Sarah, and Leon are comparing items in their apartments. Using the following chart, write statements about who owns how many of what. You will find the plural forms of the various nouns in the end vocabulary of your textbook.

	Anna	Daniel und Felix	Sarah	Leon
das Bild	4	7	2	6
der Fernseher	—	2	1	2
das Handy	1	2	1	—
das Buch	30	80	20	60
das Bett	1	2	1	1
der Computer	—	2	2	1
der Stuhl	2	4	3	4
das Videospiel	—	5	10	2

▶ das Bild: Anna; Leon   *Anna hat vier Bilder. Leon hat sechs Bilder.*
das Videospiel: Daniel und Felix   *Daniel und Felix haben fünf Videospiele.*

1. das Buch: Daniel und Felix _____

   _____

2. der Fernseher: Leon _____

   Daniel und Felix _____

3. das Videospiel: Sarah _____

   Leon _____

4. der Stuhl: Anna _____

   Leon _____

5. der Computer: Daniel und Felix _____

   _____

6. das Bett: Daniel und Felix _____

   Anna _____

7. das Handy: Sarah _____

   Daniel und Felix _____

F Am Telefon Franziska and Sebastian have started their first semester in Berlin and are sharing an apartment. Their mother calls to see how they have settled in. Complete their phone conversation with the correct form of the appropriate possessive adjectives: **mein, ihr, sein, unser, euer, ihr.**

FRAU BERGER: Und was macht ihr zwei, du und Sebastian? Seid ihr

glücklich in Berlin? Wie sind _____eure_____ Zimmer?

FRANZISKA: _____¹ Zimmer ist schön und ich bin sehr froh. Sebastian

ist nicht so glücklich. _____² Zimmer ist relativ groß, aber

ein bisschen laut. Es geht zur Straße°.

Es ... Straße:
It faces the street

FRAU BERGER: Und wie ist euer Garten?

FRANZISKA: _____³ Garten ist toll! Leider sind _____⁴ Nachbarn nicht so

nett. Sie denken, es ist nur _____⁵ Garten. Das ist aber falsch.

FRAU BERGER: Was hörst du von Anna in Tübingen? Geht es ihr gut?

FRANZISKA: Ja, alles okay. Am Sonntag ist ja _____⁶ Geburtstag.

Da telefonieren wir bestimmt.

FRAU BERGER: Ach ja, sag Anna viele Grüße von mir. Weißt du, ob° sie

whether

nette Freunde in Tübingen hat?

FRANZISKA: Ja, _____⁷ Freund Daniel ist sehr nett. Daniel ist schon°

already

drei Jahre in Tübingen. Er und _____⁸ Freunde machen viel.

Und Anna ist oft dabei°. _____⁹ Freunde sind jetzt

ist dabei: *goes
along*

schon _____¹⁰ Freunde.

FRAU BERGER: Das ist schön. Und du und Sebastian? Wie sind

_____¹¹ Freunde?

FRANZISKA: _____¹² Freunde sind auch sehr nett ...

Ist der Oktober warm und fein,
kommt ein harter Winter rein°
Ist der Oktober aber nass und kühl,
mild der Winter werden will°.

in

werden will: *will be*

G **Sebastians Zimmer** Sebastian has not completely furnished his room in Berlin. From the list below state which items are there and which are not. Remember to include the correct form of **ein** or **kein** with each item.

~~Bett~~ ~~Bild~~ Bücherregal Computer
Fernseher Gitarre Lampe Pflanze
Radio Stuhl Tisch Uhr

1. Im Zimmer von Sebastian sind _____ *ein Bett* _____ , _____ ,

   _____ , _____ und _____ .

2. Im Zimmer sind _____ *kein Bild* _____ , _____ ,

   _____ , _____ , _____ und

   _____ .

H **Wie ist das Wetter? Wie viel Grad sind es?** Have a look at the weather map below and familiarize yourself with the symbols. Then answer the questions in complete sentences.

| heiter | *pleasant* | bewölkt | *partly cloudy* | bedeckt | *cloudy* |
| Nebel | *fog* | Schauer | *showers* | Gewitter | *thunderstorms* |

Regen	bewölkt	sonnig	heiter bis wolkig	schwül	heiß	Gewitter

▶ Wie ist das Wetter in Helsinki?   *Es regnet in Helsinki. / In Helsinki regnet es.*
Wie viel Grad sind es in Paris?   *Es sind in Paris 26 Grad. / In Paris sind es 26 Grad.*

1. Wie ist das Wetter in München? _____

2. Wie viel Grad sind es in Hamburg? _____

3. Wie ist das Wetter in Frankfurt? _____

4. Wie viel Grad sind es in Oslo? _____

5. Wo regnet es? _____

6. Wo ist es sehr warm? _____

7. In Berlin sind es 28 Grad. Wie viel Grad Fahrenheit sind das? *(Use the quick estimate.)* _____

_____

I **Deutsche Städte** Identify the five rivers and fifteen cities marked on the map of Germany. Refer to the map in your textbook as necessary.

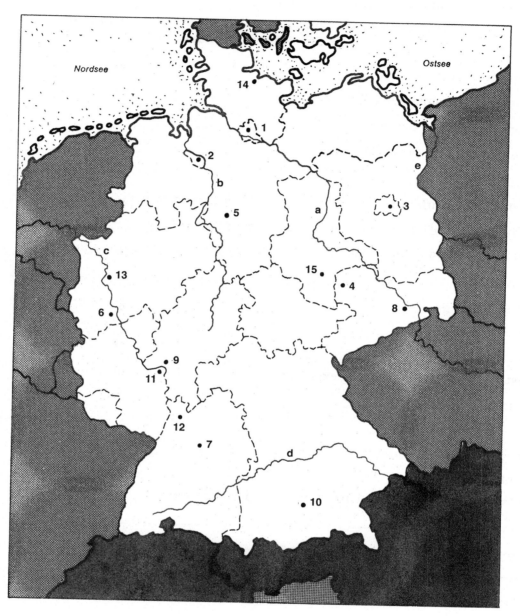

rivers **Flüsse°**	**Städte**		
a. _____	1. _____	6. _____	11. _____
b. _____	2. _____	7. _____	12. _____
c. _____	3. _____	8. _____	13. _____
d. _____	4. _____	9. _____	14. _____
e. _____	5. _____	10. _____	15. _____

J Kulturkontraste

1. **Landschaften.** Fill in the correct terms from the list.

   **der Bodensee   die Elbe   der Main   die Mosel   die Nordsee
   der Rhein   Rügen   die Zugspitze**

   a.   Germany's largest island: _____

   b.   The highest mountain in Germany: _____

   c.   The largest lake in Germany: _____

   d.   Four important rivers in Germany: _____, _____,

   _____, _____

   e.   Body of water with vast sandy beaches, located north of Germany: _____

   f.   Which section of Germany appeals to you the most? Why? _____

2. **Berlin: Deutschlands Hauptstadt.** List several things you find interesting about Berlin.

   _____

   _____

   _____

   _____

3. **Geburtstage.** What do the following expressions mean to a German speaker?

   a.   das Geburtstagskind _____

   b.   der Geburtstagskuchen _____

   c.   Herzlichen Glückwunsch zum Geburtstag _____

4. **Die deutsche Sprache.**

   a.   When is **Hochdeutsch** used in German-speaking countries?

   _____

   _____

   _____

   b.   What role do dialects play in German? Is that different in your language?

   _____

   _____

Name _____ Datum _____

Essen und Einkaufen

KAPITEL
3

A Wo kauft man was? Machen Sie eine Einkaufsliste. In jedem Geschäft kaufen Sie drei Dinge.
(Make a shopping list. You buy three things in each store.)

Apfelsaft	Brötchen	Hähnchen	Käse	Obst	Spaghetti
Aspirin	Butter	Hefte	Kuchen	Orangensaft	Tomaten
Bananen	Eier	Kaffee	Make-up	Rinderbraten	Trauben
Bier	Fernseher	Kämme	Margarine	Salat	Videospiele
Bleistifte	Gemüse	Karotten	Milch	Schinken	Wein
Brot	Gurken	Kartoffeln	Nudeln	Shampoo	Wurst

Beim Bäcker

_____ *Brötchen*

_____

_____

Beim Metzger

_____

_____

_____

In der Drogerie

_____

_____

_____

Im Supermarkt

_____ *Brötchen*

_____

_____

Auf dem Markt

_____

_____

_____

Im Kaufhaus

_____

_____

_____

B Neue Wörter Bilden Sie neue Wörter. Folgen Sie dem Beispiel. *(Form new words. Follow the example.)*

	Compound		English equivalent
▶ der Kaffee und das Haus	*das*	*Kaffeehaus*	*coffee shop, café*
1. die Wand und die Uhr	_____	_____	_____
2. die Butter und das Brot	_____	_____	_____
3. der Sommer und der Abend	_____	_____	_____
4. der Frühling (+ s) und der Tag	_____	_____	_____
5. das Haus und die Tür	_____	_____	_____
6. der Herbst und der Wind	_____	_____	_____
7. der Geburtstag (+ s) und das Kind	_____	_____	_____

C Im Café Engel Sie und ein Freund frühstücken im Café Moritz. Ergänzen Sie das folgende Gespräch. Sie können Antworten aus der Liste auswählen. Sie können aber auch eigene Antworten formulieren. *(You and a friend are having breakfast at Café Moritz. Complete the following conversation. You can choose answers from the list. You can, however, also make up your own answers.)*

Bäckerei Café Moritz
Römerstraße 8
79540 Lörrach

Frühstück

Nr. 1
Tasse Kaffee oder Kakao, 1 Brötchen oder Vollkornbrot, Butter, Marmelade oder Honig oder ein Käsebrötchen €5,10

Nr. 2
Kännchen Kaffee, Tee oder Kakao, 2 Brötchen, Vollkornbrot, Butter, Marmelade oder Honig und ein Glas Orangensaft €9,50

Nr. 3
Milchkaffee, 2 Croissants, Butter, Marmelade oder Honig und ein Glas Orangensaft €7,20

Nr. 4
Tasse Kaffee, Tee oder Kakao, Müsli° mit Jogurt und frischem Obst €7,90

Nr. 5
Kännchen Kaffee, Tee oder Kakao, 2 Brötchen, 1 Croissant, Butter, Marmelade oder Honig, 2 Eier, Käse, Schinken €9,90

Müsli: *type of granola cereal*

Possible responses:

Ja, ich auch.
Bist du so hungrig°?
Nein, ich trinke keinen Tee.
Ich glaube, ich nehme die Nr. 5.
Ja, bitte. Ich trinke gern Orangensaft.

Aber du magst doch keinen Schinken!
Ich nehme die Nr. 1 – Kaffee und ein Käsebrötchen.
Ich mag schon Orangensaft. Aber morgens noch nicht.

hungry

1. IHR FREUND: Hmmm, es riecht hier toll nach frischen Brötchen. Was nimmst du?

    SIE: _____

2. IHR FREUND: Das ist aber nicht viel. Ich glaube ich nehme Nr. 3. Ich esse sehr gern

    Croissants. Aber Orangensaft mag ich nicht. Möchtest du ihn?

    SIE: _____

3. IHR FREUND: Hmmm, dann nehme ich vielleicht Nr. 5.

    SIE: _____

4. IHR FREUND: Ja, und ich brauche jetzt auch schnell einen Kaffee.

    SIE: _____

D **Gespräche** Emily und Jessica besuchen Franziska und Sebastian in Berlin. Ergänzen Sie ihre Gespräche mit einem passenden Verb aus der Liste. Benutzen Sie es in der richtigen Form – im *Präsens* oder im *Imperativ*. Manche Verben werden mehrmals gebraucht. *(Emily and Jessica are visiting Franziska and Sebastian in Berlin. Complete their conversations with a suitable verb from the list. Use it in the proper form—in the present or in the imperative. Some verbs are used more than once.)*

essen finden fragen geben haben kennen kommen nehmen sein wissen

▶ EMILY: Sebastian, _____ *isst* _____ du oft Salat?

1. SEBASTIAN: Franziska, _____ du mir° bitte das Brot?   *me*

    FRANZISKA: _____ du Weißbrot oder Brötchen?

    SEBASTIAN: _____ mir bitte das Weißbrot.

2. SEBASTIAN: Was _____ es morgen zum Abendessen?

    FRANZISKA: Vielleicht Fisch. _____ ihr gern Fisch, Jessica und Emily?

    JESSICA: Ja, ich _____ gerne Fisch, aber Emily

    _____ Fisch nicht so gern.

3. JESSICA: Ich _____ Kopfschmerzen.

    EMILY: _____ doch eine Tablette.

    JESSICA: Ich _____ leider kein Aspirin hier.

    SEBASTIAN: _____ mal Franziska. Sie _____

    immer Kopfschmerztabletten.

4. FRANZISKA: Wie _____ ihr Berlin eigentlich?

    JESSICA: Ich _____ es toll und so interessant, besonders die Museen.

    FRANZISKA: _____ du eigentlich, wie viele Museen es in Berlin

    _____? Es sind doch sicher über hundert.

    JESSICA: Nein. Das _____ ich nicht genau. Ich

    _____ nur das Ägyptische Museum und das Jüdische Museum.

E Beim Einkaufen Franziska und Sebastian sind zu Besuch bei Anna und die drei gehen zusammen einkaufen. Unterstreichen Sie jedes *Subjekt* einmal und jedes *direkte Objekt* zweimal. *(Franziska and Sebastian are visiting Anna, and the three go shopping together. Underline each subject once and every direct object twice.)*

▶ Im türkischen Laden kennt man Anna.

1. Anna findet Herrn Özmir nett.

2. ANNA: Haben Sie den Käse aus der Türkei, Herr Özmir?

3. HERR ÖZMIR: Ja, wie viel Gramm Käse möchten Sie, Frau Riedholt?

4. Anna, Franziska und Sebastian brauchen auch Kaffee, Butter und Marmelade aus dem Supermarkt.

5. Auf dem Markt bezahlt Franziska die Blumen.

6. Dort kauft Anna noch Fisch fürs Abendessen.

F Der Nachbar Anna und ihr Vater sprechen über ihre neuen Nachbarn. Ergänzen Sie ihr Gespräch. Benutzen Sie die Stichwörter. *(Anna and her father are talking about their new neighbors. Complete their conversation. Use the cues.)*

ANNA: Kennst du _____den Jungen_____ da? (der Junge) Er geht durch

_____[1]. (unser Garten)

HERR RIEDHOLT: Ja, er ist seit Januar _____[2]. (unser Nachbar)

ANNA: Findest du _____[3] nett? (dein Nachbar)

HERR RIEDHOLT: Nein, nicht sehr.

ANNA: Aber er ist doch sympathisch, nicht? Was hast du denn gegen

_____[4]? (euer Nachbar)

HERR RIEDHOLT: Ich finde _____[5] ein bisschen unfreundlich. (er) Er sagt

nie „Guten Tag". Er geht nie ohne _____[6] iPod aus dem

Haus. (sein) Und die Musik ist immer sehr laut. Hmm, jetzt geht er schon wieder um

_____[7]. (unser Haus)

ANNA: Und _____[8] findest du eigentlich nett hier in der

Straße? (wer)

Name _____ Datum _____

G Was gibt's zum Abendessen? Anna und Leon machen oft das Essen zusammen. Heute kommt Daniel und sie gehen zusammen einkaufen. Verneinen Sie die Wörter, die kursiv gedruckt sind, indem Sie **nicht** oder eine Form von **kein** benutzen. (*Anna and Leon often prepare meals together. Today Daniel is coming and they are shopping together. Negate the italicized words by using **nicht** or a form of **kein**.*)

▶ LEON: Im Supermarkt finde ich Wurst und Fleisch *gut.*
   Im Supermarkt finde ich Wurst und Fleisch nicht gut.

▶ ANNA: Aber es gibt hier *eine* Metzgerei.
   Aber es gibt hier keine Metzgerei.

1. LEON: Anna, Daniel isst doch *Würstchen.*

   _____

2. ANNA: Ach ja, und er trinkt auch *Bier.*

   _____

3. LEON: Isst er *gern* Spaghetti?

   _____

4. ANNA: Ja, das stimmt. Also gut, dann kaufen wir *Würstchen.*

   _____

5. LEON: Kaufen wir Spaghetti und Tomatensoße. Die macht Daniel *oft* zu Hause. Und in der Mensa finde ich sie *gut.*

   _____

   _____

6. ANNA: Okay. Bezahlst du *heute* die Lebensmittel?

   _____

7. LEON: O je, ich finde mein Geld nicht. Hast du *Geld,* Anna?

   _____

H Im Café Nach ihren Kursen gehen Studenten oft in der Cafeteria einen Kaffee trinken. Ergänzen Sie ihre Gespräche mit den passenden *Personal-* oder *Possessivpronomen.* Benutzen Sie jeweils die richtige *Nominativ-* oder *Akkusativform.* (*After their classes students often go for a coffee in the cafeteria. Complete their conversations with the appropriate personal pronouns or possessive adjectives. Use the correct nominative or accusative form in each case.*)

▶ FRANCO: Trinkst du dein*en*_____ Kaffee nicht?

   SANDRA: Nein, möchtest du _____*ihn*_____ trinken?

1. ANNA: Leon, du bezahlst immer unser_____ Getränke. Heute bezahle ich

   _____ mal.

   LEON: Ja, gern. Danke. _____ kosten 5,60 Euro.

2. MIRIAM: Christian, isst du dein_____ Kuchen nicht?

   CHRISTIAN: Nein, ich mag _____ nicht. Er ist zu trocken. Möchtest du

   _____ essen?

   MIRIAM: Au ja, ich nehme _____ gern.

3. KEVIN: Oh, da ist ja Pascals Freundin. Wie findest du _____?

   JANA: Hmm, ich finde _____ nicht so sympathisch.

   CELINE: Ich kenne _____ von der Uni. _____ ist ein bisschen reserviert,

   aber sehr nett.

4. VANESSA: Robin, brauchst du heute Abend dein_____ Deutschbuch?

   MARCEL: Nein, ich brauche _____ nicht. Warum fragst du? Wo hast du

   dein Buch?

   VANESSA: Frag _____ nicht. Seit drei Tagen suche _____ es schon.

   Ich glaube, _____ ist weg°.   *gone*

5. MICHAEL: Luisa und Tim, da seid _____ ja! Anna sucht _____.

   LUISA: Warum sucht sie _____ denn?

   MICHAEL: Ich glaube, sie braucht eur_____ Handynummern.

I **Hauptbahnhof Tübingen** Im Tübinger Hauptbahnhof gibt es nicht nur billiges Essen und Geschäfte,
sondern auch kulturelle Veranstaltungen. Beantworten Sie die folgenden Fragen. *(The Main Train Station in
Tübingen not only offers inexpensive food and shopping but also cultural events. Answer the following questions.)*

HauptBAHNhof
Gastronomie – Kultur – Shopping

Europaplatz 19
72072 Tübingen

Öffnungszeiten:
Shopping: Täglich
von 10.00 – 22.00 Uhr
Kultur: Live Musik:
Freitags ab 17.00 Uhr

Gastro: Täglich von 10.00 – 2.00 Uhr

• Frühstück: Täglich 10.00 – 14.00 Uhr

• Frühstücksbuffet:
  Sonntags ab 10.00 Uhr

• Durchgehend° warme Küche   *continuous*
  von 10 bis 24 Uhr

• Täglich wechselndes°   *changing*
  Mittagsmenü (auch vegetarisch)
  von 11.30 bis 15.00 Uhr
  ▸ vegetarisch ab € 5,00
  ▸ mit Fleisch ab € 6,00
  ▸ großes Salatbuffet

Cengage Learning

1. Was gibt es immer freitags? _____

2. Von wann bis wann gibt es warmes Essen? _____

3. Was kostet ein Mittagessen? _____

4. Gibt es auch Essen ohne Fleisch? _____

5. Wann gibt es ein Frühstücksbuffet? _____

6. Welchen Tag finden Sie persönlich im Hauptbahnhof interessant? Warum?

_____

J **Weißt du, wo ...?** Marie ist in ihrem ersten Semester an der Uni Tübingen. Sie möchte ein Seminar in englischer Literatur belegen und sucht die Abteilung für Anglistik. Daniel und Leon kennen die Uni gut. Ergänzen Sie ihr Gespräch mit den richtigen Formen von **wissen** oder **kennen**. *(Marie is in her first semester at the University of Tübingen. She would like to take a seminar in English literature and is looking for the English department. Daniel and Leon know the university well. Complete their conversation with the correct forms of **wissen** and **kennen**.)*

MARIE: Daniel, du _____¹ die Uni doch gut.

_____² du, wo die Englische Fakultät ist?

DANIEL: Ich bin nicht sicher, aber ich glaube, sie ist im Brecht-Bau. Du

_____³ doch den Brecht-Bau, nicht?

LEON: Dort habe ich gleich eine Vorlesung, Marie. Komm doch mit!

Ich _____⁴ auch viele Anglistikprofessoren.

Ich habe vielleicht ein paar Tipps für dich. Professor Weyrich ist besonders nett.

MARIE: Ich _____⁵ Professor Weyrich nicht, aber ich

_____⁶ sein Buch über englische Literatur.

_____⁷ ihr, wo die Bibliothek ist? Ich möchte sein Buch gern leihen.

K **Viele Fragen** Beim Einkaufen hat David viele Fragen für Daniel. Schreiben Sie Daniels Antworten auf. Ersetzen Sie immer das *direkte Objekt* durch das *Personalpronomen*. Folgen Sie dem Beispiel. *(David is shopping and has many questions for Daniel. Write down Daniel's answers. Always replace the direct object with a personal pronoun. Follow the model.)*

► Findest du den Supermarkt gut? (Ja)   *Ja, ich finde ihn gut.*

1. Kaufst du das Brot beim Bäcker? (Ja)

_____

2. Nimmst du den Kaffee aus Kolumbien? (Nein)

_____

3. Findest du das Gemüse aus Holland gut? (Ja)

_____

4. Gibst du mir bitte den Geldbeutel°? (Ja)   *wallet*

_____

5. Bekommst du die Blumen im Supermarkt? (Nein)

_____

6. Isst du die Wurst zum Frühstück? (Nein)

_____

7. Brauchst du die Tabletten gegen Kopfschmerzen? (Ja)

_____

8. Kennst du die Metzgerei bei der Uni? (Nein)

_____

L **Hamburger, Currywurst oder Döner?** Lesen Sie den folgenden Text über Fastfood in Deutschland und beantworten Sie dann die Fragen dazu. Einige dieser Informationen kommen aus der Online-Ausgabe der deutschen Tageszeitung „taz". *(Read the following text on fast food in Germany and answer the questions about it. Some of the information comes from the online edition of the German newspaper "taz.")*

Döner – Ein sehr beliebtes Fastfood

Dave Bartruff/CORBIS

Auch in Deutschland ist Fastfood populär. Hamburger isst man gern bei McDonald's oder bei Burger King. McDonald's ist mit etwa 1400 Restaurants die Nummer 1 und Burger King mit etwa 700 Restaurants die Nummer 2 in Deutschland. Und dann gibt es natürlich das traditionelle deutsche Fastfood, die Brat- oder Currywurst. Aber seit° ein paar Jahren ist der Döner das Fastfood Nummer 1. Döner – das ist eine Tasche aus Pitabrot, gefüllt mit gegrilltem Fleisch, Zwiebeln°, Tomaten, Salat und Knoblauch°-Jogurtsauce.

since

onions
garlic

Der Döner entstand° vor etwa 160 Jahren° in der Türkei. 1971 machte° der 16jährige Migrant° Mehmet Aygün in Berlin den ersten° Döner und verkaufte° ihn in einer kleinen Imbissbude°.

*originated / **vor ... Jahren:** about 160 years ago / made / immigrant / first / sold / snack stand / there were / Döner shops and stands / came*

1983 gab° es in Berlin schon etwa 200 Dönerverkaufsstellen°, Ende der 90er-Jahre 1.300. Bald kam° der Döner-Boom auch in andere große Städte wie Frankfurt, Hamburg, Köln und München, dann auch in kleine Städte. Die Deutschen lieben° ihren Döner über alles und pro Jahr isst man in Deutschland etwa 720 Millionen Dönersandwiches. Ein Döner kostet etwa 3,50 – 5,00 € und hat 550 Kalorien. Guten Appetit!

love

1. Was für Gemüse braucht man für einen Döner?

   _____

2. Was ist populärer? Döner oder Currywurst?

   _____

3. Wann gab es den ersten Döner in Berlin?

   _____

4. Wer hat ihn gemacht°?

   _____   ***hat gemacht:*** *made*

5. Heute gibt es über 15 500 Dönerverkaufsstellen. Wie viele Dönerverkaufsstellen gab es 1983 in Berlin?

   _____

6. Wie viele Dönersandwiches isst man in Deutschland pro Jahr?

   _____

7. Was kostet ein Döner?

   _____

8. Wie viele Kalorien hat er?

   _____

M Kulturkontraste

1. **Wählen Sie die richtigen Antworten.** Es sind immer zwei Antworten richtig. *(Choose the correct answers. There are always two correct answers.)*

   Im Supermarkt und auf dem Wochenmarkt

   1. Wie sind die Geschäfte in Deutschland?
      a. Bäckereien und Metzgereien sind oft kleine Geschäfte.
      b. Die Leute kaufen nur in großen Einkaufszentren ein.
      c. Es gibt auch große Supermärkte.

   2. Warum kaufen viele Deutsche gern auf dem Markt ein?
      a. Er ist abends immer bis 11 Uhr geöffnet°.   *open*
      b. Da findet man viel Gemüse und Obst.
      c. Dort ist alles ziemlich frisch.

   3. Was ist beim Einkaufen in Deutschland typisch?
      a. Die Leute packen ihre Sachen° selbst ein.   *things*
      b. Oft bringen die Leute ihre Einkaufstasche mit.
      c. Man geht immer mit dem Auto einkaufen.

   Das Brot

   4. Welche Besonderheiten° findet man in Deutschland zum Thema Brot?   *characteristics*
      a. Es gibt etwa 200 verschiedene Brotsorten.
      b. Das deutsche Brot ist meistens eher° hart und dunkel.   *rather*
      c. Die Deutschen essen nur wenig Brot.

Geschäftszeiten

5. Wie sind in Deutschland die normalen Geschäftszeiten?
   a. Sonntags bis 17 Uhr.
   b. Montags bis samstags ab 8.30 oder 9.30 Uhr.
   c. Abends sind viele Geschäfte bis 20 Uhr geöffnet.

Das Frühstück

6. Was essen viele Deutsche zum Frühstück?
   a. Brötchen mit Butter und Marmelade.
   b. Müsli.
   c. Spiegeleier und Toast.

2. **Wie finden Sie das Einkaufen in Deutschland?** Nennen Sie zwei positive Aspekte und zwei nicht so gute Aspekte. *(What do you think of shopping in Germany? Name two positive aspects and two not-so-good aspects.)*

_____

_____

_____

_____

_____

_____

_____

_____

_____

_____

Studieren in Deutschland

A Fragen Davids Freund Mark möchte auch an der Uni Tübingen studieren. Mark fragt David, Leon und Anna über ihr Studium. Formulieren Sie Marks Fragen. Benutzen Sie die Stichwörter°.

cues

▶ ihr / möchten / arbeiten / im Sommer / ?   *Möchtet ihr im Sommer arbeiten?*

1. du / mögen / Tübingen / ?

   _____

2. ihr / dürfen / machen / im Semester / ein Praktikum / ?

   _____

3. Studenten / müssen / schreiben / viele Klausuren / ?

   _____

4. man / müssen / schreiben / für jedes Seminar / eine Seminararbeit / ?

   _____

5. du / möchten / studieren / in Amerika / ?

   _____

6. wir / sollen / gehen / jetzt / in die Bibliothek / ?

   _____

B Was machst du gern abends? Leon, Daniel und Anna sprechen darüber, was sie abends oft machen. Ergänzen° Sie ihr Gespräch mit dem passenden° Verb in der richtigen Form.

complete / appropriate

fahren   halten   lesen   sehen   werden   wissen

▶ LEON: _____*Liest*_____ du gern Romane, Daniel?

1. DANIEL: Was macht ihr abends immer, Leon und Anna? _____ ihr oft fern?

2. LEON: Nein, ich _____ nicht oft fern. Vom Fernsehen _____

   ich immer so müde. Ich _____ aber sehr viel. Krimis mag ich zum

   Beispiel sehr gern.

3. ANNA: Ich muss immer viel für Deutsch und Englisch _____. Ich

_____ manchmal ganz nervös! Im Literaturstudium muss man so

viele Romane kennen! Und du, Daniel? _____ du manchmal ein

Buch oder _____ du viel fern?

4. DANIEL: Ich _____ eigentlich gern fern. _____ ihr

eigentlich, was heute Abend im Fernsehen kommt?

5. LEON: Nein, ich _____ es nicht. Und ich spiele auch lieber Gitarre oder

_____ meinen Krimi fertig. Anna, was _____

du eigentlich von Donna Leon? Ihre Krimis finde ich ziemlich gut!

6. ANNA: Ich mag sie auch sehr gern. _____ du nicht bald nach Venedig?

Dann _____ du ja, wo Kommissar Brunetti arbeitet!

C **Wer ist denn das?** Sie zeigen einem Freund Fotos von Ihrer Familie. Ihr Freund fragt, wer auf dem Foto ist, und stellt° noch eine weitere Frage über die Person. Sie verneinen° alle Fragen und sagen, wer die Person wirklich ist und was sie/er macht wie in den Beispielen. (Weitere Wörter finden Sie in den *Supplementary Word Sets* auf der *Companion Website*).

stellt eine Frage: asks a question / answer in the negative

▶ Ist das deine Kusine?   *Nein, das ist meine Tante.*
Ist sie Sozialarbeiterin?   *Nein, sie ist Professorin.*

1. Ist das dein Bruder? _____

Ist er Ingenieur? _____

2. Das ist deine Mutter, nicht? _____

Ist sie Spanierin? _____

3. Sind das deine zwei Cousins? _____

Sind sie Elektriker? _____

4. Ist das dein Onkel? _____

Ist er Deutscher oder Schweizer? _____

5. Das ist deine Kusine, nicht? _____

Was will sie werden? _____

D Wie war dein Wochenende? Leon und Anna sprechen darüber, wie ihr Wochenende war. Ergänzen Sie ihr Gespräch mit der richtigen Form von **haben** oder **sein** im *Imperfekt°*. *simple past tense*

1. LEON: Na, Anna, wie _____ dein Wochenende? _____ du hier in Tübingen?

2. ANNA: Ja, ich _____ Besuch von meinen Freunden aus Berlin, von Franziska und Sebastian. Am Samstagabend _____ wir ein großes Essen hier. Schade, und du _____ nicht da!

3. LEON: Ja, ich _____ doch in Freiburg. Mein Freund Paul _____ am Samstag Geburtstag. Und er _____ eine große Party in seinem Wohnheim°. Es _____ sehr nett! Am Sonntag _____ ich dann aber wieder hier. Ich _____ doch noch viel Arbeit für die Uni. *dormitory*

4. ANNA: Ach ja, du _____ heute Morgen doch dein Englisch-Referat, nicht?

5. LEON: Ja, und es _____ sogar° ganz gut! Professor Greiner _____ sehr zufrieden! *in fact*

E In der Mensa (university cafeteria) In der Kaffeepause nach den Seminaren sprechen die Studenten oft über ihre Kurse und Vorlesungen. Ergänzen Sie die folgenden Gespräche mit den passenden *der-Wörtern°* in der richtigen Form. *der-words: dies-, jed-, welch-, manch-, solch-*

▶ SELINA: Wie findest du ____diesen____ Professor für englische Literatur?

CHARLOTTE: ____Welchen____ Professor meinst du – Thompson oder Baumeister?

1. JAKOB: Viele Studenten machen Germanistik als Hauptfach. Aber _____ Studenten nehmen Deutsch nur als Nebenfach.

ANTONIA: Weißt du, was _____ Studenten einmal° *later* werden wollen? Als Lehrer° am Gymnasium braucht man doch *teacher* Germanistik als Hauptfach.

2. SIMONE: Ich glaube, ich bereite kein Referat für _____ Seminar vor.

   NILS: Hmmm, ich glaube, _____ Student muss ein Referat vorbereiten.

   SIMONE: Ach so.

3. AISHA: Findest du _____ Vorlesung in Biochemie auch so schwer?

   FATIH: Ja, aber _____ Fächer sind immer kompliziert.

4. VANESSA: _____ Klausur über deutsche Literatur

   war nicht einfach. Aber Tim hat sicher wieder eine Eins°.   *one (the highest grade)*

   _____ Noten möchte ich auch mal haben.

   ANNIKA: Ja, _____ Leute arbeiten wirklich viel für ihr Studium.

F **Musst du arbeiten?** Sarah und Anna sprechen über ihre Hausaufgaben und
darüber, was° sie danach° machen wollen. Formulieren Sie ihr Gespräch, indem   *darüber, was: about*
Sie die Stichwörter benutzen.   *what / afterwards*

1. was / du / machen / heute Nachmittag / ?

   SARAH: Hallo, Anna. _____

2. ich / müssen / schreiben / einen Artikel für mein Referat

   ANNA: _____

   _____ Und du?

3. ich / müssen / lesen / ein Buch für mein Referat

   SARAH: _____

4. aber danach° / wir / können / vielleicht / spazieren gehen   *after that*

   _____

   _____

5. leider / ich / müssen / durcharbeiten / meine Vorlesungsnotizen

   ANNA: _____

   _____

6. aber / heute Abend / wir / fernsehen / zusammen

   _____

7. ich / einkaufen / etwas zu trinken

   SARAH: _____

   _____ , okay?

8. ich / mitbringen / ein paar Chips

   ANNA: Ja, gut. _____

G **Ferien mit der Familie** Schauen Sie sich° die folgende Anzeige° an und ergänzen Sie die Diskussion der Familie nach den Informationen, die° Sie hier finden.

schauen Sie sich an:
look at / advertisement / which

Ihre Frau möchte Thalasso,° Massagen und Dampfbäder.° Ihr Sohn will Tennis spielen. Ihre Tochter will reiten.° Sie wollen golfen. Jetzt gibt's zwei Alternativen: Familienkrach° oder Land Fleesensee.

treatment that uses sea water and algae to cleanse the body cells
steam baths

ride

family quarrel

Courtesy Fleesensee

VATER: Was sollen wir denn in den Sommerferien machen? Wisst ihr schon, was ihr gern machen wollt?

MUTTER: _____

VATER: _____

TOCHTER: Das ist doch langweilig. Ich _____

SOHN: Das finde ich _____. Ich _____

MUTTER: Seht, hier habe ich noch mehr Informationen über Land Fleesensee.

H **Ich brauche deine Notizen** Sie müssen ein Referat schreiben. Aber gestern waren Sie krank und Sie haben keine Vorlesungsnotizen. Sie wollen Ihre Freundin Lily fragen, ob° Sie ihre Vorlesungsnotizen ausleihen dürfen und ob sie sie morgen mitbringen kann. Schreiben Sie eine E-Mail an Lily.

whether

Liebe Lily,

_____

_____

_____

_____

dein/deine

_____

I An der Uni Heidelberg Ihr Freund Jonathan möchte an einer deutschen Universität Literatur studieren. Sie schauen° zusammen die Kursliste von den deutschen Fakultäten° an. Helfen Sie ihm Kurse zu finden, die vielleicht interessant für ihn sind. Sie müssen nicht jedes Wort verstehen°. Achten° Sie auch auf die Wörter, die° ähnlich° sind wie im Englischen.

Schauen an: look
deutsche Fakultäten:
German department /
understand / achten
auf:pay attention to /
that / similar

VORLESUNGSVERZEICHNIS				
STUDIENBERATUNG°: *Dr. Peter Gebhardt, Raum 026, Do. 11–13 Uhr und n. V.*				
ALLGEMEINE° UND VERGLEICHENDE° LITERATURWISSENSCHAFT°				
V	Theater des 20. Jahrhunderts, 2st. Prof. Harth		Di	11.00–13.00 NUni HS 10
OS	Die großen Filmregisseure° (II): Cocteau, Greenaway, Lynch, 4st. Prof. Gerigk, Dr. Hurst		Mi	10.00–21.00 PB SR 137
HpS	Komparatistische Forschungen°. Literatur und Musik, 2st. Prof. Harth		Mo	16.00–18.00 PB 133
HpS	Literatur und Holocaust 2st.		Mo	9.00–11.00 PB 038

advisor

general / comparative / literary studies

film directors

research

1. Jonathan geht gern ins Theater. Welche Vorlesung kann er besuchen°?

    _____

attend

2. Wann ist diese Vorlesung und wie heißt der Professor?

    _____

    _____

3. Welchen Kurs gibt es über Filme?

    _____

4. Welches Seminar finden Sie interessant?

    _____

5. An welchem Tag ist das Seminar und wer ist der Professor?

    _____

    _____

J Als Student in Berlin
Alberto, 26, kommt aus Rom und er studiert Geschichte an der McGill Universität in Montreal. Nun ist er für ein Semester an der TU° in Berlin, um dort an seiner Doktorarbeit zu arbeiten. Er erzählt von seinem Leben in Berlin.

Technische Universität

auremar/Shutterstock.com

„Ich wohne hier mit drei anderen ausländischen Studenten in einer Wohnung°. Wir verstehen° uns sehr gut und machen viel zusammen. Manchmal ist es in unserer Küche° etwas chaotisch, weil jeder von uns etwas anderes isst. Besonders unterschiedlich° ist das, was wir zum Frühstuck essen. Ich habe morgens noch keinen großen Hunger und esse meistens nur Cornflakes mit Milch und trinke ein Glas Orangensaft. Auch das Frühstück von Céline, unserer französischen Mitbewohnerin°, ist ziemlich spartanisch und einfach: Sie isst ein Croissant und trinkt dazu einen Milchkaffee. Aber Yung, unser chinesischer Mitbewohner, der isst morgens um sieben Uhr schon eine große Portion Nudeln mit Fisch. Mir wäre das, glaube ich, zu viel. Aber gesund ist es wohl!

apartment
verstehen uns *get along*

kitchen

different

housemate

Mittags esse ich meistens in der Mensa° an der Universität. Das Essen dort ist eigentlich ziemlich gut und billig. An der Uni in Montreal kostet das gleiche Mensa-Essen sicher viermal so viel. Es gibt es hier oft auch typisch deutsche Essen, die mir gut schmecken°. Besonders gern mag ich Sauerkraut mit Kartoffelpüree° und Bratwürsten. Wirklich lecker°! Abends, wenn ich aus der Bibliothek komme, esse ich oft einen Döner. Berlin ist bekannt für die guten Döner, die man an jeder Ecke° bekommt. Wenn ich mit Freunden ausgehe, gehen wir gerne asiatisch essen – zum Beispiel japanisch und chinesisch. Am Wochenende waren wir einem schönen thailändischen Restaurant, das auch gar nicht teuer ist. Ich gehe eigentlich nie italienisch essen, weil das in Italien natürlich viel besser scheckt. Ist doch klar! Was ich in Deutschland vermisse°? Hm, vielleicht einen richtig guten Cappucino oder Espresso!

university cafeteria

taste
mashed potatoes / delicious
corner

miss

1. Was macht Alberto in Berlin?

_____

_____

2. Wo wohnt er und wie gefällt es ihm da?

_____

_____

3. Woher kommen seine Mitbewohnerin und sein Mitbewohner?

_____

4. Wie sieht sein Frühstück aus? Was trinkt und isst er morgens?

_____

_____

5. Was essen und trinken Céline und Yung zum Frühstück?

_____

_____

6. Wie findet Alberto das Mensaessen in Berlin? Und in Kanada?

_____

_____

7. Was isst Alberto gerne? Nennen Sie ein paar Essen, die er mag.

_____

_____

_____

K Kulturkontraste

Sie wollen nächstes Jahr nach Deutschland, Österreich oder in die Schweiz reisen. Dafür sammeln° Sie Informationen über kulturelle Unterschiede° zwischen diesen Ländern und Ihrem Land. Markieren Sie, ob die folgenden Aussagen **richtig** oder **falsch** sind.   *gather/ differences*

1. **Hochschulen.** Welche Definition passt zu welcher Kursart°?   *type of course*

   a. _____ Es gibt keine Klausuren und keine Tests.   i. Seminar

   b. _____ Man diskutiert viel und die Studenten halten ein   ii. Übung

   Referat oder schreiben eine Seminararbeit.   iii. Vorlesung

   c. _____ Man hat Hausaufgaben und am Ende gibt es

   einen Test.

2. **Finanzen und Studienplätze.** Lesen Sie die folgenden Aussagen° über   *statements*
   deutsche Universitäten und markieren Sie, ob sie richtig oder falsch sind.

	Richtig	Falsch
a. Für ein Studium an einer Uni braucht man das Abitur.	☐	☐
b. Die deutschen Studenten müssen keine Studiengebühren bezahlen.	☐	☐
c. Für manche Studienfächer wie z. B. Medizin braucht man sehr gute Noten.	☐	☐

3. **Schule, Hochschule, Klasse, Student.** Welcher Begriff im Englischen passt zu
   dem Begriff im Deutschen?

   _____ 1. 1st grade (in school)   a. der Deutschkurs

   _____ 2. freshman (university)   b. die Deutschstunde

   _____ 3. German class (in school)   c. erste Klasse

   _____ 4. German class (at university)   d. das erste Semester

   _____ 5. student (school)   e. die Hochschule

_____ 6. student (university)   f. die Höhere Schule (das Gymnasium)

_____ 7. high school   g. der Schüler/die Schülerin

_____ 8. university   h. der Student/die Studentin

4. Das Schulsystem in Deutschland. Auf welcher Schule war die Person mit diesem Beruf wohl? Schreiben Sie vor die Berufe jeweils die Abkürzung°.

abbreviation

Hauptschule (H)   **Realschule (R)**   **Gymnasium (G)**

a. _____ Arbeiter/Arbeiterin

b. _____ Architekt/Architektin

c. _____ Krankenpfleger/Krankenpflegerin°

nurse

d. _____ Mathematikprofessor/Mathematikprofessorin

e. _____ Grafik-Designer/Grafik-Designerin

f. _____ Bäcker/Bäckerin

Österreich

A **Pläne** Anna geht in den Semesterferien nach Österreich. Sie spricht mit Daniel über ihre Pläne. Ergänzen Sie ihr Gespräch mit den richtigen *Artikeln* und *Präpositionen.*

▶ DANIEL: du / haben / Pläne / für / Ferien / ?   *Hast du Pläne für die Ferien?*

ANNA: ja, / ich / fahren / nach / Österreich

_____

DANIEL: du / fahren / mit / Zug / ?

_____

ANNA: nein, / ich / fliegen

_____

DANIEL: wann / du / kommen / wieder / Hause / ?

_____

ANNA: ich / wissen / es / noch nicht

_____

B **Haupt- und Nebensätze** David und Leon telefonieren. Unterstreichen°
Sie in den folgenden Sätzen jeden *Hauptsatz*° einmal, und jeden *Nebensatz*° zweimal.

underline

*independent clause /
dependent clause*

▶ Weißt du, dass Anna in den Ferien nach Österreich fährt?

1. Fährt sie denn mit dem Zug oder fliegt sie?

2. Ich glaube, dass sie mit dem Zug fahren will.

3. Das ist sicher schön, weil sie dann viel vom Land sieht.

4. Ich hoffe, dass du heute noch vorbeikommen kannst.

5. Wenn Daniel mir sein Auto leiht, komme ich gegen drei Uhr.

6. Um vier ist besser, denn ich muss noch in die Bibliothek.

7. Ich möchte ja gern kommen, aber um vier habe ich leider eine Vorlesung.

C **Ungarn** Ilona wohnt in Ungarn. Ergänzen Sie die Sätze mit **aber** oder **sondern**.

1. Ilonas Großeltern kommen nicht aus Ungarn, _____ aus Österreich.

2. Ilona kann den österreichischen Dialekt verstehen, _____ sie kann ihn nicht gut sprechen.

3. Ihre Tante wohnt noch in Wien, _____ ihr Cousin wohnt jetzt in der Schweiz.

4. In den Ferien arbeitet Ilona nicht in Budapest, _____ sie fährt nach Wien und nach Salzburg.

D **Studium in England** Leon möchte nächstes Jahr in London studieren. Finden Sie für jeden Satz 1–6 die passende° Ergänzung° aus der Liste. Verbinden° Sie die beiden Satzteile° mit den *Konjunktionen* **dass, wenn** oder **weil**.

appropriate / supplementary (sentences) connect / parts of the sentence

     Er findet Busfahren zu teuer.
     Er kann in England studieren.
     Er braucht Geld.
     Er macht ein gutes Examen.
     Er möchte besser Englisch lernen.
     Er hat genug Geld.
     Er will in Tübingen sein Examen machen.

▶ Leon jobbt im Sommer.   *Leon jobbt im Sommer, weil er Geld braucht.*

1. Er geht jetzt immer zu Fuß.

   _____

2. Im Herbst studiert er in London.

   _____

3. Es ist toll.

   _____

4. Er bleibt ein ganzes Jahr.

   _____

5. Nach dem Jahr in London kommt er nach Tübingen zurück.

   _____

6. Er findet vielleicht einen guten Job bei einer Exportfirma.

   _____

E **Akkusativ und Dativ** Identifizieren Sie in jedem der folgenden Sätze das *Subjekt*, das *indirekte Objekt* und das *direkte Objekt* und schreiben Sie es in die folgende Tabelle. Nicht jeder Satz hat ein indirektes Objekt.

Sachertorte (*famous Viennese cake*)

1. Meine Mutter bringt mir aus Wien eine Sachertorte mit.

2. Hmm, darf ich die Torte dann auch versuchen?

3. Vielleicht kann meine Mutter dir ja auch eine Torte schenken?

4. Aber nein, ich zahle sie ihr natürlich zurück.

Der österreichische Dialekt

5. Ein Deutscher fragt eine Österreicherin etwas über die österreichische Politik.

6. Sie beantwortet ihm seine Fragen.

7. Doch leider kennt der Deutsche den österreichischen Dialekt nicht gut.

8. Ein Freund erklärt ihm alles.

Subjekt	Indirektes Objekt	Direktes Objekt
1. _____	_____	_____
2. _____	_____	_____
3. _____	_____	_____
4. _____	_____	_____
5. _____	_____	_____
6. _____	_____	_____
7. _____	_____	_____
8. _____	_____	_____

F Gespräche Leon geht für ein Jahr zum Studium nach England. Er gibt seinen Freunden ein paar Sachen°. Ergänzen Sie die Sätze mit den Stichwörtern im richtigen Fall°.

things
case

▶ dein Bruder / deine Bücher / du (2x)

ANNA: Was machst du mit _____*deinen Büchern*_____? Gibst du sie _____*deinem Bruder*_____?

LEON: Nein, er hat schon so viele Bücher. Ich kann sie gern _____*dir*_____ geben. Möchtest du sie?

ANNA: Toll, ich danke _____*dir*_____.

1. ich / mein Fahrrad / sie

DANIEL: Kannst du _____ dein Fahrrad leihen? Mein Fahrrad ist so alt und klapprig°.

rickety

LEON: Leider nicht. Meine Schwester braucht es wieder. Ich muss es _____ zurückgeben.

DANIEL: Oh je, dann muss ich weiter mit _____ fahren.

2. ich (2x) / ihr / sie

ANNA: Kaufst du in London eigentlich ein Bett und einen Schreibtisch?

LEON: Ich weiß noch nicht. London ist sehr teuer. Ich hoffe, dass meine Eltern _____ ein bisschen Geld geben.

ANNA: Aber wahrscheinlich musst du es _____ dann wieder zurückzahlen.

LEON: Daniel und Anna, braucht ihr eigentlich Pflanzen? Ich schenke sie _____.

DANIEL: Nein, danke, ich brauche keine. Zu viel Arbeit!

ANNA: Aber ich nehme deine Pflanzen gern. Sie gefallen _____ sehr gut.

3. du / ich / ihr / wir

ANNA UND DANIEL: Leon, du gibst _____ so viele Dinge. Wir schreiben _____ dann auch jeden Tag eine E-Mail nach London.

LEON: Das glaube ich _____ nicht. Aber es ist schon toll, wenn ihr _____ einmal im Monat schreibt.

G **Geschenke** Anna, Franziska und Sebastian sehen sich einen Katalog an und sprechen darüber, was sie wem schenken können. Formulieren Sie die Fragen mit den Stichwörtern im richtigen Fall. Ersetzen° Sie in den Antworten beide *Objekte* durch *Pronomen*.

replace

€ 16,90   € 13,99   € 19,90   € 98,00

▶ —Franziska und Sebastian, schenkt ihr ___*euren*___ ___*Eltern*___ das Buch über Spanien? (eure Eltern)

▶ —Ja, wir schenken ___*es*___ ___*ihnen*___. Sie fahren doch im Sommer nach Barcelona.

1. —Anna, kaufst du _____ _____

    _____ die CD von Coldplay? (dein Freund Daniel)

    —Nein, ich schenke _____ _____ besser nicht. Er

    hat diese CD sicher schon.

2. —Sebastian, möchtest du _____ _____ nicht diese

    Uhr kaufen? (deine Freundin)

    —Doch, ich möchte _____ _____ gern kaufen, aber

    leider ist sie _____ zu teuer.

3. —Schenkst du _____ _____ dieses Radio, Anna?

    (deine Großeltern)

    —Ja, ich kaufe _____ _____. Aber ich glaube,

    meine Eltern müssen _____ bezahlen. Ich habe im Moment kein Geld.

H **Eine E-Mail** David besucht seine Familie in den USA. Er schreibt eine E-Mail an Anna. Mit den Präpositionen hat er noch Probleme. Ergänzen Sie seine E-Mail mit den passenden *Präpositionen*.

aus   außer   bei *(2x)*   mit   nach   seit   von   zu

Hallo Anna,

wie geht es dir allein in Tübingen? Daniel und Leon sind auch _____[1] ihren

Eltern zu Hause, nicht? Sind _____[2] dir viele Studenten in der Bibliothek? Was

macht dein Referat? Ich bin _____[3] einer Woche in Boston. Und heute möchte

ich dir schnell eine Mail _____[4] dieser schönen Stadt schreiben. Es gefällt

mir sehr hier. Morgen fahre ich _____[5] meinem Freund Jeff nach Maine. Wir

wohnen dort _____[6] meiner Tante in Bar Harbor. Am Wochenende fahren

wir dann _____[7] meinen Großeltern nach New York. Und am Montag fliege

ich wieder _____[8] Stuttgart. Am Dienstag können wir dann zusammen in die

Bibliothek gehen.

Viele Grüße

_____[9] deinem Freund David

I **Stadt, Land, Fluss°** Identifizieren Sie die beiden Flüsse und die acht Städte auf der   *river*
Landkarte° von Österreich. Schauen Sie auch die Landkarte in Ihrem Textbuch an.   *map*

Flüsse   **Städte**

a. _____   1. _____   5. _____

b. _____   2. _____   6. _____

3. _____   7. _____

4. _____   8. _____

J **Schubert und Mozart** Lesen Sie den Text und beantworten Sie die Fragen.

Für viele Leute gehören° Österreich und Musik zusammen. Im Sommer kann man in Österreich „Musikferien" machen, denn es gibt jeden Sommer über 50 Festspiele°, bekannte und nicht so bekannte, vom Bodensee im Westen bis zum Neusiedler See im Osten. Es gibt Oper, Operette und Musical, Ballett und Konzerte mit klassischer und moderner Musik.

gehören zusammen: belong together

festivals

In Hohenems bei Bregenz gibt es jeden Sommer die „Schubertiade", ein Musikfest° für die Musik von Franz Schubert (1797–1828). Schubert ist durch seine Lieder°, Sinfonien, Kammermusik° und Klavierstücke° bekannt. Aber besonders wichtig sind seine Lieder. Es gibt über 600 von ihm.

music festival
songs
chamber music / piano pieces

Schubert war in seinem Leben° nicht sehr erfolgreich° und hatte immer wenig Geld. Er wohnte° oft bei Freunden. Hier und da arbeitete° er als Klavierlehrer°. In seinem ganzen Leben hatte er aber kein eigenes° Klavier.

life / successful
lived / worked / piano teacher / own

Man erzählt von ihm diese Anekdote: Einmal° will ein Freund mit ihm ins Kaffeehaus gehen, aber Schubert kann keine Strümpfe° ohne Löcher° finden. Er sucht und sucht und sagt endlich: „Es scheint°, dass man in Wien die Strümpfe nur mit Löchern fabriziert."

one day
stockings / holes
seems

Die Salzburger Festspiele sind vor allem° Mozartfestspiele. Wolfgang Amadeus Mozart (1756–1791) ist in Salzburg geboren°. Er ist für fast alle Bereiche° der° Musik sehr wichtig. Seine Opern gehören zum internationalen Repertoire.

above all
born / area / of

Die großen Orchester spielen seine Sinfonien. Immer wieder° gibt es neue Interpretationen von seinen Serenaden, von seinen Klavier-° und Violinkonzerten° und von seinen Sonaten.

immer wieder: again and again / piano
Konzert: concerto

Von dem großen Beethoven (1770–1827) gibt es eine kleine Geschichte zu° Mozarts Musik: Beethoven geht mit dem bekannten Pianisten Cramer durch einen Park. Da spielt man Mozarts Klavierkonzert in c-Moll°. Bei einem bestimmten Motiv bleibt Beethoven stehen°, hört eine Weile zu° und sagt dann: „Cramer, solche Musik werde ich in meinem Leben nicht zustande bringen°."

about

C minor
bleibt stehen: stops / hört zu: listens / werde … zustande bringen: will accomplish

1. Warum kann man in Österreich besonders gut Musikferien machen?

   _____

   _____

2. Was für Musik gibt es bei den Festspielen?

   _____

   _____

3. Welche Musik von Schubert ist besonders bekannt?

_____

4. Warum kann Schubert keine Strümpfe ohne Löcher finden?

_____

5. Wo ist Mozart geboren?

_____

6. Für welche Bereiche der Musik ist Mozart wichtig? Nennen° Sie drei.　　　　*name*

_____

_____

7. Wie findet Beethoven Mozarts Musik?

_____

_____

K **Egon-Schiele-Museum** Der österreichische expressionistische Maler Egon
Schiele (1890–1918) ist ein bedeutender° Maler des 20. Jahrhunderts. Lesen Sie die　　*significant*
Anzeige° für das Egon-Schiele-Museum und beantworten Sie die folgenden Fragen.　　*ad*

Öffnungszeiten:
Montag: geschlossen
Dienstag – Sonntag: 9–12 und 14–18 Uhr

Anreise:
Mit der Bahn – Schnellbahn S40
(30 Minuten)
Mit dem Auto – Donauuferautobahn A22
(Fahrzeit circa 30 Minuten)

Donaulände 28　3430 Tulln

Über 90 Originalwerke und Dokumentationen
Ausstellungsinformation: http://www.egon-schiele.eu

1. Wo ist das Egon-Schiele-Museum?

   _____

2. Wann ist das Egon-Schiele-Museum nicht geöffnet?

   _____

3. Wie lange fährt man von Wien bis zum Museum?

   _____

4. Wie viele Bilder von Schiele gibt es dort?

   _____

5. Wo gibt es Informationen zu den Austellungen?

   _____

L Kulturkontraste

1. **Österreich und seine Künstler. Was passt?** Lesen Sie die Namen auf der linken Seite und verbinden Sie sie mit den passenden Themen auf der rechten Seite.

   _____ a. Sigmund Freud

   _____ b. Wolfgang Amadeus Mozart

   _____ c. Johann Strauß (junior)

   _____ d. Elfriede Jelinek

   i. viele Kompositionen, z. B. Opern, Symphonien, Klavierkonzerte

   ii. Nobelpreis für Literatur 2004

   iii. Vater der Psychoanalyse

   iv. Walzer „An der schönen blauen Donau"

2. **Das Kaffeehaus.** Lesen Sie die folgenden Aussagen über das Kaffeehaus und markieren Sie, ob sie **richtig** oder **falsch** sind.

	Richtig	Falsch
a. Hier kann man Kaffee trinken, gute Kuchen essen und Zeitung lesen.	_____	_____
b. Kaffeehäuser gibt es seit etwa 20 Jahren.	_____	_____
c. Das Kaffeehaus öffnet° abends erst um 20 Uhr.	_____	_____
d. Kaffeehäuser haben in Wien eine lange Tradition.	_____	_____
e. In Kaffeehäusern sieht man fast nur junge Leute.	_____	_____

opens (note next to c.)

3. **Salzburg.** Ihre Eltern schenken Ihnen einen Kurztrip nach Salzburg. Was können Sie dort machen? Nennen° Sie zwei Dinge.

   name

   _____

   _____

4. **Öffentliche Verkehrsmittel.** Philip wohnt in der Nähe von Stuttgart. Am Freitag möchte er seinen Onkel besuchen. Der Onkel wohnt in einem kleinen Dorf bei Salzburg. Philip hat zwar ein Auto, aber er fährt lieber mit dem Zug. Denn Benzin ist teuer und weil Philip Student ist, ist seine Zugkarte billiger. Es ist auch besser für die Umwelt, wenn man mit öffentlichen Verkehrsmitteln fährt. Außerdem sind am Freitagnachmittag die Straßen immer sehr voll und es gibt viele Staus. Philip fährt mit der S-Bahn zum Hauptbahnhof in Stuttgart. Dort nimmt er den ICE – der ICE fährt sehr schnell und nach etwa vier Stunden ist er in Salzburg. Philip kann im Zug noch an seinem Referat arbeiten. In Salzburg nimmt er einen Bus in das kleine Dorf, wo sein Onkel wohnt.

Frage: Was denken Sie? Warum nehmen die Leute in deutschsprachigen Ländern gerne öffentliche Verkehrsmittel? Nennen Sie drei Gründe.

_____

_____

_____

_____

_____

_____

In der Freizeit

A **Wie war der Samstagabend?** Sarah, Felix und Daniel sprechen darüber, was sie am Samstagabend gemacht haben. Benutzen Sie die Stichwörter und geben Sie ihr Gespräch im *Perfekt* wieder.

▶ wir / am Samstagabend / Leons Band / hören
   SARAH: *Wir haben am Samstagabend Leons Band gehört.*

1. das Konzert / euch / gefallen / ?

   DANIEL: _____

2. ja, / die Band / toll / spielen

   FELIX: _____

3. was / du / machen / ?

   SARAH: _____

4. ich / den ganzen Abend / am Computer / sitzen

   DANIEL: _____

5. du / viel / für deine Prüfungen / arbeiten / ?

   FELIX: _____

6. ich / im Internet / surfen

   DANIEL: Ach nein, leider nicht. _____

B **Was haben Sie als Kind (nicht) gern gemacht?** Markieren Sie, was Sie als Kind gern oder nicht gern gemacht haben.

	gern	nicht gern
→ *Fisch essen*		✓
1. Sport treiben		
2. früh aufstehen		
3. Comics lessen		
4. Rad fahren		
5. zur Schule gehen		

Bilden° Sie nun ganze Sätze im *Perfekt.*

▶ *Ich habe nicht gern Fisch gegessen.*

1. _____

2. _____

3. _____

4. _____

5. _____

C **Das hat Selina heute gemacht** Ergänzen Sie im *Perfekt,* was Selina heute gemacht hat. Benutzen Sie bestimmte Uhrzeiten° oder allgemeine° Zeitausdrücke° wie morgens, nachmittags, abends, dann, danach). (Benutzen Sie die Bilder.)

times of the day / general / time expressions

▶ *Sie ist um 7.50 Uhr aufgestanden.*
Or: *Um 7.50 Uhr ist sie aufgestanden.*
Or: *Morgens ist sie früh aufgestanden.*

_____

_____

2.

_____

_____

3.

_____

_____

4.

_____

_____

D **Das Spiel** Felix macht° bei einem Fußballspiel mit. Setzen Sie die Sätze ins *Perfekt*.

▶ Daniel ruft mich um elf an.   *Daniel hat mich um elf angerufen.*

macht mit:
participates

1. Ich mache gerade° Pläne für den Nachmittag.

just

_____

2. Das Spiel interessiert mich sehr.

_____

3. Aber ich spiele ziemlich schlecht.

_____

4. Leider fotografieren meine Freunde mein Spiel.

_____

5. Das gefällt mir nicht.

_____

6. Nach dem Spiel feiern wir.

_____

E **Einkaufsbummel** Sie und eine Freundin/ein Freund schauen sich die Schnäppchen° bei Hammacher an. Schreiben Sie ein Gespräch zwischen Ihnen und Ihrer Freundin/Ihrem Freund. Benutzen Sie den Dialog als Vorbild° oder formulieren Sie Ihr eigenes° Gespräch.

bargains
model
own

HAMMACHER
Mode und Sport

Overath
Hauptstraße 101
Gegenüber ALDI
Kostenlose Parkplätze

Markenmode° bis zu 70% REDUZIERT

brand name
fashion

special
offerings

Diese Woche im Angebot°:

Damen

Damenhosen (versch. Größen°)	~~€49,00~~
	jetzt €19,90
Damen Jeans, slim fit, stretch, skinny (blau, schwarz)	~~€61,00~~ €29,00
Jogginghosen (M, L)	€15,00
Blusen (7/8 Arm, Saisonfarben)	€7,95
T-Shirt (V-Ausschnitt°, versch. Farben, 100% Baumwolle°, Größen S, M, L)	€7,95
Rollkragenpullover° (100% Baumwolle, Größen S, M, L)	€5,50
Inline Skates (Restgrößen)	€15,0

Herren

Herren Jeans (versch. Größen)	~~€59,00~~
	jetzt €34,95
Herren Hosen (Cargo, Größen 32–42)	**ab €29,00** ~~€29,00~~
Polohemden/T-Shirts (100% Baumwolle, Größen M, L, XL, XXL)	~~€29,00–39,00~~ **jetzt €12,95–19,95**
Herren Shorts	**ab €19,95**
Herren Hemden (1/2 Arm, Größen M, L, XL, XXL)	€15,00
Marken T-Shirts (100% Baumwolle, Größen M, L, XL, XXL)	€9,95

various
sizes

neckline
cotton
turtle-neck
sweater

▶ JENNIFER: Ich brauche eine Jeans.
CHIARA: Hier gibt es Jeans – die kosten nur noch € 29,00.
JENNIFER: Das ist aber billig. Was haben die denn vorher° gekostet?
CHIARA: Sie haben € 61,00 gekostet. Und die sind schön.
JENNIFER: Ja, finde ich auch. Ich glaube, ich möchte eine Jeans in schwarz, nicht in blau. ...

previously

SIE: _____

IHRE FREUNDIN/IHR FREUND: _____

_____

SIE: _____

_____

● **IHRE FREUNDIN/IHR FREUND:** _____

_____

SIE: _____

_____

F **Ein Abend bei uns** Franziska erzählt, was sie, Sebastian und ihre Kusine Nina an einem Samstag gemacht haben. Setzen Sie das Gespräch ins *Perfekt*.

▶ Unsere Kusine Nina besucht uns, weil ihre Eltern nach Österreich fahren.
Unsere Kusine Nina hat uns besucht, weil ihre Eltern nach Österreich gefahren sind.

1. Weil es regnet, machen wir keine Fahrradtour nach Potsdam.

_____

2. Sebastian faulenzt den ganzen Samstag, denn er kommt Freitagabend spät nach Hause.

_____

3. Nina und ich sehen fern, obwohl wir das Programm langweilig finden.

_____

_____

4. Dann bestellen° wir eine Pizza, weil wir zu müde zum Kochen sind.   *order*

_____

_____

5. Sebastian isst nichts, denn er schläft schon.

_____

_____

G **Wie war es bei dir?** Wählen° Sie einen der folgenden Tage und beschreiben   *Choose*
Sie, was Sie da gemacht haben. Schreiben Sie fünf Sätze.

an Chanukka   an deinem Geburtstag   am Muttertag
am Silvesterabend   am Valentinstag   an Weihnachten

▶ *An meinem Geburtstag habe ich morgens lange geschlafen. Um elf Uhr habe ich mit einer Freundin in einem Café gefrühstückt. Danach haben wir für meine Party abends eingekauft und wir haben das Essen vorbereitet. Abends um acht sind die Gäste gekommen. Wir haben gegessen und getrunken und getanzt. Manche Gäste sind bis morgens um drei geblieben.*

_____

_____

_____

_____

_____

_____

H **Freizeit ein Problem?** Lesen Sie den Text und beantworten Sie die Fragen.

„Alle gehen in ihr Zimmer, schließen die Tür und tun eine oder eineinhalb Stunden, was sie wollen. Unsere eine Tochter will Musik hören. Unsere andere Tochter will fernsehen. Meine Frau will lesen. Ich will etwas schlafen. So verbringen° wir alle einen sehr schönen Sonntagnachmittag", erzählt Dr. Feldgen vom Institut für Freizeitforschung° in Hamburg.

spend
research on leisure

Man möchte fragen: „Ja und? Ist das etwas Besonderes?" Nach° Dr. Feldgen, ja. Viele Leute finden nämlich, dass Freizeit ein Problem ist. In den meisten Familien wollen die Menschen vor allem° zwei Dinge. Sie wollen Kontakt mit anderen, wollen etwas zusammen machen. Sie wollen aber auch allein sein, weg von den anderen. In diesem Dilemma ist Fernsehen oft der einzige Ausweg°. Man weiß nicht, was man machen soll. So sieht man eben° fern. Wenn der Fernseher kaputt ist, gibt's eine Familienkrise.

according to

above all

way out
simply

Für viele ist Freizeit keine freie Zeit. Am Wochenende machen sie Hausarbeit, waschen das Auto oder arbeiten im Garten. Für diese Aktivitäten gibt man seine freie Zeit auf°. Oder man macht einen großen Plan für die ganze Familie. Dieser Plan soll dann alle in der Familie zufrieden stellen°. Statt° Zufriedenheit° gibt's aber oft Unzufriedenheit, Frustration, Aggression, Stress.

***gibt auf:** give up*
zufrieden stellen:
  satisfy / instead of
  satisfaction

Für viele ist Freitag der schönste° Tag der Woche. Man denkt daran, was man am Wochenende machen kann. Die Wirklichkeit ist dann aber oft gar nicht so schön. Warum? Dr. Feldgen sagt: „Weil wir nicht gelernt haben, was wir brauchen. Wir brauchen freie Zeit für persönliche Wünsche. Wir brauchen freie Zeit für Kontakt mit anderen. Und wir brauchen freie Zeit, nichts zu tun, ohne Langeweile° und ohne Schuldgefühle°."

the best

boredom / feelings of
guilt

1. Warum ist der Sonntagnachmittag für alle in Dr. Feldgens Familie sehr schön?

_____

2. Warum ist „ein schöner Sonntagnachmittag" für viele Leute ein Problem?

_____

3. Was wollen die Menschen in den meisten Familien?

_____

4. Warum sehen viele Menschen am Wochenende oft fern?

_____

5. Was machen viele Leute am Wochenende?

_____

6. Warum ist für viele Freitag der schönste Tag der Woche?

_____

I Was machen Sie in Ihrer Freizeit? Schreiben Sie fünf ganze Sätze, was Sie gerne in Ihrer Freizeit machen. Unten° finden Sie Ideen. Sie können auch die *Supplementary Word Sets* auf der *Companion Website* benutzen.

below

Zeitausdrücke°: Benutzen Sie die Zeitausdrücke am Satzanfang°.
am Wochenende   samstags   sonntags   morgens   nachmittags   abends

time expressions / beginning of sentence

Aktivitäten: Musik hören   fernsehen   Computerspiele (Videospiele, Karten, Golf, Tennis, Basketball) spielen   auf Facebook chatten   twittern   SMS schreiben   inlineskaten gehen   Fitnesstraining machen   schwimmen   wandern   Freunde besuchen/einladen   ins Restaurant (Kino, Theater, Konzert, Museum) gehen   in die Kneipe/Disko gehen   zum Einkaufszentrum° gehen   spät aufstehen   faulenzen

shopping center

In meiner Freizeit _____

_____

_____

_____

_____

_____

_____

J Kulturkontraste

Richtig oder falsch? Sie wollen nächstes Jahr nach Deutschland, Österreich oder in die Schweiz reisen. Dafür sammeln° Sie Informationen über kulturelle Unterschiede° zwischen diesen Ländern und Ihrem Land. Markieren Sie, ob die folgenden Aussagen **richtig** oder **falsch** sind.

gather
differences

1. **Freizeit**   **Richtig   Falsch**
   a. Bei deutschen Firmen bekommt man normalerweise°   _____   _____   *normally*
      drei Wochen Urlaub pro Jahr.
   b. Viele Firmen bezahlen an ihre Angestellten° ein Urlaubsgeld°   _____   _____   *white-collar workers / vacation pay*
      von mehreren hundert Euro.
   c. In Österreich und in der Schweiz haben die Angestellten   _____   _____
      nicht so viel Urlaub wie in Deutschland.

2. **Feiertage**   **Richtig   Falsch**
   a. In Deutschland hat man an Weihnachten° zwei freie Tage.   _____   _____   *Christmas*
   b. Die Österreicher feiern ihren Nationalfeiertag am 3. Oktober. _____   _____
   c. Im Jahre 1291 schlossen die Kantone Schwyz, Uri und   _____   _____   **schlossen ... einen Bund =** *made a pact*
      Unterwalden einen Bund°.

3. **Der deutsche Film**   **Richtig   Falsch**
   a. Während des Nationalsozialismus emigrierten° viele   _____   _____   *emigrated*
      deutsche und österreichische Regisseure° nach Italien.   *film makers*
   b. Der Film „Lola rennt" gewann° 1998 den Oscar.   _____   _____   *won*

c. Die Regisseure Wim Wenders und Rainer Werner Fassbinder sind Repräsentanten des Neuen Deutschen Films.

d. Der Film „Das Leben der Anderen" gewann 2007 den Oscar.

4. **Der Führerschein**	Richtig	Falsch
a. Den Führerschein macht man in Deutschland mit 15 Jahren.	———	———
b. Für den Führerschein muss man eine private Fahrschule besuchen.	———	———
c. Dort muss man eine praktische und eine theoretische Prüfung° machen.	———	———
d. Auf deutschen Autobahnen müssen alle Autofahrer° eine Gebühr° bezahlen.	———	———

test

drivers

fee

Die liebsten Freizeitaktivitäten der Deutschen

SEID BERIESELT,° MILLIONEN

Der Deutschen liebste Freizeit-beschäftigung° ist mit Abstand° die Glotze°

Mache ich regelmäßig:° (Angaben in Prozent)

Fernsehen	**74,4**
Radio hören	**59,7**
Zeitung lesen	**56,3**
zu Hause gemütlich entspannen°	**47,2**
Zeitschriften/Illustrierte lesen	**39,1**
kochen	**34,9**
Sport treiben	**33,2**

Adapted from http://www.imuk.de/tdw.html

inundated

leisure activity / by far / tube regularly

relax

Basis: 20 260 Personen, repräsentativ für die Gesamtbevölkerung
Quelle: TdW Intermedia 2001/2

a. Die liebste Freizeitaktivität der Deutschen ist _____.

b. Sind die liebsten Freizeitaktivitäten der Deutschen aktiv oder passiv? _____

c. Machen Sie eine Liste Ihrer eigenen Freizeitaktivitäten.

_____

_____

_____

_____

_____

Name _____ Datum _____

K Die beliebtesten Freizeitaktivitäten der Deutschen Einige der beliebtesten Freizeitaktivitäten der Deutschen sind in dieser Reihenfolge°: fernsehen, Radio hören, Zeitung lesen, zu Hause entspannen°, kochen, Sport treiben, mit Freunden chillen.

in . . . Reihenfolge *in this order*
relax

1. Sind die drei beliebtesten Freizeitaktivitäten der Deutschen aktiv oder passiv?

2. Machen Sie eine Liste Ihrer eigenen Freizeitaktivitäten. (Nennen Sie mindestens vier Aktivitäten.)

_____

_____

_____

LAB MANUAL

Name _____   Datum _____

Das bin ich!

Übungen zum Hörverständnis

In the directions you will hear the following new expressions:

Übung   *exercise*
Beispiel   *example*
Fangen wir an.   *Let's begin.*

🔊 **A** **Frage und Antwort** *(question and answer)* You will hear five questions, each followed by
CD 1 Track 2 two responses. If both responses are the same, place a check mark in the column labeled **same**. If the
responses are different, place a check mark in the column labeled **different**.

      Same   **Different**

▶ _____   ✓

1. _____   _____

2. _____   _____

3. _____   _____

4. _____   _____

5. _____   _____

🔊 **B** **Welche Nummer?** You will hear ten statements about the items pictured here. Put the number of
CD 1 Track 3 each statement under the picture to which it refers.

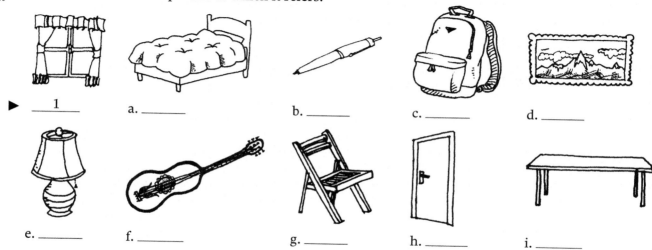

▶ ___1___   a. _____   b. _____   c. _____   d. _____

e. _____   f. _____   g. _____   h. _____   i. _____

© 2013 Cengage Learning. All Rights Reserved. May not be scanned, copied or duplicated, or posted to a publicly accessible website, in whole or in part.

C Farben You will hear eight statements about colors. If a statement is correct, place a check mark in the column marked **richtig**. If the statement is false, place a check mark in the column marked **falsch**.

Richtig (true)   **Falsch** (false)

▶   ✓   _____   (der Ozean)

1. _____   _____   (die Maus)

2. _____   _____   (der Asphalt)

3. _____   _____   (die Schokolade)

4. _____   _____   (das Gras)

5. _____   _____   (die Banane)

6. _____   _____   (das Gras)

7. _____   _____   (die Tomate)

8. _____   _____   (das Papier)

D Frage und Antwort Read the following five questions. You will hear the questions, each followed by two responses. Place a check mark by the letter of the response that makes sense.

▶   Welche Farbe hat das Heft?   a. _____   b. ✓ _____

1. Wie heißt du?   a. _____   b. _____

2. Wie alt bist du?   a. _____   b. _____

3. Wie ist deine Adresse?   a. _____   b. _____

4. Wie schreibt man das?   a. _____   b. _____

5. Wie geht's?   a. _____   b. _____

E Diktat (dictation) Write the words you hear spelled.

▶   _____ *Lampe* _____

1. _____

2. _____

3. _____

Copy down the numbers you hear.

1. _____

2. _____

3. _____

4. _____

5. _____

F **Annas Handy** You will hear a conversation between Anna and Daniel on the street. After you listened to the conversation, read the following five statements. Place a check mark in the column marked **richtig** if the statement is correct. Place a check mark in the column marked **falsch** if the statement is incorrect. You will hear four new expressions:

eigentlich   *actually*
kaputt   *broken*
Sag mal.   *Tell me.*
Wo wohnst du?   *Where do you live?*

Das Handy ist kaputt Daniel wants to know from Anna why he can't reach her on her cell phone.

	Richtig	Falsch	
1.	_____	_____	Anna hat eine neue Handynummer.
2.	_____	_____	Anna wohnt in der Pfleghofstraße.
3.	_____	_____	Daniels Adresse ist Nauklerstraße 2 .
4.	_____	_____	Daniels Zimmer ist groß.
5.	_____	_____	Annas Zimmer ist sehr alt.

Mündliche Übungen

The *Mündliche Übungen* are activities where you are to respond orally to a variety of questions and statements you hear on the audio program. These activities provide additional work on the grammar and vocabulary practiced in your textbook. To aid your understanding, direction lines and models (**Beispiele**) are printed in your Lab Manual.

G **Groß, klein, alt** You will hear five questions about people. Each question has a cued word **ja** or **nein**, shown in parentheses in the models. Answer according to the cue. Use a pronoun in your answer. Follow the models.

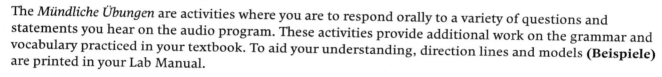

BEISPIELE *(models)*:
Ist das Kind groß? (Nein)   *Nein, es ist nicht groß.*
Ist die Frau groß? (Ja)   *Ja, sie ist groß.*

H **Welche Farbe?** Tell about the items in a friend's room. You will hear an item followed by a color. Say that the item is that color. Follow the model.

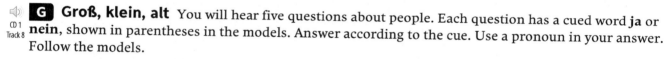

BEISPIEL:
Stuhl / braun   *Der Stuhl ist braun.*

Freizeit und Sport

Übungen zum Hörverständnis

A Eine Studentin in Tübingen Listen to the reading of "Eine Studentin in Tübingen."

CD 1 Track 10 You will hear four new words:

eher *rather*

insgesamt *all together*

jedenfalls *at any rate*

übrigens *by the way*

B Richtig oder falsch? You will hear eight statements based on the reading "Eine Studentin in

CD 1 Track 11 Tübingen." Check **richtig** if the statement is correct according to the information in the reading passage. Check **falsch** if the statement is incorrect.

	Richtig	Falsch		Richtig	Falsch
▶		✓			
1.	_____	_____	5.	_____	_____
2.	_____	_____	6.	_____	_____
3.	_____	_____	7.	_____	_____
4.	_____	_____	8.	_____	_____

C Ist das logisch? You will hear seven pairs of questions and responses. Place a check mark in the

CD 1 Track 12 column marked **logisch** if the response is logical. Place a check mark in the column marked **unlogisch** if the response to the question is not logical.

	Logisch	Unlogisch		Logisch	Unlogisch
▶	✓	_____			
1.	_____	_____	5.	_____	_____
2.	_____	_____	6.	_____	_____
3.	_____	_____	7.	_____	_____
4.	_____	_____			

D Das Gegenteil (opposite) You will hear six questions containing an adjective or an adverb. Complete each answer by checking the antonym of the adjective or adverb you hear.

▶ Nein, er ist ...   ✓ a. faul   _____ b. ernst

1. Nein, es geht mir ...   _____ a. schlecht   _____ b. ruhig

2. Nein, er ist ...   _____ a. krank   _____ b. freundlich

3. Nein, er ist ...   _____ a. lustig   _____ b. müde

4. Nein, es ist ...   _____ a. klein   _____ b. nett

5. Nein, er ist ...   _____ a. gut   _____ b. neu

6. Nein, sie ist ...   _____ a. freundlich _____ b. kritisch

E Jürgen You will hear a brief description of Jürgen and learn what he likes to do. After you listened to the description, read the following eight statements. Place a check mark in the column marked **richtig** if the statement is correct. Place a check mark in the column marked **falsch** if the statement is incorrect.

	Richtig	Falsch	
1.	_____	_____	Jürgen ist faul.
2.	_____	_____	Er spielt gern Schach.
3.	_____	_____	Er treibt nicht gern Sport.
4.	_____	_____	Er spielt Fußball.
5.	_____	_____	Er spielt Tischtennis.
6.	_____	_____	Er geht oft tanzen.
7.	_____	_____	Er geht heute Abend ins Kino.
8.	_____	_____	Er ist heute müde.

F Diktat What are Susi and Oliver doing? Oliver runs into Susi on the street, and they talk about various things. Complete their conversation by supplying the missing words, which you will hear on the recording.

▶ Tag, Susi, wie ___geht's_____?

—Tag, Susi, wie geht's?

—Tag, Oliver, danke, _____ _____.

—Du, was _____ du _____ _____?

—Ich _____.

—Hm ... Und _____ _____?

—Nichts _____.

—Spielst du gern _____?

—Ja, _____ gern.

—_____ du mit mir *(with me)*?

—Ja, gern.

G **Wann gehen wir ins Kino?** You will hear a conversation between Anna and Daniel. After you listened to the conversation, read the following four statements. Place a check mark in the column marked **richtig** if the statement is correct. Place a check mark in the column marked **falsch** if the statement is incorrect. You will hear four new words/expressions:

CD 1
Track 16

doch	*of course*
immer	*always*
Sag mal.	*Tell me.*
Zeit	*time*

Richtig **Falsch**

1. _____ _____   Anna und Daniel gehen am Freitag ins Kino.

2. _____ _____   Freitagabend spielt Daniel Fußball.

3. _____ _____   Am Samstag spielt Anna immer mit Meike Tennis.

4. _____ _____   Am Samstag gehen Daniel und Anna um neun Uhr ins Kino.

Übungen zur Aussprache°

CD 1
Track 17

pronunciation

H **Word pairs** Listen and repeat the word pairs. You may wish to review the pronunciation of long and short **u** and **o** in *Appendix C* of your textbook.

long ū	short u	long ō	short o
Mus	muss	Moos	Most
buk	Buckel	bog	Bock
Schuster	Schuss	Schote	Schotte
Stuhl	Stulle	Ofen	offen
Tun	Tunnel	Ton	Tonne

I **Sentences** Now listen and repeat the sentences, paying special attention to the way you pronounce long and short **u** and **o** in the boldfaced words.

CD 1
Track 18

1. Spielt **Monika oft Rockmusik?**
2. Ist heute **Mittwoch oder Donnerstag?**
3. Es ist **Montag.**
4. Geht es Ihnen **gut?**
5. Ja, danke. **Und** Ihnen?

Mündliche Übungen

J **Welcher Tag ist heute?** Correct these people who are always a day behind.

CD 1
Track 19   BEISPIEL:

Ist heute Dienstag?   *Nein, heute ist Mittwoch.*

K **Hat Dennis am Mittwoch Deutsch?** Say that the following people have German a day later than your friend thinks.

CD 1
Track 20

BEISPIEL:

Hat Dennis am Mittwoch Deutsch?   *Nein, am Donnerstag.*

L **Intelligente Menschen** Say that the people mentioned are intelligent.

BEISPIEL:

Melanie   *Melanie ist intelligent.*

M **Nein, so sind sie nicht** Benno is talking about your friends. Say that they're the opposite of what he thinks.

BEISPIEL:

Ist Jan freundlich?   *Nein, er ist unfreundlich.*

N **Arbeiten am Samstag: Das ist gesund** Many people believe that working a lot is healthy. Say that the following people believe it.

BEISPIELE:

wir   *Wir glauben das. Wir arbeiten viel.*

Franziska   *Franziska glaubt das. Franziska arbeitet viel.*

O **Ja, das mache ich** Sabine is trying to find out more about you and your plans. Answer her questions in the affirmative.

BEISPIEL:

Treibst du gern Sport?   *Ja, ich treibe gern Sport.*

P **Ich nicht** A new acquaintance has a number of questions about you. Unfortunately, you have to answer all in the negative. Use **nicht** in the proper place.

BEISPIEL:

Treibst du gern Sport?   *Nein, ich treibe nicht gern Sport.*

Q **Und du?** Comment on things you and your friends do. Then ask whether others also do those things.

BEISPIEL:

Ich arbeite heute Abend. Und du?   *Arbeitest du auch heute Abend?*

Das Land und das Wetter

Übungen zum Hörverständnis

A **Alles ist relativ!** Listen to the reading of "Alles ist relativ!"

CD 1 Track 27

B **Richtig oder falsch?** You will hear ten statements based on the reading "Alles ist relativ!" Check **richtig** if the statement is correct according to the information in the reading passage. Check **falsch** if the statement is incorrect.

CD 1 Track 28

	Richtig	Falsch		Richtig	Falsch
1.	_____	_____	6.	_____	_____
2.	_____	_____	7.	_____	_____
3.	_____	_____	8.	_____	_____
4.	_____	_____	9.	_____	_____
5.	_____	_____	10.	_____	_____

C **Das Wetter** You will hear six short conversational exchanges about the weather. Read the following statements based on them. Check **richtig** if the statement is correct; check **falsch** if it is incorrect. You will hear a new expression:

CD 1 Track 29

(schon) wieder   *(yet) again*

		Richtig	Falsch
▶	Es regnet heute.	_____	✓
1.	Heute ist es kalt.	_____	_____
2.	Heute ist es schön.	_____	_____
3.	Es ist heute kalt.	_____	_____
4.	Morgen ist es bestimmt warm.	_____	_____
5.	Es schneit.	_____	_____
6.	Hoffentlich regnet es morgen wieder.	_____	_____

D Welches Wort? You will hear seven words. Check the word in each printed pair that you hear pronounced.

CD 1
Track 30

▶ ___✓___ bleiben   _____ treiben

1. _____ nett   _____ Bett

2. _____ Mehr   _____ sehr

3. _____ Schnee   _____ schön

4. _____ morgen   _____ Norden

5. _____ vier   _____ für

6. _____ heiß   _____ weiß

7. _____ scheinen   _____ schneien

E Entgegnungen (responses) Anna is telling about her trip to attend a birthday party in Berlin. You will hear four statements she makes about the trip and the party. Read the two possible replies for each statement. Check the letter of the reply that makes sense.

CD 1
Track 31

▶ ___✓___ a. Ja, Berlin ist sehr schön.

_____ b. Wie war's in Berlin?

1. _____ a. Das glaube ich.

_____ b. Wie war die Reise?

2. _____ a. Ja, da sind die Straßen ruhig.

_____ b. Ja, da sind viele Autos auf den Straßen.

3. _____ a. Das ist schrecklich.

_____ b. Waren viele Leute da?

4. _____ a. Hoffentlich bist du bald wieder fit.

_____ b. Das ist wirklich toll.

F Ein Telefongespräch (telephone conversation) Dieter calls Ingrid on the telephone. Listen to their conversation, then check the correct answers to the following five questions. You will hear two new words:

CD 1
Track 32

mit   *with*
oder?   *or will you?*

1. Was macht Ingrid?

_____ a. Sie spielt Schach.

_____ b. Sie ist im Bett und hört Musik.

2. Wie war das Wetter gestern?

_____ a. Nass und kalt.

_____ b. Schön warm.

3. Warum spielt sie nicht mit Dieter Tennis?

   ——— a. Sie spielt nicht gern Tennis.

   ——— b. Sie ist krank.

4. Wie ist das Wetter heute?

   ——— a. Es ist schönes Wetter.

   ——— b. Es regnet.

5. Was macht Dieter?

   ——— a. Er geht ins Kino.

   ——— b. Er spielt vielleicht mit Barbara Tennis.

G **Wie ist das Wetter?** You will hear a telephone conversation between Anna and her father who is in Mainz. Then read the following four statements. Check **richtig** if the statement is correct. Check **falsch** if the statement is incorrect. You will hear three new expressions:

CD 1
Track 33

dich	*you*
Sag mal.	*Tell me.*
Vati	*Dad*

	Richtig	Falsch
1. In Tübingen ist das Wetter schlecht.	———	———
2. In Mainz ist es kalt und es regnet.	———	———
3. In Tübingen sind es 24 Grad.	———	———
4. Für Sommer sind 17 Grad warm.	———	———

Übungen zur Aussprache

H **Word pairs** Listen and repeat the word pairs. You may wish to review the pronunciation of long and short **o** and **ö** in *Appendix C* of your textbook.

CD 1
Track 34

long ē	long ȫ
Hefe	Höfe
Lehne	Löhne
Sehne	Söhne
beten	böten
hehle	Höhle

short e	short ö
Gent	gönnt
helle	Hölle
kennen	können
Beller	Böller
Bäcker	Böcke

long ō	long ȫ
schon	schön
Ofen	Öfen
losen	lösen
hohe	Höhe
tot	töten

short o	short ö
Konnte	könnte
Frosch	Frösche
Koch	Köche
Bock	Böcke
Kopf	Köpfe

I Sentences Now listen and repeat the sentences, paying special attention to the way you pronounce long and short **o** and **ö** in the boldfaced words.

1. Wie ist der **Sommer** in **Österreich**?
2. Im **Sommer** ist es **oft schön**.
3. Deutschland liegt weiter **nördlich** als Amerika.
4. Er **hört** die **Wörter** nicht.

Mündliche Übungen

J Ein Picknick You and your friends are going to drive in different cars to a picnic spot in the country. Inform your friend that the people mentioned know where the picnic is. Use pronouns in your responses.

BEISPIEL:
Weiß Ursel, wo das Picknick ist?   *Ja, sie weiß es.*
Und Andreas?   *Ja, er weiß es.*

K Wie war das Wetter? Practice making comments about the weather. Restate the sentences in the past tense.

BEISPIEL:
Das Wetter ist schön.   *Das Wetter war schön.*

L So sind sie Restate the following statements about one person or place in Germany, so they apply to more than one person or one place in the country.

BEISPIEL:
Die Stadt ist schön.   *Die Städte sind schön.*

M Was ist das? Jan is taking his first drawing course and is showing some of his first attempts to draw things. You're a little doubtful about the results. Use an indefinite article in the response.

BEISPIEL:
Das Kind ist nicht schlecht, nicht?   *Das ist ein Kind?*

N Das ist es nicht To get back at you, Jan pretends he can't figure out what you have drawn. Tell him his guesses are wrong. Use a form of **kein** in your responses.

BEISPIEL:
Ist das eine Frau?   *Nein, das ist keine Frau.*

O Nicht oder kein? You are showing your friend photographs, and he is not always sure what he is seeing. Use **nicht** or **kein** before the predicate noun, as appropriate.

BEISPIEL:
Ist das die Hauptstadt?   *Nein, das ist nicht die Hauptstadt.*
Ist das ein Italiener?   *Nein, das ist kein Italiener.*

P Wie ist dein Zimmer? Christian has a number of assumptions about your friends' possessions. Say he is correct. Use the appropriate possessive adjectives in your answers.

BEISPIEL:
Ist Evas Zimmer groß?   *Ja, ihr Zimmer ist groß.*

Essen und Einkaufen

Übungen zum Hörverständnis

🔊 CD 2 Track 2 **A** **Einkaufen in Deutschland** Hören Sie sich das Lesestück „Einkaufen in Tübingen" an. *(Listen to the reading of "Einkaufen in Deutschland.")*

🔊 CD 2 Track 3 **B** **Richtig oder falsch?** Sie hören acht Aussagen über das Lesestück „Einkaufen in Deutschland". Markieren Sie richtig, wenn die Aussage mit der Information aus dem Lesestück übereinstimmt. Markieren Sie falsch, wenn die Aussage nicht korrekt ist. *(You will hear eight statements based on the reading "Einkaufen in Deutschland ." Check **richtig** if the statement is correct according to the information in the reading passage. Check **falsch** if the statement is incorrect.)*

	Richtig	Falsch
1.	_____	_____
2.	_____	_____
3.	_____	_____
4.	_____	_____
5.	_____	_____
6.	_____	_____
7.	_____	_____
8.	_____	_____

🔊 CD 2 Track 4 **C** **Der richtige Laden** *(the right store)* Sie hören vier kurze Gespräche. In welchem Geschäft hören Sie das Gespräch? Markieren Sie jeweils das richtige Geschäft. *(You will hear four short conversations. In which store do you hear the conversation? Check the correct store in each instance.)* Sie hören zwei neue Wörter *(You will hear two new words.)*:

Packung   *box*
Paracetamol   *a type of headache medicine*

1. _____ Bäckerei   _____ Buchhandlung
2. _____ Supermarkt   _____ Lebensmittelgeschäft
3. _____ Metzger   _____ Markt
4. _____ Apotheke   _____ Drogerie

D Entgegnungen (responses) Sie hören sechs Fragen oder Aussagen. Sie sehen dazu jeweils zwei mögliche Antworten. Markieren Sie die passende Antwort. *(You will hear six questions or statements. In each instance you will see two possible replies. Check the appropriate reply.)* Sie hören einen neuen Ausdruck: *(You will hear one new expression.)*:

ein paar   *a few*

1. _____ a. Ja, ich gehe in den Supermarkt.

   _____ b. Ja, ich gehe ins Kino.

2. _____ a. Nein, wir haben noch viel Brot.

   _____ b. Ja, wir brauchen Wurst.

3. _____ a. Gut, ich gehe in den Supermarkt.

   _____ b. Das Brot ist besser bei Müller.

4. _____ a. Ja, geh doch in die Apotheke!

   _____ b. Ich glaube ja.

5. _____ a. Wie viel brauchst du?

   _____ b. Okay, ich gehe in die Buchhandlung.

6. _____ a. Gut, ich kaufe drei Pfund.

   _____ b. Sonst noch etwas?

E Diktat: Gabis Geburtstag Sie hören einen Bericht über Gabis Geburtstag. Ergänzen Sie den Bericht mit den fehlenden Wörtern. *(You will hear a report about Gabi's birthday. Complete the report with the missing words.)*

Gabi hat heute _____. Drei _____ kommen

zum Kaffee. Angelika geht _____ _____

_____ und kauft für Gabi _____

_____ über Frankreich. Das ist leider nicht

ganz _____. Karin hat nicht so viel Geld.

Sie geht auf _____ _____ und kauft

schöne _____. Sie sind ganz _____. Und

Susanne kauft beim _____ viel _____.

Jetzt hat auch sie _____ _____

_____. Aber bei Gabi ist es sehr _____. Sie

_____ Kuchen, hören Musik und finden _____

_____ wirklich schön.

F **Das neue Zimmer** Melanie und Michael sprechen über Melanies neues Zimmer. Lesen Sie zuerst die folgenden Fragen und hören Sie sich dann das Gespräch an. Beantworten Sie dann die Fragen auf Deutsch. *(Melanie and Michael are speaking about Melanie's new room. First, read the questions and then, listen to the conversation. Then, answer the questions in German.)* Sie hören ein neues Wort *(You will hear one new word.)*:

Schreibtisch   *desk*

1. Wie findet Melanie ihr neues Zimmer?

    _____

2. Was braucht sie noch?

    _____

3. Was hat Michael für Melanie?

    _____

4. Wie viel Euro bekommt Michael für die Lampe?

    _____

Übungen zur Aussprache

G **Word pairs** Listen and repeat the word pairs. You may wish to review the pronunciation of long and short **ü** and **u** in *Appendix C* of your textbook.

long $\overline{\text{i}}$	long $\overline{\text{ü}}$	short i	short ü
Biene	Bühne	Kiste	Küste
diene	Düne	Lifte	Lüfte
Kiel	kühl	Kissen	Küste
liegen	Lügen	missen	müssen
fielen	fühlen	Binde	Bünde

long $\overline{\text{ü}}$	short ü	long $\overline{\text{u}}$	long $\overline{\text{ü}}$	short u	short ü
Füße	Flüsse	Huhn	Hühner	Fluss	Flüsse
Mühle	Müll	Hut	Hüte	Bund	Bünde
Sühne	Sünde	Fuß	Füße	Kuss	Küsse
Blüte	Bütte	Zug	Züge	Luft	Lüfte
Düne	dünne	Blut	Blüte	Kunst	Künste

H Sentences Now listen and repeat the sentences, paying special attention to the way you pronounce long and short **ü** and **u** in the boldfaced words.

CD 2
Track 9

1. **Für** ihren Mann kauft sie einen **Butterkuchen**.
2. Der **Student** kann seine **Bücher** nicht finden.
3. **Jürgen** sucht ein **Buch über Musik**.
4. Im **Frühling** sind die **Blumen** auf dem Markt besonders schön.

Mündliche Übungen

I Was nehmen wir? Sie sind mit ein paar Freunden in einem Restaurant. Geben Sie an, was jede Person nimmt. Verwenden Sie die richtige Form von **nehmen**. *(You're in a restaurant with a group of friends. Indicate what each person will take. Use the proper form of **nehmen**.)*

CD 2
Track 10

BEISPIEL:

Claudia / Kaffee   *Claudia nimmt Kaffee.*

J Was essen sie gern? Sie planen ein Picknick. Fragen Sie, was die folgenden Leute gerne essen möchten. Verwenden Sie die richtige Form von **essen**. *(You're planning a picnic. Ask what the following people would like to eat. Use the proper form of **essen**.)*

CD 2
Track 11

BEISPIEL:

Frank   *Was isst Frank gern?*

K Einkaufen gehen Eine Freundin von Ihnen kauft viele Dinge für ihr Zimmer. Sie fragen, ob sie verschiedene Gegenstände kaufen möchte. *(A friend of yours is buying many things for her room. You ask whether she would like to buy various objects.)*

CD 2
Track 12

BEISPIEL:

Die Lampe ist lustig.   *Kaufst du die Lampe oder nicht?*

L Was suchst du? Als sie von einem Ausflug zurückkommen, vermissen einige der Studenten irgendwelche Gegenstände. Sagen Sie, dass die Person jeweils ihren eigenen Gegenstand sucht. Verwenden Sie in Ihren Sätzen Possessivpronomen. *(When they return from an excursion several of the students are missing certain objects. Say that in each case the person is looking for her/his own object. Use possessive adjectives in your sentences.)*

CD 2
Track 13

BEISPIEL:

Gerd sucht einen Bleistift.   *Gerd sucht seinen Bleistift.*

M Nein danke! Marcel möchte Ihnen alle möglichen Dinge leihen. Sagen Sie, dass Sie diese nicht brauchen. Verwenden Sie in Ihren Antworten die passenden Pronomen. *(Marcel would like to lend you all sorts of things. Say that you don't need these things. Use the appropriate pronouns in your answers.)*

CD 2
Track 14

BEISPIEL:

Brauchst du mein Buch über Schach?   *Nein danke, ich brauche es nicht.*

Studieren in Deutschland

Übungen zum Hörverständnis

🔊 **A** **Deutsche Studenten berichten über ihre Semesterferien** Hören Sie sich das Lesestück
CD 2
Track 15 „Deutsche Studenten berichten über ihre Semesterferien" an.

🔊 **B** **Richtig oder falsch?** Sie hören neun Aussagen° über das Lesestück „Deutsche   *statements*
CD 2
Track 16 Studenten berichten über ihre Semesterferien". Markieren Sie **richtig,** wenn die
Aussage korrekt ist. Markieren Sie **falsch,** wenn sie nicht stimmt.

	Richtig	**Falsch**			**Richtig**	**Falsch**
1.	_____	_____		6.	_____	_____
2.	_____	_____		7.	_____	_____
3.	_____	_____		8.	_____	_____
4.	_____	_____		9.	_____	_____
5.	_____	_____		10.	_____	_____

🔊 **C** **Der richtige Ort (place)** Sie hören sechs Fragen dazu, wo man etwas macht. Markieren Sie den
CD 2
Track 17 richtigen Ort (**a.** oder **b.**) für jede Aktivität.

1. _____ a. im Café   _____ b. im Seminar

2. _____ a. in der Bäckerei   _____ b. an der Uni

3. _____ a. im Studentenheim   _____ b. auf dem Markt

4. _____ a. in der Bibliothek   _____ b. in der Metzgerei

5. _____ a. im Supermarkt   _____ b. im Kino

6. _____ a. in der Vorlesung   _____ b. in der Buchhandlung

🔊 **D** **Die richtige Entgegnung (response)** Sie hören fünf Fragen. Markieren
CD 2
Track 18 Sie die Antwort, die sinnvoll ist°.   *sinnvoll ist: makes sense*

1. _____ a. Ich kann leider nicht. Ich muss in die Bibliothek.

 _____ b. Ich mache Physik als Hauptfach.

2. _____ a. Mein Referat ist jetzt fertig.

_____ b. Im Wintersemester mache ich Examen.

3. _____ a. Anglistik und Sport. Und du?

_____ b. Ich muss in acht Semestern fertig werden.

4. _____ a. Ich muss noch zwei Semester studieren.

_____ b. Diese Woche muss ich ein Referat schreiben.

5. _____ a. Ja natürlich, gern.

_____ b. Ich studiere Musik und Sport.

E **Das richtige Wort** Sie hören zehn Wörter. Markieren Sie für jedes Wortpaar, welches

CD 2
Track 19 Wort Sie hören.

1. _____ Arbeit   _____ Abitur   6. _____ werden   _____ wohnen

2. _____ sollen   _____ wollen   7. _____ Klausur   _____ Kurs

3. _____ müssen   _____ wissen   8. _____ können   _____ kennen

4. _____ leihen   _____ bleiben   9. _____ Fach   _____ Fisch

5. _____ seit   _____ Zeit   10. _____ zahlen   _____ erzählen

F **Eine deutsche Studentin** Sie hören einen kurzen Bericht über die Studentin Dagmar, ihr

CD 2
Track 20 Studium und ihre Aktivitäten. Hören Sie zu und markieren Sie dann die richtigen Antworten zu den folgenden Fragen.

1. Was studiert Dagmar?

_____ a. Sie studiert Physik.

_____ b. Sie studiert in Marburg.

_____ c. Sie studiert Germanistik und Geschichte.

2. Warum studiert sie nicht Medizin?

_____ a. Sie findet es nicht interessant.

_____ b. Sie hatte schlechte Noten vom Gymnasium.

_____ c. In Marburg kann man nicht Medizin studieren.

3. Was macht sie dieses Semester?

_____ a. Sie schreibt viele Klausuren.

_____ b. Sie leiht Michael ihre Notizen.

_____ c. Sie schreibt ein Referat.

4. Wo arbeitet Dagmar für die Klausuren?

_____ a. Im Seminar.

_____ b. Im Café.

_____ c. Sie geht in die Bibliothek.

5. Was kann Dagmar nicht oft machen?

_____ a. In ein Café gehen und ihre Freunde sehen.

_____ b. Ins Kino gehen.

_____ c. Einkaufen gehen.

G Der Roman Sie hören ein Gespräch zwischen Anna und Leon. Lesen Sie die folgenden fünf Aussagen zu dem Gespräch. Markieren Sie **richtig,** wenn die Aussage stimmt. Markieren Sie **falsch,** wenn die Aussage nicht stimmt.

CD 2
Track 21

Sie hören zwei neue Ausdrücke:

echt   *genuine*

vielen Dank   *many thanks*

	Richtig	**Falsch**	
1.	_____	_____	Leon möchte Annas Buch leihen.
2.	_____	_____	Anna mag den Roman nicht so sehr.
3.	_____	_____	Leon möchte das Buch auch mal wieder lesen.
4.	_____	_____	Er kann es Anna auch auf Deutsch leihen.
5.	_____	_____	Leon findet John Irving nicht besonders gut.

Übungen zur Aussprache

H Word pairs Listen and repeat the word pairs. You may wish to review the pronunciation of long and short **a** in *Appendix C* of your textbook.

CD 2
Track 22

Bahn	Bann	Bann	Bonn
kam	Kamm	Kamm	komm
Staat	Stadt	Matte	Motte
Schlaf	schlaff	knalle	Knolle
lahm	Lamm	falle	volle

I Sentences Now listen and repeat the sentences, paying special attention to the way you pronounce long and short **a** and short **o** in the boldfaced words.

CD 2
Track 23

1. **Komm doch** mit in die **Stadt**!
2. **Was soll** ich **noch machen**?
3. Der **Abend war aber interessant**.
4. Wer **sagt das**?
5. Musst du heute **Nachmittag noch** viel **arbeiten**?
6. Ich **habe noch** eine **Frage** an **Professor Bachmann**.

Mündliche Übungen

🔊 **J Wohin fährst du?** Sie diskutieren mit einem Freund Ihre Reisepläne für den Sommer. Sagen Sie,
CD 2
Track 24 wohin jeder fährt. Benutzen Sie eine Form von **fahren**.

BEISPIEL:
Birgit / Italien   *Birgit fährt nach Italien.*

🔊 **K In den Bergen (*mountains*)** Sagen Sie, warum Sie und Ihre Freunde nicht
CD 2
Track 25 auf dem Ausflug° in die Berge waren.   *excursion*

Sie hören einen neuen Ausdruck:

Angst haben   *to be afraid*

BEISPIEL:
Dennis hat keine Zeit.   *Dennis hatte keine Zeit.*

🔊 **L Welcher? Dieser?** Sie sind mit einem Freund beim Einkaufen. Ihr Freund
CD 2
Track 26 kommentiert die verschiedenen° Gegenstände°. Fragen Sie, welchen Gegenstand er   *various / objects*
meint. Benutzen Sie die Nominativform von **welcher** und **dieser**.

BEISPIEL:
Der Kuli ist teuer.   *Welcher Kuli ist teuer? Dieser hier?*

🔊 **M Was müssen diese Leute tun?** Sagen Sie, was diese Leute tun müssen.
CD 2
Track 27 BEISPIEL:
Frau Professor Kluge: in die Vorlesung gehen   *Frau Professor Kluge muss in die Vorlesung gehen.*

🔊 **N Das darf man nicht** Sagen Sie, was diese Leute nicht tun dürfen.
CD 2
Track 28 BEISPIEL:
wir: hier nicht schwimmen   *Wir dürfen hier nicht schwimmen.*

🔊 **O Was magst du?** Sie fragen, was verschiedene Leute mögen oder was sie nicht mögen. Verwenden
CD 2
Track 29 Sie eine Form von **mögen**.

BEISPIEL:
du: Fisch   *Magst du Fisch?*

Österreich

KAPITEL 5

Übungen zum Hörverständnis

🔊 CD 2 Track 30 **A** **Österreich hat etwas für alle!** Hören Sie sich das Lesestück „Österreich hat etwas für alle!" an.

🔊 CD 2 Track 31 **B** **Richtig oder falsch?** Sie hören acht Aussagen über das Lesestück „Österreich hat etwas für alle!" Markieren Sie die Aussagen als **richtig** oder **falsch**.

	Richtig	Falsch		Richtig	Falsch
1.	_____	_____	5.	_____	_____
2.	_____	_____	6.	_____	_____
3.	_____	_____	7.	_____	_____
4.	_____	_____	8.	_____	_____

🔊 CD 2 Track 32 **C** **Ist das logisch?** Sie hören acht Fragen mit ihren Antworten. Wenn die Antwort auf die Frage logisch ist, markieren Sie **logisch**. Wenn sie unlogisch ist, markieren Sie **unlogisch**.

	Logisch	Unlogisch		Logisch	Unlogisch
1.	_____	_____	5.	_____	_____
2.	_____	_____	6.	_____	_____
3.	_____	_____	7.	_____	_____
4.	_____	_____	8.	_____	_____

🔊 CD 2 Track 33 **D** **Die richtige Wortbedeutung (The correct meaning)** Sie hören sechs Aussagen. Zu jeder Aussage lesen Sie zwei Wörter. Markieren Sie das Wort, das° zu der Aussage passt°.

that
fits

▶ _____ Flugzeug ✓ Rad

1. _____ Bern _____ Wien   4. _____ Ski laufen _____ im See schwimmen
2. _____ Ferien _____ Alpen   5. _____ Vogel _____ Auto
3. _____ zu Hause _____ allein   6. _____ fliegen _____ zu Fuß gehen

E Ein Interview Die Journalistin Frau Berger interviewt Herrn Kaiser über die Reisegewohnheiten° der Deutschen. Hören Sie sich das Interview an. Markieren Sie dann die richtigen Antworten zu den folgenden Fragen.

travel habits

1. Welches Land ist Ferienland Nummer 1 für die Deutschen?

   _____ a. Die Schweiz.

   _____ b. Österreich.

   _____ c. Dänemark.

2. Warum fahren die Deutschen gern nach Österreich?

   _____ a. In Österreich scheint immer die Sonne.

   _____ b. In Österreich ist das Essen teuer.

   _____ c. Österreich ist ein sehr schönes Land.

3. Wie reist man von Deutschland nach Österreich?

   _____ a. Viele Leute fahren mit dem Motorrad nach Österreich.

   _____ b. Man braucht nicht lange zu fahren.

   _____ c. Man kann mit dem Zug oder dem Auto fahren.

4. Was machen die Deutschen, wenn sie nach Österreich fahren?

   _____ a. Sie wandern und schwimmen.

   _____ b. Sie fahren viel mit dem Rad.

   _____ c. Sie spielen Tennis.

5. Mit wem fährt Herr Kaiser in die Ferien?

   _____ a. Mit Freunden.

   _____ b. Mit Deutschen.

   _____ c. Mit Frau Berger.

6. Wo schlafen die Freunde, wenn das Wetter gut ist?

   _____ a. Bei Freunden.

   _____ b. Im Auto.

   _____ c. Sie zelten.

🔊 CD 2 Track 35 **F** **Skilaufen in Österreich** Claudia und Florian sprechen über Claudias Winterferien. Lesen Sie zuerst die folgenden Fragen. Sie können Notizen machen, während° Sie zuhören°. Beantworten Sie dann die Fragen auf Deutsch.

while / listening

1. Was macht Claudia in den Winterferien?

   _____

2. Mit wem fährt Claudia in die Ferien?

   _____

3. Warum macht Claudia einen Skikurs?

   _____

4. Warum möchte Claudia nicht mit dem Auto nach Österreich fahren?

   _____

Übungen zur Aussprache

🔊 CD 2 Track 36 **G** **Word pairs** Listen and repeat the word pairs. You may wish to review the pronunciation of **k, ck, ch,** and **sch,** and the suffix **-ig** in *Appendix C* of your textbook.

[k]	[x]	[ç]	[š]	[x]	[ç]
Flak	Flach	welche	Welsche	Bach	Bäche
nackt	Nacht	Fächer	fescher	Loch	Löcher
Akt	acht	Wicht	wischt	Bruch	Brüche
Buk	Buch	Gicht	Gischt	sprach	spräche
Lack	Lachen	Löcher	Löscher	Buch	Bücher

[iç]	[ig]
Pfennig	Pfennige
König	Könige
schuldig	schuldige
billig	billiger

🔊 CD 2 Track 37 **H** **Sentences** Now listen and repeat the sentences, paying special attention to the sounds [k], [x], [ç], and [š] in the boldfaced words.

1. Wir **können noch frischen Kuchen** beim **Bäcker kaufen.**
2. Unsere **Nachbarin** Frau **Gärstig kann wirklich keinen** guten **Kaffee kochen.**
3. **Christl spricht** sehr **wenig.**
4. Oft sagt sie die ganze **Woche nichts.**

Mündliche Übungen

◁)) **I** **Wir laufen gern** Sie sagen, wann diese Leute laufen.
CD 2
Track 38 BEISPIEL:

Rita / morgens   Rita läuft morgens.

◁)) **J** **Was sagt Peter?** Erzählen Sie einem Freund, was Peter Ihnen gesagt hatº über   *gesagt hat: told*
CD 2
Track 39 Dinge, die er machen muss oder die er gerne machen möchte.

BEISPIEL:

Ich möchte die Notizen von Katrin haben.   *Er sagt, dass er die Notizen von Katrin haben möchte.*

◁)) **K** **Was macht Dieter?** Beantworten Sie die Fragen. Benutzen Sie die Dativform
CD 2   *provided*
Track 40 der angegebenenº Pronomen oder der Possessivpronomen plus Substantive.

BEISPIEL:

Wem kauft Dieter neue Weingläser? (seine Eltern)   *Seinen Eltern.*

NOCH EIN BEISPIEL:

Wem leiht er sein neues Fahrrad? (ich)   *Mir.*

◁)) **L** **Nein, das ist nicht richtig** Ein Freund macht falsche Aussagen über Christine.
CD 2   *replace*
Track 41 Korrigieren Sie diese Aussagen. Ersetzenº Sie das Objekt der Präposition mit dem
                                                                                             angegebenen
angegebenen Stichwortº.   *Stichwort: cue*
                                                                                             provided

BEISPIEL:

Christine kommt aus Österreich, nicht? (die Schweiz)   *Nein, aus der Schweiz.*

In der Freizeit

KAPITEL 6

Übungen zum Hörverständnis

🔊 *CD 3 Track 2* **A** **Freizeitaktivitäten am Wochenende** Hören Sie sich das Lesestück „Freizeitaktivitäten am Wochenende" an.

🔊 *CD 3 Track 3* **B** **Richtig oder falsch?** Sie hören zehn Aussagen über das Lesestück „Freizeitaktivitäten am Wochenende". Markieren Sie die Aussagen als **richtig** oder **falsch**.

	Richtig	**Falsch**		**Richtig**	**Falsch**
1.	_____	_____	6.	_____	_____
2.	_____	_____	7.	_____	_____
3.	_____	_____	8.	_____	_____
4.	_____	_____	9.	_____	_____
5.	_____	_____	10.	_____	_____

🔊 *CD 3 Track 4* **C** **Das Gegenteil** *(the opposite)* Sie hören fünf Fragen mit einem *Adjektiv* oder einem *Adverb*. Ergänzen Sie die folgenden Antworten, indem Sie jeweils° das Antonym   *in each case*
des *Adjektivs* oder *Adverbs* markieren.

▶ Nein, er ist ...   ✓_____ a. kalt   _____ b. toll

1. Nein, er hat ... Geld.   _____ a. wenig   _____ b. schon

2. Nein, sie war ...   _____ a. fertig   _____ b. langweilig

3. Nein, es ist ...   _____ a. teuer   _____ b. frisch

4. Nein, ich gehe ... nach Hause.   _____ a. oft   _____ b. früh

5. Nein, sie ist ...   _____ a. gesund   _____ b. möglich

🔊 *CD 3 Track 5* **D** **Diktat.** Sophia und Karla packen für ihre Reise nach Hamburg. Ergänzen Sie das Gespräch mit den Wörtern, die Sie hören. Sie hören einen neuen Ausdruck°:   *expression*

Was meinst du?   *What do you think?*

SOPHIA: Glaubst du, wir brauchen sehr warme_____, Karla?

KARLA: Nein, ich glaube nicht. Eine _____ und der

_____ sind bestimmt genug.

SOPHIA: Gut. Du, _____ du mir deine rote _____?

Die _____ gut _____ zu meinem

schwarzen _____.

KARLA: Ja, ja. Was meinst du – _____ _____

meinen grünen Hut mitnehmen?

SOPHIA: Nein, bitte nicht!

KARLA: Also gut. Aber den grünen _____ _____

ich.

SOPHIA: Und deine _____ _____ du auch

mitbringen.

E **Arbeiten am Computer** Karin und Moritz sprechen darüber, was sie alles mit dem Computer machen. Hören Sie sich das Gespräch an und markieren Sie die richtigen Antworten zu den folgenden Fragen.

1. Wo war Karin gestern Abend?

   _____ a. In der Bibliothek.

   _____ b. Zu Hause.

   _____ c. Bei Freunden.

2. Was hat sie am Computer gemacht?

   _____ a. Sie hat E-Mails geschrieben.

   _____ b. Sie hat ihre Hausarbeit geschrieben.

   _____ c. Sie hat im Internet gesurft.

3. Mag Moritz Computerspiele?

   _____ a. Nein, er findet sie langweilig.

   _____ b. Ja, er findet sie toll.

   _____ c. Ja, er macht ganz gern Computerspiele.

4. Schreibt Karin oft E-Mails?

   _____ a. Nein, denn sie schreibt nicht gern.

   _____ b. Ja, sehr oft.

   _____ c. Ja, denn sie findet Telefonieren zu teuer.

5. Wie findet Moritz das Chatten?

   _____ a. Er findet es sehr interessant.

   _____ b. Er findet es uninteressant.

   _____ c. Er findet es manchmal ganz lustig.

F **Im Café an der Uni** Marie und Daniel treffen sich in der Cafeteria. Hören Sie sich ihr Gespräch an und markieren Sie die richtigen Ergänzungen zu den folgenden Aussagen. Sie hören drei neue Wörter:

Juraklausur — *law exam*
spontan — *spontaneous*
übrigens — *by the way*

1. Marie sieht müde aus, weil ...

    _____ a. sie lange gelernt hat.

    _____ b. sie zu viel gelesen hat.

    _____ c. sie zu spät ins Bett gegangen ist.

2. Sarah hat Marie ...

    _____ a. schon vor langer Zeit eingeladen.

    _____ b. gestern Abend ganz spontan eingeladen.

    _____ c. gefragt, ob sie heute Abend zu ihr zum Essen kommen möchte.

3. Sarah ...

    _____ a. geht oft mit Marie ins Kino.

    _____ b. geht immer nach einem guten Essen aus.

    _____ c. kann gut kochen.

4. Daniel ...

    _____ a. hat lange geschlafen.

    _____ b. hat für eine Juraklausur gelernt.

    _____ c. hat nur vier Stunden für die Klausur gelernt und dann geschlafen.

5. Daniel fragt Marie, ob sie ...

    _____ a. heute Abend etwas vorhat.

    _____ b. heute Abend früh ins Bett geht.

    _____ c. etwas essen möchte.

Übungen zur Aussprache

CD 3
Track 8 **G** **Word pairs** Listen and repeat the word pairs. You may wish to review the pronunciation of **s** (before and between vowels), **ß (ss),** and **z** in *Appendix C* of your textbook.

[s]	[ts]	[ş]	[s]	[ts]
so	Zoo	reisen	reißen	reizen
sehen	zehn	heiser	heißen	heizen
Seile	Zeile	Geisel	Geiß	Geiz
sog	zog	weisen	weißen	Weizen
Sohn	Zone	leise	beißen	beizen

CD 3
Track 9 **H** **Sentences** Now listen and repeat the sentences, paying special attention to the way you pronounce **s, ß (ss),** and **z** in the boldfaced words.

1. Warum haben **Sie zwei Gläser,** und **Sabine** hat nur ein **Glas?**
2. **Sie müssen** doch **wissen, was Sie essen sollen.**
3. Kann man wirklich **zu** viel **lesen?**
4. Wie **heißt** Ihr **Sohn,** Frau **Seidel?**
5. Wenn ich im **Sommer Zeit** habe, mache ich eine **Reise°** in die **Schweiz.**   *trip*

Mündliche Übungen

CD 3
Track 10 **I** **Wir haben es schon gehört** Ihre Freundin möchte anderen ein paar Neuigkeiten° erzählen. Sagen Sie, dass diese Leute die Neuigkeiten schon gehört haben.   *news*

BEISPIEL:

Frau Fischer   *Frau Fischer hat es schon gehört.*

CD 3
Track 11 **J** **Ich hab's schon gemacht** Jessica möchte viele verschiedene° Dinge tun. Sagen Sie ihr, dass Sie das schon gemacht haben.   *various*

BEISPIEL:

Koch jetzt Kaffee.   *Den Kaffee habe ich doch schon gekocht.*

CD 3
Track 12 **K** **Pizza machen** Erzählen Sie, wie Mustafa Pizza gemacht hat. Setzen Sie die Sätze ins *Perfekt.*

BEISPIEL:

Warum schläft Mustafa heute so lange?   *Warum hat Mustafa heute so lange geschlafen?*

CD 3
Track 13 **L** **Studentenleben** Geben Sie die folgenden Fragen und Antworten im *Perfekt* wieder.

BEISPIEL:

Arbeitet Klaus seine Vorlesungsnotizen durch?   *Hat Klaus seine Vorlesungsnotizen durchgearbeitet?*
—Ja, er arbeitet sie für seine Englischklausur   *—Ja, er hat sie für seine Englischklausur*
durch.   *durchgearbeitet.*

CD 3
Track 14 **M** **So war es** Geben Sie die folgenden Fragen und Antworten im *Perfekt* wieder.

BEISPIEL:

Fährst du mit dem Auto?   *Bist du mit dem Auto gefahren?*
—Nein, ich fliege.   *—Nein, ich bin geflogen.*

VIDEO MANUAL

Hallo!

KAPITEL 1

1. Szene. Am Bahnhof

A● Wer ist das? Look at the first scene without sound. Lily and Hülya are waiting for Paul who eventually comes with Anton. Indicate in the chart below the features or the clothing each person is wearing. Some of the clothing may be common to more than one person.

	Anton	Hülya	Lily	Paul
1. rote Haare				
2. braune Haare				
3. blaues T-Shirt				
4. braunes Poloshirt				
5. weiße Jacke				
6. braune Hose				
7. grünes T-Shirt				
8. blaue Jeans				
9. braune Tasche				
10. Rucksack				

Vokabeln

auf●passen to pay attention; **Pass mal auf!** Pay attention!
fahren to ride, travel; **er fährt** he travels
kaufen to buy
kennen to know or be acquainted with someone

klettern to climb
die Leute *(pl.)* people
Mal time; **das letzte Mal** the last time
schnell fast; **Schnell!** Hurry up!
schön beautiful
die Stadt, ¨e city

vor zwei Jahren two years ago
das Wasser water
zu Fuß on foot

B Wer sagt das? Look at the complete first chapter video with sound and indicate who says what in the chart below.

	Anton	Hülya	Lily	Paul
1. Mensch, bin ich nervös. Wo ist denn Paul?				
2. Ich komme aus Österreich --Salzburg.				
3. Vom Kiosk am Bahnhof. Wir kennen uns erst 10 Minuten.				
4. Ich bin Pauls Kusine.				
5. Ja, und ich komme aus Amerika.				
6. Ich bin ja auch Deutscher.				
7. Super! Salzburg kenne ich gut.				
8. Ich filme gern alles – schöne Städte, ... nette Leute ...				
9. Ich mache gerne Sport.				
10. Ich studiere Tanz und Theater.				
11. Vor zwei Jahren war ich das letzte Mal in Deutschland.				
12. Und jetzt machen wir noch ein Gruppenfoto.				

C Schreiben Sie Look at the video again. Describe briefly one of the four friends. Tell what you know about the person. Include an assumption about what this person may be like, such as **intelligent, fleißig**. For a list of adjectives see textbook *Kapitel 1.* Write 15-20 words.

_____

_____

_____

_____

Wer ist denn das?

▷ **A** **Lilys Fotoalbum** Look at the video with sound and match the sentences to the person they describe.

	Lilys Mutter	Lilys Vater	Lilys Bruder	Lilys Großeltern	Sarah	Felix	Antons Schwester	Markus
1. Sie war mal blond.								
2. Er ist auch unordentlich.								
3. Er hat schon graue Haare.								
4. Sie ist sehr jung.								
5. Sie sind schon ziemlich alt.								
6. Er ist der Typ mit dem grünen T-Shirt.								
7. Sie lebt auf einem Bauernhof.								
8. Er lebt in Kreuzberg.								
9. Sie wohnen in Lilys Straße.								
10. Er studiert Marketing.								

...beln

an•rufen to call up, to telephone: **ich rufe meinen Freund an** I call my friend
der Bauernhof farm
draußen outside
der Hauptbahnhof main train station

das Land country; **auf dem Land** in the country
mag like; **ich mag** I like
der Nebel fog
die Studentenbude student apartment
die Stunde hour

der Typ guy, fellow
übernachten to spend the night

B Richtig?, falsch? oder Ich weiß es nicht. Check each statement as **richtig** or **falsch**. If the information is not in the video check **Ich weiß es nicht.**

	Richtig	Falsch	Ich weiß es nicht.
1. Sarah hat braune Haare.	——	——	——
2. Lilys Bruder ist sehr groß.	——	——	——
3. Lilys Vater ist 61 Jahre alt.	——	——	——
4. Lilys Großeltern wohnen in Lilys Straße.	——	——	——
5. Antons Schwester lebt auf einem Bauernhof.	——	——	——
6. Paul findet Nebel romantisch.	——	——	——
7. Paul hat zwei Schwestern.	——	——	——
8. In Berlin übernachten die Freunde im Hotel.	——	——	——
9. Anton kennt Berlin nicht.	——	——	——
10. Anton hat ein Handy.	——	——	——
11. Paul hat kein Handy.	——	——	——
12. Hülya hat gute Freunde in Berlin.	——	——	——

C Schreiben Sie Choose one of the following topics and write a few sentences about it in German.

1. Choose a person from Lily's family, her friend Felix or Anton's friend Markus. Use your imagination to say several things about the person. Write 5-6 sentences.

2. How does Anton describe the weather in Austria? What is his opinion of the weather in different seasons. Write 5-6 sentences.

_____
_____
_____
_____
_____
_____
_____
_____
_____

Wann gibt's denn Frühstück?

KAPITEL 3

Vokabeln

die **Bohne, -n** bean
darf: Und was darf's sein? What
 would you like?
die **Erdbeere, -n** strawberry
das **Lamm, -¨er** lamb
der **Knoblauch** garlic
lecker tasty
machen: macht nichts doesn't
 matter; **Was macht das dann?**
 How much is it?

nennen to name
der **Pfirsich, -e** peach
die **Salzkartoffeln** cooked
 potatoes
der **Scheiterhaufen** an Austrian
 pastry: fruit and bread baked
 together
die **Vorspeise, -n** appetizer

wählen to choose: **Haben Sie
 schon gewählt?** Have you
 decided (on your choice)?
zahlen to pay: **Zahlen Sie
 zusammen oder getrennt?**
 Is this on one check or
 separate?

▷ 1. Szene. Bei Markus

A **Was gibt's zum Frühstück?** Markieren Sie alles, was es zum Frühstück gibt. (Check off all the things there are for breakfast.)

_____ Kaffee   _____ Orangensaft   _____ Käse   _____ Eier   _____ Brötchen

_____ Tee   _____ Milch   _____ Wurst   _____ Brot   _____ Croissants

▷ 2. Szene. Auf dem Wochenmarkt

B **Wer will was essen?** Was möchte jeder essen? Kreuzen Sie an, wer was isst. (What would each person like to eat? Indicate who eats what.)

	Anton	Hülya	Lily	Paul
1. Schweizer Käsefondue.				
2. Scheiterhaufen.				
3. Lamm in Knoblauchsoße.				
4. Kartoffelsuppe.				

C **Richtig oder falsch?** Markieren Sie die Aussagen als **richtig** oder **falsch**. *(Check each statement as true or false.)*

	Richtig	Falsch
1. Hülya und Anton kaufen auf dem Wochenmarkt ein.	_____	_____
2. Hülya begrüßt die Marktfrau auf türkisch.	_____	_____
3. Am Gemüsestand gibt es viele Bananen.	_____	_____
4. Anton hat einen Einkaufskorb.	_____	_____
5. Die Marktfrau hat heute keine Bohnen.	_____	_____
6. Anton isst nicht gern Karotten.	_____	_____
7. Anton bezahlt alles.	_____	_____

▷ 4. Szene. Im Restaurant

D **Wer isst was?** Geben Sie an, wer welches Essen bestellt. *(Indicate who orders which meal.)*

	Anton	Hülya	Lily	Paul
1. Ich möchte eine Gemüsesuppe und auch einen gemischten Salat.				
2. Den Schweinebraten mit Salzkartoffeln und einen kleinen gemischten Salat.				
3. Ich möchte bitte eine gemischte Käseplatte.				
4. Ich möchte die Lammkottelets mit Gemüse.				

E **Was Bedienungen° sagen** In deutschen Restaurants gibt es einige ⟶ *servers* Standardausdrücke, die alle Bedienungen benutzen. Markieren Sie die Ausdrücke, die Sie **nicht** hören. *(Waiters in German restaurants use a number of standard phrases. Check the statements you don't hear.)*

_____ 1. Mein Name ist (Katharina). Ich bin heute Ihre Kellnerin.

_____ 2. Haben Sie schon gewählt?

_____ 3. Was darf's sein?

_____ 4. Zahlen Sie zusammen oder getrennt?

F **Schreiben Sie** Wählen Sie eine Szene aus dem Video und beschreiben Sie kurz was passiert (20–25 Wörter). *(Choose a scene from the video and describe briefly what takes place.)*

_____

_____

_____

_____

_____

_____

_____

_____

Wo kann denn nur Professor Langenstein sein?

KAPITEL 4

Vokabeln

aus•sehen (sieht aus) to appear, look like
der Bekannte, -n/die Bekannte, -n acquaintance
der Brief, -e letter
der Eingang, ⸚e entrance
die Entschuldigung, -en excuse; **Entschuldigung!** Excuse me.

gefunden found; **Ich habe es gefunden.** I found it.
hinten in back
meinen to think; **Was meinst du?** What do you think?
schaffen to accomplish; **Das schaffen wir noch.** We'll manage it.

der Streik, -s strike; **Streik!** I'm on strike. I refuse.
vergessen to forget; **Du hast es vergessen.** You forgot it.
wahrscheinlich probably
der Zufall, ⸚e coincidence

A **Schauen Sie genau** In diesem Video sehen Sie etwas von der Freiburger Universität, einer typischen Universität in Deutschland. Sehen Sie sich das Video ohne Ton an und kreuzen Sie alles an, was Sie sehen.

_____ große rote Gebäude *(buildings)*

_____ eine Bibliothek

_____ ein Chemielabor

_____ eine große Treppe *(stairs)*

_____ viele Fahrräder

_____ ein Parkplatz mit vielen Autos

_____ ein Schwarzes Brett

_____ Computer

_____ ein Sekretär sitzt am Schreibtisch

_____ Studenten sitzen an Tischen und trinken etwas

B **Wer sagt das?** Sehen Sie sich das Video jetzt mit Ton an und kreuzen Sie an, wer die folgenden Aussagen macht.

	Anton	Bibliothekarin	Hülya	Lily	Paul	Prof. Langenstein	Sekretärin
1. Außerdem möchte ich mit Prof. Langenstein über ein Studium in Freiburg sprechen.							
2. Aber schaut mal am Schwarzen Brett neben der Tür.							
3. Wahrscheinlich ist er zum Mittagessen in die Mensa gegangen.							
4. Hier ist er auch nicht. Komm, ich will jetzt endlich was essen.							
5. Streik. So finden wir ihn nie und ich habe wirklich Hunger.							
6. Hey, schau dir mal den Mann da hinten an. Sieht der nicht aus wie ein Germanistik-professor?							
7. Und was machen Sie alle in Freiburg?							
8. Endlich habe ich Sie gefunden.							
9. Ich habe was für Sie. Wo ist denn jetzt der Brief hin?							
10. Den hast du heute Morgen auf dem Frühstückstisch vergessen.							

C Was wissen Sie? Ergänzen Sie die folgenden Sätze.

1. Paul soll Professor Langenstein persönlich _____ überbringen.
   a. ein neues Buch   b. einen Brief   c. ein Bild

2. Professor Langenstein ist ein guter Freund der _____.
   a. Eltern.   b. Großeltern   c. Tante

3. Paul und Lily suchen den Professor in der Bibliothek für _____.
   a. Anglistik   b. Psychologie   c. Germanistik

4. Anton und Hülya sitzen in _____ und trinken etwas.
   a. einem Restaurant   b. einem Straßencafé   c. einer Bar

5. Professor Langenstein glaubt, dass Lily Pauls _____ ist.
   a. Schwester   b. Kusine   c. Frau

D Lily erzählt Lilys Freund Felix ruft Lily an und fragt sie, wie es ihr geht. Lily erzählt, was Paul und sie gerade machen. Schreiben Sie 5–6 Sätze im Präsens.

Wir sind an der Universität Freiburg und Paul sucht einen Professor Langenstein. Er will . . . _____

_____

_____

_____

_____

_____

_____

_____

E Schreiben Sie Paul möchte vielleicht an der Universität Freiburg studieren. Glauben Sie, dass er wirklich da studiert? Warum will er wohl in Freiburg studieren? Was studiert er vielleicht?

_____

_____

_____

_____

_____

_____

Hereinspaziert, die Herrschaften!

KAPITEL 5

Vokabeln

an•sehen to look at
die Bewegung, -en movement
sich bedienen to serve oneself;
  Bedient euch. Help yourselves.
eindruckvoll impressive
die Entschuldigung,-en excuse;
  Entschuldigung! Excuse me.
der Fall case; **auf jeden Fall**
  in any case
führen to lead

das Gebäude, - building
geboren born
Hereinspaziert die Herrschaften!
  (very formal) Come in ladies and
  gentlemen.
holen to get, fetch
Küss die Hand! *(formal Austrian
  greeting, mostly toward a woman)*
  Hello!
lecker delicious

sich lohnen to be worthwhile
Na los! Well let's go!
Obacht! Watch out!
rückwärts backwards
Schloss Mirabell Mirabell
  Palace *(famous tourist attraction
  in Salzburg)*
der Spaß fun; **Spaß machen**
  to joke
die Stunde, -n hour

A Schauen Sie genau Sehen Sie sich das Video ohne Ton an. Was machen
die vier Freunde in Salzburg? Was sehen sie? Kreuzen Sie alles an, was sie sehen.

_____ eine Brücke°   *bridge*

_____ einen Fluss°: die Salzach   *river*

_____ die Festung°: Hohensalzburg   *fortress*

_____ Mozarts Geburtshaus

_____ das Festspielhaus

_____ Schloss° Mirabell mit schönen Gärten   *palace*

_____ eine Figur aus Pappe°   *cardboard*

_____ eine Straßenbahn

_____ eine Tanzschule

_____ einen Musiker auf der Straße

B Wer sagt das? Sehen Sie sich das Video jetzt mit Ton an und kreuzen sie an, wer die folgenden Aussagen macht.

	Anton	Hülya	Lily	Paul
1. Folgen Sie mir in mein wunderschönes Salzburg.				
2. Salzburger Festspiele . . . da würde ich gern mal ein Konzert hören.				
3. Hmmm . . . Mozartkugeln! Wartet mal eben. Ich hole mir schnell welche.				
4. Paul, kann ich noch eine haben? Danke!				
5. Hey, hier kann man einen Walzerkurs machen. Das Ganze dauert nur ein paar Stunden.				
6. Du tanzt aber wirklich gut.				
7. Hast du schon mal einen Tanzkurs gemacht?				
8. Lily, du musst dich von mir führen lassen.				

C Richtig oder falsch? Kreuzen Sie an, ob die Aussagen **richtig** oder **falsch** sind.

	Richtig	Falsch
1. Die vier Freunde gehen in Mozarts Geburtshaus.	_____	_____
2. Hülya interessiert sich für die Salzburger Festspiele.	_____	_____
3. Anton kauft Mozartkugeln.	_____	_____
4. Lily isst mehr Mozartkugeln als die anderen.	_____	_____
5. Die Freunde besuchen Schloss Mirabell mit den schönen Gärten.	_____	_____
6. Hülya interessiert sich für den Tanzkurs.	_____	_____
7. Anton hat mit 16 einen Tanzkurs gemacht.	_____	_____
8. Lily und Paul tanzen nicht so gut wie Hülya und Anton.	_____	_____

D Interessantes über Salzburg Was finden Sie besonders interessant in Salzburg? Wählen Sie ein Thema und suchen Sie Informationen darüber im Internet. Schreiben Sie dann einige Fakten darüber auf. Schreiben Sie vier bis fünf Sätze.

**Mozartkugeln   Mozarts Geburtshaus   Salzburger Festspiele
Schloss Mirabell   die Universität Salzburg**

_____

_____

_____

_____

_____

_____

_____

E Strauss Walzer Die vier Freunde tanzen zu der Musik von Johann Strauss. Der Walzer beim Tanzkurs heißt „An der schönen blauen Donau" *("The Blue Danube")*. Hören Sie sich den Walzer im Internet an. Gefällt er Ihnen? Warum (nicht)?

_____

_____

_____

_____

_____

_____

_____

Was machen wir heute Abend?

KAPITEL 6

Vokabeln

sich amüsieren to have a good time; **Amüsiert euch.** Have a good time.
an•probieren to try on (clothes)
der Bügel, - clothes hanger
bunt brightly colored
die Größe, -n size (clothing)
die Klamotten (*pl.*) (*colloquial*) clothes, things

krass super, great (*similar to* **toll, super, klasse**)
das Mädel, -s (*colloquial*) girl
das Pech bad luck
riesig huge
stehen: Es steht dir gut. It looks good on you.
süß sweet; charming, lovely
schwierig difficult

der Schmetterball smash (tennis, table tennis)
der Vorschlag, ⸚e suggestion
wach awake
wecken to awaken
Witziges: etwas Witziges zum Anziehen something unusual/cute to wear

▷ 1. Szene. Bei Markus

A Was erfahren Sie? Sehen Sie sich das Video mit Ton an und ergänzen Sie die Aussagen.

1. Antons Freund Markus trägt ...

   a. einen blauen Anzug b. Jeans und T-Shirt c. eine braune Hose

2. Zum Frühstück trinken Hülya, Paul und Lily ...

   a. Kaffee b. Mineralwasser c. Wein

3. Lily und Anton ...

   a. haben früher gefrühstückt b. sind schon weg c. haben länger geschlafen

4. Nach dem Frühstück wollen Lily und Hülya _____ gehen.

   a. einkaufen b. ins Kino c. ins Konzert

5. Paul und Anton wollen im Treptower Park ...

   a. Tennis spielen b. Fußball spielen c. ein Fußballspiel anschauen

6. Hülya möchte abends nicht in einen Club, denn es ...

   a. geht erst spät los b. gibt zu viele Leute da c. ist dort immer langweilig

7. Die Freunde treffen sich am Abend ...

   a. im Café Burger b. am Brandenburger Tor c. in der Kneipe „Dr. Pong"

▷ 2. Szene: Im Treptower Park

B **Richtig oder falsch?** Kreuzen Sie an ob die Aussagen **richtig** oder **falsch** sind.

	Richtig	Falsch
1. Die Sonne scheint.	_____	_____
2. Viele junge Männer spielen Fußball.	_____	_____
3. Anton und Paul spielen Fußball.	_____	_____
4. Paul schießt° ein Tor.	_____	_____
5. Anton schießt zwei Tore.	_____	_____

schießt ein Tor:
kicks a goal

▷ 3. Szene: Im „Berliner Klamotten"

C **Wer sagt das?** Kreuzen Sie an, wer die folgenden Aussagen macht.

	Hülya	Lily	Verkäuferin
1. Größe 5?			
2. Direkt hinter euch an den Bügeln.			
3. Der Pullover ist doch was für dich.			
4. Nee, ich mag kein orange.			
5. Der steht dir richtig gut.			
6. Ich glaube, den möchte ich haben.			

4. Szene: Bei „Dr. Pong"

▷ **D** **Was ist passiert?** Kreuzen Sie die Sätze an, die stimmen.

_____ 1. Vor der Kneipe „Dr. Pong" stehen viele Fahrräder.

_____ 2. Paul und Anton spielen Tischtennis.

_____ 3. Paul und Anton haben gewonnen°.

_____ 4. Hülya hat einen Schmetterball geschlagen°.

won

hit

E Schreiben Sie. Wählen Sie ein Thema und schreiben Sie 20 bis 30 Wörter.

1. Lily hat eine E-Mail an ihren Freund Felix geschrieben. Sie hat ihm kurz erzählt, was sie und ihre Freunde heute gemacht haben.
2. Was halten Sie von Antons Freund Markus? Wie sieht er aus? Ist er Ihnen sympathisch?
3. Beschreiben Sie ein Kleidungstück oder die Umhängetasche in dem Kleidergeschäft. Hat Ihnen etwas in dem Geschäft gefallen? Warum (nicht)?
4. Beschreiben Sie, was Sie in der Straßenszene am Anfang des Videos oder vor der Kneipe „Dr. Pong" gesehen haben.

_____

_____

_____

_____

_____

_____

_____

_____

SELF-TESTS AND ANSWER KEY

Self-Tests

Einführung

A How do you ask someone for personal information in German?
1. What is your name?
2. How old are you?
3. What is your address?
4. What is your telephone number?
5. What is your e-mail address?

B Give the German equivalents of the following courtesy expressions.
1. thank you   2. you're welcome

C 1. How would you greet someone at the following times of day?
    a. in the morning   c. in the evening
    b. in the afternoon
2. How would you greet someone informally?
3. Give three ways to say good-bye in German.
4. Someone asks how you are. Give one positive and one negative response.

D 1. Name five colors in German.
2. Ask what color the wall is.

E 1. How can you tell what gender a German noun is?
2. Give the gender of the following nouns.
    a. Bleistift   c. Bett   e. Mann
    b. Tür   d. Frau
3. Complete the sentences with the proper definite article.
    a. _____ Kugelschreiber ist neu.
    b. _____ Zimmer ist klein.
    c. _____ Lampe ist alt.

    d. Wie ist _____ Tisch? Groß oder klein?
    e. Wie alt ist _____ Kind?
    f. _____ Uhr ist neu.
4. Say what is in your room. Use the proper indefinite article.
    In meinem Zimmer ist ...
    a. _____ Bett.
    b. _____ Lampe.
    c. _____ Bücherregal.
    d. _____ Uhr.
    e. _____ Pflanze.
    f. _____ CD-Player.

F Complete the answer, using a pronoun that corresponds to the noun in the question.
1. Ist der Junge zwölf?
    —Nein, _____ ist elf.
2. Ist das Kind drei?
    —Nein, _____ ist zwei.
3. Ist die Wand grün?
    —Nein, _____ ist blau.
4. Ist der Rucksack neu?
    —Nein, _____ ist alt.
5. Heißt die Studentin Laura?
    —Nein, _____ heißt Christine.
6. Ist das Handy neu?
    —Nein, _____ ist alt.

Kapitel 1

A Give three types of answers to the following question:
Gehst du heute Abend ins Kino?
1. Affirmative
2. Negative
3. Maybe

B 1. Give the days of the week in German.
2. Ask what day it is.
3. Say it is Thursday.

C 1. Write the German equivalent for each of the following sentences relating to time.
   a. What time is it?
   b. I'm going at one o'clock.
2. Write out the following clock times in German using conversational German (Method 1).
   a. 2:15   b. 3:45   c. 6:30
3. How is official time indicated, for example in train schedules?

D Give antonyms for the following words.
1. faul
2. freundlich
3. traurig
4. ernst
5. sympathisch

E 1. What are the three words for *you* in German?
2. Which form of *you* do you use in talking to the following people?
   a. a saleswoman   c. a friend
   b. two children   d. your mother
3. Give the German equivalents of the following English pronouns.
   a. he   c. we   e. they
   b. she   d. I
4. How can you tell whether **sie** means *she* or *they?*
5. Give the German equivalents of:
   a. She plays tennis well.
   b. They play tennis well.

F What are the German equivalents of the forms of the English verb *to be?*
   a. I am   d. they are
   b. we are   e. you are *(3 forms)*
   c. she is

G 1. What is the basic form of a German verb?
2. What is the most common ending of the basic verb form?
3. Give the German infinitives for the following verbs:
   a. to believe   c. to work
   b. to hike

4. Give the stems of the verbs in 3 above.
5. What ending does the verb take when used with the following subjects?
   a. du   d. wir   g. Sie *(pl.)*
   b. ihr   e. er
   c. ich   f. sie *(sg.)*
6. Complete the following sentences with the proper form of the verb in parentheses.
   a. _____ du heute Volleyball? (spielen)
   b. Ich _____ gern Musik. (hören)
   c. Er _____ viel. (arbeiten)
   d. Anna _____ gern. (wandern)
   e. Wir _____ gern. (schwimmen)
   f. Die Frau _____ Lisa. (heißen)
   g. Wie _____ du? (heißen)

H The German present tense also expresses something intended or planned for the future. Use the cues to make German sentences that express a future activity.
1. ich / gehen / heute Abend / ins Kino
2. Jens / arbeiten / heute Abend / am Computer

I 1. How do you say you like to do something in German?
2. Say that the following people like to do the things named.
   a. Sophia spielt Schach.
   b. Ich wandere.
   c. Wir treiben Sport.

J 1. Where does **nicht** come in relationship to the following:
   a. predicate adjectives: Lea ist **freundlich.**
   b. specific time expressions: Moritz kommt **heute.**
   c. most other adverbs, including general time adverbs: David spielt **gut** Schach.
   d. dependent infinitives: Wir gehen heute **wandern.**

2. Make the following sentences negative by adding **nicht** in the proper place.
   a. Wir schwimmen gern.
   b. Simon wandert viel.
   c. Ich gehe joggen.
   d. Wir arbeiten morgen.
   e. Jennifer ist nett.
   f. Justin ist oft krank.

K 1. What is the first word in an informational question?
   2. Where is the verb located? The subject?
   3. Name three interrogative words.
   4. Ask informational questions using the words in parentheses.
      a. Kevin spielt gut Fußball. (wer)
      b. Antonia spielt gern Volleyball. (was)
      c. Wir gehen heute Abend ins Kino. (wann)

L 1. What is the first word in a yes/no question?
   2. Convert the following statements into yes/no questions.
      a. Jasmin spielt oft Fußball.
      b. Florian arbeitet viel.
      c. Du spielst gut Schach.

Kapitel 2

A Give three responses expressing skepticism about the following statement about the weather: **Morgen ist es bestimmt schön.**

B Write out the names of the months in German.

C 1. What is the gender of the names of most countries in German?
   2. Name one feminine country and one plural country in German.

D Give the feminine form of the following nouns.
   1. der Student
   2. der Schweizer
   3. der Nachbar

E Replace the word **heute** with **auch gestern** and rewrite each of the following sentences in the simple past.
   1. Ich bin heute müde.
   2. Annika ist heute krank.

3. Du bist heute ruhig.
4. Luca und Jan sind heute müde.

F Ask when the birthdays of the following people are:
   1. du
   2. Pascal
   3. ihr
   4. Celine und Jana

G 1. In what position is the finite verb (the verb that agrees with the subject) in a German statement?
   2. Rewrite the following sentences, beginning with the word(s) in bold type.
      a. Das Wetter war **am Sonntag** nicht gut.
      b. Die Sonne scheint **hoffentlich** morgen.

H 1. What case is used in German for the subject of sentence and a predicate noun?
   2. Which verbs are often followed by predicate nouns?
   3. Write out the subjects and any predicate nouns in the following sentences.
      a. Gestern war das Wetter schön.
      b. Dominik Schmidt ist Schweizer.
      c. Pascals Freundin heißt Nina.

I 1. What is the definite article used with all plural nouns?
   2. Give the plural of the following nouns, including the article.
      a. das Fenster   d. die Uhr
      b. der Tisch   e. der Stuhl
      c. das Buch   f. die Studentin

J 1. What is the German indefinite article before masculine and neuter nouns?
   2. What is the indefinite article before feminine nouns?
   3. Complete the following sentences with an indefinite article.
      a. Ist das Kind _____ Mädchen oder _____ Junge?
      b. Ist die Frau _____ Nachbarin?
      c. Ist das wirklich _____ DVD-Player?

K 1. What is the negative form of **ein?**
2. What negative do you use when the noun is preceded by a definite article?
3. Complete the following sentences with **kein** or **nicht,** as appropriate.
   a. Das ist _____ Handy.
   b. Das ist _____ die Parkstraße.
   c. Charlotte ist _____ Freundin von Alina.

L 1. Give the German equivalents of the English possessive adjectives.
   a. _____ Handy (your *fam. sg.*)
   b. _____ Stadt (their)
   c. _____ Freunde (her)
   d. _____ Land (our)
   e. _____ Adresse (my)
2. Say that the following things belong to the persons named.
   a. _____ Gitarre (Jens)
   b. _____ Rucksack (Pia)

M Answer the following questions in the affirmative, using personal pronouns.
1. Ist der Computer neu?
2. Ist dein Rucksack praktisch?
3. Ist das Kind drei Jahre alt?
4. Arbeitet deine Freundin Pia heute Abend?
5. Wandern deine Freunde Tim und Leon gern?
6. Weißt du, wie alt Professor Schmidt ist?

Kapitel 3

A Give three responses to the following invitation:
Gehen wir morgen inlineskaten?
1. Accept the proposal gladly.
2. Reject the proposal with regret.
3. Leave the possibility open.

B What German word do you use to contradict the assumptions in the following sentences?
1. Monika isst keinen Fisch.

   _____ !

2. Arbeitest du denn nicht?

   _____ !

C Give three foods/beverages a German might have at each of the following meals.
1. Frühstück

2. Mittagessen
3. Abendessen

D Name the store where a German would most typically buy the following items.
1. Brot
2. Wurst
3. Aspirin
4. ein Buch über die Schweiz

E 1. Which noun in a compound determines the gender?
2. Make a compound of the following nouns.
   a. der Tisch + die Lampe
   b. die Kartoffel + der Salat

F 1. You have learned two German equivalents for *to know.* For each of the following definitions, write the appropriate German word.
   a. to know a fact
   b. to be acquainted with a person, place, or thing
2. Complete the following sentences with a form of **wissen** or **kennen.**
   a. _____ du Kevins Freundin?
   b. Ich _____ nicht, wie sie heißt.
   c. _____ du, wie sie heißt?

G 1. Which forms of the verbs **essen, geben,** and **nehmen** show stem-vowel change?
2. Complete the following sentences with the proper form of the verb in parentheses.
   a. Was _____ du gegen Kopfschmerzen? (nehmen)
   b. Ich _____ Aspirin. (nehmen)
   c. Zum Frühstück _____ Laura immer frische Brötchen. (essen)
   d. Wir _____ oft Eier. (essen)
   e. In der Konditorei _____ es guten Kaffee. (geben)
   f. _____ du mir fünf Euro? (geben)

H 1. When a sentence has both time and place expressions, which comes first in English? In German?
2. Write a sentence from the following cues.
wann / du / kommen / nach Hause / heute Abend / ?

I

1. What verb form do you use to tell someone to do something?
2. What is the position of this verb in the sentence?
3. Complete the following commands with the verb form that corresponds to the people indicated.
   a. (Phillipp) _____ mir bitte die Butter. (geben)
   b. (Lara und Julian) _____ gleich nach Hause. (kommen)
   c. (Herr Huber) _____ bitte hier. (bleiben)
   d. (Florian) _____ nicht so nervös. (sein)

J

1. Which case is used for:
   a. nouns and pronouns that are subjects?
   b. nouns and pronouns that are direct objects?
2. Complete the following sentences with the possessive adjective that corresponds to the subject pronoun.
   a. Ich brauche _____ Heft wieder.
   b. Paula fragt _____ Freund Robin.
   c. Nehmt ihr _____ Bücher?
   d. Brauchst du _____ Lampe?
3. A few masculine nouns show a change in the accusative. Give the accusative form of:
   a. der Junge   b. der Nachbar
4. Name the prepositions that take accusative case.
5. Complete the following sentences, using the cues in parentheses.
   a. _____ ist nicht frisch. (der Kuchen)
   b. Warum kaufst du _____? (der Kuchen)
   c. Leonie und Jonas kennen _____ gut. (ihre Stadt)
   d. Luca arbeitet für _____. (sein Professor)
   e. Habt ihr denn _____ mehr? (kein Brot)
   f. Warum kaufst du nur _____? (ein Stuhl)
   g. _____ suchst du? (wer)
   h. Kennst du _____ da? (der Student)
   i. Gibt es hier _____? (kein Supermarkt)
6. Give the accusative forms of the following pronouns.
   a. Was hast du gegen _____ ? (er)

b. Brauchst du _____? (ich)
c. Wir kennen _____ nicht. (sie, *pl.*)
d. Sarah und Niklas finden _____ sehr sympathisch. (du)
e. Machen Sie das bitte ohne _____. (wir)
f. Unsere Nachbarn suchen _____. (ihr)

7. Complete the following sentences with personal pronouns.
   a. Der Kaffee ist gut, nicht? —Nein, ich finde _____ nicht gut.
   b. Ich brauche Brot. —Kauf _____ aber bei Reinhardt!
   c. Wer ist der Herr da? —Ich kenne _____ nicht.

Kapitel 4

A Give two expressions of regret as a response to the following request:
Sollen wir jetzt einen Kaffee trinken gehen?

B Give three responses to the following question to indicate you are preparing class work or studying for a test.
Was machst du heute Abend?

C How would you say in German that . . .
1. Alex is an American.
2. His father is an engineer.
3. His sister is a student.

D Tell how many members are in your family and how many relatives you have (for example, **Ich habe zwei Brüder, eine Tante, …**).

E
1. What vowel changes do the verbs **lesen, sehen,** and **werden** have?
2. Give the **ich-, du-,** and **er / es / sie**-forms of **werden.**
3. Complete the sentences with the correct form of the verb in parentheses.
   a. Leonie _____ viel. (lesen)
   b. _____ du gern lustige Filme? (sehen)
   c. Marcel _____ besser in Mathe. (werden)
   d. Warum ____ du jetzt so ruhig? (werden)

F
1. What vowel change do the verbs **fahren** and **halten** have?
2. Complete the sentences with the correct form of the verb in parentheses.
   a. Wann _____ Paula nach Hamburg? (fahren)
   b. _____ du mit Paula? (fahren)
   c. Was _____ du von ihren Freunden? (halten)

G Replace the word **heute** with the words **auch gestern** and rewrite each of the following sentences in the simple past.
1. Florian hat heute keine Zeit.
2. Und du hast heute keine Zeit.

H
1. What pattern of endings do the words **dieser, jeder, welcher, mancher,** and **solcher** follow?
2. Which **der**-word is used only in the singular? What does it mean?
3. Which two **der**-words are used mostly in the plural? What do they mean?
4. Complete the following sentences with the correct form of the cued **der**-word.
   a. _____ CD-Player ist teuer. (dieser)
   b. _____ CD-Player meinst du? (welcher)
   c. Und _____ CDs sind auch teuer. (mancher)
   d. _____ CDs sind immer teuer. (solcher)
   e. _____ Geschäft in dieser Stadt ist teuer. (jeder)

I
1. Which kind of verb expresses an attitude about an action rather than the action itself?
2. Give the German infinitives that express the following ideas.
   a. to want to   d. to be allowed to
   b. to be supposed to   e. to be able to
   c. to have to   f. to like

J
1. German modals are irregular. Which forms lack endings?
2. What other irregularity do most modals show?

3. Give the proper forms of the verbs indicated.
   a. ich _____ (können)
   b. er _____ (dürfen)
   c. du _____ (müssen)
   d. wir _____ (sollen)
   e. Chiara _____ (wollen)
   f. Ich _____ es nicht. (mögen)

K The modal **mögen** and its subjunctive form **möchte** have two different meanings. Complete the sentences with the correct form of the appropriate verb, **mögen** or **möchte.**
1. _____ du Annika?
2. Ich kenne sie nicht, aber ich _____ sie kennenlernen.

L
1. Modal auxiliaries are generally used with dependent infinitives. Where does the infinitive come in such a sentence?
2. Rewrite the following sentences, using the modal in parentheses.
   a. Arbeitest du heute? (müssen)
   b. Ich mache es nicht. (können)
   c. Jennifer sagt etwas. (wollen)
3. When is the infinitive often omitted?
4. Complete the sentences with the appropriate modal verb.
   a. _____ du Deutsch?
   b. Es ist spät. Ich _____ nach Hause.

M
1. Which of the following verbs are separable-prefix verbs?
   a. fernsehen   d. mitbringen
   b. bekommen   e. verdienen
   c. einkaufen
2. In what position is the separable prefix in the present tense and the imperative?
3. Write sentences using the guidelines.
   a. du / einkaufen / morgen / ?
   b. ja / ich / müssen / vorbereiten / das Abendessen
   c. du / heute Abend / fernsehen / ?
   d. nein / ich / sollen / meine Notizen / durcharbeiten

Kapitel 5

A Give three very positive responses to the following sentence:

Mein Auto ist kaputt. Kannst du mich morgen abholen?

B Name three things you would like to do during the summer vacation.

C 1. What are two words for *where* in German?
2. Complete the following sentences with **wo** or **wohin**.
    a. _____ wohnt Sophie?
    b. _____ fährst du in den Ferien?

D Name in German three forms of private transportation and three forms of public transportation.

E 1. What vowel change does the verb **laufen** have?
2. Complete the sentences with the correct form of the verb **laufen.**
    a. _____ du gern morgens?
    b. Ja, ich _____ sehr gern.

F 1. What are the six coordinating conjunctions you have learned?
2. What word means *but* in the sense of *on the contrary?*
3. What word means *but* in the sense of *nevertheless?*
4. Do coordinating conjunctions affect word order?
5. Choose the conjunction that makes sense and use it to combine the sentences.
    a. Julian bleibt heute zu Hause. Er ist krank. (denn, oder)
    b. Er geht morgen nicht schwimmen. Er spielt Tennis. (aber, sondern)
    c. Er spielt Tennis nicht gut. Er spielt gern. (aber, sondern)

G 1. Where does the finite verb (i.e., the verb that agrees with the subject) go in a dependent clause?
2. Combine the following sentences with the conjunction indicated.
    a. Wir können nicht fahren. (weil) Unser Auto ist kaputt.

b. (wenn) Es regnet morgen. Wir müssen zu Hause bleiben.
3. Rewrite the following direct statements as indirect statements, using **dass.**
    a. Luisa sagt: „Die Nachbarn kaufen oft im Supermarkt ein.“
    b. Doch sie findet: „Das Obst da ist nicht so frisch.“

H 1. What case is used in German to signal the indirect object?
2. What is the indirect object in the following sentence?
    Gerd schenkt seiner Schwester ein Poster.
3. Give the dative form of the following nouns:
    a. die Frau   d. die Berge
    b. der Mann   e. der Student
    c. das Auto
4. Complete the sentences with the correct form of the cued words.
    a. Der Vater erzählt _____ eine lustige Geschichte. (die Kinder)
    b. Lena schenkt ihrer Mutter _____. (ein DVD-Player)
    c. Michael leiht _____ sein Fahrrad. (seine Schwester)

I Give the accusative and dative forms of the following pronouns.
1. ich   3. du   5. sie *(sg.)*
2. er   4. wir   6. Sie

J Show your understanding of the word order for direct and indirect objects by completing the sentences with the cued words.
1. Kaufst du _____ _____? (dieses Buch / mir)
2. Ich schreibe _____ _____. (viele E-Mails / meinen Freunden)
3. Der Pulli? Ich schenke _____ _____. (ihn / meinem Bruder)

K 1. Which of the following verbs take dative case? **antworten, danken, finden, gefallen, glauben, helfen, kennen, nehmen**
2. Which of the following prepositions are followed by dative case? **aus, durch, für, mit, nach, ohne, seit, von, zu**

3. Complete the following sentences with the correct form of the cued words.
    a. Nils wohnt bei _____. (eine Familie)
    b. Er fährt mit _____ zur Arbeit. (der Zug)
    c. Seine Arbeit gefällt _____ sehr. (er)
    d. Du kannst _____ glauben. (ich)
    e. Nils erzählt gern von _____. (seine Freunde)
    f. Zum Geburtstag schenken sie ihm _____. (ein CD-Player)

Kapitel 6

A Your friend is unhappy with one of your remarks and says: **Sei nicht so kritisch.** Give three possible excuses or apologies.

B Name three leisure-time activities that you enjoy.

C 1. Name three articles of clothing that both men and women wear.
2. Name three articles of women's clothing.

D 1. When is the German present perfect tense used?
2. Why is it often called the "conversational past"?

E 1. The present perfect tense consists of two parts. What are the two parts of the verb?
2. What verb is used as the auxiliary for most verbs in the present perfect tense?
3. What other verb is used as an auxiliary for some verbs in the present perfect tense?
4. What conditions must be met to use the auxiliary **sein** with a past participle?
5. What two verbs are exceptions to the general rule about verbs requiring **sein**?
6. Supply the auxiliaries.
    a. Er _____ viel gearbeitet.
    b. _____ du spät aufgestanden?
    c. Wir _____ bis elf geblieben.
    d. Luisa und Paul _____ mir geschrieben.
    e. _____ ihr mit dem Zug gefahren?
    f. Ich _____ gut geschlafen.

F 1. What ending is added to the stem of a regular weak verb like **spielen** to form the past participle?

2. How is the ending different in a verb like **arbeiten,** which has a stem ending in **-t?**
3. How does an irregular weak verb like **bringen** form the past participle differently from regular weak verbs?
4. Give the past participles of the following verbs. **bringen, kosten, machen, denken, haben, kennen, regnen, wandern, wissen, tanzen**

G 1. What is the ending of the past participle of a strong verb like **sehen?**
2. What other change is characteristic for the past participle of many strong verbs?
3. Give the past participles of the following verbs. **finden, geben, lesen, nehmen, schlafen, schreiben, trinken, tun**

H 1. What happens to the **ge-** prefix in the past participle of a separable-prefix verb like **einkaufen?**
2. Give the past participles of the following verbs. **aufstehen, einladen, mitbringen**

I 1. How does the past participle of an inseparable-prefix verb like **bekommen** differ from that of most other verbs?
2. What other type of verb adds no **ge-** prefix?
3. Give the present perfect tense of the following sentences.
    a. Ich bezahle das Essen.
    b. Wir erzählen Marcel die Geschichte.
    c. Der Film gefällt ihm nicht.
    d. Wann beginnst du mit der Arbeit?
    e. Jana studiert in Bonn.
    f. Der Roman interessiert mich nicht.

J 1. In what position is the past participle in an independent clause?
2. Where do the past participle and the auxiliary verb come in a dependent clause?
3. Rewrite the following sentences in the present perfect tense.
    a. Ich stehe spät auf, denn ich arbeite bis elf.
    b. Ich schreibe keine E-Mails, weil ich keine Zeit habe.

K Rewrite the following sentences in the present perfect tense.

1. Nils und ich machen Urlaub in Österreich.
2. Wir wohnen in einem kleinen Hotel.
3. Morgens stehen wir ziemlich spät auf.
4. Und wir liegen oft in der Sonne.
5. Wir schwimmen auch manchmal im See.
6. Danach gehen wir meistens wandern.
7. Alles gefällt uns sehr gut.
8. Am Sonntag fahren wir mit dem Zug nach Wien.
9. Dort bleiben wir bis Dienstag.
10. Am Mittwoch fliegen wir dann nach Berlin zurück.

Kapitel 7

A Respond to one of the following statements with an expression of agreement and to the other with an expression of disagreement.
1. Klassische Musik ist langweilig.
2. Science-Fiction-Filme sind toll.

B A friend asks what household chores you do. Give three possible answers.
Welche Arbeiten machst du zu Hause?

C Name three pieces of furniture or appliances found in the following rooms.
1. das Wohnzimmer
2. das Schlafzimmer
3. die Küche

D 1. The words **hin** and **her** can be used alone or in combination with several parts of speech (for example **hierher, hinfahren**) to show direction. Which word indicates direction toward the speaker? Which indicates direction away from the speaker?
2. What position do **hin** and **her** occupy in a sentence when they stand alone?
3. Complete the following sentences with **hin, her, wo, woher,** or **wohin.**
   a. _____ wohnen Sie?
   b. _____ kommen Sie? Aus Österreich?
   c. _____ fahren Sie in den Ferien?
   d. Meine Tante wohnt in Hamburg. Ich fahre jedes Jahr _____.
   e. Kommen Sie mal _____.

E 1. Indicate which of the following prepositions are always followed by:
   a. the accusative
   b. the dative
   c. either dative or accusative
an, auf, aus, bei, durch, für, gegen, hinter, in, nach, neben, ohne, seit, über, unter, von, vor, zu, zwischen
2. List two contractions for each of the following prepositions:
   a. an   b. in

F Construct sentences from the guidelines.
1. ich / fahren / in / Stadt
2. wir / gehen / auf / Markt
3. Jana / studieren / an / Universität Hamburg
4. Alex / arbeiten / in / ein / Buchhandlung
5. warum / Tisch / stehen / zwischen / Stühle / ?
6. warum / sitzen / du / an / Tisch / in / Ecke / ?

G English uses *to put* and *to be* as all-purpose verbs to talk about position. German uses several different verbs. Complete the following sentences with an appropriate verb from the list.
legen, liegen, stellen, stehen, setzen, sitzen, hängen, stecken
1. Lena _____ die Lampe auf den Tisch.
2. Die Lampe _____ auf dem Tisch.
3. Simon _____ die Uhr an die Wand.
4. Lena _____ das Kind auf den Stuhl.
5. Das Kind _____ auf dem Stuhl.
6. Simon _____ das Heft auf den Tisch.
7. Das Heft _____ auf dem Tisch.
8. Er _____ das Buch in den Rucksack.

H Many verbs in German are combined with prepositions to express certain idiomatic meanings, e.g., **fahren + mit** (*travel + by*). Complete the following sentences with appropriate prepositions.
1. Ich denke oft _____ Justin.
2. Er lacht immer _____ meine Geschichten.
3. Wir fahren zusammen _____ der Bahn zur Uni.

I
1. What case must be used for time expressions that indicate a definite point in time or duration of time?
2. What case is used with time expressions beginning with **an, in,** or **vor?**
3. Complete the following sentences with the cued words.
   a. Wir bleiben _____. (ein / Tag)
   b. Elias hat vor _____ den Führerschein gemacht. (ein / Jahr)
   c. Paula arbeitet _____. (jeder / Abend)
   d. Er kommt in _____ wieder. (eine / Woche)

J
1. What construction is used in a German statement in place of a preposition + a pronoun that refers to things or ideas?
2. In German questions, what construction is usually used to replace **was** as the object of a preposition?
3. When does **da-** expand to **dar-** and **wo-** expand to **wor-?**
4. Complete the following sentences using a **da**-compound or a preposition and pronoun, as appropriate.
   a. Spricht Anna oft von ihrer Reise?
      —Ja, sie spricht oft _____.
   b. Machst du das für deine Freundin?
      —Ja, ich mache das _____.
5. Complete the sentences using a **wo**-compound or a preposition and interrogative pronoun, as appropriate.
   a. _____ spielst du morgen Tennis?
      —Ich spiele mit Elisabeth.
   b. _____ habt ihr geredet?
      —Wir haben über den Film geredet.

K
1. What word do indirect informational questions begin with?
2. What conjunction do indirect yes/no questions begin with?
3. Rewrite the following direct questions as indirect questions:
   a. Paul fragt Jessica: „Fährst du morgen zur Uni?"
   b. Jessica fragt Paul: „Wann isst du zu Mittag?"

Kapitel 8

A The following statement appeared in a recent survey about attitudes toward work:
Bei einem Job ist das Wichtigste ein sicherer Arbeitsplatz.
Give two ways to ask a friend's opinion of this conclusion.

B Give at least two words related to:
1. studieren
2. Sonne
3. backen

C Form nouns by adding **-heit** or **-keit** to the following adjectives.
1. krank
2. freundlich
3. frei

D
1. Which tense is generally used in German to express future time?
2. Construct a sentence using the guidelines: ich / anrufen / dich / heute Abend (*present tense*)

E
1. When is the future tense used in German?
2. How is the future tense formed in German?
3. In an independent clause where the future is used, what position is the infinitive in?
4. In a dependent clause where the future is used, what verb form is in the final position?
5. Restate in the future tense.
   a. Hannah hilft uns.
   b. Machst du das wirklich?
   c. Michael sagt, dass er einen neuen Job sucht. (*Do not change* **Michael sagt.**)

F Express the idea of *assumption* or *probability* in the following sentences using **wohl, sicher,** or **schon.**
1. Meine Eltern sind zu Hause.
2. Ich finde mein Handy wieder.

G
1. What case is used in German to show possession or other close relationships?
2. In German does the genitive noun precede or follow the noun it modifies?

3. Give the genitive of the following masculine and neuter nouns.
   a. das Bild
   b. dieser Laden
   c. der Junge
   d. ein Haus
   e. ihr Bruder

4. Give the genitive form of the following feminine and plural nouns:
   a. die Frau
   b. eine Ausländerin
   c. diese Kinder
   d. meine Eltern

5. What is the genitive form of **wer**?

6. Make a sentence from the cues, using **wessen. Rucksack / liegen / da / in der Ecke / ?**

H Name four prepositions that are followed by the genitive.

I Complete the following sentences, using the cued words.
1. Ich gebe euch die Handynummer _____ (meine Freundin Sarah).
2. Und ihr könnt auch die Adresse _____ (ihr Freund) haben.
3. Während _____ (euer Urlaub) könnt ihr sie doch besuchen.
4. Ich schreibe euch den Namen _____ (das Hotel) am Bahnhof auf.
5. Die Preise _____ (die Zimmer) sind ganz okay.
6. Wegen _____ (das Wetter) müsst ihr warme Kleidung mitnehmen.

J In German, adjectives that precede nouns take endings. Complete the following sentences, using the cued words.
1. Mein Job ist leider ziemlich _____. (langweilig)
2. Aber ich habe _____ Kollegen. (nett)
3. Und ich habe ein _____ Büro (n.). (schön)
4. _____ Freiheiten habe ich aber nicht bei meiner Arbeit. (groß)
5. Und mein Chef ist auch nicht besonders _____. (sympathisch)
6. In der Zeitung lese ich manchmal _____ Anzeigen. (interessant)
7. Aber _____ Stellen gibt es in meinem Beruf nicht so oft. (gut)
8. Doch die Anzeige einer _____ Firma sah gut aus. (klein)

9. Vielleicht gibt es dort einen _____ Job für mich. (neu)
10. Ich muss aber relativ _____ Geld verdienen. (viel)
11. Denn München ist ziemlich _____. (teuer)
12. Und es gibt fast keine _____ Wohnungen. (billig)

K 1. How are the ordinal numbers from 1–19 formed in German?
2. Give the ordinals for the following numbers:
   a. eins
   b. drei
   c. fünf
   d. sechzehn
3. What is added to numbers after 19 to form the ordinals?
4. Give the ordinals for the following numbers:
   a. einunddreißig
   b. hundert
5. Ordinals take adjective endings. Complete the sentences with the cued ordinals.
   a. Am _____ November habe ich Geburtstag. (7)
   b. Wir müssen leider ein _____ Auto kaufen. (2)

L 1. Ask the date in German.
2. Say it is June first.
3. Write the date, July 6, 2010, as it would appear in a letter heading.

Kapitel 9

A How would you express sympathetic understanding when your friend says: **Ich habe mir den Arm gebrochen.**

B Complete the German expressions:
1. *something good:* etwas Gut _____
2. *nothing special:* nichts Besonder _____
3. *a good acquaintance:* ein guter Bekannt _____
4. *a German (female):* eine Deutsch _____

C For each subject pronoun below, give the accusative and dative reflexive pronoun.
1. ich
2. du
3. sie (sg. and pl.)
4. wir
5. er

D Some German verbs are called reflexive verbs because reflexive pronouns are regularly used with these verbs. Construct sentences using the following cues.
1. du / sich fühlen / heute / besser / ?
2. Charlotte / sich erkälten / gestern

E When referring to parts of the body, German usage differs from English in some constructions. Complete the following German sentences.
1. Ich habe mir _____ Hände gewaschen.
2. Und ich habe mir auch _____ Zähne geputzt.

F Name three acts of hygiene that are part of your morning ritual.

G 1. What word precedes the dependent infinitive with most verbs in German?
2. When are dependent infinitives *not* preceded by that word?
3. What is the German construction equivalent to the English *(in order) to +* infinitive?
4. Complete the following sentences with the cued words.
   a. Es macht Spaß _____. (in den Bergen / wandern)
   b. Ich möchte mir _____. (eine neue CD / kaufen)
   c. Vergiss nicht _____. (Blumen / mitbringen)
   d. Ich beginne _____. (deine Ideen / verstehen)
   e. Ich bleibe heute zu Hause, _____. (um ... zu / machen / meine Arbeit)

H 1. How are comparative adjectives and adverbs formed in German?
2. How do some one-syllable adjectives and adverbs change the stem vowel in the comparative?
3. Complete the following sentences using the comparative form of the cued adjective.
   a. Es ist heute _____ als gestern. (kalt)
   b. Mein neues Auto war _____ als mein altes. (teuer)
   c. Moritz wohnt jetzt in einem _____ Zimmer. (groß, schön)

I 1. How are superlative adjectives and adverbs formed in German?
2. What is the ending for the superlative if the base form ends in **-d (wild)**, **-t (leicht)**, or a sibilant **(heiß)**?
3. How do some one-syllable adjectives and adverbs change the vowel in the superlative?
4. What form does an adverb or a predicate adjective have in the superlative?
5. Complete the following sentences using the superlative form of the cued adjective or adverb.
   a. Im Winter ist frisches Obst _____. (teuer)
   b. Michelle arbeitet _____. (schwer)
   c. Das ist mein _____ Pulli. (schön)
   d. Gestern war der _____ Tag dieses Jahres. (kalt)

J Give the comparative and superlative forms of:
1. gern   2. gut   3. viel

Kapitel 10

A For weeks you have been tired from too little sleep. Your friend suggests a remedy. Give two possible responses showing you are puzzled about how to follow her/his advice. Your friend has said:
Du musst weniger arbeiten. Fünf Stunden am Tag sind genug.

B Give two logical responses to the question:
Wo warst du gestern Abend?

C Give one example of
1. giving an invitation to attend an event
2. responding to an invitation

D 1. When is the simple past tense used? What is it often called?
2. When is the present perfect tense used? What is it often called?
3. Which verbs occur more frequently in the simple past than in present perfect tense, even in conversation?

E
1. What tense marker is added to modals in the simple past tense?
2. What happens to modals with an umlaut in the simple past?
3. Give the simple past tense forms of the following:
   a. ich darf
   b. du kannst
   c. sie muss
   d. wir mögen

F
1. What is the tense marker for weak verbs in the simple past tense?
2. What is the past-tense marker for **regnen, öffnen,** and verbs with stems ending in **-d** or **-t?**
3. Which forms add no endings in the simple past?
4. Change each of the following present-tense forms to simple past.
   a. ich spiele
   b. Justin arbeitet
   c. es regnet
   d. sie sagen

G Irregular weak verbs have a vowel change in the simple past tense, and several of these verbs have consonant changes. Give the simple past form of the following sentences.
1. Sicher denkt Sophie nicht an Toms Geburtstag.
2. Doch Paul weiß, dass Tom Geburtstag hat.
3. Und er bringt ihm ein Geschenk mit.

H
1. How do strong verbs show the simple past tense?
2. Which forms add no endings?
3. Give the simple past tense of the following verbs.
   a. er spricht
   b. sie sieht
   c. ich gebe
   d. wir bleiben
   e. er fährt
   f. ich bin
   g. sie geht
   h. sie gehen
   i. ich laufe
   j. er trägt

I Restate the following sentences in the simple past and present perfect tenses.
1. Lea geht noch ins Kino.
2. Doch Tobias schreibt an seiner Seminararbeit.

J Give the simple past tense forms of **werden.**
1. ich werde   2. du wirst   3. er / es / sie wird

K
1. Where does the prefix of separable-prefix verbs go in the simple past tense?
2. Construct sentences in the simple past, using the guidelines.
   a. ich / aufstehen / heute / früh
   b. wir / einkaufen / in der Stadt
   c. unsere Party / anfangen / um acht Uhr
   d. Lukas / mitbringen / die Getränke

L
1. When is the past perfect tense used?
2. How is it formed?
3. Complete the sentences with the past perfect of the cued verb.
   a. Ich habe gut geschlafen, weil ich 20 Kilometer _____. (laufen)
   b. Nachdem es den ganzen Tag _____ (regnen), schien die Sonne am Abend.

M **Als, wenn,** and **wann** are equivalent to English *when.*
1. Which must be used for *when* to introduce direct or indirect questions?
2. Which must be used for *when* in the sense of *whenever* (that is, for repeated events) in past time?
3. Which must be used for *when* in clauses with events in the present or future?
4. Which must be used for *when* in clauses concerned with a single past event?
5. Complete the following sentences with **als, wenn,** or **wann,** as appropriate.
   a. Wir haben viel Spaß, _____ Schmidts uns besuchen.
   b. Letzte Woche, _____ sie beiuns waren, haben wir zusammen gekocht.
   c. Aber immer, _____ ich etwas machen wollte, hatte Herr Schmidt eine andere Idee.
   d. Ich weiß nicht mehr, _____ das Essen endlich fertig war, aber es war ziemlich spät.

Kapitel 11

A Your friend tells you of her/his plans for the summer. Give your response in two hypothetical statements. Your friend says: **Im Sommer fahr ich für sechs Wochen nach Italien. Komm doch mit!**

B You have an appointment. Give a possible response from the secretary to your question: **Ist Frau/Herr Neumann zu sprechen?**

C Which profession is related to the following:
1. Patienten
2. Computer
3. Häuser
4. Zähne

D 1. a. What kind of situations does the subjunctive mood express?
   b. Give three uses.
2. Say that Jennifer would also like to do the following. Use **würde. Christian faulenzt viel.**
3. Say that you wish the following situation were different. Use **würde. Die Sonne scheint nicht. Wenn die Sonne nur ...**
4. Restate as a request, using **würde. Bleib noch eine Stunde!**

E What verbs are used in their subjunctive form rather than as infinitives with the **würde-**construction?

F 1. What is the subjunctive form of the verb **sein?**
2. What is the subjunctive form of the verb **haben?**
3. What is the subjunctive form of the verb **wissen?**
4. Give the present-time subjunctive of the following verb forms.
   a. ich bin   d. wir sind
   b. du hast   e. sie hat
   c. ich weiß   f. wir wissen

G 1. What are conditions contrary to fact?
2. Restate as conditions contrary to fact. Use the **würde-**construction in the conclusion and the subjunctive forms of **sein** or **haben** in the **wenn-**clause.
   a. Lara kommt sicher, wenn sie wieder gesund ist.
   b. Wenn ich Geld habe, gehe ich ins Konzert.

H 1. How is the present-time subjunctive of modals formed?
2. Give the subjunctive of the following verb forms.
   a. ich muss   b. du kannst

I 1. In addition to the subjunctive forms of **sein, haben, wissen,** and the modals, you may encounter other verbs in the subjunctive. You will have no trouble recognizing such verbs. What tense are the subjunctive forms based upon?
2. Give the infinitive of the following verbs:
   a. du fändest
   b. ich täte
   c. er ginge

J Construct sentences using the guidelines.
1. Wenn Sarah mehr Geld hätte, sie / mitkommen / auf die Reise (*use* **würde**)
2. Ich wollte, sie (*sg.*) / haben / mehr / Geld (*present-time subj.*)
3. du / können / ihr / Geld / leihen / ? (*present-time subj.*)
4. ich / tun / das / nicht (*use* **würde**)
5. sie / zurückzahlen / es / vielleicht / nicht (*use* **würde**)

K 1. How is the past-time subjunctive formed?
2. Restate the following sentences in the past-time subjunctive.
   a. Wenn ich in der Schweiz bleibe, kaufe ich mir ein Snowboard.
   b. Fährst du dann jedes Wochenende in die Berge?

Kapitel 12

A You have just arrived by train in Hamburg and want first of all to go to the famous gardens **Planten un Blomen.** The person you have asked for directions is very cooperative but speaks too fast and not always distinctly. How would you indicate you don't understand? Give three expressions.

B 1. What function does a relative pronoun serve?
2. Where does the finite verb come in a relative clause?

C 1. With what forms are most of the relative pronoun forms identical?
2. Dative plural and genitive forms are exceptions. The genitive forms are **dessen** and **deren.** What is the relative pronoun in dative plural?

D
1. How do you decide the gender and number of the relative pronoun you use?
2. How do you decide what case of a relative pronoun to use?
3. What case does a relative pronoun have when it follows a preposition?

E Complete the following sentences with a relative pronoun.
1. Ist das die Frau, von _____ du gerade erzählt hast?
2. Die Frau, _____ Dir schon so lange gefällt?
3. Der Mann, mit _____ sie spricht, ist aber sicher ihr Freund.
4. Findest du denn die Leute, mit _____ sie ausgeht, sympathisch?
5. Ich kenne das Restaurant, in _____ sie oft essen gehen.
6. Und die Bars, in _____ sie oft feiern.
7. Das sind Bars, _____ dir nicht gefallen würden.

F
1. What is the role of the subject of a sentence in active voice?
2. What is the role of the subject in passive voice?

G
1. How is passive voice formed in German?
2. Construct sentences using the guidelines.
   a. Haus / verkaufen *(passive, simple past)*
   b. Geld / teilen *(passive, simple past)*
   c. Fabrik / modernisieren *(passive, present)*
   d. neue Maschinen / kaufen *(passive, present)*

H
1. In English, the agent in the passive voice is the object of the preposition *by: The work was done by our neighbors.* How is the agent expressed in German?
2. Complete the following sentences.
   a. Das Museum wurde _____ dem Architekten Sterling gebaut.
   b. Die Arbeit wurde _____ unseren Nachbarn gemacht.

I
1. What are three uses of **werden**?
2. Identify the use of **werden**:
   a. Eine Reise nach Dresden wurde geplant.
   b. Es wird endlich wärmer.
   c. Jens wird an seine Freundin schreiben .

Answer Key to Self-Tests

Einführung

A
1. Wie heißt du [heißen Sie]?
2. Wie alt bist du [sind Sie]?
3. Wie ist deine [Ihre] Adresse?
4. Wie ist deine [Ihre] Telefonnummer?
5. Wie ist deine [Ihre] E-Mail-Adresse?

B
1. danke   2. bitte

C
1. a. Guten Morgen!
   b. Guten Tag!
   c. Guten Abend!
2. *Possible greetings:* Hallo! / Grüß dich!
3. Auf Wiedersehen! / Tschüss. / Bis bald [dann].
4. *Possible answers:*
   Positive: Gut, danke. / Danke, ganz gut. / Es geht. / Fantastisch.
   Negative: Nicht so gut. / Schlecht. / Miserabel. / Ich bin krank.

D
1. *Answers will vary. Possible answers:*
   blau, gelb, grau, grün, rot, schwarz, weiß
2. Welche Farbe hat die Wand?

E
1. By the article and the pronoun that refer to the noun.
2. a. *masculine,* der Bleistift
   b. *feminine,* die Tür
   c. *neuter,* das Bett
   d. *feminine,* die Frau
   e. *masculine,* der Mann
3. a. Der   d. der
   b. Das   e. das
   c. Die   f. Die

4. a. ein   d. eine
   b. eine   e. eine
   c. ein   f. ein

F
1. er   3. sie   5. sie
2. es   4. er   6. es

Kapitel 1

A *Answers will vary. Possible answers:*
1. Ja. / Natürlich.
2. Nein. / Natürlich nicht.
3. Ich glaube ja [nicht]. / Vielleicht [nicht].

B
1. Montag, Dienstag, Mittwoch, Donnerstag, Freitag, Samstag [Sonnabend], Sonntag
2. Welcher Tag ist heute?
3. Heute ist Donnerstag.

C
1. a. Wie viel Uhr ist es? / Wie spät ist es?
   b. Ich gehe um ein Uhr. / Ich gehe um eins.
2. a. Viertel nach zwei   c. halb sieben
   b. Viertel vor vier
3. Official time uses a 24-hour clock.

D
1. fleißig   4. lustig
2. unfreundlich   5. unsympathisch
3. glücklich

E
1. du, ihr, Sie
2. a. Sie   c. du
   b. ihr   d. du
3. a. er   c. wir   e. sie
   b. sie   d. ich
4. By the verb: **sie** + singular verb = *she;* **sie** + plural verb = *they*
5. a. Sie spielt gut Tennis.
   b. Sie spielen gut Tennis.

F 1. a. ich bin
  b. wir sind
  c. sie ist
  d. sie sind
  e. du bist; ihr seid; Sie sind

G 1. the infinitive
  2. -en
  3. a. glauben   b. wandern   c. arbeiten
  4. a. glaub-   b. wander-   c. arbeit-
  5. a. -st   d. -en   f. -t
    b. -t   e. -t   g. -en
    c. -e
  6. a. Spielst   e. schwimmen
    b. höre   f. heißt
    c. arbeitet   g. heißt
    d. wandert

H 1. Ich gehe heute Abend ins Kino.
  2. Jens arbeitet heute Abend am Computer.

I 1. Use **gern** + verb.
  2. a. Sophia spielt gern Schach.
    b. Ich wandere gern.
    c. Wir treiben gern Sport.

J 1. a. before predicate adjectives: Lea ist **nicht freundlich.**
    b. after specific time expressions: Moritz kommt **heute nicht.**
    c. before most other adverbs, including general time adverbs: David spielt **nicht gut** Schach.
    d. before dependent infinitives: Wir gehen heute **nicht wandern.**
  2. a. Wir schwimmen nicht gern.
    b. Simon wandert nicht viel.
    c. Ich gehe nicht joggen.
    d. Wir arbeiten morgen nicht.
    e. Jennifer ist nicht nett.
    f. Justin ist nicht oft krank.

K 1. the interrogative expression
  2. The verb comes second, after the interrogative. The subject comes after the verb.
  3. wann, warum, was, wer, wie, wie viel, welch-, was für ein
  4. a. Wer spielt gut Fußball?
    b. Was spielt Antonia gern?
    c. Wann gehen wir ins Kino?

L 1. the verb
  2. a. Spielt Jasmin oft Fußball?
    b. Arbeitet Florian viel?
    c. Spielst du gut Schach?

Kapitel 2

A *Answers will vary. Possible answers:*
Wirklich? / Denkst du? / Vielleicht

B Januar, Februar, März, April, Mai, Juni, Juli, August, September, Oktober, November, Dezember

C 1. *neuter* (das)
  2. die Schweiz, die Slowakei, die Tschechische Republik, die Türkei; die USA, die Niederlande

D 1. die Studentin
  2. die Schweizerin
  3. die Nachbarin

E 1. Ich war auch gestern müde.
  2. Annika war auch gestern krank.
  3. Du warst auch gestern ruhig.
  4. Luca und Jan waren auch gestern müde.

F 1. Wann hast du Geburtstag?
  2. Wann hat Pascal Geburtstag?
  3. Wann habt ihr Geburtstag?
  4. Wann haben Celine und Jana Geburtstag?

G 1. second position
  2. a. Am Sonntag war das Wetter nicht gut.
    b. Hoffentlich scheint die Sonne morgen. / Hoffentlich scheint morgen die Sonne.

H 1. the nominative case
  2. sein; heißen
  3. a. *subject* = das Wetter
    b. *subject* = Dominik Schmidt; *pred. noun* = Schweizer
    c. *subject* = Pascals Freundin; *pred. noun* = Nina

I 1. die
  2. a. die Fenster   d. die Uhren
    b. die Tische   e. die Stühle
    c. die Bücher   f. die Studentinnen

J 1. ein
2. eine
3. a. ein; ein   b. eine   c. ein

K 1. kein
2. nicht
3. a. kein   b. nicht   c. keine

L 1. a. dein Handy
   b. ihre Stadt
   c. ihre Freunde
   d. unser Land
   e. meine Adresse
2. a. Jens' Gitarre / die Gitarre von Jens
   b. Pias Rucksack / der Rucksack von Pia

M 1. Ja, er ist neu.
2. Ja, er ist praktisch.
3. Ja, es ist drei Jahre alt.
4. Ja, sie arbeitet heute Abend.
5. Ja, sie wandern gern.
6. Ja, ich weiß, wie alt er ist.

Kapitel 3

A *Answers will vary. Possible answers:*
1. Ja, gerne. / Natürlich. / Machen wir.
2. Das geht leider nicht. / Leider kann ich nicht.
3. Vielleicht. / Es ist möglich.

B 1. Doch!
2. Doch!

C *Answers may vary.*
1. Frühstück: Brötchen, Butter, Marmelade, Müsli, Eier, Kaffee, Tee
2. Mittagessen: Fisch, Gemüse, Fleisch, Kartoffeln, Salat, Obst, Eis, Pudding
3. Abendessen: Käse, Brot, Wurst, Würstchen, Bier, Mineralwasser, Tee, Wein

D 1. die Bäckerei
2. die Metzgerei
3. die Apotheke
4. die Buchhandlung

E 1. the last noun
2. a. die Tischlampe
   b. der Kartoffelsalat

F 1. a. wissen   b. kennen
2. a. Kennst   b. weiß   c. Weißt

G 1. **du-** and **er/es/sie**-forms
2. a. nimmst   c. isst   e. gibt
   b. nehme   d. essen   f. Gibst

H 1. Time follows place in English. Time precedes place in German.
2. Wann kommst du heute Abend nach Hause?

I 1. the imperative
2. first position
3. a. Gib   c. Bleiben Sie
   b. Kommt   d. Sei

J 1. a. nominative case   b. accusative case
2. a. mein   c. eure
   b. ihren   d. deine
3. a. den Jungen   b. den Nachbarn
4. durch, für, gegen, ohne, um
5. a. Der Kuchen   f. einen Stuhl
   b. den Kuchen   g. Wen
   c. ihre Stadt   h. den Studenten
   d. seinen Professor   i. keinen
   e. kein Brot   Supermarkt
6. a. ihn   c. sie   e. uns
   b. mich   d. dich   f. euch
7. a. ihn   b. es   c. ihn

Kapitel 4

A *Answers will vary. Possible answers:*
Es geht leider nicht. / Leider kann ich jetzt nicht. / Ich kann leider nicht. / Nein, es tut mir leid. / Nein, leider nicht.

B *Answers will vary. Possible answers:*
Ich bereite mein Referat vor. / Ich schreibe meine Seminararbeit. / Ich mache Deutsch. / Ich lese einen Artikel über … / Ich arbeite für die Klausur.

C 1. Alex ist Amerikaner.
2. Sein Vater ist Ingenieur.
3. Seine Schwester ist Studentin.

D *Answers will vary.* Ich habe einen Bruder, eine Schwester, zwei Tanten, einen Onkel, vier Kusinen, einen Cousin, vier Großeltern, usw.

E
1. **lesen** and **sehen** change **e** to **ie**; **werden** changes **e** to **i**
2. ich werde, du wirst, er/es/sie wird
3. a. liest   c. wird
    b. Siehst   d. wirst

F
1. changes **a** to **ä** for **du-** and **er/es/sie**-forms
2. a. fährt   b. Fährst   c. hältst

G
1. Florian hatte auch gestern keine Zeit.
2. Und du hattest auch gestern keine Zeit.

H
1. the same as the definite articles
2. **jeder**; it means *each, every*
3. **manche, solche; manche** means *some,* **solche** means *such*
4. a. Dieser   c. manche   e. Jedes
    b. Welchen   d. Solche

I
1. modal auxiliary
2. a. wollen   d. dürfen
    b. sollen   e. können
    c. müssen   f. mögen

J
1. **ich-** and **er/es/sie**-forms
2. a stem-vowel change
3. a. kann   d. sollen
    b. darf   e. will
    c. musst   f. mag

K
1. Magst
2. möchte

L
1. in last position
2. a. Musst du heute arbeiten?
    b. Ich kann es nicht machen.
    c. Jennifer will etwas sagen.
3. If a verb of motion or the idea of *to do* is clear from the context.
4. a. Kannst   b. muss (*or*) soll

M
1. The separable-prefix verbs are **fernsehen, einkaufen, mitbringen.**
2. in last position
3. a. Kaufst du morgen ein?
    b. Ja, ich muss das Abendessen vorbereiten.
    c. Siehst du heute Abend fern?
    d. Nein, ich soll meine Notizen durcharbeiten.

Kapitel 5

A *Answers will vary. Possible answers:* Ja sicher. / Klar. / Kein Problem. / Ja, klar. / Ja, natürlich.

B *Answers will vary:* Ich möchte wandern, viel schwimmen, Tennis spielen, schlafen, usw.

C
1. wo; wohin
2. a. Wo   b. Wohin

D *Private:* das Auto/der Wagen, das Fahrrad/das Rad, das Motorrad
Public: der Bus, die Bahn/der Zug, das Flugzeug, das Schiff, die Straßenbahn, die U-Bahn

E
1. **au** to **äu** for **du-** and **er/es/sie**-forms
2. a. Läufst   b. laufe

F
1. aber, denn, doch, oder, sondern, und
2. sondern
3. aber
4. no
5. a. Julian bleibt heute zu Hause, denn er ist krank.
    b. Er geht morgen nicht schwimmen, sondern er spielt Tennis.
    c. Er spielt Tennis nicht gut, aber er spielt gern.

G
1. in last position
2. a. Wir können nicht fahren, weil unser Auto kaputt ist.
    b. Wenn es morgen regnet, müssen wir zu Hause bleiben.
3. a. Luisa sagt, dass die Nachbarn oft im Supermarkt einkaufen.
    b. Doch sie findet, dass das Obst da nicht so frisch ist.

H 1. dative
2. seiner Schwester
3. a. der Frau   d. den Bergen
   b. dem Mann   e. dem Studenten
   c. dem Auto
4. a. den Kindern
   b. einen DVD-Player
   c. seiner Schwester

I   *acc.*   *dat.*
1. mich   mir
2. ihn   ihm
3. dich   dir
4. uns   uns
5. sie   ihr
6. Sie   Ihnen

J 1. Kaufst du mir dieses Buch?
2. Ich schreibe meinen Freunden viele E-Mails.
3. Ich schenke ihn meinem Bruder.

K 1. antworten, danken, gefallen, glauben, helfen
2. aus, mit, nach, seit, von, zu
3. a. einer Familie   d. mir
   b. dem Zug   e. seinen Freunden
   c. ihm   f. einen CD-Player

Kapitel 6

A *Answers will vary. Possible answers:*
Entschuldigung. / Verzeihung. / Es tut mir leid, aber ... / Das wollte ich nicht. / Das habe ich nicht so gemeint.

B *Answers will vary. Possible answers:*
faulenzen, schwimmen, Ski laufen, Wasserski fahren, windsurfen, wandern, joggen, Rad fahren, tanzen, lesen, Sport treiben, Fußball/Tennis im Fernsehen sehen, im Internet chatten, Musik hören

C 1. der Handschuh, der Hut, der Pulli, der Stiefel, der Regenmantel, der Schuh, der Sportschuh, das Hemd, das T-Shirt, die Hose, die Jacke, die Jeans, die Shorts, die Socke, die Kappe
2. der Rock, das Kleid, die Bluse, die Strumpfhose

D 1. To refer to past actions or states.
2. It is used especially in conversation.

E 1. an auxiliary and the past participle of the verb
2. haben
3. sein
4. The verb must (1) be intransitive and (2) indicate change of condition or motion to or from a place.
5. bleiben; sein
6. a. hat   c. sind   e. Seid
   b. Bist   d. haben   f. habe

F 1. **-t**
2. adds **-et** instead of **-t**
3. There is a stem-vowel change and sometimes a consonant change: **gebracht**
4. gebracht, gekostet, gemacht, gedacht, gehabt, gekannt, geregnet, gewandert, gewusst, getanzt

G 1. **-en**
2. Many past participles have a stem-vowel change; some also have consonant changes.
3. gefunden, gegeben, gelesen, genommen, geschlafen, geschrieben, getrunken, getan

H 1. The prefix **ge-** comes between the prefix and the stem of the past participle: **eingekauft.**
2. aufgestanden, eingeladen, mitgebracht

I 1. It adds no **ge-** prefix.
2. verbs ending in **-ieren**
3. a. Ich habe das Essen bezahlt.
   b. Wir haben Marcel die Geschichte erzählt.
   c. Der Film hat ihm nicht gefallen.
   d. Wann hast du mit der Arbeit begonnen?
   e. Jana hat in Bonn studiert.
   f. Der Roman hat mich nicht interessiert.

J 1. in final position
2. The auxiliary follows the past participle and is in final position.
3. a. Ich bin spät aufgestanden, denn ich habe bis elf gearbeitet.
   b. Ich habe keine E-Mails geschrieben, weil ich keine Zeit gehabt habe.

K 1. Nils und ich haben Urlaub in Österreich gemacht.
2. Wir haben in einem kleinen Hotel gewohnt.
3. Morgens sind wir ziemlich spät aufgestanden.
4. Und wir haben oft in der Sonne gelegen.
5. Wir sind auch manchmal im See geschwommen.
6. Danach sind wir meistens wandern gegangen.
7. Alles hat uns sehr gut gefallen.
8. Am Sonntag sind wir mit dem Zug nach Wien gefahren.
9. Dort sind wir bis Dienstag geblieben.
10. Am Mittwoch sind wir dann nach Berlin zurückgeflogen.

Kapitel 7

A *Answers will vary. Possible answers:*
Agreement: Richtig. / Du hast recht. / Das finde ich auch.
Disagreement: Wirklich? / Meinst du? / Das finde ich gar nicht. / Ich sehe das ganz anders.

B *Answers will vary. Possible answers:*
Ich mache die Wohnung sauber. / Ich räume auf. / Ich wische Staub. / Ich wasche die Wäsche. / Ich sauge Staub. / Ich putze das Bad.

C 1. *Wohnzimmer:* das Sofa, der Couchtisch, der Sessel, der Schreibtisch, der Teppich, der Fernseher, der DVD-Player
2. *Schlafzimmer:* das Bett, die Kommode, der Spiegel, der Nachttisch, die Lampe
3. *Küche:* der Herd, der Kühlschrank, die Spülmaschine, der Tisch, der Stuhl

D 1. **Her** indicates direction toward the speaker; **hin** indicates direction away from the speaker.
2. last position
3. a. Wo
   b. Woher
   c. Wohin
   d. hin
   e. her

E 1. a. *accusative:* durch, für, gegen, ohne
   b. *dative:* aus, bei, nach, seit, von, zu
   c. *two-way prepositions:* an, auf, hinter, in, neben, über, unter, vor, zwischen
2. a. ans, am
   b. ins, im

F 1. Ich fahre in die Stadt.
2. Wir gehen auf den Markt.
3. Jana studiert an der Universität Hamburg.
4. Alex arbeitet in einer Buchhandlung.
5. Warum steht der Tisch zwischen den Stühlen?
6. Warum sitzt du an dem [am] Tisch in der Ecke?

G 1. stellt   5. sitzt
2. steht   6. legt
3. hängt   7. liegt
4. setzt   8. steckt

H 1. an
2. über
3. mit

I 1. accusative
2. dative
3. a. einen Tag   c. jeden Abend
   b. einem Jahr   d. einer Woche

J 1. **da**-compound
2. **wo**-compound
3. When the preposition begins with a vowel.
4. a. davon
   b. für sie
5. a. Mit wem
   b. Worüber

K 1. with the question word
2. with **ob**
3. a. Paul fragt Jessica, ob sie morgen zur Uni fährt.
   b. Jessica fragt Paul, wann er zu Mittag isst.

Kapitel 8

A *Answers will vary. Possible answers:*
Was meinst du? / Was glaubst du? / Wie siehst du das? / Was hältst du davon?

B
1. Studium, Student, Studentin, Studentenheim
2. sonnig, die Sonnenbrille, Sonntag, Sonnabend
3. Bäcker, Bäckerin, Bäckerei

C
1. die Krankheit
2. die Freundlichkeit
3. die Freiheit

D
1. present tense
2. Ich rufe dich heute Abend an.

E
1. When it is not clear from the context that the event will occur in the future, or to express an assumption.
2. a. form of **werden** plus an infinitive
3. final position
4. the auxiliary (**werden**), just after the infinitive
5. a. Hannah wird uns helfen.
   b. Wirst du das wirklich machen?
   c. Michael sagt, dass er einen neuen Job suchen wird.

F
1. Meine Eltern werden wohl [schon/sicher] zu Hause sein.
2. Ich werde wohl [schon/sicher] mein Handy wieder finden.

G
1. genitive
2. The genitive follows the noun it modifies.
3. a. des Bildes   d. eines Hauses
   b. dieses Ladens e. ihres Bruders
   c. des Jungen
4. a. der Frau   c. dieser Kinder
   b. einer Ausländerin d. meiner Eltern
5. wessen
6. Wessen Rucksack liegt da in der Ecke?

H (an)statt, trotz, während, wegen

I
1. meiner Freundin Sarah
2. ihres Freundes
3. eu[e]res Urlaubs
4. des Hotels
5. der Zimmer
6. des Wetters

J
1. langweilig   4. Große
2. nette   5. sympathisch
3. schönes   6. interessante

7. gute   10. viel
8. kleinen   11. teuer
9. neuen   12. billigen

K
1. By adding -**t** to the numbers (exceptions: **erst-, dritt-, siebt-, acht-**)
2. a. erst-   c. fünft-
   b. dritt-   d. sechzehnt-
3. -**st** is added.
4. a. einunddreißigst-
   b. hundertst-
5. a. siebten
   b. zweites

L
1. Der Wievielte ist heute? / Den Wievielten haben wir heute?
2. Heute ist der erste Juni. / Heute haben wir den ersten Juni.
3. 6. Juli 2010 / 6.7.10

Kapitel 9

A *Answers will vary. Possible answers:*
Du Armer/Du Arme! / Das ist ja dumm. / Das tut mir aber leid für dich. / Dass dir das passieren muss!

B
1. etwas Gutes
2. nichts Besonderes
3. ein guter Bekannter
4. eine Deutsche

C
1. mich, mir
2. dich, dir
3. sich, sich
4. uns, uns
5. sich, sich

D
1. Fühlst du dich heute besser?
2. Charlotte hat sich gestern erkältet.

E
1. die
2. die

F Ich dusche [mich]. / Ich bade. / Ich putze mir die Zähne. / Ich rasiere mich. / Ich wasche mir Gesicht und Hände. / Ich kämme mich. / Ich föhne mir die Haare.

G
1. zu
2. when used with modals
3. **um ... zu** + infinitive
4. a. Es macht Spaß *in den Bergen zu wandern.*
   b. Ich möchte mir *eine neue CD kaufen.*
   c. Vergiss nicht *Blumen mitzubringen.*
   d. Ich beginne deine *Ideen zu verstehen.*
   e. Ich bleibe heute zu Hause, *um meine Arbeit zu machen.*

H
1. **-er** is added to the base form.
2. The vowel **a, o,** or **u** adds umlaut.
3. a. kälter
   b. teurer
   c. größeren, schöneren

I
1. **-st** is added to the base form.
2. **-est**
3. The vowel **a, o,** or **u** adds umlaut.
4. am + (e)sten
5. a. am teuersten
   b. am schwersten
   c. schönster
   d. kälteste

J
1. lieber, am liebsten
2. besser, am besten
3. mehr, am meisten

Kapitel 10

A *Answers will vary. Possible answers:*
Ich weiß wirklich nicht, wie ich das machen soll. / Ich will ja, aber es geht nicht. / Es geht nicht. / Ich kann nicht.

B *Answers will vary. Possible answers:*
Ich war im Theater [Kino, Konzert]. / Ich war in der Kneipe [Disco, Bibliothek]. / Ich war zu Hause.

C
1. *Answers will vary. Possible answers:*
   Hast [Hättest] du Lust ins Kino [Theater, Konzert] zu gehen? / Möchtest du ins Kino [Theater, Konzert] gehen?
2. *Answers will vary. Possible answers:*
   Ja, gern. / Wenn du mich einlädst, schon. / Nein, ich habe [wirklich] keine Lust. / Nein, ich habe [leider] keine Zeit.

D
1. to narrate a series of connected events in the past; often called narrative past
2. in a two-way exchange to talk about events in the past; often called conversational past
3. modals, sein, haben

E
1. -te
2. They lose the umlaut.
3. a. ich durfte
   b. du konntest
   c. sie musste
   d. wir mochten

F
1. **-te**
2. **-ete**
3. **ich-** and **er/es/sie**-forms
4. a. ich spielte
   b. Justin arbeitete
   c. es regnete
   d. sie sagten

G
1. Sicher dachte Sophie nicht an Toms Geburtstag.
2. Doch Paul wusste, dass Tom Geburtstag hatte.
3. Und er brachte ihm ein Geschenk mit.

H
1. They undergo a stem change.
2. **ich-** and **er/es/sie**-forms
3. a. er sprach
   b. sie sah
   c. ich gab
   d. wir blieben
   e. er fuhr
   f. ich war
   g. sie ging
   h. sie gingen
   i. ich lief
   j. er trug

I
1. Lea ging noch ins Kino. Lea ist noch ins Kino gegangen.
2. Doch Tobias schrieb an seiner Seminararbeit. Doch Tobias hat an seiner Seminararbeit geschrieben.

J
1. ich wurde
2. du wurdest
3. er/es/sie wurde

K
1. in final position
2. a. Ich stand heute früh auf.
   b. Wir kauften in der Stadt ein.
   c. Unsere Party fing um acht Uhr an.
   d. Lukas brachte die Getränke mit.

L
1. It is used to report an event or action that took place before another event or action in the past.

2. It consists of the simple past of the auxiliaries **haben** or **sein** and the past participle of the verb.

3. a. Ich habe gut geschlafen, weil ich 20 Kilometer **gelaufen war.**

   b. Nachdem es den ganzen Tag **geregnet hatte,** schien die Sonne am Abend.

M 1. wann
2. wenn
3. wenn
4. als
5. a. wenn   c. wenn
   b. als   d. wann

Kapitel 11

A *Answers will vary. Possible answers:*
Das wäre schön. / Wenn ich nur genug Geld hätte! / Wenn ich nur Zeit hätte. / Das würde ich gern machen. / Das würde Spaß machen. / Dazu hätte ich große [keine] Lust.

B *Answers will vary. Possible answers:*
Es tut mir leid. Sie/Er ist im Moment beschäftigt [nicht zu sprechen]. Sie/Er telefoniert gerade. / Sie/Er hat einen Termin. / Gehen Sie bitte gleich hinein. Sie/Er erwartet Sie.

C 1. der Arzt/die Ärztin
2. der Informatiker/die Informatikerin
3. der Architekt/die Architektin
4. der Zahnarzt/die Zahnärztin

D 1. a. unreal situations
   b. hypothetical statements (conditions contrary to fact), wishes, polite requests
2. Jennifer würde auch gern viel faulenzen.
3. Wenn die Sonne nur scheinen würde.
4. Würdest du noch eine Stunde bleiben?

E **sein, haben, wissen,** and the modals

F 1. wäre
2. hätte
3. wüsste

4. a. ich wäre   d. wir wären
   b. du hättest   e. sie hätte
   c. ich wüsste   f. wir wüssten

G 1. A sentence with a condition contrary to fact indicates a situation that will not take place and the speaker only speculates on how some things could or would be under certain conditions.
2. a. Lara würde sicher kommen, wenn sie wieder gesund wäre.
   b. Wenn ich Geld hätte, würde ich ins Konzert gehen.

H 1. The subjunctive of modals is identical to the simple past, except that where there is an umlaut in the infinitive there is also an umlaut in the subjunctive (**wollen** and **sollen** do not have an umlaut).
2. a. ich müsste
   b. du könntest

I 1. the simple past tense
2. a. finden
   b. tun
   c. gehen

J 1. Wenn Sarah mehr Geld hätte, würde sie auf die Reise mitkommen.
2. Ich wollte, sie hätte mehr Geld.
3. Könntest du ihr Geld leihen?
4. Ich würde das nicht tun.
5. Sie würde es vielleicht nicht zurückzahlen.

K 1. It consists of the subjunctive forms **hätte** or **wäre** + a past participle.
2. a. Wenn ich in der Schweiz geblieben wäre, hätte ich mir ein Snowboard gekauft.
   b. Wär(e)st du dann jedes Wochenende in die Berge gefahren?

Kapitel 12

A *Answers will vary. Possible answers:*
Entschuldigung, was haben Sie gesagt? / Ich verstehe Sie leider nicht. / Ich habe Sie leider nicht verstanden. / Könnten Sie das bitte wiederholen? / Würden Sie bitte langsamer sprechen? / Ich kenne das Wort ... nicht.

B 1. It introduces a relative clause. It refers back to a noun or pronoun in the preceding clause.

2. in final position (The auxiliary follows the infinitive or the past participle.)

C 1. Most forms are identical with the definite article forms.

2. denen

D 1. It depends on the gender and number of the noun to which it refers, its antecedent.

2. It depends on the relative pronoun's grammatical function in the clause (subject, direct object, etc.).

3. It depends on what case that preposition takes.

E 1. der   5. das

2. die   6. denen

3. dem   7. die

4. denen

F 1. The subject is the agent and performs the action expressed by the verb.

2. The subject is acted upon by an expressed or unexpressed agent.

G 1. a. form of the auxiliary **werden** + past participle of the main verb.

2. a. Das Haus wurde verkauft.

b. Das Geld wurde geteilt.

c. Die Fabrik wird modernisiert.

d. Neue Maschinen werden gekauft.

H 1. It is the object of the preposition **von.**

2. a. von   b. von

I 1. a. main verb (*to grow, get, become*) in the active voice

b. auxiliary verb in the future tense (a form of **werden** + dependent infinitive)

c. auxiliary verb in the passive voice (a form of **werden** + past participle)

2. a. *passive voice, simple past tense*

b. *active voice—main verb, present tense*

c. *active voice—auxiliary verb, future tense*